CHARLES BOUVET

UNE DYNASTIE DE MUSICIENS FRANÇAIS

LES COUPERIN

Organistes de l'Église Saint-Gervais

Préface de CH.-M. WIDOR

16 PLANCHES HORS TEXTE

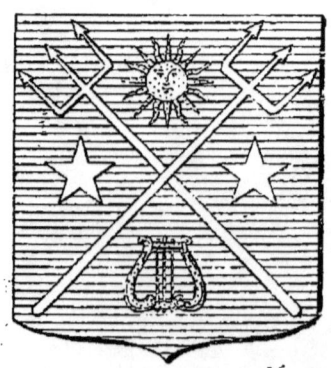

PARIS
LIBRAIRIE DELAGRAVE
15, RUE SOUFFLOT, 15

...airie Delagrave, 15, rue Soufflot, Paris.

Majoration Temporaire
..o/o **du prix marqué**

Les Couperin

DU MÊME AUTEUR

Les Tapisseries de Saint-Gervais et leurs cartons. — 1 vol. in-16, Paris, Ed. Champion, 1914.

Huit années de Musique ancienne. — 1 vol. in-8º, Paris, Chaix, 1917.

Une Leçon de Giuseppe Tartini et une Femme violoniste au XVIIIᵉ siècle. — 1 vol. petit in-4º, Paris, M. Senart, 1918.

A LA MÊME LIBRAIRIE

L'Orgue moderne, suivi d'un *Supplément sur l'Orgue expressif ou Harmonium*, par ALEXANDRE CELLIER. Préface de L. VIERNE. Un vol. petit in-4º, illustré.

L'Étude du piano, par L.-E. GRATIA. Préface de CH.-M. WIDOR. Un vol. petit in-4º, 60 fig., 4 planches hors texte.

L'Hygiène du Violon, de l'Alto et du Violoncelle, par L. GREILSAMER. Un vol. petit in-4º, 50 fig., 4 planches hors texte.

Saint-Saëns, par AUGÉ DE LASSUS. Un vol. in-18, 8 planches hors texte.

La Musique et les Musiciens, par A. LAVIGNAC, professeur au Conservatoire. Un vol. in-18, illust.

L'Éducation musicale, par LE MÊME. Un vol. in-18.

Georges Bizet, par CH. PIGOT. Préface de A. BOSCHOT. Un vol. in-18, portrait de Bizet, 16 planches hors texte.

Les Symphonies de Beethoven, par J.-G. PROD'HOMME. Préface de E. COLONNE. Un vol. in-18, portrait de Beethoven.

Gounod, par J.-G. PROD'HOMME et A. DANDELOT. Préface de C. SAINT-SAËNS. Deux vol. in-18, ill. 4 planches hors texte.

Hector Berlioz (1803-1869), par J.-G. PROD'HOMME. Préface de A. BRUNEAU. Un vol. in-18.

Notes brèves, par CAMILLE BELLAIGUE. *Souvenirs, anecdotes, études.* Deux vol. in-18.

EXTRAIT DE LA « TOPOGRAPHIA GALLIÆ » DE MÉRIANS.
(Francfort, 1655.)

CHARLES BOUVET

UNE DYNASTIE DE MUSICIENS FRANÇAIS

Les Couperin

Organistes de l'Église Saint-Gervais

PRÉFACE DE CH.-M. WIDOR

16 Planches hors texte

PARIS
LIBRAIRIE DELAGRAVE
15, RUE SOUFFLOT, 15
1919

Tous droits de reproduction, de traduction et d'adaptation
réservés pour tous pays.

Copyright by Librairie Delagrave, 1919.

PRÉFACE

Il est à souhaiter que l'exemple donné par M. Bouvet soit suivi et que notre bibliographie s'enrichisse de beaucoup d'œuvres aussi sérieusement documentées que celle-ci, *Les Couperin*, histoire d'une dynastie qui, chez nous, régna deux siècles.

Je l'ai dit ailleurs : après la riche floraison des contrapunctistes de la Renaissance, après les Ockeghem, les Josquin des Près, les Jannequin, les Goudimel, les Roland de Lassus, il semble que la sève soit arrêtée, que ce soit l'hiver. Est-ce découragement, désespérance de jamais égaler les grands ancêtres ? Pendant des années, notre École ne produit que de médiocres essais, chansons, airs à danser, divertissements pour fêtes de la Cour jusqu'à ce que Lulli vienne secouer notre léthargie et exercer sur ses contemporains une tyrannie bienfaisante.

Le sol n'était donc pas desséché : laissé en friche, il lui suffisait d'un peu de travail pour redevenir fécond. Et d'ailleurs le germe, c'est-à-dire la tradition, n'avait jamais cessé d'être soigneusement entretenu par quelques fidèles, les Gigault, les Roberday, les Lebègue, les Grigny, organistes épris de leur instrument, instruits du passé, respectueux de la doctrine Palestrienne, s'inspirant de l'antique polyphonie vocale, chose toute naturelle quand on est aux prises avec un clavier aux sons d'une durée illimitée.

C'est par l'idée de l'infini que l'orgue éveille en nous l'idée religieuse.

Ils savaient par expérience que la portée du son est en

raison de sa durée et que, par exemple, rien ne surpasse la puissance de l'accord d'*ut* longuement soutenu du grave à l'aigu, *adagiosissimo* comme disait Bach. Et en effet, les œuvres du XVIIe se font remarquer par leur intelligence, leur profonde compréhension du caractère de l'orgue, de ses ressources spéciales, de sa puissance, de sa destination.

" Je vous présente environ cent quatre-vingt pièces, écrit Nicolas Gigault (1625-1707), lesquelles peuvent se jouer sur deux, trois ou quatre claviers.... Vous y trouverez plusieurs compositions à cinq parties, ce qui n'avait jamais encore été tenté à l'orgue. " — Ces dernières sont disposées suivant l'habitude d'alors : le plain-chant à la pédale (en ténor), les quatre parties du contrepoint aux claviers manuels, la vraie basse comprise. Parfois même, écrivant à six parties, Gigault en confie deux à la pédale afin de permettre l'absolu *legato* des mains, s'inquiétant moins de celui des pieds alors impossible, vu les dimensions de la touche et les dispositions du pédalier.

Quant à Roberday qui, lui aussi, spécule sur la durée du son et procède le plus souvent par valeurs longues (rondes, blanches ou noires), la préface de ses *Fugues et Caprices* nous offre un intérêt particulier : " Comme il ne serait pas juste de tirer avantage du travail d'autrui, je dois avouer que dans ce livre se trouvent trois pièces qui ne sont pas de moi; l'une est due à l'illustre Frescobaldi, l'autre à M. Ebnert, la troisième à M. Froberger.... J'ai composé les autres sur des sujets qui m'ont été présentés par Labarre, Couperin. Cambert, d'Anglebert, Froberger, Bertalli, *maître de chapelle de l'Empereur*, et Cavalli, *organiste de la République de Venise à Saint-Marc* (sic). Il me reste à dire que les *Caprices* se doivent jouer fort lentement, alors même qu'ils sont notés en croches.... "

Nous pouvons ainsi juger de l'internationalisme des connaissances d'alors, et nous admirons ce musicien de Paris qui, vers 1660, publie un recueil où se rencontrent Frescobaldi et Froberger, l'organiste de Saint-Pierre de Rome et celui de la Cour de Vienne, tous deux ses contemporains.

Le collègue des Gigault et des Roberday, le titulaire de

l'abbaye royale de Sainte-Geneviève-du-Mont, auquel Louis-Nicolas Clérambault, par reconnaissance de disciple, dédiera son premier livre d'orgue, André Raison, nous avertit que " depuis plusieurs années, les maîtres-facteurs-d'orgues ayant beaucoup multiplié jeux et claviers, messieurs les Organistes doivent s'appliquer à les toucher d'une manière plus savante et plus agréable ".

" Le Plein-Jeu (à un orgue de 4 pieds) est composé du Prestant, du Bourdon, de la Doublette, de la Cymbale et fourniture. Si au Grand-orgue il y a un 8 et 16 pieds, on les y ajoute.... Le Grand Plein-Jeu se touche fort lentement. Il faut lier les accords les uns aux autres, ne point lever un doigt que l'autre ne baisse en même temps, et que la dernière mesure soit toujours fort longue. "

Le même sentiment de la durée, du *legato*, de la polyphonie, nous le trouvons dans la plupart des compositions du temps, chez Lebègue, chez Grigny, chez Marchand lui-même, en dépit de la fâcheuse réputation que lui fit son aventure en Allemagne, sa fuite devant Jean-Sébastien. " Marchand avait des tournures de chant que lui seul connaissait " (Daquin, *Lettres sur les hommes célèbres sous Louis XV*, 1752). Lisez les *Pièces Choisies de feu le Grand Marchand*, chevalier de l'ordre de Jérusalem, organiste du Roi, de la paroisse de Saint-Benoît, de Saint-Honoré, des Révérends Pères Jésuites de la rue Saint-Antoine et de la rue Saint-Jacques, et du grand couvent des Révérends Pères Cordeliers... à côté de pièces de bon style, vous y découvrirez quelques agréables cantilènes.

Du Mage se vante d'offrir au public des pièces écrites " selon la savante école et dans le goût de l'illustre Marchand, son maître ".

Mais de tous les musiciens d'alors, celui qui bénéficie de la plus flatteuse critique, c'est de Grigny, organiste à Reims, dont un certain nombre de compositions offrit assez d'intérêt à Bach pour qu'il en prît copie (de Grigny, 1671-1703).

Les Gigault, les Roberday, les Lebègue, les Marchand étaient des clavecinistes composant pour l'orgue. Au XVIIIe siècle, c'est l'inverse : les organistes chercheront sur leur instrument des effets de clavecin. La trame polyphonique s'amincit : c'est trop de quatre parties; on n'écrit plus guère qu'à trois, voire même à deux. Rameau lui-même n'échappera pas à l'entraînement, et si vous cherchez en lui le symphoniste, ce n'est pas à l'orgue, mais dans les scènes religieuses de son théâtre que vous le trouverez.

Contemporaine des deux siècles, la dynastie des Couperin représente à elle seule l'évolution accomplie chez nous dans la musique d'orgue depuis Louis XIV jusqu'à la Révolution, depuis le sieur de Crouilly (1632-1701) jusqu'à Séjan. En même temps que l'orchestre et le théâtre prenaient un vigoureux essor et de Lulli s'élevaient jusqu'à Glück, l'orgue s'étiolait, perdant de son caractère, oublieux de sa mission.

Est-ce la faute des seuls artistes et ne faut-il pas aussi en accuser les instruments?

C'est la faute des uns et des autres; celle des exécutants qui peu à peu s'éloignaient de l'École à la recherche d'impressions nouvelles, d'effets purement sensuels tirés de la variété des timbres, d'où un progressif accroissement du nombre des registres; c'est aussi celle des instruments impuissants à fournir la quantité de vent proportionnelle à cet accroissement. — L'art d'emmagasiner le souffle nécessaire dans des " Réservoirs " ne sera pratiqué que vers la moitié du XIXe siècle. — Les soufflets anciens occupaient une place considérable : impossible d'en augmenter le nombre sur des tribunes généralement exiguës; impossible alors d'user du *tutti* de l'instrument, souvent même d'user de l'ensemble des fonds d'un même clavier, à plus forte raison de mélanger fonds et anches. Ainsi donc, de crainte de rester à bout de souffle en pleine polyphonie, réduisait-on cette polyphonie à deux ou trois parties seulement et se livrait-on à des fantaisies d'un idéal tout opposé à celui de la Durée, de l'Infini.

Feuilletons des cahiers du XVIIe et du XVIIIe; à la seule vue du texte, nous sommes fixés : écriture simple, c'est de l'orgue; compliquée de mordants, d'appogiatures, de groupes plus ou moins serrés, c'est du clavecin. — Et pourquoi ce luxe d'ornements dans la musique de clavecin? — Parce qu'il n'y avait pas d'autre moyen de souligner, de renforcer un son, de faire croire à une prolongation de sa durée. La fragilité de l'instrument ne permettant pas les nuances de nos Erard, c'était par des accumulations d' " agréments " que s'indiquaient nos *sforzando*, nos *agitato*, nos *crescendo* d'aujourd'hui.

Rectiligne comme son architecture, la cantilène grecque ne connaissait pas les nuances; rectilignes, le chant grégorien, la polyphonie palestrinienne et l'orgue son héritier. Quoi de plus ridicule que de prêter des intentions sentimentales à un plain-chant, à un choral, à un Air National! Essayez de déposer des *forte* et des *piano* sous le texte de la *Marseillaise* ou sous celui du *God save the Queen*?

Or quand l'insuffisance des poumons de l'orgue n'a plus permis de persévérer suivant la ligne droite traditionnelle, il a bien fallu chercher autre chose. Et d'ailleurs : Versailles, la Cour, les fêtes privées n'ont pas médiocrement contribué à la décadence de l'orgue au profit du clavecin.

Pas un organiste qui ne fût claveciniste, et c'est de leur succès de clavecinistes que dépendait leur réputation.

Lisez les écrits du temps, lettres, critiques, mémoires. Est-il question d'un organiste, c'est pour parler de sa virtuosité, de ses interludes du *Gloria*, du *Magnificat*, du *Te Deum*, de ses fantaisies qui amusaient l'auditoire... et le scandalisaient quelquefois par ses *chasses*, ses *menuets*, ses *rigaudons*. " Où est donc cet admirable Daquin qui m'a ravi tant de fois! Il est mort en 1772 et l'orgue avec lui. Son ombre semble pourtant voltiger sur la tête de Couperin (Mercier, Tableau de Paris) ".

Et Mercier de continuer :

" L'abus presque général de n'avoir que des passages sous les doigts, et cela par défaut de génie et d'application, cet abus est devenu si criant que les chansons ont prévalu sur l'orgue, de manière que celui-ci n'a plus rien de cette majesté convenable à un temple. "

Mais admirons l'incohérence du critique :

" A la messe de minuit, Daquin imita si parfaitement sur l'orgue le chant du rossignol... que l'extrême surprise fut universelle. Le trésorier de la paroisse envoya le suisse et les bedeaux à la découverte dans les voûtes et sur le faîte de l'église : point de rossignol, c'était Daquin qui l'était. "

Et plus loin : " Ce fut ce jour-là que Daquin, plus sublime que jamais, tonna dans le *Judex crederis* qui porta dans les cœurs des impressions si vives et si profondes que tout le monde pâlit et frissonna. M. Dauvergne, actuellement à la tête de l'Opéra, fut si vivement frappé, qu'il sortit des premiers et courut vite confier au papier les traits sublimes qu'il venait d'entendre. Il les a tous placés dans son beau *Te Deum* à grand chœur....

" L'archevêque de Paris a défendu les *Te Deum* du soir et les *Messes de Minuit* en musique, à Saint-Roch et à l'abbaye Saint-Germain, à cause de la multitude qui venait entendre l'organiste et ne conservait pas le respect dû à la sainteté du lieu."

Il n'y a pas très longtemps que je lisais ce compte rendu d'une inauguration d'orgue en province : " M. X. nous a fait subir un orage qui malheureusement n'était pas annoncé par des éclairs de génie. "

De ces amusettes de jadis, il nous en est resté des preuves jusque dans ces dernières années : nos instruments avaient encore des *Pédales d'orage*, des registres de *la Grêle*, du *Rossignol*, de la *Voix Humaine*, ce dernier plus imitatif d'un chœur de chèvres que d'un gosier humain. Mais tout cela tend à disparaître [1].

Nous sommes devenus plus sérieux et l'école française actuelle a repris sa place au soleil.

La cause de cette renaissance? — La supériorité de nos instruments, l'œuvre d'un constructeur hors pair, Aristide Cavaillé-Coll. C'est à lui que nous devons la production sans égale du dernier demi-siècle, les œuvres de Saint-Saëns, de Franck, de Guilmant, de combien d'autres encore. Si nous n'avions pas eu cet admirable moyen d'expression de la pensée, si nous en étions restés à l'orgue du XVIIIe siècle, notre riche bibliothèque contemporaine n'existerait pas.

Quel progrès depuis l'*École d'Orgue* du bon Martini (de son vrai nom Schwartzendorf), maître de chapelle de Sa Majesté Joséphine, impératrice-reine!

---

1. L'occasion se présente de déclarer que, dans un de ses livres, m'ayant reproché la pratique de ces amusettes contre lesquelles j'ai toujours protesté, Huysmans s'en est excusé plus tard : « on l'avait mal renseigné », disait-il.

Jugez-en par ce commentaire explicatif :

Pièce pittoresque sur la résurrection de Jésus-Christ. — Le morne silence du sépulcre. — La disparition des vapeurs du matin. — Le tremblement de terre. — La descente du ciel d'un Chérubin qui ôte la pierre du tombeau. — La sortie de Jésus-Christ du tombeau. — La terreur et la fuite des soldats romains. — Le chant triomphal des Anges.

Et en voici l'interprétation *ne varietur* :

" Le morne silence du sépulcre se traduit sur un seul registre bouché en bois.... La disparition des vapeurs, par la main gauche qui, n'étant pas occupée, tire successivement les registres, et quelques autres ensuite, pour gagner le *forte* qu'on conserve pour le tremblement de terre, la sortie du tombeau, la terreur et la fuite des soldats.... "

— Ne vous semblerait-il pas logique, plutôt que de " tirer successivement les registres ", de les repousser au contraire puisqu'il s'agit de vapeurs, de disparitions, de fuites de soldats?

" Quant au chant triomphal des Anges, c'est un jeu d'anches à la main droite, et deux de flûte en bois pour la main gauche (*sic*). "

Et ainsi présenté, tout le drame tient dans quelques pages n'ayant aucun rapport avec le programme, pages si dépourvues de sentiment, d'intelligence et de caractère qu'il serait impossible de les attribuer à l'auteur de *Plaisir d'amour* sans l'impériale dédicace et la signature qui les accompagnent.

Un entrepreneur de cinémas les refuserait.

Mais aussi quelle différence entre l'orgue d'autrefois et celui d'aujourd'hui! La même qu'entre le clavecin et nos grands pianos de concert. Jamais Beethoven n'aurait écrit l'opus 111 s'il n'avait eu pour le traduire que le cliquetis métallique du clavecin de nos pères.

Ch.-M. Widor.

AVERTISSEMENT

Notre étude sur les Couperin était terminée lorsque survint la tourmente qui devait embraser le Monde, l'emporter et le submerger.

L'heure n'était plus à la Musicologie.

Durant tout ce tumulte, d'autres préoccupations emprisonnaient les esprits dans une seule pensée : le gigantesque conflit qui s'enflait démesurément, grossissait sans cesse.

Il est possible que des intelligences puissantes aient pu, non pas « au-dessus de la mêlée », mais dans la mêlée, travailler et faire des découvertes dans le domaine de l'historiographie musicale et, en particulier, relativement à l'histoire des Couperin; en tous cas, rien, dans ce sens, n'est parvenu jusqu'à nous, qui avons considéré la période guerrière comme un trou profond rempli d'héroïsme, de deuils et de gloire; sombre abîme que nous avons franchi sur un pont que l'on pourrait appeler, à juste titre, l'arc de triomphe, à présent que la Victoire, de son souffle puissant, fait flotter nos étendards.

Pendant l'espace de temps compris entre 1914 jusqu'à maintenant, à part une Note annexe, note VI, ayant trait au bombardement de l'Église Saint-Gervais, nous n'avons rien ajouté ni retranché à notre œuvre qui est ainsi restée en léthargie.

Aujourd'hui que les difficultés d'impression se sont un peu aplanies, la voici réveillée du sommeil dans lequel elle était plongée depuis si longtemps.

L'ouvrage que nous présentons au public est donc ancien, quant à la date de son achèvement, néanmoins d'actualité, puisqu'il remet en lumière des Maîtres Français, non seulement d'une valeur incontestable, mais encore d'une haute portée artistique, et qu'il traite constamment de la pauvre église parisienne martyre : *l'Église Saint-Gervais, dont tous les Couperin furent organistes.*

En nous occupant des différents Couperins et Couperines, en reconstituant le milieu où ils vécurent, au spectacle de leur intimité et, pour ainsi dire, en y participant, nous sommes arrivés, non seulement à les aimer tous, mais à avoir des préférences, préférences portant sur leurs caractères personnels encore plus que sur leurs talents particuliers.

Nous espérons que nos lectrices et lecteurs, outre l'intérêt et l'attrait qu'ils voudront bien trouver à notre ouvrage, partageront notre sympathie à l'égard des membres d'une dynastie d'artistes si remarquables : la dynastie des Couperin.

Nota. — *La morphologie de l'Œuvre d'un seul des membres de la dynastie des Couperin nous eût déjà entraîné à donner un développement considérable à notre travail; voulant nous occuper de tout le groupe de ces musiciens, y compris les musiciennes, en les considérant sous les trois aspects* : *biographique, historique et thématique, nous avons cru devoir nous interdire de faire du présent ouvrage un volume d'esthétique musicale.*

Les incorrections orthographiques que l'on rencontrera dans nos citations nous sont connues; de même, l'emploi fantaisiste des majuscules et des minuscules, dont il est fait usage dans ces textes empruntés, ne nous a pas échappé; néanmoins, nous avons pensé qu'il valait mieux ne pas corriger ces documents et leur garder ainsi toute leur physionomie.

LES COUPERIN

CHAPITRE PREMIER

INTRODUCTION

La vie artistique en France, aux XVIe, XVIIe et XVIIIe siècles, offre un tableau des plus curieux, et un champ d'études fort étendu.

Nos étonnants XVIe, XVIIe et XVIIIe siècles français donnent le spectacle de l'Art, sous ses multiples manifestations, exercé, presque exclusivement, par des individus, non pas isolés, mais appartenant à des dynasties.

De plus, nous voyons ces dynasties d'artistes fusionner entre elles, et chercher à accrocher, pour ainsi dire, tous les chaînons d'une grande chaîne artistique, en s'unissant par les liens du mariage que contractaient fréquemment deux de leurs enfants respectifs; si bien que, peintres et sculpteurs, architectes et peintres, musiciens et organiers, facteurs d'espinettes ou de clavecins, étaient tous plus ou moins parents ou alliés, et semblent ne plus former qu'un vaste corps, divers en ses parties, mais homogène quant à son essence.

Une communion de sentiments, d'idées, de croyances, voire même d'intérêts, s'établissait entre eux et déterminait ainsi un constant échange de vues; de là naissait, pourrait-on dire, une inspiration de race.

C'est là, selon nous, qu'il faut chercher le secret de l'unité d'orientation des œuvres d'art de toute cette période de notre histoire : productions artistiques conçues, élaborées et exécutées par des groupes, des collectivités, ou tout au moins, par des individus du même groupe, de la même collectivité qui, en poursuivant le même idéal artistique, et en le perfectionnant sans cesse, créèrent nos styles français, patrimoine national duquel nous pouvons à bon droit être justement fiers.

Les Couperin offrent un exemple des dynasties d'artistes qui fleurirent aux XVIIe et XVIIIe siècles, et honorèrent si hautement l'art français. Dans cet harmonieux ensemble ils apportent une importante contribution ; ce n'est pas le moindre de leurs titres à notre reconnaissance et à notre admiration.

Nos rois, et en particulier Louis XIV, qui savait mieux que personne reconnaître la valeur personnelle de chacun, favorisaient l'état de choses que nous avons essayé de décrire rapidement.

On sent que le Grand Roi était convaincu que cette organisation familiale était favorable à l'art ; que la pensée collective qui muait ces différents groupes d'artistes était une condition essentielle de leur puissance et de leur unité créatrices.

D'ailleurs, d'une délicatesse et d'une courtoisie extrêmes avec les hommes éminents de son règne, Louis XIV pensait que le salaire que recevait un artiste ne lui suffisait pas : « Ce qui soutient un être de cette caste ce sont des caresses » ; aussi ne se faisait-il pas faute de dispenser ses faveurs à ces familles d'artistes dont les membres, à quelques groupes qu'ils appartinssent : peintres, sculpteurs, architectes, musiciens, se succédèrent dans les diverses charges qui avaient été créées.

Une charge à la Cour constituait une situation très rémunératrice pour celui qui l'exerçait. Les titulaires étaient alors Officiers de la Maison du Roy ; ils portaient des vêtements somptueux, et étaient anoblis presque automatiquement après avoir rempli pendant un certain nombre d'années les fonctions de leur charge ; quelquefois même avec la possibilité, pour le bénéficiaire de la bienveillance royale, de transmettre à ses descendants le titre accordé

La survivance des charges à la Cour pouvait être vendue, avec l'agrément du roi bien entendu, et cette survivance seule constituait un titre officiel très important.

Un troisième titre était encore accordé par le roi, c'était la vétérance que l'on donnait, naturellement à la fin d'une longue carrière, pour bons et loyaux services.

A la tête de la musique royale était un surintendant; Lully fut le plus omnipotent de ces fonctionnaires.

En fait, les différents groupes d'artistes ont exprimé, chacun à leur manière, d'une façon complète et définitive, le tempérament et l'esprit de la société française telle qu'elle était au temps où ils vécurent.

Du reste n'en a-t-il pas été, et n'en sera-t-il pas toujours ainsi?

Les adorables peintres et sculpteurs des XIIe, XIIIe, XIVe et XVe siècles, qui appartenaient à une époque de foi, de mysticisme, n'ont-ils pas traduit précisément cet idéal qui était, alors, le véritable, le seul foyer de l'Art?

Pendant la régence de Philippe d'Orléans, et sous le règne de Louis XV, où les mœurs de la société française étaient plutôt relâchées, ne s'est-il pas trouvé des graveurs exquis pour représenter avec infiniment de charme des sujets au moins légers? Nous devons pourtant leur rendre cette justice, c'est que les sujets grivois qu'ils traitèrent s'effacent devant l'œuvre d'art qu'ils nous ont laissée, tant cette dernière est élégante, noble et distinguée.

A ces époques, en somme peu lointaines, l'Art était surtout aristocratique; aussi, par Société Française, entendons-nous que l'art reflétait plus particulièrement l'état d'âme des grands seigneurs et de la haute société française.

Si les peintres et les statuaires anciens prenaient quelquefois leur modèle dans le peuple, ils élevaient ce modèle jusqu'à eux au lieu de descendre vers lui.

Dans le domaine de la musique, certes, il existait un art populaire, très intéressant même. Cependant, seuls les rois de France et les grands seigneurs entretenaient des groupes musicaux : on était au Roi, au duc d'Orléans ou à tout autre personnage; et comme les groupements royaux et seigneuriaux étaient les seuls qui présentassent un débouché pour l'artiste, si l'on n'appartenait à l'un deux, on n'était à personne.

Il va de soi que, dans une famille d'artistes, celui ou ceux des membres de la famille qui n'étaient pas réellement doués pour l'art pratiqué par la collectivité en étaient exclus : on leur faisait faire autre chose, voilà tout. Aussi le recrutement pour les groupements dont nous venons de parler s'exerçait-il d'une manière absolument équitable : un artiste sans talent, ou même d'un talent médiocre, n'avait aucune chance d'arriver à quoi que ce soit ; de la sorte, le nombre de ceux qui pratiqnaient les arts était forcément et relativement restreint, puisque les formations existantes étaient assez peu nombreuses et d'un effectif modeste.

Nous prendrons comme type de ces formations musicales l'époque de Louis XIV et nous énumérerons les plus importantes et les plus célèbres : la *Bande des 24 violons*, celle des *Petits violons de Lully*, la *Musique de la Chambre du Roy*, à laquelle était réservé le soin d'exécuter la musique profane (Ballets, Bals masqués et parés), la *Musique de la Chapelle du Roy*, qui interprétait toute la musique sacrée, les *Bandes de la Grande et de la Petite Ecuries*, plus particulièrement affectées aux exécutions en plein air : carrousels et chasses royales, les *Menus du Roy*, le *Corps des violons du Cabinet*, etc.

La profession d'instrumentiste telle qu'elle s'exerce aujourd'hui n'existait pas alors. On peut relever des compositeurs ne jouant d'aucun instrument : André Philidor par exemple ; mais tous les joueurs d'instruments étaient compositeurs ; ils écrivaient de la musique, non seulement pour leur instrument, mais aussi dans des genres différents : musique vocale, latine ou profane, cela pour des destinations définies. La plupart du temps ces travaux leur étaient commandés par leur seigneur et maître.

Un exemple, entre mille, fera ressortir la manière d'être des rapports existant entre l'artiste et le roi ; sur le titre des *Motets* de François Couperin on lit, en effet : « Composés et chantés sur l'ordre du Roy ».

Quant à la musique de théâtre ou simplement d'orchestre, elle était presque toujours écrite en vue du groupement auquel appartenait le compositeur, et par cela même, pour de petits effectifs instrumentaux.

Sans entrer dans une étude sur l'esthétique des formes musicales aux XVIIᵉ et XVIIIᵉ siècles, ce qui nous entraînerait beaucoup trop loin, qu'on nous permette de dire que pendant toute cette période l'artiste s'attachait bien plus à ajouter une beauté nouvelle aux beautés établies, reconnues les plus belles et par conséquent préférables à toutes autres, qu'à rechercher une originalité loin des lignes et des proportions qui lui étaient assignées par le fonctionnement de la vie artistique d'alors.

Mais si la forme intéressait les artistes du passé, ils l'ont certes prouvé victorieusement, le fond leur était absolument indispensable pour produire quelqu'œuvre d'art que ce soit : ils ne savaient pas parler pendant des heures pour ne rien dire.

En outre, ils ne cherchaient pas tellement à se distinguer les uns des autres; l'originalité à outrance n'était ni leur principal objectif, ni le sujet constant de leurs préoccupations; leurs efforts tendaient surtout à plaire à l'élite à laquelle ils s'adressaient, et par laquelle ils étaient patronnés.

Aujourd'hui il en va tout autrement.

Pour ne parler que de nos musiciens modernes, la plupart se croiraient déshonorés s'ils n'imaginaient une combinaison de rythmes et de timbres visant à la nouveauté et n'atteignant, en général, qu'au bizarre, au baroque, et souvent, au déconcertant. Actuellement il ne faut pas tomber dans la moindre redite; si par malheur quatre notes de notre unique gamme diatonique s'arrangent de manière à former une légère réminiscence, l'œuvre entière ne vaut rien, elle est condamnée sans rémission.

Bien plus, il est interdit de procéder des Maîtres !

Combien de jeunes artistes (?) les nient, veulent les ignorer; et s'ils les connaissent c'est pour les bafouer. Sans parler de Mendelssohn, Gounod ou Massenet, qui sont des êtres réprouvables, s'inspirer de J.-S. Bach, de Mozart, de Beethoven, de Wagner, de Schumann, de César Franck ou de Berlioz est un crime abominable, un crime de lèse originalité.

Eh bien, non, cette théorie est fausse !

C'est commettre une grosse erreur que de dénier tout talent

à tel artiste dont les productions ne répondent pas complètement à nos aspirations artistiques.

L'Art ne doit pas être envisagé sous le chiffre 1; au contraire, l'Art est protéiforme, ses aspects sont changeants, ses apparences multiples et même infinies; il constitue une longue chaîne composée d'innombrables anneaux : les uns considérables et splendides; d'autres, moins importants, sont beaux tout de même, de tout petits les rattachent et les soudent les uns aux autres, mais ces derniers, comme les plus grands, sont utiles à la solidité de la chaîne.

Pour créer l'œuvre d'art grande, noble et vraiment originale, il est indispensable de l'édifier sur le terrain classique solidifié par le génie des maîtres qui nous ont précédés, en faisant éclore, ensuite, toute la flore moderne dont l'épanouissement est justement dû à ces Maîtres que l'on croit devoir négliger, et qu'il est pourtant si nécessaire d'avoir étudiés à fond pour pouvoir dégager sa propre personnalité... si l'on en a une.

DÉBUT DE LA DYNASTIE

Par ce qui précède, il est aisé de se rendre compte qu'une dynastie de musiciens comme les Bach n'est pas l'apanage exclusif de l'Allemagne; les Couperin, ainsi que nous le disions plus haut, nous offrent un exemple, et non pas le seul, d'une famille française qui, pendant près de deux siècles, se soit illustrée en fournissant des artistes remarquables aux différents corps musicaux des rois de France, et des organistes éminents aux principales églises de Paris[1].

En effet, depuis le milieu du XVIIe siècle jusqu'en 1826, tous et toutes : pères, oncles, neveux, cousins, mères, tantes, et cousines furent compositeurs, organistes, clavecinistes, violistes et chanteurs, brillèrent d'un éclat intense, et connurent les succès les plus flatteurs et les plus légitimes.

---

1. Les Rebel et les Forqueray, pour ne citer que ceux-là; les premiers qui se perpétuèrent pendant plus d'un siècle et demi, et les seconds, organistes et violistes célèbres, originaires de Chaumes, en Brie, comme les Couperin.

L'aurore de la dynastie des Couperin est assez voilée. Il est probable que Charles Couperin, souche véritable de cette pléiade d'artistes, était le fils de maître Mathurin Couperin, praticien, et le frère de Denis Couperin, praticien également, qui exercèrent successivement à Beauvoir, village proche de Chaumes, en Brie, ce métier d'homme de chicane subalterne, métier pour lequel il fallait être versé dans les lois et clerc en procédure ; métier de finesse et de ruse qui devenait aisément dangereux et dans lequel on devait se garder contre soi-même de peur de se faire, à force d'habileté astucieuse, ce que La Bruyère appelle une « conscience de praticien[1] ».

Aucune pièce ne fixe exactement la date à laquelle Charles Couperin épousa Marie Andry, née à Chaumes, le 23 ou 24 juillet 1601[2] ; toutefois, de cette union naquirent : Louis, François et Charles Couperin qui fondèrent la lignée musicale des Couperin.

Outre ces trois fils célèbres, Charles Couperin et Marie Andry eurent quatre enfants : deux fils et deux filles. En effet, les registres de l'état civil conservés à Chaumes font mention de la naissance de Mathurin Couperin (1623), Denis Couperin (1625), Marie Couperin (1634), et Elisabeth Couperin (1636).

Ces quatre Couperin furent-ils musiciens, ou même vécurent-ils assez pour le devenir ? Rien, jusqu'ici, n'a pu nous en instruire.

Les Archives départementales de la Seine-et-Marne, assez peu abondantes en détails sur la famille dont nous nous occupons, nous renseignent cependant sur la profession exercée par Charles Couperin, le père des trois premiers musiciens de la dynastie qui, disent-elles : « avait l'état de marchand[3] ».

Mais les marchands des campagnes, et même ceux des petites villes, se livraient, presque toujours, à divers trafics ; aussi cette vague indication : avait l'état de marchand, ne détermine-t-elle pas spécialement le genre de négoce auquel s'adonnait

---

1. A. Pirro, *Archives des Maîtres de l'orgue*, vol. V.
2. Acte de baptême du 25 juillet 1601.
3. Arch. dép. de Seine-et-Marne, H. 81, article 114.

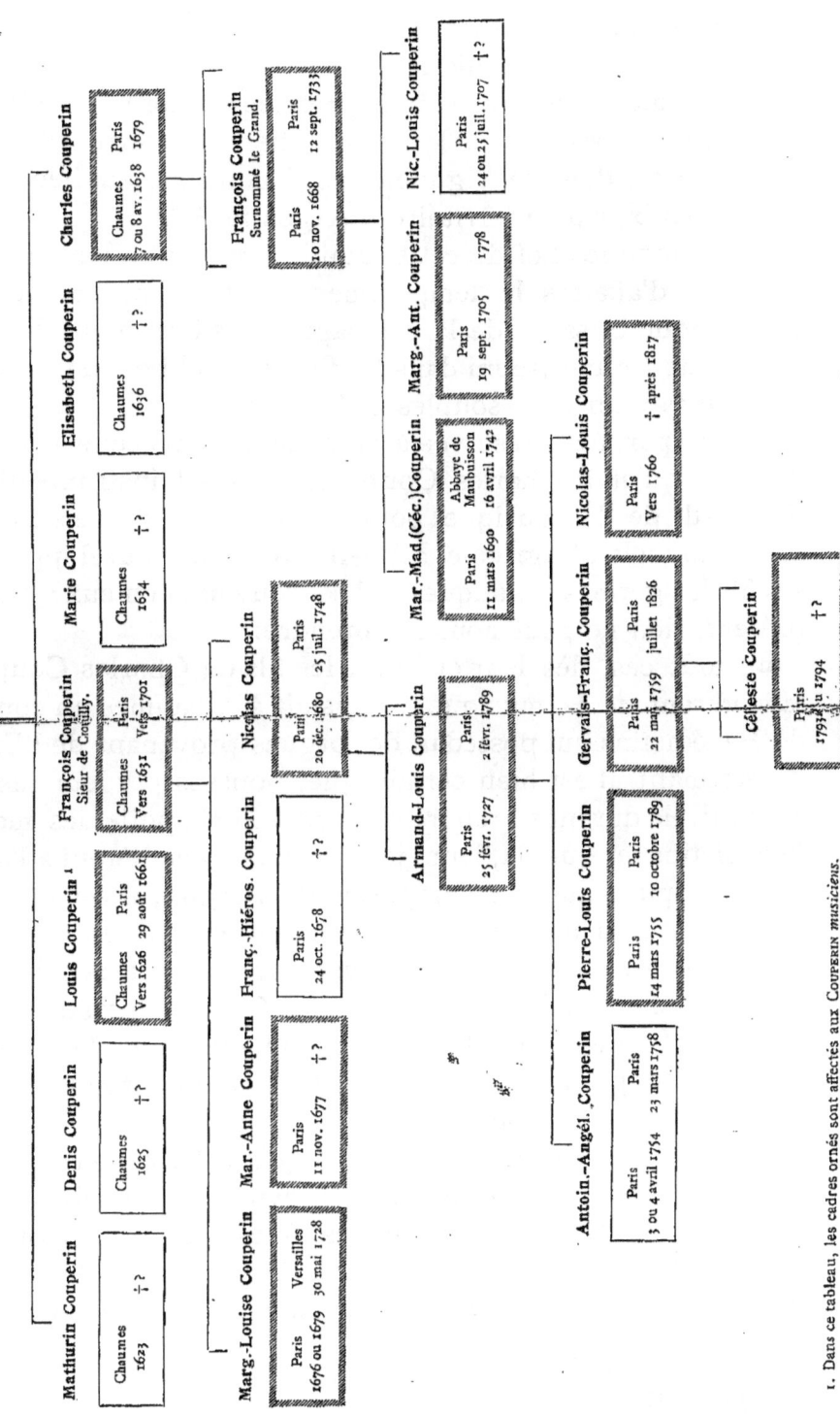

Charles Couperin; cependant il n'était pas : « aubergiste » comme l'a dit Th. Lhuillier.

Les mêmes archives nous apprennent encore que Charles Couperin possédait quelques quartiers de terre situés au Clos-Girard, dans le vignoble de Chaumes[1], au lieu dit le Grand-Saulx, sur le territoire d'Argentières[2].

Voilà donc le chef de cette famille, unissant à l'esprit délié des gens d'affaires le tempérament robuste que procure la vie rustique et saine de la campagne; dès lors, il semble tout naturel de trouver réuni dans les fils d'un tel homme l'opiniâtreté du paysan et la souplesse de l'aigrefin[3].

Quelle part était réservée à la musique dans cette existence de rural qu'était Charles Couperin? Etait-il instrumentiste? Faisait-il de la musique pour se délasser de ses travaux professionnels et agricoles? A-t-il, lui-même, développé dans ses fils les germes artistiques qui se trouvaient en eux? Jusqu'à présent, rien ne peut nous l'apprendre.

En tout cas, dès leur enfance, les fils de Charles Couperin entendirent de la musique. Il existait à Chaumes un couvent de Bénédictins qui possédait des orgues provenant de l'Église de Mormant. Il est bien certain que, poussés par leur instinct musical, ils durent se rendre souvent à la chapelle des moines bénédictins, et que, là, leurs jeunes âmes s'éveillèrent à l'appel des voix puissantes et complexes de l'orgue; il est probable qu'ils sentirent alors naître et se préciser leur vocation. De plus, il paraît évident qu'ils trouvèrent au sein de ce monastère le professeur qu'il leur fallait : en 1632 les registres de la paroisse Saint-Pierre de Chaumes mentionnent le décès de La Louette, prêtre organiste; son successeur fut sans doute le premier maître des Couperin.

D'autre part, dans la région qu'ils habitaient, comme d'ailleurs dans les différentes provinces françaises, il y avait assez fréquemment de ces fêtes populaires où l'on avait coutume de « lever grand bransle avec les instrumens musiquaux »; nos jeunes musiciens ne se firent pas

---

1. Arch. dép. de Seine-et-Marne, G. 449.
2. Arch. dép. de Seine-et-Marne, H. 81.
3. Le mot aigrefin n'est pris ici que dans le sens d'homme rusé, malin.

faute de précéder les cortèges, et d'accompagner les danseurs.

Un épisode de leur jeunesse, le seul qui nous soit parvenu, nous les montre participant à une aubade donnée à l'illustre claveciniste Chambonnière, dont le domaine familial était situé à quelques lieues de Chaumes[1].

Voici cet épisode raconté par Titon du Tillet.

> Les trois frères Couperin étoient de Chaume, petite ville de Brie assez proche de la terre de Chambonnière. Ils jouoient du violon, et les deux aînez réussissoient très bien sur l'orgue. Ces trois frères, avec de leurs amis, aussi joueurs de violon, firent partie, un jour de la fête de M. de Chambonnière, d'aller à son château lui donner une Aubade : ils arrivèrent et se placèrent à la porte de la salle où Chambonnière étoit à table avec plusieurs convives, gens d'esprit et ayant du goût pour la musique. Le maître de la maison fut surpris agréablement, de même que toute sa compagnie, par la bonne symphonie qui se fit entendre. Chambonnière pria les personnes qui l'exécutoient d'entrer dans la salle, et leur demanda d'abord de qui étoit la composition des airs qu'ils avoient jouez : un d'entr-eux lui dit qu'elle étoit de Louis Couperin, qu'il lui présenta. Chambonnière fit aussi-tôt son compliment à Louis Couperin, et l'engagea avec tous ses camarades de se mettre à table ; il lui témoigna beaucoup d'amitié, et lui dit qu'un homme tel que lui n'étoit pas fait pour rester dans une province, et qu'il falloit absolument qu'il vint avec lui à Paris ; ce que Louis Couperin accepta avec plaisir. Chambonnière le produisit à Paris et à la Cour, où il fut gouté. Il eut bien-tôt après l'orgue de Saint-Gervais à Paris, et une des places d'organiste de la Chapelle du Roi[2].

Cet événement fut décisif pour l'avenir du jeune musicien de Chaumes, et pour sa famille.

La date de la rencontre des trois premiers représentants de la dynastie des Couperin avec Chambonnière est inconnue; mais, puisque Charles Couperin, né en 1638, faisait partie de l'Aubade donnée à l'illustre Chambonnière, on ne peut guère placer cet épisode avant 1654 ou 1653 au plus tôt[3] Charles

---

1. Cette terre faisait partie de la commune de Plessis-feu-Aussous ou Ansoult, près de Rozoy-en-Brie, Seine-et-Marne. Cette commune subsiste encore actuellement. — Voir aussi : *Notes annexes*, note 1, p. 287, pour les titres de noblesse de Jacques Champion.
2. Titon du Tillet, *Le Parnasse françois*, Paris, 1732, p. 402.
3. Cette conjecture, parfaitement vraisemblable et admissible, est de M. A. Pirro, auteur d'une excellente notice sur les Couperin, notice à laquelle nous avons emprunté divers renseignements intéressant l'histoire de cette dynastie de musiciens français.

Couperin eût été vraiment bien jeune pour prendre part à une fête de ce genre si elle avait eu lieu avant l'année 1653 ! En outre le qualificatif d'homme, dont Chambonnière aurait gratifié Louis Couperin, paraît lui convenir parfaitement si l'on accepte l'année 1653 : il avait alors environ vingt-sept ans.

Bien douteuse aussi l'époque exacte à laquelle Louis Couperin vint à Paris ; cependant, comme il y a toutes les raisons possibles de croire que l'aubade à Chambonnière dut avoir lieu dans la belle saison, et que la proposition faite par l'Illustre eut une réalisation rapide, nous croyons pouvoir fixer ce voyage approximativement à la fin de l'été ou à l'automne de 1653. Ce qui est certain, c'est que Louis Couperin était fixé dans la capitale en 1656 ; nous en avons deux preuves irréfutables : 1° une *Fantaisie* de cet auteur datée : *à Paris au mois de décembre 1656*[1] ; 2° l'assurance absolue de sa participation à l'exécution d'un des ballets de cour durant cette même année 1656[2].

Il est fort probable que François vint s'établir à Paris en même temps que son frère aîné ; quant à Charles Couperin, il ne dut rejoindre ses frères dans la capitale qu'un ou deux ans après que ceux-ci y furent installés.

Depuis l'époque où Louis Couperin fut mis en possession des fonctions d'organiste de Saint-Gervais, c'est-à-dire vers 1655, tous les représentants masculins de cette dynastie de musiciens remplirent successivement les mêmes fonctions, et cela pendant l'espace de près de deux siècles.

En effet, depuis 1655, environ, jusqu'en 1826, tous vinrent s'asseoir fidèlement et pieusement, sans aucune solution de continuité, devant les claviers de l'orgue de Saint-Gervais, qui devint peu à peu l'orgue familial, puisque traditionnelles furent les fonctions ; ils s'y illustrèrent tous, en y déployant avec éclat, de rares et précieux talents.

---

1. Bibl. nat., Vm⁷, 1862, f° 59, v°.
2. Voir chap. II, p. 23.

Tableau généalogique et chronologique des Couperin comme organistes de Saint-Gervais.

Louis Couperin. . . . . Vers	**1655-1661**
Charles Couperin, frère cadet de Louis.	1661-1679
François Couperin I, sieur de Crouilly, frère de Louis.	1679-1689
François Couperin II, surnommé le Grand, fils de Charles.	1689-1733
Nicolas Couperin, fils de François I, de Crouilly.	1733-1748
Armand-Louis Couperin, fils de Nicolas.	1748-1789
Pierre-Louis-Couperin, fils d'Armand-Louis. . .	1789
Gervais-François Couperin, fils cadet d'Armand-Louis	1789-1826

Dans une monographie consacrée à Pierre-François Boëly, M. P. Fromageot relève une erreur commise par D'Ortigue au sujet des fonctions de ce compositeur en tant qu'organiste de Saint-Gervais.

Cette remise des choses au point nous fournit un renseignement intéressant, puisqu'elle nous donne les noms des successeurs des Couperin à l'orgue de Saint-Gervais après 1826. Ces successeurs furent, comme nous allons le voir : Marrigues, Mlle Bigot et Baillet :

Si M. Lefèbure a brisé non, sans éclat, avec les traditions du style consacré, en d'autres termes, s'il s'est fait le champion de l'orgue nouveau, M. Boëly s'est déclaré, et depuis longtemps, le partisan de l'orgue ancien. Voué exclusivement au culte de Jean-Sébastien et d'Emmanuel Bach, de Rameau, des Couperin, au dernier desquels il a, croyons-nous, succédé à la paroisse de Saint-Gervais, il conserve fidèlement les traditions de cette école mais sans aller au delà[1].

* : « D'Ortigue commettait ici une erreur que Boëly a dû signaler amicalement. Il résulte, en effet, d'une obligeante communication, qu'à la mort du dernier Couperin, en 1826, celui-ci fut remplacé à Saint-Gervais par Marigue, auquel succéda, en 1838, Mlle Bigot, puis, en 1840, M. Baillet, et qu'à aucune époque Boëly ne fut organiste titulaire dans cette église. Il y vint seulement dans des circonstances exceptionnelles, notamment,

---

1. Extrait de la critique de D'Ortigue, dans le *Journal des Débats*, à propos de Lefébure-Wély, dont la virtuosité bouleversait les traditions de la musique religieuse. — Figure à la page 11 de la notice de P. Fromageot : *Un disciple de Bach* : Pierre-François Boëly (1785-1858), Versailles, 1909.

le 2 octobre 1845, pour l'inauguration du petit orgue du chœur, mais à titre d'organiste de Saint-Germain-l'Auxerrois[1].

Voici une lettre qui semble bien confirmer le dire de M. P. Fromageot :

A Madame Brossard d'Inval, quai d'Orléans n° 8 en l'Isle Saint-Louis, Paris.

Madame,

J'ai l'honneur de vous faire savoir que j'irai demain matin à l'orgue de Saint-Gervais. Je ne puis vous assurer si j'y retournerai le soir, dans tous cas j'aurai soin de vous en instruire.

Votre très humble serviteur.

Boëly.

Samedi 15 novembre 1834[2].

De son côté Fétis a prétendu que Marin de La Guerre, fils de Michel de La Guerre[3], et époux de la délicieuse claveciniste-compositeur Elisabeth Jacquet, avait été organiste de Saint-Gervais; c'est là aussi une erreur[4]. Pour s'en convaincre il suffit de lire avec un peu d'attention les différentes pièces qui nous ont permis d'établir, de façon irréfutable, que les Couperin ont occupé, sans interruption, le poste d'organiste de cette église depuis 1655, environ, jusqu'en 1826, ainsi que nous le disions plus haut. Cependant, de même que Boëly, Marin de La Guerre, organiste des Jésuites de la rue Saint-Antoine et de Saint-Séverin, a pu, à la faveur d'une ou de plusieurs occasions, toucher l'orgue de Saint-Gervais.

Les Couperin ne furent pas favorables à la muse de notre exquis La Fontaine : pour la perfection d'une rime, il crut devoir employer une orthographe peu usitée de leur nom, dans un vers, d'ailleurs assez médiocre, où il les unit à Cham-

---

1. Même brochure, note de la page 2.
2. Nous devons la communication de cette lettre à l'obligeance de M. Émile Durègne, petit-fils de la destinataire.
3. Sur Michel de La Guerre, voir l'intéressante étude de M. H. Quittard : *La première comédie française en musique (Le Triomphe de l'Amour).* — *Revue S. I. M.*, avril-mai 1908.
4. Erreur reproduite par M. A. Pirro dans la Préface des *Noëls* de Claude Daquin, qui, comme on le sait, fut le filleul d'Élisabeth Jacquet de La Guerre. — *Archives de l'orgue* (Alex. Guilmant).

bonnière et à Hardelle, le seul des élèves de cet étonnant claveciniste qui soit arrivé à l'imiter [1] :

> Chez l'illustre Certain...
> Dont le rare génie et les brillantes mains.
> Surpassent Chambonnière, Hardel, les Couperains [2]

[1]. Hardelle semble avoir été le disciple préféré du maître; il avait été autorisé à : « copier sous les doigts de Chambonnière, c'est-à-dire lorsqu'il les jouoit et dont il étoit possesseur » (abbé Le Gallois, *loc. cit.*), un grand nombre de pièces inédites dont il hérita à la mort de Chambonnière auquel il ne survécut pas longtemps : il mourut vers 1675-1680. A son tour il légua ces pièces et les manuscrits de Chambonnière ainsi que les siens, à son élève Gautier, qui s'était associé avec lui, depuis plusieurs années, pour se pénétrer parfaitement des traditions dont il était le dépositaire. — Note en partie extraite de l'étude de H. Quittard, *Tribune de Saint-Gervais*, 1901, n°⁵ 1-5.

[2]. La Fontaine (Jean de), *Épitre à M. de Myert sur l'opéra*, vers 1677. Il s'agit ici de la délicieuse claveciniste Mlle Certain, amie de Lully, qui jouait si admirablement les pièces de Louis Couperin que Titon du Tillet a pu dire : « Elle les exécutoit dans la plus grande perfection ». Les réunions musicales qui avaient lieu chez elle attiraient les plus illustres compositeurs dont les œuvres formaient les programmes de ces véritables concerts. Le Bonhomme n'est pas le seul qui se soit occupé de Mlle Certain; Titon du Tillet nous apprend que : « Lainez a célébré son nom dans des vers qu'il fit sur l'harmonie d'un excellent clavecin d'André Rukers; les voici :

> « Je suis la fille du Génie
> « Qui sous le beau nom d'harmonie
> « Réunis dans mes sons tous les charmes du Chant;
> « Et respectant les lois du Dieu qui m'a formée,
> « Je reste dans *Rukers* captive et enfermée,
> « Et j'attends pour sortir la Certin ou Marchand. »

D'après l'auteur du *Parnasse françois*, Mlle Certain mourut à Paris, rue Villedeau, vers l'année 1705.

En ce qui concerne « les Couperains », il est bien entendu qu'il n'est question là que des trois premiers, les seuls que La Fontaine ait pu connaître en 1677 : à cette époque François Couperin, appelé à devenir le Grand, avait neuf ans.

FRANÇOIS COUPERIN, SIEUR DE CROUILLY
ET SA FILLE MARGUERITE-LOUISE COUPERIN.

CHAPITRE II

COUPERIN LOUIS
(vers 1626-1661)

Louis Couperin était le troisième fils de Charles Couperin et de Marie Andry, son épouse; il naquit à Chaumes, en Brie, vers 1626 et mourut, à Paris, le 29 août 1661.

Nous avons vu, dans la partie de cet ouvrage consacrée au début de la dynastie, comment le premier représentant musical de la lignée des Couperin, Louis, dont le talent s'était révélé de façon si fortuite à Chambonnière, fut amené à Paris par ce protecteur illustre qui lui fit ouvrir les portes des salons de la cour et de la ville, et lui permit d'obtenir, peu de temps après son arrivée, non seulement une des places d'organistes de la Chapelle du Roi, mais encore la situation d'organiste d'une des grandes paroisses parisiennes, au XVIIe siècle[1].

La bienveillance de Chambonnière à l'égard de Louis Couperin ne se borna pas à le « lancer » dans le monde de la cour et de la ville, et à lui procurer des places rémunératrices; il est évident que, tout d'abord, il compléta son éducation musicale en lui donnant de solides leçons de clavecin, d'orgue et de composition, si bien que ce jeune artiste que Chambonnière patronnait et présentait était, à vrai dire, son élève. On comprend, dès lors, que l'heureux bénéficiaire de tels bien-

---

[1]. Rappelons que c'est vers 1655, que Louis Couperin fut nommé aux fonctions d'organiste de Saint-Gervais.

faits ne pouvait mieux faire que de réussir, étant données, d'autre part, ses rares qualités musicales.

En fait, les succès que Louis Couperin obtint dès ses débuts à Paris le classèrent, semble-t-il, parmi les meilleurs musiciens de son temps.

Il est à présumer que François et Charles, les frères et partenaires de Louis Couperin dans l'aubade à Chambonnière, reçurent aussi les leçons du même maître.

Ce qui est certain, c'est que l'influence de Chambonnière se fait fortement sentir dans les œuvres de Louis Couperin et de François Couperin, sieur de Crouilly[1] ; cependant, jamais en elles on ne constate une imitation servile du modèle. Les compositions de Louis Couperin restent originales aussi bien par le style et l'expression que par la technique très avancée dont elles témoignent; telle forme mélodique ou rythmique, telle disposition harmonique que l'on y rencontre fait songer à l'immortel Cantor de Leipzig, Jean-Sébastien Bach.

En outre, Louis Couperin possède un sens très développé du pittoresque et du descriptif; l'un des premiers il en fit usage et l'introduisit dans la musique.

A ce point de vue, son : Tombeau de M. de Blanc-Rocher[2] est tout à fait caractéristique.

Pour glorifier la mort de ce luthiste, cité avec éloges par le père Mersenne, et, effectivement, l'un des plus remarquables de son temps, Louis Couperin a composé une œuvre extrêmement curieuse, justement par le côté descriptif qu'elle présente; véritable tableau des funérailles de cet artiste, on peut y voir la marche lente et solennelle du funèbre cortège, ainsi que la hâte des assistants se pressant en foule dans l'église, le tout dominé par la sonnerie constante des cloches[3].

Le célèbre organiste Froberger fit aussi le Tombeau de :

1. Nous reviendrons ultérieurement sur cette influence que subirent les œuvres de François, de Crouilly qui, avec son frère aîné et leur neveu : François Couperin, le Grand, sont certainement les trois représentants les plus importants, les plus significatifs de toute la dynastie.

2. Cette pièce a été publiée, avec plusieurs autres du même auteur, dans la collection qui porte notre nom, Paris, E. Demets.

3. Blanc-Rocher était un : « admirable joueur de luth », fils d'une certaine Lisette, filleule du prince de Conti (*Historiettes de Tallemant des Réaux*, Ed. Monmerqué, t. I, p. 195).

« son ami » Blanc-Rocher, mort pendant son séjour à Paris [1].

Au reste, au XVII° siècle, il était d'un usage courant que les compositeurs de musique instrumentale fissent le Tombeau de leurs prédécesseurs. Outre les deux exemples dont il vient d'être question, nous citerons : le Tombeau de M. de Chambonnière, par d'Anglebert ; ceux de Sainte-Colombe et de Romain Marais, par Marin Marais ; celui de l'Enclos, par Denis Gaultier ; de Francisque Corbet, par R. de Visée, et de Mezangeau, par le vieux Gaultier, etc.

Au XVIII° siècle, Jean-Marie Leclair écrit son propre Tombeau ; en effet, le premier mouvement, grave, de la sonate VI du 3° livre de ses sonates pour violon et basse chiffrée, est considéré comme le monument qu'il s'est élevé à lui-même ; la sonate tout entière, d'ailleurs, était surnommée : le Tombeau, par les contemporains de l'auteur.

Il y avait aussi les Apothéoses musicales. François Couperin, le Grand, n'a-t-il pas composé l'*Apothéose de Corelli*, et l'*Apothéose de l'incomparable M. de Lully*.

L'abbé Le Gallois, critique avisé, qui a analysé avec soin l'art instrumental et les œuvres des musiciens célèbres de l'époque à laquelle il vivait, n'hésite pas à placer Louis Couperin presque au même rang que Chambonnière.

Il les propose l'un et l'autre comme : « Chefs de Secte », et ajoute : « car encore que tous deux ayant eu cela de commun que d'exceller dans leur art et d'en avoir peut-être mieux que pas autre connu les règles, il est certain néanmoins qu'ils avoient deux jeux dont les caractères ont donné lieu de dire que l'un (Chambonnière) touchoit le cœur, et l'autre (Couperin) touchoit l'oreille [2] ».

Entrant dans le détail de l'exécution de Louis Couperin, l'abbé Le Gallois dit encore : « Cette manière de jouer a esté estimée par les personnes scavantes à cause qu'elle est pleine d'accords et enrichie de belles dissonances de dessins et d'imitations [3]. »

En étudiant et en comparant les œuvres des deux Chefs de

---

1. A. Pirro, l'*Esthétique de J.-S. Bach*, p. 201.
2. *Lettre à Mlle Regnault de Solier touchant la musique*, Paris, 1680.
3. Même source.

Secte, on ne peut que ratifier le jugement porté sur eux par l'abbé Le Gallois; et même, les mérites de Louis Couperin sont si supérieurs que, pour nous, ils doivent le faire placer au-dessus de Chambonnière.

A part des Carillons pour orgue, que nous pensons pouvoir attribuer à Louis Couperin, on le verra plus loin, l'Œuvre de ce compositeur, consistant en Pièces de Clavecin, subsiste dans un manuscrit, unique jusqu'à présent, appartenant à la Bibliothèque nationale de Paris[1].

Certes, ce n'est pas un gros bagage musical, et pourtant cela suffit à assigner à Louis Couperin une des places les plus importantes dans l'histoire de la musique instrumentale du XVIIe siècle français. On n'en saurait mieux définir les causes que ne l'a fait M. H. Quittard :

> Si l'on considère qu'en fait de pièces de clavecin de ce temps, nous n'avons que de simples airs à forme fixe, on sentira combien l'œuvre de Louis Couperin, outre sa valeur propre, nous fournit d'indications précieuses sur l'art de nos vieux compositeurs. Car croire qu'il fut le seul à écrire de telles œuvres serait une erreur. Nous pouvons lui rendre justice sans lui faire cet honneur excessif dont le hazard heureux qui nous a conservé ce manuscrit semblerait le rendre digne. Il excelle tout au moins dans ce style que nous ne connaissons que par lui. Savant et disert à propos, il évite tout excès et ne renonce pas, par amour du contrepoint, au charme pathétique et discret du style mélodique. Nulle pédanterie ne dépare ses fugues aimables. Cette raideur, cette application laborieuse qui se trahit dans l'œuvre d'un Roberday, dans celle du grand Frescobaldi lui-même par instants, il a su en effacer toute trace. L'auditeur y goûte le babillage ingénieux des motifs sans avoir la fatigue de les poursuivre au milieu de complexités trop ardues. Héritier des vieux contrepointistes dont Chambonnières descendant d'une antique lignée de musiciens austères, lui avait transmis sans doute la tradition, il n'a gardé de leurs labeurs que ce qui pouvait lui servir[2].

La forme de ses Préludes, au nombre de quatorze, serait pour nous tout à fait déconcertante si nous oubliions qu'avant le XVIIe siècle, la barre de mesure n'était pas d'un usage courant, et que la graphie énigmatique dont ils sont tracés était assez fréquemment employée par les compositeurs du XVIIe siècle; ils restent, néanmoins, d'une lecture et surtout d'une interprétation à peu près impossibles pour des artistes modernes :

---

1. Bibl. nat., Vm^7 1862-1852, deux volumes.
2. *Revue Musicale*, 1903, p. 131.

Écrits sans mesures marquées, sans indication de valeurs diverses, ils offrent l'apparence d'une suite de grands accords arpégés, mêlés de traits d'ornement, modulant avec beaucoup de hardiesse, parfois assez loin du ton principal, sans trop de souci d'une logique harmonique stricte. Nous avons là une reproduction amplifiée et fixée par l'écriture des préludes improvisés avant l'exécution des suites [1].

Il est à remarquer que, seuls, les préludes présentent cette sorte d'écriture déroutante; toutes les autres pièces de Louis Couperin comportent des valeurs de notes comparatives, des barres de mesures, et aussi l'indication de la mesure dans laquelle elles doivent être exécutées.

Louis Couperin passait pour l'un des plus habiles professeurs de clavecin de son temps.

Depuis le jour où les musicographes comprirent qu'il ne fallait pas seulement envisager l'Art au seul point de vue de sa valeur exacte dans le présent, mais aussi dans le passé, et qu'il était nécessaire de connaître et d'apprécier les artistes d'autrefois, sous le double aspect technique et historique, en ayant égard aux milieux dans lesquels ils évoluèrent, on est arrivé à se rendre compte qu'en étudiant et en unissant ainsi tous les artistes de toutes les époques, on se trouvait devant une chaîne ininterrompue formée d'une infinité de chaînons, n'ayant pas tous la même valeur, certes, mais cependant, se rattachant les uns aux autres.

Depuis le jour, disons-nous, jour assez récent, où la Musicographie s'est constituée en une science réelle, on a pu constater l'exactitude des renseignements fournis, non seulement sur les Couperin, mais aussi sur beaucoup d'autres musiciens et poètes français du XIIIe siècle jusqu'au XVIIIe, par Titon du Tillet, dans son *Parnasse françois*, précieux ouvrage dont l'étude a été si fructueuse pour l'histoire de la musique et des musiciens [2].

Cependant, il est un des renseignements donnés par Titon du Tillet qui a fait l'objet de controverses, c'est celui ayant trait à l'obtention par Louis Couperin, d'une charge à la cour.

---

1. H. Quittard, *Louis Couperin*, Revue Musicale, 1903, p. 130.
2. Pour la bibliographie du *Parnasse françois*, voir : *Notes annexes*, note II, p. 288-289.

Nous citerons tout le passage du *Parnasse françois* intéressant ce coin de la vie sociale de Louis Couperin :

Il eut bien-tôt après l'orgue de Saint-Gervais, à Paris, et une des places d'organiste de la Chapelle du Roi : on voulut même lui faire avoir la place de musicien ordinaire de la Chambre du Roi pour le clavecin du vivant de Chambonnière qui en étoit pourvu; mais il remercia, disant qu'il ne déplaceroit pas son bienfaiteur : le Roi lui en sçut bon gré, et *créa une charge nouvelle de dessus de viole, qu'il lui donna* : mais Couperin ne jouit pas long-tems des places qu'il avoit obtenues, la mort l'ayant enlevé à la fleur de son âge, n'ayant atteint que trente-cinq ans [1].

Or, le renseignement de Titon du Tillet est parfaitement vrai, car voici un document important qui prouve que Louis Couperin avait effectivement obtenu, non seulement une charge à la Cour, mais bien celle de dessus de viole, charge qui lui confère le caractère discuté de : musicien officiel, d'Ordinaire de la Chambre :

Hotman et le Camus [2] les deux plus habiles à toucher la viole et le tuorbe que Sa Majesté ayt entendu se partagent *la place qu'avait le sieur Couperin*, place vacante par sa mort, 29 août 1661 [3].

Le plus habile à toucher la viole s'adresse à Hotman [4] qui fut toujours, à la Cour, chargé d'une partie de viole. Cela démontre péremptoirement qu'à la mort de Louis il s'agissait de remplacer un violiste; si l'on partagea avec un théorbiste la charge créée pour Louis Couperin, c'est assurément afin de réduire, dans une certaine mesure, les dépenses dont ces charges onéreuses grevaient le budget de la musique royale. De plus, ce document nous fournit la date exacte de la mort de Louis Couperin : *29 août 1661*.

S'il était nécessaire que d'autres preuves vinssent corroborer la date du décès de Louis Couperin, fournie par la pièce précitée, une lettre, *datée du 22 septembre 1661* [5], dans laquelle un protecteur anonyme demande pour un des Couperin la place d'organiste de l'église Saint-Gervais, *laissée vacante par*

---

1. *Le Parnasse françois*, p. 402-403.
2. Sébastien le Camus.
3. Arch. nat., Ms. fr. 10252, f° 228, v°.
4. Quelquefois orthographié : Hauteman.
5. Archives du Ministère de la Guerre; n° 162, f° 362. — Communication de M. J. Ecorcheville à la S. I. M. le 8 décembre 1908.

la mort du titulaire, nous confirmerait dans ce que nous savons, dorénavant, puisque cette lettre démontre, avec évidence, que le défunt en question ne peut être que Louis Couperin, attendu que la mort de ses frères est postérieure à l'année 1661[1].

En outre, Jal fait très judicieusement remarquer que la signature de Louis Couperin ne figure pas sur les actes de mariages de ses frères François et Charles, mariages qui eurent lieu tous deux au cours de l'année 1662[2].

L'auteur du *Parnasse françois*, Titon du Tillet, ignorait assurément l'époque à laquelle eut lieu le décès de Louis Couperin ; aussi, avec sa prudence et son soin habituels, est-il assez peu précis à ce sujet : « Il mourut vers l'année 1665 », nous dit-il. Au contraire il devient très affirmatif, nous venons de le voir, page 22, quant à la durée de sa vie : « la mort l'ayant enlevé à la fleur de son âge n'ayant atteint que trente-cinq ans ».

Nous avons dit, page 12, que la date à laquelle Louis Couperin et son frère François vinrent à Paris, amenés par leur illustre protecteur Chambonnière, était tout à fait incertaine ; que, cependant, elle pouvait être fixée, approximativement, à la fin de l'année 1653, mais qu'il était sûr que Louis Couperin était à Paris en 1656; nous en donnions comme preuves une de ses pièces de clavecin, *Fantaisie*, ainsi datée : « à Paris au mois de décembre 1656 », et sa participation aux ballets de cour dès le début de l'année 1656.

La première fois, en effet, qu'à notre connaissance il soit fait mention d'un des Couperin, c'est dans l'argument du *Ballet de Psyché ou de la Puissance de l'Amour*, dansé par Sa Majesté le 17e jour de janvier 1656[3].

VIIe Entrée : sept musiciens venus en ce lieu pour y charmer le sens de l'ouïe. Les sieurs Pinelle, père et fils et frère, et les sieurs Grenerin, Itier, *Couperin*, et Genay[4].

1. François, vers 1701; Charles, 1679.
2. Jal, *Dictionnaire critique de biographie et d'histoire*, article Couperin.
3. « Les ballets étaient des œuvres collectives écrites en collaboration par les divers musiciens de la cour; mais à partir de 1656, la part qu'y prend Lully tend à devenir prépondérante. Le *Ballet de Psyché*, dansé au Louvre le 17 janvier 1656, lui fournit l'occasion de composer à l'italienne la longue scène infernale de la 2e partie. » — L. de La Laurencie, *Lully*, p. 11.
4. Bibl. nat., Yf 842, in-4°. — Paroles de Benserade (Isaac de).

Il s'agit ici d'une véritable symphonie, dont la composition instrumentale donne assez bien l'idée d'un des nombreux groupements orchestraux si étonnants et si variés du XVIIe siècle ; ceux du XVIe siècle étaient encore plus curieux [1].

Les trois Pinelle [2] étaient luthistes, Grenerin luthiste et théorbiste [3], Itier jouait de la basse de viole ; seul, le dessus de viole pouvait être réservé là à Couperin et à Genay.

Ainsi se confirme et se précise que c'est bien une charge de dessus de viole qui avait été octroyée à Louis Couperin.

Nous disons Louis Couperin car, par la date 1656, il n'y a aucun doute possible : le Couperin qui figure dans cette entrée de ballet ne peut être que Louis qui, en l'espèce, faisait son service de musicien de la Chambre du Roy.

Remarquons que l'ensemble instrumental auquel participait Louis Couperin était parfaitement normal ainsi divisé en deux groupes, différents de timbres, mais à peu près égaux en nombre et en puissance sonore : 1° groupe des instruments à cordes pincées, représentés par trois luths, pour les dessus, et un théorbe, pour la basse ; 2° groupe des instruments à cordes frottées, représentés par deux dessus de viole et une basse de viole [4]. Le résultat phonique devait être on ne peut plus agréable et satisfaisant pour l'oreille.

En 1657 Louis Couperin figure à nouveau dans l'*Amour malade*, ballet dansé par Sa Majesté le 17e jour de janvier 1657 :

Ire Entrée : Le Divertissement fait son Entrée, accompagné de quelques-uns de ses suivants, qui composent une musique d'instruments.
Le Roy, le Divertissement.
Les sieurs Molière [5], Beauchamp, De Lorge, Du Prou, Tissu, Pinel,

---

1. Voir : Henri Quittard, *Deux fêtes musicales aux XVe et XVIe siècles.* — *Bulletin mensuel de l'I. M. G.* ; aussi, *Année musicale*, 1912, p. 262.
2. Germain, le père, Séraphin et François, frère cadet du précédent ; leur nom est souvent orthographié : *Pinel*.
3. Dans cet ensemble Grenerin devait exécuter la partie de théorbe, nécessaire comme basse de luth.
4. Vers le même temps, les membres du groupe vocal étaient assez sévèrement appréciés, à en juger par les qualificatifs que leur décerne un de leurs contemporains : « Dessus friand (gourmand), glorieuse (vaniteuse), Haute Contre, Sotte Taille, et Yvrogne Basse-Contre! — *L'entretien des Musiciens* par le sieur Gantez, Auxerre, 1643.
5. Louis de Mollier.

Péquigny, Garnier, Richard, Dalissau, *Couperain*, Martin le père, Martin l'aisné, Martin le cadet, La Marre, Varin, Sibert, et S. André, suivants [1].

Ainsi qu'on peut s'en rendre compte, cette Entrée était importante et solennelle. Le Roi en personne y paraissait [2], et dix-huit musiciens, et non des moindres, entouraient Sa Majesté,

Au cours de cette même année 1657, nous voyons encore Louis Couperin prendre part aux *Plaisirs troublés*, mascarade dansée devant le Roy, par monsieur le duc de Guise le 12 février 1657 [3].

L'argument suppose :

Qu'une trouppe des plus habilles musiciens revenans enssemble du Ballet du Roy, proposent de se divertir entre eux, et pour surprendre plus agréablement leur voisinage se rendent chez Fortier et Bourgeois qui leur prestent des habits de Masques : Dont afin d'estre moins cogneus le sieur Le Gros se déguise sous l'habit du Plaisir; le sieur Donc laisné sous celuy du Bontemps : les sieurs De Mollier, Tissu, Vincent, Itier, *Couperain*, Garnier, Martin, Beauchamps, et Donc le cadet, sous les habits Du Jeu, et autres ses suivants, et en ce plaisant équipage vont donner une Sérénade aux Belles de leur quartier et chantent [4].

Louis Couperin ne paraît que dans le Divertissement en forme de sérénade, qui ouvre la Mascarade.

Enfin, dans le *Ballet de la Raillerie*, dansé par Sa Majesté le 19 février 1659, Louis Couperin figure dans la Première Entrée.

Cette fois il n'est plus seul de son nom, un de ses frères participe aussi à l'exécution de cette Entrée de Ballet :

Ire Entrée : Le Ris accompagné d'une Symphonie de toute sorte de Fleurs, appellées communément par les Poëtes, le Ris des Praieries, se vient réjouir de ce que la Raillerie sa Compagne a réduit tout le monde a faire

---

1. Bibl. nat., Y[r] 843, in-4°. — Paroles de Benserade (Isaac de).
2. Louis XIV adorait la musique, l'avait travaillée avec succès, et était excellent danseur; la Courante fut sa spécialité : « Comme le Roy scait la musique en perfection et qu'il dansoit le mieux de tous les seigneurs de la cour ». — J. Bonnet, *Histoire de la Musique*, Paris, 1723, p. 330.
3. La musique de cette mascarade est presque entièrement de Louis de Mollier; Lully y collabora, mais pour une faible partie. — Communication de M. Henry Bruniéres à qui nous sommes redevables de plusieurs indications intéressant les ballets de cour.
4. Bibl. nat., Y[r] 841, in-4°.

profession de la suivre, comme il paroist dans les railleries réciproques qui fondent toutes les Entrées du Ballet.

Sa Majesté, représentant le Ris.

Fleurs : Messieurs de Mollier, Tissu, Itier, *Couperin*, Pinel, Richard, le Camus, Hauteman, Martin, *Couperin le jeune,* Pinel le jeune, le Moine, Garnier d'Alissan, Buret et Mezeret[1].

Quel était donc ce Couperin, le jeune, qui émaille la prairie royale ?

Au XVIIe siècle, quand, dans une famille d'artistes, trois frères exerçaient la même profession, il était de règle de les désigner ainsi : le premier était l'aisné, le second le cadet, enfin, le troisième s'intitulait le jeune.

Il semble naturel qu'on se soit ici conformé à la coutume que nous venons de signaler, il n'y a pas de raison pour qu'il en soit allé autrement ; ce Couperin le jeune qui participait, très certainement au titre externe, à la première Entrée du *Ballet de la Raillerie,* devait donc être Charles Couperin, le plus jeune frère, le troisième de la dynastie. Pour nous cela ne fait aucun doute.

Le document établissant formellement que Louis Couperin ait été Organiste de la Chapelle du Roy est encore à trouver ; cependant l'autorité de Titon du Tillet, qui l'affirme, constitue une raison suffisante de le croire. A cela vient s'ajouter l'évidence qui nous paraît être là aussi pour le prouver : Chambonnière est à l'apogée de sa gloire, il est le premier claveciniste de la Chambre[2], il voit se grouper autour de lui toute une pléiade d'élèves tels que Hardelle « qui l'imita le mieux[3] », Buret, Gautier, Louis Couperin et ses deux frères, d'Anglebert et Le Bègue ; « les salons les plus brillants se disputent sa présence. On y tolère ses prétentions d'homme de qualité en faveur de son merveilleux talent d'exécutant et de compositeur[4] ».

---

1. Bibl. nat., Rés., Y^f 1038, in-4°. — Paroles de Benserade (Isaac de).
2. Le titre exact des fonctions remplies par Chambonnière, nous l'avons vu, était celui-ci : Joueur d'Espinette de la Chambre du Roy.
3. Le Gallois, *Lettre à Mlle Regnault de Solier touchant la musique.*
4. H. Quittard, *Revue Musicale,* 1902, p. 459. — Si l'on consulte nos *Notes annexes,* note 1, p. 287, on verra que les soi-disantes prétentions d'homme de qualité de Jacques Champion de Chambonnière n'étaient que justifiées.

Dès lors on conçoit aisément que, n'étant pas spécialiste de l'orgue, et occupé comme il devait l'être, Chambonnière ait préféré se consacrer uniquement à l'instrument sur lequel il excellait; qu'il se soit départi de ses fonctions d'organiste de la chapelle du roi en faveur d'un de ses élèves, et que, étant donnée la vive sympathie qu'il éprouvait pour Louis Couperin, il ait fait attribuer à ce jeune artiste, son protégé, celui sur l'avenir duquel il avait pris une certaine responsabilité, la place d'organiste de la chapelle du roi, place que lui-même tenait de son père.

Nous essaierons, à présent, d'éclaircir un autre point assez intéressant.

Dans la Collection Philidor, vol. I, pp. 71-74. Bibliothèque du Conservatoire de Paris, est insérée une : *Piesce qui a Esté faitte par M. Couprins pour contre-faire les carillons de Paris et qui a toujours esté jouée sur l'orgue de Saint-Gervais entre les vespres de la Toussins et celles des Morts.*

La désignation de ce premier volume de l'œuvre admirable qu'a élaboré André Danican Philidor, dit l'aîné, Ordinaire de la Musique du Roy, noteur et garde de sa bibliothèque de musique[1], nous servira de fil conducteur dans le labyrinthe des hypothèses : *Recueil de Plusieurs vieux airs faits aux Sacres, couronnements, mariages et autres solennités faits sous les Regnes de François Ier, Henry III, Henry IV et Louis XIII, avec plusieurs Concerts faits pour leurs divertissements. — Recueillis par Philidor l'Aisné en 1690.*

Ainsi, Philidor, en nous apprenant que cette Pièce, formée de deux Carillons, a toujours été jouée, dit, implicitement, qu'en 1690, et sans doute dès 1684, date de sa nomination comme bibliothécaire musical de Louis XIV, il y avait longtemps déjà qu'elle était composée par un Couperin; François Couperin, le Grand, n'en est donc pas l'auteur : elle ne peut être que de l'un des trois premiers Couperin.

Est-elle de Louis, de François ou de Charles Couperin?

Comme dans le recueil de Philidor elle se trouve parmi des

---

1. La collection qu'André Philidor a formée offrait et offre encore, malgré des fuites déplorables, un intérêt considérable pour l'histoire de l'Art musical en France, pendant la période comprise entre la Renaissance et le XVIIIe siècle.

œuvres composées pour des solennités de l'époque de Louis XIII, et que nous relevons les noms de musiciens antérieurs à cette période ou ayant vécu sous le règne de Louis le Juste, nous sommes amené à écarter aussi Charles et François comme auteurs de la pièce précitée, et à penser qu'elle fut écrite par Louis Couperin.

Si nos déductions sont justes, il est tout naturel que Philidor se soit exprimé, en 1690, de la manière dont il l'a fait, à savoir que cette piesce a toujours esté jouez sur l'orgue de Saint-Gervais ; ce qui revient à dire que Louis Couperin, qui toucha l'orgue de Saint-Gervais de 1655, environ, à 1661, l'écrivit dès la première ou la seconde année de son entrée en fonction, et que, depuis, lui et ses successeurs, frères et neveu, la firent entendre, chaque année, entre les Vêpres de la Toussaint et celles des Morts.

En rapprochant ces Carillons du Tombeau de M. Blanc-Rocher, on trouve la même tendance vers la musique descriptive, le même besoin chez l'auteur d'incorporer dans la musique pure les bruits extérieurs de la vie, son des cloches en particulier ; en outre, le second des carillons présente une disposition des parties et un style qui caractérisent bien Louis Couperin, dont cette pièce serait ainsi la seule œuvre d'orgue qui nous soit parvenue.

L'autorité de Louis Couperin, en tant que compositeur, s'imposait non seulement aux critiques et aux dilettanti du temps où il vivait, mais aussi aux artistes, ses contemporains, qui professaient la plus grande admiration et le plus profond respect pour son talent. L'avertissement du Livre de *Fugues et Caprices à quatre parties* de François Roberday [1], imprimé un an avant la mort du protégé de Chambonnière, nous en fournit une preuve évidente :

Comme il ne seroit pas iuste que ie tirasse aduentage du trauail d'autruy, ie vous dois auertir que dedans Liure il y a trois pièces qui ne sont pas de moy, il y en a une qui a esté autrefois composé par l'illustre Frescobaldy, un autre de Monsieur Ebnert, et la troisième de Monsieur Froberger, tous

---

1. *Fugues et Caprices à quatre parties, mises en partition pour l'orgue*, par Fr. Roberday, valet de chambre de la Reyne. — Bibl. nat., Vm⁷ 1812.

deux organistes de l'Empereur, pour les autres ie les ay toutes composée sur les suiets qui m'ont été présentez par Messieurs, de la Barre, *Couperin*, Cambert, d'Anglebert, Froberger, Bertalli, Maistre de Musique de l'Empereur, et Caualli Organiste de la République de Venise à Sainct Marc, lequel estant venu en France pour le seruice du Roy, lors que mon Liure s'achouoit d'imprimer[1], je l'ay prié de me donner un suiet, afin que mon Liure fut aussi honoré de son nom. — Achevé d'Imprimer pour la première fois, le Quatorzième d'Aoust 1660.

De même que ce fut Louis Couperin qui établit à Paris la suprématie du nom de Couperin, par suite de l'événement décisif que nous avons relaté au début de cette étude, de même, en 1660, époque à laquelle parut le livre de Roberday, Louis Couperin était à l'apogée d'une réputation qui éclipsait celle de ses deux frères musiciens. Il est donc tout naturel que Roberday ait sollicité l'honneur d'obtenir de lui, et non de ses frères, un sujet de fugue.

Sébastien de Brossard, contemporain de Roberday, hésite d'abord dans la désignation du nom de Couperin, en la circonstance, collaborateur bénévole de Roberday. Voici ce qu'il dit à ce propos : « Couperin, père ou oncle de celuy qui règne aujoud'hui en 1725 » (François Couperin, le Grand); puis il se ravise et devient tout à fait affirmatif sur ce point : « Couperin ou Couprin L'Ancien, c'est celuy dont parle Roberday, page 237 et 238, et qui vivait en 1660[2]. »

Il n'y a plus à douter, Louis Couperin est bien désigné ici; de sorte qu'en le plaçant parmi les Illustres de l'époque, et en se trouvant honoré qu'il ait accepté de figurer dans son Livre de Fugues et Caprices, Roberday ne fit que lui rendre l'hommage qui lui était dû... mais il tint à le lui rendre.

A vrai dire, ni le nom de Couperin, ni ceux des autres compositeurs qui présentèrent des sujets de fugue à Roberday, ne paraissent dans son œuvre, en tant que signataires de leur apport musical; aussi est-il bien difficile de savoir exactement quelle est la Fugue et le Caprice dont le sujet a été donné par Louis Couperin, aucune indica-

---

1. En effet : « le cardinal Mazarin l'appela à Paris à l'occasion du mariage de Louis XIV, et son opéra de Xercès fut représenté le 22 novembre 1660 dans la haute galerie du Louvre ». — Fétis, *Biographie universelle des Musiciens*.
2. Catalogue Sébastien de Brossard, chanoine de Meaux, Bibl. nat., Rés., Vm^8 20.

tion concernant cette question n'étant fournie par l'auteur.

Cependant nous croyons pouvoir déterminer que la huitième fugue est celle écrite sur un sujet de Louis Couperin[1]. La raison qui nous amène à cette déduction est toute simple, la voici : c'est que dans le Livre de Pièces de Clavecin, attribué avec tant de vraisemblance à Louis Couperin, nous voyons, F° 74, v°, une Gigue dont le commencement est à peu près identique au sujet de cette huitième fugue. Il y a là une parenté évidente.

Dans le cas particulier, Louis Couperin n'avait pas cru devoir se mettre l'imagination à la torture pour répondre à la demande de Roberday ; il s'était vite aperçu que le motif initial de la Gigue précitée se transformait aisément et fort bien en un sujet de fugue, en raison même de sa nature rythmique, et cela explique parfaitement qu'il l'ait choisi.

Ceci confirmerait, s'il était nécessaire, que ce n'est ni à François, ni à Charles Couperin que Roberday s'adressa pour ses projets musicaux.

Dans cet intéressant ouvrage, le même sujet, modifié, sert à la fois de thème pour une fugue et un caprice ; en sorte que le volume comporte douze fugues et douze caprices.

L'Advertissement nous apprend encore que les quatre parties de ces compositions mises en partition pour l'orgue, peuvent également être exécutées sur les violes.

Si l'on considère la valeur et la haute portée de l'Œuvre de Louis Couperin, l'estime dans laquelle il était tenu par ses contemporains, et la courte durée de la carrière qu'il fournit, on est amené à reconnaître que celui-là était un Grand, qui força la destinée, s'imposa à l'admiration de tous, et facilita évidemment la route aux membres de sa famille auxquels son juste renom fit, par la suite, ouvrir toutes les portes.

---

1. M. André Pirro incline aussi vers cet avis. Voir la magnifique étude que cet éminent musicographe a placée en tête du 3ᵉ volume des Archives de l'orgue consacré, par Alex. Guilmant, à François Roberday.

CHAPITRE III

COUPERIN FRANÇOIS

SIEUR DE CROUILLY

(vers 1631-vers 1701)

François Couperin, quatrième fils de Charles Couperin et de Marie Andry, son épouse, naquit à Chaumes, en Brie, vers 1631 (?), et mourut, à Paris, vers 1701 (?).

La pièce d'archive établissant les dates de naissance et de mort de François Couperin est encore à trouver ; un seul renseignement, fourni par Titon du Tillet, nous dit qu'il périt dans sa soixante-dixième année[1], mais ne nous donne pas la date de sa mort d'après laquelle, sachant qu'il vécut soixante-dix ans, il serait, dès lors, loisible de déduire celle de sa naissance. Impossible aussi de déterminer quoi que ce soit d'après les documents paroissiaux, les registres des baptêmes de la paroisse de Saint-Pierre, à Chaumes, où étaient inscrits les actes, de janvier 1626 à janvier 1632, ne subsistant plus, et l'année 1632 présentant une lacune du 22 février au 14 octobre.

On ne sait pas non plus quand il vint se fixer à Paris ; cependant on peut présumer qu'il accompagna son frère aîné lorsque celui-ci y fut amené par Chambonnière.

François Couperin, frère de Louis, est le seul de la famille qui ait pris le titre de : de Crouilly ; il devait l'avoir reçu de

1. *Le Parnasse françois*, p. 403.

ses parents de Beauvoir : la paroisse de Beauvoir renfermait, en effet, un lieu dit : le dixmage de Crouilly, cité dans accord fait, en 1552, entre l'abbé de Saint-Pierre, de Chaumes, et le curé de Beauvoir [1]. Ce nom subsiste encore sur le territoire de Beauvoir, désignant des champs où se trouvaient, jadis, des maisons.

Titon du Tillet a fait de François Couperin, de Crouilly, le portrait significatif que voici : « C'étoit un petit homme qui aimoit fort le bon vin, et qui allongeoit volontiers ses leçons quand on avoit l'attention de lui apporter près du Clavecin une carafe de vin avec une croûte de pain, et une leçon duroit ordinairement autant qu'on vouloit renouveler la carafe de vin [2]. »

Outre ses talents d'organiste, de claveciniste et de compositeur, les documents de l'époque assurent que François, de Crouilly, était un professeur remarquable; il excellait dans l'art d'enseigner, en particulier, les Pièces de Clavecin de ses deux frères [3].

Nous ne doutons pas qu'il n'ait conduit ses élèves fort avant dans l'étude du clavecin; néanmoins, il est à craindre que des leçons du genre de celles dont parle Titon du Tillet n'aient pu mener loin le maître, lui aussi.

Si l'on pouvait douter que François, de Crouilly, ait été un homme gai, jovial, et surtout aimant la bonne chère, la copie manuscrite de la première des messes qu'il écrivit (*Messes des Doubles*) serait propre à nous instruire du contraire; on lit, en effet, à la fin, après le *Deo Gratias* : « La messe est ditte, allons dîner [4] ».

Renchérissant sur le détail donné par Titon du Tillet, et sur l'exclamation qui nous montre François, de Crouilly, appréciant assurément les plaisirs de la table, l'auteur de la note que nous avons signalée et transcrite, page 49, le déclare : « grand musicien », mais aussi « grand ivrogne [5] ».

1. Arch. dép. de Seine-et-Marne, H. 88, n° 177.
2. *Le Parnasse françois*, p. 403.
3. Titon du Tillet, *Le Parnasse françois*.
4. Bibl. du Conservatoire de Paris, 18537, in-4°.
5. Bertault, un des premiers virtuoses du violoncelle, avait un penchant presque immodéré pour le vin, qu'il appelait *sa colophane*, et jouait rarement

Ne serait-ce pas dans ce jugement sévère, et peut-être juste, qu'il faudrait chercher l'explication de la préférence marquée que Louis Couperin eut pour son frère cadet Charles, et la raison qui fait que ce n'est pas François, de Crouilly, qui fut choisi pour remplacer à l'orgue de Saint-Gervais son frère Louis, lorsque celui-ci mourut en 1661, mais bien Charles Couperin. Ce n'est qu'en 1679, à la mort de Charles Couperin, que François, de Crouilly, obtint, enfin, la place d'organiste de Saint-Gervais ; encore n'occupa-t-il cette place que pendant dix ans, soit jusqu'en 1689. A cette époque, le registre des délibérations du Conseil de Fabrique de la paroisse Saint-Gervais porte, à la date du 3 juillet 1689, que : « après en avoir délibérer la compagnie décide d'accorder le logement gratuit à la dame Couperin dont le fils est organiste à présent[1] ». Il est évident qu'il s'agit ici de Marie Guérin, veuve de Charles Couperin, et que le fils dont il est question ne peut être que François Couperin, surnommé par la suite : le Grand.

Ainsi, malgré que François, de Crouilly, ait été un grand musicien, le Conseil de fabrique avait cru devoir le démissionner, et lui substituer son jeune neveu François, âgé alors de vingt et une années seulement.

Il y a là de quoi faire réfléchir sur la régularité, ou plutôt l'irrégularité du service de François, de Crouilly, à l'orgue de Saint-Gervais, et sur la réputation que lui avait acquise la vie de jovialités et de bombances qu'il dut mener.

En tous cas, si François, de Crouilly, ne se maintint pas dans les fonctions d'organiste de Saint-Gervais jusqu'à la fin de ses jours, il en conserva du moins le titre, puisque ce titre figure sur l'enregistrement du Privilège de ses pièces d'orgue, privilège daté du 6 novembre 1690.

Peut-être l'oncle et le neveu se partagèrent-ils le service de l'orgue de Saint-Gervais, ainsi que cela se pratiquait couramment, au XVIIe siècle, entre membres de la même famille.

Le seul ouvrage constamment attribué, avec toute vraisem-

---

dans un salon avant qu'un domestique ne lui en eût apporté une bouteille qu'il plaçait sous son tabouret.
Cet artiste se fit entendre pour la première fois au Concert Spirituel, en 1735, où il obtint un succès prodigieux

1. Arch. nat., LL 748, f° 7.

blance, à François Couperin, sieur de Crouilly : *Pièces d'orgue consistantes en deux Messes, l'une à l'usage ordinaire des paroisses pour les fêtes solennelles, l'autre propre pour les couvents de religieux et de religieuses*, ne nous est parvenu que manuscrit ; par une anomalie incompréhensible, seuls le titre et le privilège ont été imprimés du vivant de l'auteur, en 1690.

Là encore ne faut-il pas voir une conséquence des difficultés d'existence que suscitait à François, de Crouilly, le genre de vie qu'il menait? Privé, en 1689, des ressources que lui procurait la situation d'organiste de Saint-Gervais, il ne put sans doute continuer la publication de ses œuvres, commencée avant cette date ; le Privilège et le Titre lui auraient ainsi été livrés seuls, la publication de la musique ayant été reportée à des temps meilleurs.

Plus haut, nous avons dit que l'influence de Chambonnière se fait sentir aussi bien dans les œuvres de François Couperin, de Crouilly, que dans celles de son frère aîné Louis, mais il nous faut remarquer que, si cette influence d'un claveciniste sur les œuvres de clavecin d'un autre compositeur ne nuit en rien au style des Pièces de Louis Couperin, elle est particulièrement regrettable pour celles de François, de Crouilly ; voici pourquoi : il est avéré que les *agrémens*, ainsi qu'on nommait les ornements au XVIIe et au XVIIIe siècles, fort nombreux dans la musique de clavecin de toute cette période, étaient, en partie, nécessités par la nature même de l'instrument auquel ils s'adressaient.

Les accents, les sforzandi et les rinsforzandi, qu'on obtient si facilement avec le doigt et la pédale sur nos pianos modernes, ne se pouvaient rendre au clavecin ; aussi des artistes tels que ceux du XVIIe et du XVIIIe siècles, qui éprouvaient, très certainement, le besoin de ce relief sonore donné à une note, furent-ils amenés à multiplier l'emploi des pincés, ports de voix et tremblements, pour ne parler que de ces agréments ; agréments qui, pour l'époque, remplaçaient l'accent impossible. Si bien que lorsque nous trouvons surchargée d'ornements telle pièce de ces maîtres d'autrefois, nous devons, tout d'abord, écarter de cette surcharge à peu près tous les tremblements, ports de voix et pincés qui, nous le répétons, n'entraient dans la graphie musicale, et surtout dans l'exécution, que comme *trompe oreille* afin de donner l'illusion d'un renforcement de son.

Cette opération terminée, les compositions d'un Chambonnière, d'un Couperin ou d'un d'Anglebert se trouvent singulièrement allégées, et si elles restent encore très remplies d'ornements, cette profusion n'a plus rien de choquant; bien au contraire, les ornements qui subsistent ne sauraient être ôtés sans nuire au style de ces œuvres auxquelles, au lieu de leur être défavorables, ils ajoutent certainement un charme particulier.

Il est à remarquer que les clavecinistes des XVIIe et XVIIIe siècles se servent particulièrement des agréments quand la nuance est forté (fort).

Dans la pièce : les *Fifres* de François Dandrieu, 1684-1740, lorsque la même phrase revient piano (doux), point n'est besoin d'accents, on ne rencontre plus les pincés qui se trouvaient dans la phrase énoncée précédemment forté.

Cette manière d'employer les agréments est aussi celle de François Couperin, le Grand, surtout dans la forme Rondeau où le dernier couplet doit être joué piano : le *Bavolet flottant* est, à ce point de vue, tout à fait significatif.

Même emploi des tremblements et pincés dans le *Rossignol en amour*, aussi de François Couperin, le Grand.

Nous pourrions multiplier à l'infini ces exemples.

Quand les compositeurs du XVIIe et du XVIIIe siècles ont eu l'orgue pour objectif, en écrivant des pièces de Clavecin, ce qui n'est pas douteux dans maints cas, leur style musical s'en est trouvé haussé d'autant; par contre, il est déplorable que le style du clavecin se soit introduit dans celui de l'orgue. C'est là, assurément, qu'il faut chercher une des causes de la décadence du noble style de l'orgue, décadence sensible, en France, déjà chez G. Nivert, par exemple, et qui alla s'accentuant jusqu'au XIXe siècle; il a fallu le génie d'un César Franck pour régénérer la musique d'orgue, et, si l'on peut dire, l'aiguiller à nouveau vers ses sublimes destinées.

Il est certain que la variété et la multiplicité des ornements que l'on rencontre dans l'Œuvre de François, de Crouilly, à leur place dans de la musique écrite pour un instrument à cordes pincées, nous paraissent déplacés à l'orgue, qui procède surtout par sons soutenus.

A part cette restriction, la musique de ce vieux maître garde un caractère personnel très marqué; les idées, présentées avec clarté, sont superbes; les harmonies, fréquemment audacieuses, devancent de beaucoup l'époque à laquelle vécut l'auteur; et M. Pirro a pu écrire, fort justement, que : « la forme de ses offertoires semble avoir été créée par lui[1] ».

Aux seuls offertoires de ses deux messes ne se réduisent pas les « trouvailles musicales » de François, de Crouilly; des morceaux comme le dernier couplet du Gloria, *Dialogue sur les Grands-Jeux,* de la messe à l'usage des paroisses, première messe; le 5⁰ couplet : Domine Deus, Agnus Dei, *Chromhorne en taille*, de la messe propre pour les couvents de religieux et de religieuses, seconde messe; et surtout le *Récit de Chromhorne*, 3⁰ couplet du Kyrie de la première messe, pour ne citer que ceux-là, sont des œuvres dont la sereine beauté n'a pas été, non seulement, dépassée, mais même égalée.

Lorsqu'on étudie la musique de François Couperin, de Crouilly, et que l'on connaît la façon dont il comprenait et dirigeait son existence journalière, on est étonné de l'antinomie qui existe entre ceci et cela. Sa personnalité apparaît comme présentant une dualité bien tranchée, une constante contradiction.

Il semble que cet homme curieux, intéressant, attractif, avait la faculté de se dédoubler : dès qu'il était à son orgue il perdait, pour ainsi dire, ses attaches terrestres, et, libéré alors des vulgarités de la vie, prenait son vol vers les espaces sublimes de l'idéal, plongeant éperdument dans les régions de la pure lumière, en plein ciel.

En somme, sauf la légère réserve que nous formulions à propos des ornements, les pièces de François, de Crouilly, se maintiennent constamment aux hautes altitudes où doit planer le véritable style de l'orgue; elles demeurent ainsi des plus

---

[1]. *Archives des Maîtres de l'orgue*, vol. V, p. 103 (7).

importantes pour l'histoire de la musique de cet instrument au XVIIe siècle, et témoignent grandement de l'excellence de l'école française d'orgue. En outre, elles nous initient aux différents jeux dont était pourvu l'orgue de Saint-Gervais. Voici comment : on sait que la coutume des organistes français était de registrer leurs œuvres, non pas pour un instrument quelconque, mais bien pour celui qu'ils avaient à leur disposition ; dès lors il est admissible que François Couperin, de Crouilly, se conformant aux habitudes existantes, ait registré ses pièces d'après et pour l'orgue dont il était titulaire, celui de Saint-Gervais.

En lisant son Œuvre admirable, il devient aisé de se rendre compte à quel point François de Crouilly était habile dans l'art instrumental qu'il pratiquait, sachant à merveille tirer parti des divers jeux qui s'offraient à lui, soit au Grand Clavier ou Grand Orgue : la Trompette, le Clairon, le gros jeu de Tierce, les Bourdons, la Montre, le Nazard, le Plein-Jeu et la Voix humaine ; soit au Positif : le Chromhorne, le Larigot, le Nazard, le petit jeu de Tierce, la Montre, le Bourdon et le petit Plein-Jeu ; soit au Récit, le Cornet ; sans compter la « Pedalle de Fluste », dont on rencontre souvent l'indication au cours de ses messes.

Tous ces jeux et leurs mélanges lui fournissaient une palette de timbres extrêmement complexe et, partant, une grande variété d'effets ; cela ne fait aucun doute pour nous[1].

A la seule œuvre, connue jusqu'ici, de François Couperin, sieur de Crouilly, nous pensons pouvoir en ajouter une autre ; celle-là, non pas instrumentale, sereine, élevée comme les « Pièces d'orgue consistantes en deux messes », mais vocale, intéressante aussi, et curieuse à un autre point de vue. Elle

---

1. Les orgues modernes ne possédant pas les mêmes jeux que les instruments anciens, Alexandre Guilmant, dans son édition des deux messes de François Couperin, de Crouilly (*Archives de l'orgue*, vol. V), a dû fréquemment changer la registration de l'auteur, cela afin d'essayer d'obtenir des effets analogues ; il a cru devoir aussi indiquer les endroits où la pédale moderne pouvait être employée avec avantage.

Avant leur publication par Alex. Guilmant, les Pièces d'Orgue de François, de Crouilly (Messes) auraient été découvertes ou signalées par Danjou, artiste érudit, organiste du grand orgue de Notre-Dame. — Jean-Louis-Félix Danjou naquit à Paris, le 21 juin 1812, et mourut à Montpellier, le 4 mars 1866.

se trouve, de la page 59 à la page 64, dans un « Recueil de trios de différents auteurs », in-4° oblong, relié en veau, appartenant à la Bibliothèque du Conservatoire de Paris; sur le dos de ce volume on lit : « Recueil de trio », et, sur une étiquette : « Chansons à boire de divers auteurs ».

Ce très bizarre recueil contient des œuvres de Charpentier, Lambert et Mouret. La musique en est traitée à la manière de trios d'opérette, sur des paroles quelquefois fort licencieuses; celles du trio VII devaient être presque illisibles, c'est sans doute la raison qui l'a fait supprimer complètement : les feuillets en sont arrachés. Dans cette suppression, la fin du : « Trio de M. Couprin. Trois Vestales et trois poliçons », le sixième du recueil, la fin, disons-nous, a sauté; toutefois, d'après la coupe de six mesures, propre à la seconde partie de cette composition, il doit manquer fort peu de chose, sans doute simplement quelques mesures.

Nous placerons cette œuvre dans le catalogue de François, de Crouilly, parce que le dispositif en harmonies verticales dont elle est construite peut être attribué au second de la dynastie musicale des Couperin, et puis parce que l'idée de mettre en musique des paroles telles que celles de notre trio nous semble bien appartenir à l'artiste jovial, facétieux, qu'était François Couperin, sieur de Crouilly.

Tout ceci n'est, naturellement, que supposition, car, malgré les auteurs avec lesquels voisine le Couperin du trio en question, il se pourrait que ce soit Louis, Charles ou même François, le Grand, qui l'ait écrit.

Le 25 juin 1662, François Couperin, sieur de Crouilly, épousa Magdeleine Joutteau; le mariage eut lieu en l'église Saint-Louis-en-Ile, et eut pour témoins : « Pierre Thierry, facteur d'orgues, et Charles Licarmes, organiste à Paris[1] ».

Ce premier mariage paraît avoir été sans enfant.

De son second mariage avec Louise Bongard, François, de Crouilly, eut quatre enfants : Marguerite-Louise Couperin, vers 1676; Marie-Anne Couperin, 11 novembre 1677; Fran-

---

1. Jal, *Dictionnaire critique de Biographie et d'Histoire.*

çois-Hiérosme Couperin, 24 octobre 1678; et Nicolas Couperin, 20 décembre 1680.

François Couperin, sieur de Crouilly, mourut, à Paris, vers 1701 (?) des suites d'un accident : il fut renversé par une charrette; dans sa chute il se brisa le crâne. Il avait environ soixante-dix ans.

Il laissa quelque bien puisque, le 6 août 1712, sa veuve et ses enfants vendirent une maison, sise rue Sainte-Anastase[1], qu'ils tenaient de son héritage; cet immeuble valait plus de trois mille livres[2], à peu près dix à douze mille francs au taux de la valeur actuelle de l'argent.

La première demoiselle Couperin, dont Jal n'a pu retrouver l'acte de baptême, a été, jusqu'à présent, désignée par un seul prénom, celui de Louise; son acte de décès nous fournit son autre prénom de Marguerite, qu'il convient de lui restituer dorénavant.

Voici cet acte extrait du registre des sépultures de la paroisse Notre-Dame, à Versailles :

> L'an mille sept cent vingt-huit, le trente et unième Du moy De May Marguerite Louise Couperin ord^{re} de la Musique de [la] Chambre du Roy agée de quarante neuf ans, décédée le jour précédent a été inhumée par nous soussigné prêtre De la cong^{on} De la Mission faisant les fonctions curialles En cette paroisse En présence de Nicolas Couperin frère De la deffunte organiste de Saint-Gervais à Paris Et de François Mabille commis au bureau de la guerre qui ont signé.
>
> COUPERIN, MABILE, JOMIVAY[3].

Ainsi, par cet acte, nous voici, non seulement en possession du second prénom de Louise Couperin, mais encore de la date exacte de sa mort : *30 mai 1728*.

Ce document semble déterminer aussi l'année où naquit Marguerite-Louise Couperin : si elle mourut en 1728 âgée de quarante-neuf ans, ainsi que le dit l'acte ci-dessus, il est évident que la date de sa naissance devrait être fixée à l'année 1679. Pourtant, comme de son côté, Titon du Tillet dit très affirmativement : « Elle mourut à Versailles en 1728, âgée de cin-

---

1. La rue Sainte-Anastase subsiste encore dans le 3e arrondissement de Paris.
2. Bibl. nat., Ms. fr. 27364, n° 19823.
3. Registre de l'année 1728, f° 30, v°. — Ville de Versailles, mairie.

quante-deux ans »[1], et que nous savons que les renseignements émanant de ce précieux biographe sont, en général, d'une grande justesse et d'une rare précision, la date de 1679 reste, pour nous, douteuse, malgré l'autorité de la source dont elle découle.

Néanmoins, on ne saurait accepter, non plus, l'année 1676 comme date de naissance de Marguerite-Louise Couperin, date qui se déduit du renseignement fourni par l'auteur du Parnasse français, d'autant que ce qu'il nous dit relativement aux fonctions de Marguerite-Louise à la Cour : « Elle a été pendant trente ans de la Musique du Roy »[2] n'apporte aucun éclaircissement à ce sujet particulier concernant la fille de François, de Crouilly ; il se peut, en effet, qu'elle soit entrée à la musique du roi aussi bien à dix-neuf ans qu'à vingt-deux : nous connaissons des exemples de musiciens reçus à la musique du roi bien avant leur dix-neuvième année.

Jusqu'à nouvel ordre, c'est-à-dire jusqu'au jour où l'on aura retrouvé l'acte de baptême de Marguerite-Louise Couperin, il convient de rester dans l'expectative entre les années 1676 et 1679 comme date de sa naissance.

Marguerite-Louise fut : « une des plus célèbres musiciennes de nos jours, qui chantoit d'un goût admirable et qui jouoit parfaitement du clavecin. Elle a été trente ans de la Musique du Roi », ainsi s'exprime à son sujet Titon du Tillet.

C'est à son titre d'Ordinaire de la Musique du Roi qu'elle dut d'être, à la cour de France, l'une des interprètes habituelles des œuvres de son cousin François, le Grand.

En effet, dans les recueils de Ballard pour les années 1703, 1704 et 1705, dans lesquels sont imprimés les Motets de François Couperin, le Grand : « Composés de l'ordre du Roy et chantés à Versailles »[3], on rencontre plusieurs fois, aux tables et dans le corps des trois recueils, le nom de Mademoiselle Couperin participant à l'exécution de Versets des Motets en question soit seule, soit en compagnie de Mademoiselle Chappe.

---

1. *Parnasse françois*, p. 403.
2. *Ibid.*
3. Christophe Ballard, seul imprimeur du Roy, pour la musique. — Pour la généalogie des Ballard, voir : *Notes annexes*, note III, p. 289-290.

D'après la date de publication de ces ouvrages, et aussi grâce à ce que nous connaissons déjà sur Marguerite-Louise Couperin, cette Mademoiselle Couperin ne peut être que Marguerite-Louise.

S'il était possible d'avoir le moindre doute à cet égard, Titon du Tillet se chargerait de le dissiper.

Dans le supplément du *Parnasse françois*, page 666, il nous dit que, parmi les ouvrages de François Couperin, le Grand : « qui n'ont point été gravés ou imprimés, il y a une grande quantité de Motets, dont douze à grand chœur ont été chantés à la chapelle du Roy devant Louis XIV, qui en fut très satisfait de même que toute la cour. La Demoiselle Louise Couperin, sa cousine, Musicienne Pensionnaire du Roy, y chantait plusieurs versets avec une grande légèreté de voix, et un goux merveilleux. »

Il est de toute évidence que cette demoiselle Couperin, qui prit part à l'exécution des Motets à grand chœur de son illustre cousin, est aussi la Mademoiselle Couperin de ceux des Motets de François Couperin imprimés par Christophe Ballard.

Vers la même époque, nous la voyons participant à une fête donnée au château de Saint-Maur :

« Le lundy 7 juillet 1702, après une chasse au loup dans la forêt de Sénart, le souper fut servi à sept heures, il y eut, ensuite, une musique exécutée par les Sieurs Cocherot et Thévenart de l'Opéra, et les Demoiselles Couperin et Maupin. La première est de la Musique du Roy et Nièce[1] du sieur Couperin, Organiste de Sa Majesté, qui accompagna avec une Epinette. Les sieurs Visée, Forcroy, Philbert, des Cottaut et quelques violons furent aussi de ce concert[2]. »

Le lendemain : « le mardy, Mesdemoiselles Couperin et Maupin chantèrent un Motet à la Messe de Monseigneur, accompagnées par le sieur Couperin avec l'Epinette. Pendant le souper Mademoiselle Couperin chanta quelques récits des vieux Opéra accompagnée des sieurs Couperin et Forcroy[3]. »

Le *Mercure Galant* nous apprend encore que : « Le jeudy

1. Nièce est là pour cousine.
2. Le *Mercure galant*, 1er juillet 1702, p. 306.
3. *Ibid.*, juillet 1702, p. 369-370.

18 octobre 1703 il y eut Conseil d'État. Le Roy entendit à sa Messe un Motet de la composition de M. Bernier, maître de Musique de Saint-Germain l'Auxerrois de Paris, dont Sa Majesté parut très contente. Mademoiselle Couperin de la Musique du Roy, qui chanta quelques récits, reçut de grands applaudissemens. »

Son cousin, François Couperin, le Grand, devait la tenir en grande estime. Suivant ses tendances à la musique pittoresque et descriptive, il fit, musicalement, le portrait de Marguerite-Louise, en une pièce de clavecin qui figure dans son Quatrième Livre, vingtième Ordre, pièce à laquelle il a donné le titre de : *La Croûilli ou la Couperinète*, lui rendant ainsi, deux ans après sa mort[1], un hommage qui perpétue le souvenir de cette chanteuse qui, avec sa nièce à la mode de Bretagne, Marguerite-Antoinette Couperin, fut la plus en vue des *Couperines* de la famille.

A en juger par les caractères de la Pièce à 3/8 que François, le Grand, a dédiée à sa cousine, la petite Couperin, Mlle de Crouilly devait être une personne délicate, faisant toute chose en son temps, sans hâte, aimable, pas triste, cependant assez mélancolique.

Ajoutons que, étant données les parties chantées par Marguerite-Louise Couperin, il est aisé de se rendre compte qu'elle possédait une voix de soprano.

Le seconde fille de François, de Crouilly : Marie-Anne Couperin, naquit à Paris le 11 novembre 1677; elle fut baptisée dans l'église paroissiale du quartier qu'habitaient ses parents, à Saint-Louis-en-l'Ile, le 14 du même mois, et eut pour parrain son cousin François, qui devait être, par la suite, surnommé le Grand : « On sait que Marie-Anne Couperin embrassa la profession religieuse, et qu'elle fut organiste du couvent dans lequel elle termina ses jours[2]. »

A cela se borne ce que Jal nous dit sur son compte.

Si, contre toute vraisemblance, elle entra à l'Abbaye de

---

1. Le Quatrième Livre de Pièces de clavecin de François Couperin parut en 1730.
2. Jal, *Dictionnaire critique de Biographie et d'Histoire*, p. 440.

Maubuisson, comme l'ont prétendu plusieurs biographes, elle dut ensuite changer d'ordre, suivant en cela une pratique courante de l'époque, car il est absolument sûr qu'elle ne mourut pas dans ce monastère, le registre des décès de la dite abbaye ne faisant pas mention de cet événement.

Nous n'avons pu découvrir l'ordre qu'elle avait choisi.

François-Hiérosme Couperin, fils aîné de François Couperin, sieur de Crouilly : « baptisé à Saint-Louis-en-l'Ile le 25 octobre 1678, né la veille [1] », a dû mourir très jeune.

Il ne paraît pas avoir été musicien, et n'a laissé aucune trace de lui; du moins n'en n'avons-nous pas trouvé.

Quant au second fils de François, de Crouilly : Nicolas Couperin, né le 20 décembre 1680 [2], celui-ci était un excellent organiste attaché à la musique du comte de Toulouse, et si apprécié par son cousin François, le Grand, que ce dernier demanda pour lui la Survivance de la place d'organiste que lui-même occupait à Saint-Gervais.

Voici ce que nous trouvons, à ce sujet, dans le registre de délibérations du Conseil de Fabrique de la paroisse Saint-Gervais, à la date du 12 décembre 1723.

A esté représenté que Monsieur Couperin [François, le grand], organiste de cette église, ayant entré au Bureau y a demandé qu'il soit accordé au sieur Couperin, son cousin, la survivance de la place d'organiste pour l'exercer après son décès. Luy retiré la compagnie a accordé la d^e survivance aux mesmes appointements et conditions que ceux du dit sieur Couperin laisné autem (sic) que la Compagnie le jugera à propos [3].

A la mort de son illustre cousin, Nicolas Couperin lui succéda effectivement à l'orgue de Saint-Gervais, la pièce suivante le prouve surabondamment; elle est également extraite du registre de délibérations du Conseil de Fabrique de Saint-Gervais, où elle figure à la date du 12 décembre 1733 [4] :

1. Jal, *Dictionnaire critique de Biographie et d'Histoire*, p. 440.
2. Baptisé le surlendemain : 22 décembre 1680. Jal, *Dictionnaire critique de Biographie et d'Histoire*, p. 440.
3. Arch. nat., LL, 749.
4. Exactement trois mois, jour pour jour, après le décès de François Couperin (12 septembre 1733).

A esté représenté par le sieur Tiberge, marguillier comptable, que Monsieur Couperain (sic) laisné estant décédé, Monsieur Couprain, le jeune à qui la survivance a été accordé par le passé demandoit qu'elle luy fust confirmé de nouveau par la ditte compagnie au mesme closse (sic) et condition que feu Monsieur son cousin et qu'il prie Messieurs d'avoir égard que depuis la démolition des maisons il est logé à ces dépend espérant une indemnité pour cela[1]. Le dit sieur estant entré à la ditte assemblée pour cette (sic) effet et luy retiré, la compagnie a arresté et délibéré unanimement que la ditte survivance luy estoit de nouveau confirmé, aux mesme closse et condition qua feu M^r son cousin et qua Legard (sic) de l'indemnité de son logement elle seroit fixé lors qu'il seroit logé par la ditte fabrique comme il l'estoit cy devant[2].

Nous donnerons, à présent, la copie d'une pièce qui complète la précédente; elle provient de la même source : le registre de délibérations du Conseil de Fabrique de la paroisse Saint-Gervais, et nous confirme dans ce que nous savions déjà, que les maisons fabriciennes de la rue du Pourtour étaient réédifiées en 1734 :

Du Dimanche 30 May 1734, en l'assemblée tenue au bureau de la Fabrique à l'issue de la grande messe ou ont été convoqué par Billet messieurs le curé, marguilliers et anciens a été délibéré ce qui suit.

A été représenté par le sieur Bigot, marguillier comptable, que par délibération du six may Messieurs les commissaires députés pour le nouveau bâtiment ont accordé, sur bon plaisir de la compagnie, à Monsieur Couperin organiste pour son logement le second appartement complet qui donne sur les deux premières maisons à côté du cimetière avec portion de grenier et portion de caves au moyens de quoi il ne pourra repeter aucune indemnité pour le temps qu'il n'a estée logé[3].

Ainsi, dans ce nouvel arrangement avec la Fabrique de Saint-Gervais, Nicolas Couperin ne recevait pas d'indemnité de logement pour le temps de la démolition et de la reconstruction des maisons fabriciennes de la rue du Pourtour-Saint-Gervais, mais, en revanche, il lui était accordé un appartement complet, avec caves et grenier, dans les nouveaux immeubles[4].

---

1. Ce passage a trait aux maisons fabriciennes construites en bordure du cimetière paroissial et de la rue du Monceau ou du Pourtour-Saint-Gervais, maintenant rue François-Miron ; et à la coutume de la fabrique de donner la gratuité du logement à l'organiste de la paroisse et à sa famille. — Voir la partie de cet ouvrage consacré à la *Maison des Couperin*.
2. Arch. nat., LL, 750.
3. Arch. nat., LL, 750.
4. Actuellement n° 4, rue François-Miron.

Si, maintenant, nous nous en référons au portrait appartenant au Musée de Versailles, portrait que nous avons cru devoir identifier comme étant celui de Nicolas Couperin, il est flagrant que, là, le peintre a mis en évidence la qualité de Compositeur de son modèle [1].

De quelle nature furent les œuvres de Nicolas Couperin? Jusqu'ici il est impossible de se prononcer, aucune de ses compositions ne nous étant encore parvenue. Néanmoins, il n'est pas impossible qu'un hasard nous mette en présence d'un manuscrit du fils de François, de Crouilly.

On savait que Nicolas Couperin était mort en 1748, mais la date précise de son décès restait inconnue. Nous pouvons, à présent, la fixer au *25 juillet 1748*, car voici l'extrait d'inhumation qui nous fournit irréfutablement cette date :

Extrait du registre mortuaire de l'Église paroissiale de Saint-Gervais à Paris pour la présente année mil sept cent quarante huit.
 Le vendredy vingt six juillet a été inhumé sous les orgues dans cette Église, Nicolas Couperin organiste de cette Eglise décédé hier rue du Pourtour âgé de soixante sept ans, fait en présence d'Armand-Louis Couperin organiste de cette église, son fils et de Louis François Normand Mᵉ horloger son cousin et autres qui ont signé avec Duserre prestre [2].
 Collationné à l'original par moi prestre dépositaire des dits registre à Paris ce vingt neuf Aoust mil sept cent quarante huit.
Signé : DUSERRE [3].

Puisque Nicolas Couperin est né le 20 décembre 1680, et qu'il mourut en 1748, c'est à soixante-huit ans qu'eut lieu son décès et non à soixante-sept, ainsi que le dit fautivement l'acte ci-dessus.

Le même acte nous fournit ce renseignement curieux que Nicolas Couperin fut inhumé sous les orgues de Saint-Gervais.

Quelle pensée, à la fois touchante et noble, que celle d'inhumer un organiste au pied même de l'instrument sur lequel il s'est exprimé pendant quinze années de sa vie!

Nicolas Couperin n'est d'ailleurs pas le seul dont l'inhu-

---

1. Voir *Iconographie des Couperin*, p. 218 et suiv., aussi Pl. III.
2. Le même jour cette inhumation était relatée dans les *Affiches, annonces et avis divers*, n° 29.
3. Arch. de la Seine, *État civil reconstitué*, Décès, 25 juillet 1748.

mation ait eu lieu à cette place. Nous citerons ce Président à Mortier qui demanda, par humilité, et obtint d'avoir sa sépulture au même endroit, afin d'être ainsi foulé par les pieds de tous les fidèles qui passaient par le porche pour entrer dans l'église et pour en sortir.

Nicolas Couperin avait pris pour femme la Demoiselle Françoise Dufour de la Coste, qui lui donna un seul enfant : Armand-Louis Couperin.

Nicolas Couperin était : « Bourgeois de Paris ». Nous en trouvons la preuve dans l'acte de mariage de son fils Armand-Louis, où il est ainsi qualifié [1].

Le fait d'être inhumé dans l'église Saint-Gervais, et celui d'obtenir le titre de Bourgeois de Paris démontrent que Nicolas Couperin occupait une situation sociale importante, le titre de Bourgeois de Paris n'étant conféré qu'à un habitant notable de la ville ; il lui donnait certains privilèges analogues au Droit de Cité.

1. Voir chapitre VI, p. 147.

CHAPITRE IV

COUPERIN CHARLES

(1638-1679)

Charles Couperin, frère cadet de Louis et de François, le dernier enfant de Charles Couperin et de Marie Andry, son épouse, naquit à Chaumes, en Brie, le 7 ou 8 avril 1638.

Voici une pièce qui fixe la date de sa naissance, attendu que c'est son acte de baptême[1] :

> Le neufviesme jour du mois d'avril 1638 fut baptisé Charles, fils de Charles Couperin et de Marie Andry, ses père et mère, son parrain, M. Charles Baudin, marchand, et sa marraine, Barbe Andry, demeurant à Chaumes. — BROICHOT Curé[2].

Pour Charles Couperin, comme pour Louis, la plupart des biographes se sont trompés en donnant l'année 1669 comme date de sa mort.

Fétis, Eitner, Riemann, la Grande Encyclopédie, et même Jal et Th. Lhuillier s'en sont rapportés à l'édition du *Parnasse françois* ne contenant pas le premier supplément. S'ils s'étaient préoccupés de la « Suite du *Parnasse françois* jusqu'en 1743 », ils auraient vu là que Titon du Tillet, s'occupant de Charles Couperin dans l'article consacré à François Couperin, le Grand, dit ceci : « Il mourut âgé de quarante ans en l'année

---

[1]. Au XVIIe siècle l'acte de l'état civil fixant la naissance (acte de naissance) n'existait pas ; c'est l'acte de baptême qui seul en faisait foi.
[2]. Th. Lhuillier, *Notes sur quelques musiciens de la Brie*, Meaux, 1870, p. 15.

1679⁽ᵃ⁾ et eut pour fils celui dont on parle ici qu'il laissa agé de dix ans[1]. »

Le petit *a* placé entre parenthèses, en haut et à droite de la date 1679, vise une note (*a*) qui se trouve au bas de la page 664, note ainsi conçue : « On s'est trompé à la page 403 en marquant sa mort en 1669. »

Ainsi, Titon du Tillet rectifie, page 664, l'erreur qu'il a commise page 403 ; il est donc bien évident qu'il était parfaitement sûr de ce qu'il avançait en second lieu.

D'autre part, nous venons de voir que Charles Couperin naquit le 7 ou 8 avril 1638, date qui concorde exactement avec le texte de Titon du Tillet, car 1638 + 40 = 1678, soit la date donnée par Titon pour le décès de Charles Couperin.

La date 1679 concorde aussi avec sa phrase « laissant un fils agé de dix ans », phrase qui s'applique à François Couperin, le Grand, né en 1668.

S'il subsistait encore un doute quant à la date du décès de Charles Couperin, voici une pièce propre à le dissiper complètement :

Par devant les Conseillers du roy notaires garde nottes de sa majesté en son Chastelet de Paris soussignez, furent présents Mre Henry de Fourcy, conseiller du Roy... Jean-Pierre Lenoir marchand, maistre apotiquaire, bourgeois de Paris... marguilliers... lesquels ont confessé avoir baillé à loyer et prix d'argent du premier janvier prochain, pour six années... à Charles Couperin, organiste de ladite église à ce présent, acceptant, une chambre dépendant des logements du pourtour de ladite église près le portail... ladite Chambre au premier étage, tenant à l'une des chambres occupées par ledit sieur Couperin, suivant bail qui luy en a esté fait par lesdits sieurs marguilliers... Pour ladite Chambre... jouir, faire et disposer par le dit sieur Couperin pendant le temps du présent bail, moyennant le prix et somme de 60 livres de loyer pour chacune desdites six années, lesquelles seront diminuez audit Couperin... sur les quatre cents livres que lesdit sieurs marguilliers sont obligés de payer par chacun an audit Couperin... L'an 1673, le 25ᵉ jour de décembre [2].

M. de La Palisse, lui-même, aurait pu déduire que si, le 25ᵉ jour de décembre 1673, Charles Couperin signait un bail... c'est qu'il n'était pas mort en 1669.

D'après ce qui précède, il convient de s'en tenir à la date

---

1. *Premier Supplément*, p. 664.
2. Arch. nat., S. 3364.

PL. III.

NICOLAS COUPERIN.

de Titon du Tillet : 1679, comme date certaine de la mort de Charles Couperin.

A titre de curiosité, nous donnerons la copie d'une note qui figure sur la page de garde d'un exemplaire des premier et second livres de Pièces de Clavecin de François Couperin, le Grand[1]. Au reste, cette note qui contient une date fausse, celle de la mort de Louis Couperin, ne nous apprend rien de nouveau; cependant, outre qu'elle précise la date du décès de Charles Couperin, elle nous confirme dans la pensée où nous étions que, non seulement Louis Couperin, mais ses deux frères, eurent l'heureuse fortune de bénéficier des leçons de Chambonnière. La note en question, et le détail qu'elle nous fournit sur la postérité de François Couperin, le Grand, ont d'autant plus de valeur pour nous qu'elle fut écrite presque aussitôt après la mort de ce dernier, vers 1740, peut-être même un peu avant l'année 1740, puisque le rédacteur ne connaissait pas Armand-Louis Couperin : il considère le fils de Charles Couperin, celui des Couperin qui fera l'objet du chapitre suivant, comme le dernier des Couperin. La graphie dont elle est tracée a bien le caractère de la première moitié du XVIIIe siècle :

Il y a là trois frères Couperin tous trois fameux organistes, et musiciens, ils estèrent esleve d'un autre fameux organiste nommé Chambonnière qui produisit à la cour l'ainé des trois nommé louis Couperin qui moûrut l'année 1665. Charles Couperin organiste de Saint-Gervais le troisième des frères mourut en 1679 [2]. Francois Couperin le deuxième, grand musicien et grand ivrogne[3], mourut beaucoup plus tard et laissa une fille grande musicienne. Enfin francois fils de Charles et neveu de Louis et de francois est le dernier des Couprins et l'auteur de ce recueil cy il mourut en 1733 âgé de soixante cinq ans (barré : il y en a aussi la grâce de ses oncles) il etoit organiste de la chapelle du Roy. Il n'a laissé que des filles dont une a été maitresse de clavecin de Mesdames.

Charles Couperin fut-il compositeur ?

Cette phrase, écrite encore par Titon du Tillet, à propos de François Couperin, Sieur de Crouilly, semble bien

---

1. Bibl. de l'Arsenal, 182.
2. Là, une rectification analogue à celle de Titon du Tillet : d'abord le scripteur avait mis la date 1669, qu'il a biffée pour la remplacer par 1679
3. A remarquer que notre biographe anonyme n'est pas doux pour François Couperin, de Crouilly.

résoudre la question par l'affirmative : « Il avoit le talens de montrer les Pièces de Clavecin de ses deux frères avec netteté et une facilité très grande[1]. »

Puisque François, de Crouilly, montrait avec tant de netteté et une si grande facilité les Pièces de clavecin de ses deux frères, c'est qu'apparemment Charles Couperin en avait écrit. En tous cas, aucune pièce de Charles Couperin, ni aucune œuvre de lui, ne nous est parvenue. Nous ne le trouvons mentionné nulle part comme compositeur; en revanche : « Il se fit connaître par la manière scavante dont il touchoit l'orgue[2] ».

Quand Charles Couperin vint-il à Paris?

Comme pas un document ne nous renseigne sur ce point, nous en sommes réduit aux hypothèses, basées toutefois sur le raisonnement.

Il nous paraît normal que Charles Couperin n'ait été appelé par ses frères que lorsque ceux-ci virent que la capitale devait lui offrir des ressources dont eux-mêmes pouvaient déjà constater tout le prix; aussi pensons-nous, ainsi que nous l'avons dit page 12, qu'il ne vint les retrouver qu'un ou deux ans après que ceux-ci s'y étaient fixés.

Dès son arrivée, la bienveillance de Chambonnière se manifesta pour lui, comme pour ses frères, par des leçons dont l'importance fut assurément considérable, tant au point de vue de sa technique instrumentale que pour son développement musical.

Charles Couperin devait être d'un caractère aimable et charmant qui attirait à lui toutes les sympathies. Il paraît avoir été fortement « poussé » par le puissant protecteur de son frère aîné et par ce dernier, qui semble avoir eu pour lui une préférence marquée.

Ne le voyons-nous pas participer, en 1659, à l'exécution du *Ballet de la Raillerie*! Or, en 1659, Charles Couperin n'avait que vingt et un ans. Certes, ses heureux dons avaient dû se développer rapidement sous la haute direction d'un maître tel

---

1. Le *Parnasse françois*, p. 403.
2. Titon du Tillet, Le *Parnasse françois*, p. 403.

que Chambonnière, et grâce aux conseils de ses frères; cependant, sans douter qu'il ne fût digne de l'appui et de la protection qui lui étaient accordés, nous pensons que la bienveillance dont il était l'objet ne nuisirent point à son accession si rapide à la Cour.

Deux ans après, en 1661, à la mort prématurée de Louis Couperin, n'est-ce pas lui qui succède à son frère à l'orgue de Saint-Gervais! Normalement c'est François, de Crouilly, qui aurait dû obtenir, d'abord, cette place.

Là encore ne faut-il pas voir la sollicitude de son frère aîné à son endroit, et penser que Louis Couperin devait se faire quelquefois remplacer à l'orgue par son jeune frère, qui se trouva ainsi tout désigné comme successeur du titulaire défunt? Peut-être même avait-il demandé pour lui la survivance de ses fonctions d'organiste, fonctions que, d'ailleurs, Charles méritait d'obtenir « par la manière scavante dont il touchoit l'orgue ».

Quoique rien n'indique expressément que Charles Couperin ait été Maître de Clavecin et d'Orgue, il est fort à présumer qu'il fut, comme ses frères Louis et François, un professeur remarquable, étant donnée la nature de son talent d'organiste.

Le 20 février 1662, Charles Couperin épousa, en l'église Saint-Gervais, Marie Guérin. De cette union naquit un fils unique, resté le plus célèbre de tous les membres de sa famille : François Couperin, surnommé le Grand.

CHAPITRE V

COUPERIN FRANÇOIS

SURNOMMÉ LE GRAND

(1668-1733)

Nous avons maintenant à nous occuper de celui des Couperin qui forme, en quelque sorte, le sommet du crescendo que présente la dynastie des Couperin : François Couperin, si justement surnommé le Grand.

L'éclat très vif dont brilla François Couperin, sous les règnes de Louis XIV et de Louis XV, fait songer à ces astres lointains dont la lumière persiste longtemps après qu'ils ont disparu.

François Couperin est mort depuis près de deux siècles, pourtant sa gloire n'en continue pas moins à rayonner pour nous; on pourrait même dire que la renommée de cet artiste, non seulement ne tend pas à s'affaiblir, mais, qu'au contraire, elle grandit au fur et à mesure que le recul des années s'accroît.

A notre époque, il n'est pas un musicien, pas un dilettante qui ne connaisse au moins son nom; beaucoup ont entendu ou exécutent quelques-unes des œuvres de cet artiste qui fut à la fois compositeur, claveciniste et organiste hors pair.

Il est certain que si un organiste comme Marchand a pu lui être opposé, et quelquefois préféré, aucun claveciniste ne le surpassa ni même ne l'égala; il fut, sans contredit, le premier des clavecinistes français, cela à une époque où florissait toute une pléiade d'instrumentistes du plus haut mérite.

Voici une analyse des talents respectifs de François. Couperin et de Marchand, qui semble montrer assez bien leurs natures différentes. Il ne faudrait cependant pas accorder une trop grande confiance à cette appréciation, car l'auteur étant le fils de Daquin, élève de Marchand, il se peut que ce jugement soit empreint d'une certaine partialité :

> Ces deux hommes supérieurs partageoient le gout du public dans leur tems, et se disputoient mutuellement la première place. Marchand avoit pour lui la rapidité de l'exécution, le génie vif et soutenu, et des tournures de chant que lui seul connaissoit. Couperin, moins brillant, moins égal, moins favorisé de la nature, avoit plus d'art, et suivant quelques prétendus connoisseurs étoit plus profond. Quelquefois, dit-on, il s'élevoit au dessus de son rival, mais Marchand pour deux défaites gagnoit vingt victoires, il n'avoit d'autre épithète que celle de grand : c'étoit un homme de génie ; le travail et les réflexions avoient formé l'autre [1].

Sans vouloir contester le génie de Marchand, il paraît bien difficile de dire que François Couperin était moins favorisé de la nature que son rival. Quant à l'épithète de Grand, si elle fut décernée à Marchand, elle le fut aussi à François Couperin, en sorte que cette appréciation, si elle n'est pas partiale, est au moins sévère.

Il est curieux de la rapprocher de celle que donne l'abbé Le Gallois, des clavecinistes Chambonnière et Louis Couperin [2].

Les rapports de Marchand et de François Couperin étaient, au reste, assez tendus : « L'organiste Marchand prétendoit, être l'auteur des Bergeries dont il avait grand soin d'ôter le dernier couplet, qu'il regardoit, comme très foible, et qu'il ne disputoit point à Couperin [3] ».

Malgré l'assertion du brillant et célèbre organiste des Jésuites [4], nous restons convaincu que cette pièce est abso-

---

1. Daquin de Château-Lyon, *Lettres sur les hommes célèbres dans les sciences, la littérature et les arts, sous le règne de Louis XV*. Paris, 1752.
2. Voir chap. II, p. 19.
3. Abbé de Fontenoi, *Dictionnaire des Artistes*, Paris, 1776.
4. Sur ses œuvres, outre le titre d'organiste du Roy, de la paroisse Saint-Benoît, de Saint-Honoré, Louis Marchand est dit : « organiste des RR. PP. jésuites de la rue Saint-Antoine, de la rue Saint-Jacques, et du grand couvent des RR. PP. Cordeliers ».

lument de François Couperin qui, par trois fois, au cours des « Bergeries[1] », renvoie à sa Méthode : l'Art de Toucher le Clavecin, au chapître intitulé : « Endroits de mon Deuxième Livre de Pièces équivoques pour les doigts », où, en effet, il donne, page 66, la manière d'exécuter les trois passages en question : 1er et 2e couplets, deux premières mesures; septième et huitième mesures du 3e couplet.

Comment concevoir que si François Couperin n'eût pas été l'auteur de ce morceau, il l'ait justement choisi pour en tirer des exemples? Et puis, cette pièce est beaucoup trop intéressante pour être de Marchand, dont les œuvres de clavecin sont au moins médiocres, tandis que le style des Bergeries est bien celui qui appartient en propre à François Couperin, le Grand.

Ajoutons que, quel qu'en soit l'auteur, J.-S. Bach appréciait assez cette pièce pour la copier et la faire figurer dans le second cahier d'œuvres, de différents compositeurs, qu'il avait réunies pour sa seconde femme Anna-Magdalena Wülken ; on trouve, effectivement, à la page 27 du « Notenbuch der Anna Magdalena Bach aus dem Jahr 1725 », un *rondeau en si bémol* qui n'est autre que la pièce : les Bergeries[2].

Au surplus, la musique seule n'aurait pas été la raison principale des dissentiments qui existaient entre François Couperin et Louis Marchand. Au dire de cette mauvaise langue de Daquin de Château-Lyon « L'amour et une jolie femme en étoit la cause, Marchand avoit sçu plaire à la maîtresse de Couperin : on ne pardonne guère ces choses-là, jugez du bruit si le hazard les eut fait trouver ensemble ».

Même en nous en référant strictement au récit de Daquin de Château-Lyon qui, nous l'avons vu, pouvait n'être pas bien disposé à l'égard de François Couperin, il appert que ce dernier, s'il n'était pas le plus grand organiste de l'époque où il vivait, en disputait tout au moins la première place à Marchand.

Si, maintenant, nous envisageons François Couperin comme compositeur, nous voyons que son rôle fut des plus importants dans l'histoire de la musique.

---

1. *Second Livre de Pièces de Clavecin*, 6e ordre.
2. *Bachgesellschaft*, vol. XLIII[2], p. 6 et suiv.

Certes, il y eut avant lui des compositeurs de musique de clavecin d'un grand mérite, les pièces de Champonnière et de Louis Couperin, pour ne parler que de ces deux maîtres les plus significatifs du XVIIe siècle à ce point de vue, le prouvent surabondamment ; mais il était réservé à François Couperin de résumer en lui tous les progrès de la technique de son siècle, et de substituer aux procédés harmoniques de ses devanciers, aux combinaisons, certainement ingénieuses mais un peu froides, des contrapuntistes, un art imagé, expressif, voire même dramatique.

M. Saint-Saëns, croyons-nous, a dit : « Pour négliger les règles, il faut les connaître à fond. » François Couperin, comme d'ailleurs tous les artistes vraiment dignes de ce nom, comprenant intuitivement la nécessité de cet aphorisme, l'appliqua avant qu'il n'eût été énoncé.

Sa musique, faite d'élégance, de distinction, d'ordre et d'esprit, est loin, cependant, de manquer de science ; bien au contraire, on sent que François Couperin connaît à fond les règles de son art ; s'il s'en écarte, c'est qu'entraîné par la nature du sujet qu'il traite, il éprouve le besoin d'une coloration particulière et inédite, d'un pittoresque relief. Il ne recherche pas une innovation, mais ne recule pas non plus devant elle. Ses *audaces*, et l'on en rencontre souvent au cours de ses œuvres, s'éloignent, en somme, assez peu des règles, dont il se servit justement avec une science tellement parfaite, qu'elles semblent disparaître complètement dans ses compositions, qui présentent une souplesse d'écriture, une liberté charmantes ; ce qui ne les empêche pas d'avoir une tenue et une forme impeccables, en un mot : un style admirable.

A vrai dire François Couperin est si complètement maître dans l'art d'écrire, que : « son style se modifie fréquemment, et de telle façon qu'on peut reconnaître chez l'auteur trois manières différentes : le style français, c'est-à-dire celui de Lulli, le style italien ou celui de Corelli, enfin le style propre et original de Couperin lui-même »[1].

---

1. Jules Carlez, *François Couperin, sa musique concertante*. — *La Réforme musicale*, 1er mai 1870.

Malgré cette grande habileté, il ne descendit jamais au rôle de pasticheur : il a trop de personnalité, et les caractères fondamentaux de sa musique sont trop éminemment français pour qu'il soit un simple imitateur.

Même quand il veut établir un rapport entre les Muses italiennes et les Muses françaises, comme dans l'Apothéose de Lully, il reste, néanmoins, Français par son essence.

Le bel arbre qui se dresse devant nous, dont les fleurs et les ramures nous enchantent, plonge profondément ses racines dans le sol de notre art national ; c'est là qu'il prend toute sa sève, qu'il puise toute son originalité et toute sa force.

Ses prédécesseurs écrivirent surtout des Pièces de Suite, c'est-à-dire de la musique sur des rythmes de danses ; lui s'attacha, il nous le dit expressément au cours des préfaces de ses Pièces de Clavecin, à : « faire des portraits ». Il fit aussi de véritables tableaux de genre, et de la musique à programme, ainsi qu'en témoignent les titres si plaisants, si suggestifs de ses Pièces de clavecin, de l'Apothéose de Corelli, de l'Apothéose de Lully, et des Goûts réunis, particulièrement le IXe Concert : *Ritratto dell'amore* (portrait de l'amour).

La physionomie des êtres, des choses, ainsi que la psychologie des êtres, de leur esprit et de leurs sentiments, intéressent assez François Couperin pour qu'il essaye de traduire, avec les tons de la palette sonore et expressive dont il dispose, toute une gamme de nuances de l'âme humaine. Il y réussit si bien que chacune de ses pièces justifie amplement le titre par lequel il la désigne.

A la suite de son oncle, Louis Couperin, il s'est engagé sur la voie de la musique descriptive, et s'y est avancé fort loin ; quelques-unes de ses pièces de clavecin font déjà pressentir Beethoven, dont elles évoquent certains passages de la symphonie pastorale, sinon par les procédés, du moins par l'expression.

Même les plus simples d'entre elles sont écrites dans un style propre à François Couperin : « Composées dans un goût nouveau où l'auteur doit passer pour original. On y admire une excellente harmonie, jointe à un chant noble et gracieux, et si naturel, qu'on a composé des paroles sur la musique de quelques-unes[1]. »

Sur la foi de trois ou quatre pièces, les mêmes que l'on ratiocine sans cesse, on a échafaudé l'opinion que François Couperin était un excellent claveciniste ; quant à ses talents de compositeur, ils ne sont considérés que sous leur seul jour agréable.

Ce serait commettre une grosse erreur que de continuer à juger ainsi un artiste de cette envergure.

Sans entrer dans l'étude approfondie des œuvres de François Couperin, ce que nous nous sommes interdit par l'orientation à donner au présent ouvrage, et négligeant, dès lors, telles parties admirables de ses *Leçons de Ténèbres* ou de ses *Sonates à deux violons* (elles sont nombreuses celles de ces parties qui pourraient retenir notre attention), nous n'envisagerons que les *Pièces de Clavecin* de ce Maître.

Il y a là une mine du plus pur métal[2].

Toutes sont belles et présentent, certes, un haut intérêt, tant au point de vue musical qu'à celui de la technique consommée dont elles témoignent ; mais un grand nombre d'entre elles s'élèvent à une hauteur de pensée, à une profondeur de sentiment, qui les font égales aux plus sublimes compositions des maîtres allemands de l'époque correspondante à celle de François Couperin, et aussi des compositeurs qui vinrent après lui.

Que l'on explore cette mine, et l'on se convaincra que des pièces comme : les *Ombres errantes*[3], la *Couperin*[4], la *Ténébreuse*[5] (allemande fortement inspirée de la pièce de Louis Couperin : le *Tombeau* de M. de Blancrocher), la grande *Passacaille*[6], la *Superbe ou la Forqueray*[7], *l'Unique*[8], la *Crouilli ou la Couperinète*[9], la *Mistérieuse*[10], la *Convalescente*[11], et

---

1. Lacombe, *Dictionnaire portatif des Beaux-Arts*. Paris, 1753, p. 197-19
2. Quatre Livres comportant :
Premier Livre : Cinq Ordres, soixante-quatorze pièces.
Second Livre : Sept Ordres, soixante-deux pièces.
Troisième Livre : Sept Ordres, cinquante-sept pièces.
Quatrième Livre : Huit Ordres, quarante-neuf pièces.
Au total : *Deux cent quarante-deux pièces.*
3. 4ᵉ Livre, 25ᵉ Ordre ; 4. 4ᵉ Livre, 21ᵉ Ordre ; 5. 1ᵉʳ Livre, 3ᵉ Ordre ; 6. 2ᵉ Livre, 8ᵉ Ordre ; 7. 3ᵉ Livre, 17ᵉ Ordre ; 8. 2ᵉ Livre, 8ᵉ Ordre ; 9. 4ᵉ Livre, 20ᵉ ordre ; 10. 4ᵉ Livre, 25ᵉ Ordre ; 11. 4ᵉ Livre, 26ᵉ Ordre ;

l'Arlequine[1], etc., atteignent un des sommets les plus élevés de l'Art[2].

Il n'est plus ici question de musique d'instrumentiste. Lorsque l'on entend une des belles Sonates, pour piano, de Beethoven, ou le premier mouvement de la Sonate en sol mineur de Schumann, ou bien encore les Préludes et les Fugues du Clavecin bien tempéré de Jean-Sébastien Bach, on n'abstrait pas du côté musical le côté instrumental : on éprouve uniquement l'émotion intense que nous apportent ces auditions, cela sans autre considération. De même, maintes pièces de François Couperin sont capables de nous procurer des sensations du même ordre.

François Couperin fut à la fois objectif et subjectif; ce sont ces deux facultés, très fortement développées en lui, qui lui assignent dans l'Art une place de précurseur.

C'est aussi ce qui fait que sa musique est plus près de nous que celle de la plupart de ses prédécesseurs, et même que celle de beaucoup de ses successeurs; elle répond plus et mieux à notre conception actuelle de l'esthétique musicale.

C'est également à l'ensemble de dons si rares, si précieux, si supérieurs, qu'il dut la haute appréciation dont il fut l'objet de la part des grands personnages de la cour et de la ville; mais, si notoires que fussent les « succès mondains » qu'il obtint, François Couperin ne s'en imposait pas moins aux artistes de son temps, et cela de telle façon qu'il était impossible que ces derniers ne s'occupassent pas de lui : quelques-uns le jalou-

---

1. 4e Livre, 23e Ordre.
2. Les exemplaires des pièces de clavecin de François Couperin s'étaient déjà beaucoup raréfiées au xixe siècle; Farrenc raconte toute la peine qu'il eut à se les procurer : « Il existe de François Couperin surnommé le Grand, quatre livres de pièces de clavecin publiées de 1713 à 1730. Ils sont devenus extrêmement rares. Après douze à quinze ans de recherches, je n'avais pu me procurer que les trois premiers, lorsque, dans un voyage que je fis à Londres en 1849, je trouvai les quatre livres réunis en deux volumes. Je n'ai jamais vu à Paris, chez les marchands d'ancienne musique, le 4e livre. Cependant, notre éminent professeur M. Boëly, en a trouvé un exemplaire. Les quatre livres de pièces de Couperin existent à la Bibl. imp. et à celle du Cons.

« Je n'ai jamais pu me procurer la méthode de clavecin de François Couperin; elle est encore plus rare que le recueil de pièces du même auteur. On la trouve dans les deux grandes bibliothèques que je viens de citer. » — *Revue de Musique ancienne et moderne*, Rennes, 1856, p. 557.

saient, d'autres, au contraire, l'exaltaient et lui rendaient le juste hommage de l'admiration qu'il suscitait.

Parmi les musiciens qui tinrent à marquer leur déférence à son endroit, il nous faut citer Montéclair qui lui dédia sa : « Nouvelle méthode pour apprendre la musique par des démonstrations faciles; suivies d'un grand nombre de leçons à une et à deux voix, avec des tables qui facilitent l'habitude des transpositions, etc., etc. Dédiée à monsieur Couperin, organiste de la Chapelle du Roy, et Maître de clavecin de Monseigneur le Duc de Bourgogne par M. Montéclair, de l'Académie Royale de musique, et cy-devant maître de la musique de monsieur le Prince de Vaudémont en Italie [1] »; ouvrage important, paru en 1709, dans lequel l'auteur avait refondu et considérablement développé sa première méthode, publiée en 1700.

Les compositions vocales de François Couperin, en assez petit nombre et presque exclusivement écrites sur des paroles latines, montrent qu'il aurait pu aussi bien réussir dans l'art dramatique que dans la composition d'œuvres instrumentales, à laquelle il préféra se consacrer, par modestie, dit-on.

La modestie fut-elle bien la cause qui détermina François Couperin à cette localisation de son talent? Ne serait-ce pas, plutôt, qu'il se rendait parfaitement compte de la difficulté d'exceller dans deux genres demandant des aptitudes si spéciales pour chacun d'eux?

Si, comme nous le pensons, c'est à la seconde hypothèse que l'on doive s'arrêter, on est amené à constater qu'en raisonnant ainsi, François Couperin se rencontrait, dans la même idée, avec Giuseppe Tartini, l'illustre Maître de Padoue, qui se plaignait que les compositeurs de musique instrumentale voulussent se mêler d'en faire de vocale et réciproquement : « Ces deux espèces, disait-il, sont si différentes, que tel qui est propre à l'une, ne peut être propre à l'autre; il faut que chacun se renferme dans son talent. J'ai été sollicité de travailler pour les théâtres de Venise, et je ne l'ai jamais voulu,

---

1. Michel Pinolet de Montéclair, né le 4 décembre 1667, à Andelot, Haute-Marne; mort, près de Saint-Denis, en 1737. — E. Voilar, *Essai sur Montéclair*, Paris-Chaumont, 1879.

sachant bien qu'un gosier n'est pas un manche de violon. Vivaldi, qui a voulu s'exercer dans les deux genres, s'est toujours fait siffler dans l'un, tandis qu'il réussissoit fort bien dans l'autre[1]. »

Heureusement, le célèbre claveciniste ne persista pas, du moins pour la musique religieuse, dans une décision qui nous eût privé de plusieurs œuvres intéressantes.

En dehors de son goût qui le portait évidemment à écrire pour l'église, sa charge d'Organiste de la Chapelle du Roi lui en imposait l'obligation; aussi donna-t-il libre cours à ce penchant, en sorte que nous avons, de François Couperin, un nombre assez considérable de compositions musicales écrites sur des paroles latines : *Motets*, *Élévations*, *Leçons de Ténèbres*, etc.

Cependant, il resta réfractaire à l'art théâtral : pas un opéra de lui ne nous est parvenu, et aucun document ne mentionne un ouvrage de ce genre dont il soit l'auteur.

Seules, trois œuvres vocales ont été composées par François Couperin sur des paroles profanes; deux se trouvent, sous leur forme originale, c'est-à-dire avec la mélodie placée sur les paroles et la basse chiffrée non réalisée, dans les : « Recueils d'Airs sérieux et à boire de différents auteurs », publiés par Christophe Ballard, pour les années 1697 et 1701.

La première de ces œuvres : « Air à boire de monsieur Couperin », figure dans le recueil de 1697 : « Mois de Mars ».

Par la date de sa publication, par son style et eu égard à sa parution avec des airs de contemporains de François Couperin, le Grand, tels que Marchand, Rebel, etc., aucun doute n'est possible quant à l'attribution à François, le Grand, de ce ravissant petit morceau[2].

Pour les raisons énoncées déjà ci-dessus, nous accepterons comme étant également de François Couperin, le Grand, le délicieux : « Air Sérieux de monsieur Couprain », la seconde de ses compositions vocales profanes[3], laquelle figure, avec le

---

1. *Lettres familières du Président Ch. de Brosses*, lettre L, à M. de Malateste, spectacles et concerts.
2. Publié, sous le nom de *Pastorale*, dans la collection qui porte notre nom.
3. Publiée dans la *Collection Charles Bouvet*, Paris, E. Demets.

même dispositif que la précédente mélodie, dans le recueil de Ballard de 1701.

Détail piquant : les paroles de l'Air Sérieux présentent cette particularité d'être une traduction de Beate mie pene (Bien-heureuses mes peines) mis en musique par Alessandro Scarlatti.

Une telle singularité, qui tout d'abord paraît un peu surprenante, peut être envisagée de diverses manières, étant donnée la situation respective des deux musiciens vis-à-vis l'un de l'autre.

En 1701 François Couperin avait trente-trois ans, Alessandro Scarlatti cinquante-deux. Dès lors, on comprend qu'un artiste, dont la renommée était encore de fraîche date, ait été séduit par les paroles, charmantes du reste, d'un Air sans doute à la mode, et l'on peut admettre, d'autre part, qu'en composant de la musique sur ces mêmes paroles, ainsi qu'il le fit, il ait tenu à marquer, de cette manière, une certaine déférence pour un Maître réputé ; ou bien faut-il voir, dans ce cas, la modestie de François Couperin en défaut, et considérer qu'il ait voulu montrer que, tout comme Alessandro Scarlatti, il pouvait mettre en musique, de façon satisfaisante, l'Air Beate mie pene.

D'ailleurs, l'usage d'écrire de la musique différente sur les mêmes paroles était courant aux XVIIe et XVIIIe siècles : le Demofoonte du célèbre librettiste Metastase obtint, au XVIIIe siècle, un tel succès, que l'on ne compte pas moins de trente-deux musiciens qui se soient exercés sur cette tragédie lyrique du Poeta Cesarea[1].

Il nous faut aussi constater, et cela est très important pour la suite de notre étude, que l'Air à Boire et l'Air Sérieux portent le nom de Couperin écrit : Couprin, pour le premier de ces deux airs, et : Couprain, pour le second.

Au XVIIe et au XVIIIe siècles, on travestissait facilement et couramment l'orthographe des noms propres ; il n'y a donc pas à s'étonner de voir le nom d'un auteur prendre des aspects

---

[1] L'abbé Metastasio, Pietro-Antonio-Domenico-Bonaventure, de son vrai nom Trapassi, naquit à Assise, le 13 janvier 1698. Il fut au service de l'empereur d'Autriche pour lequel il composa la plupart de ses livrets d'opéra. Il mourut, le 12 avril 1782, à Vienne, où il avait fixé sa résidence.

extrêmement variés. C'est ainsi que nous rencontrons sous le nom de : Couprin le père, M. Couprins, Couprin, M. Couprin, Monsieur Couprain, non seulement l'Air à Boire et l'Air Sérieux, mais encore les compositions suivantes : *Menuet, Elévations, Motet de sainte Suzanne, Motet Laudate pueri dominum*.

Dès l'instant que nous avons pu identifier, avec presque certitude, deux œuvres qui nous sont parvenues sous le nom de Couperin orthographié en deux syllabes, il devient assez naturel de déduire que les autres œuvres, portant le même nom sous la même orthographe, toutefois avec variantes pour la seconde syllabe, doivent être attribuées à un seul et même personnage, étant donné, surtout, que le style de toutes ces pièces appartient, non seulement à la même époque, mais, évidemment, au même compositeur.

En conséquence, nous les considérerons toutes comme étant de François Couperin, le Grand.

Revenons, à présent, à la troisième composition que François Couperin a écrite sur des paroles profanes.

Elle nous a été signalée par M. J. Tiersot, qui la découvrit en collationnant des volumes appartenant à la Bibliothèque du Conservatoire où est, en effet, l'Air Gracieux de M. Couperin : « Le langage des yeux est d'un charmant usage ». On le trouve à la page 112 d'un Recueil d'Ariettes diverses à voix seules, in-4° oblong, relié en maroquin rouge, n° collé 140.

Outre son caractère musical qui appartient assurément au style de François Couperin, le Grand, l'*Air Gracieux de M. Couperin* sur les paroles : « Le langage des yeux est d'un charmant usage », figurant, dans notre recueil, avec des airs de Campra, Rameau, etc., nous croyons pouvoir l'attribuer à François Couperin, le Grand.

Ce n'est qu'une Ariette à deux reprises, mais tout à fait délicieuse, d'un charme et d'un sentiment exquis[1].

Dans le groupe des œuvres instrumentales, il en est une qui, depuis 1725, a toujours figuré aux catalogues placés en

---

1. Nous l'avons publiée dans la colleciton qui porte notre nom.

tête de maintes compositions imprimées de l'auteur : *Pièces de Viole, avec la Basse chiffrée... 6ᵗ*. Cependant, à notre connaissance du moins, on ne la rencontre, désignée clairement, dans aucune bibliothèque, ce qui n'a rien d'étonnant, car elle n'a pas paru sous le nom de François Couperin.

Il est à remarquer, tout d'abord, que dans le : « Prix des ouvrages de l'Auteur en 1725 » placé de la manière que nous venons de dire, on trouve, avec les Pièces de Viole, les Trios (les Nations), et le Quatrième Livre de Clavecin, œuvres qui ne parurent, respectivement, qu'en 1726 et en 1730.

Donc, après avoir pensé que l'œuvre annoncée n'avait jamais vu le grand jour de la publicité, nous croyons l'avoir retrouvée.

Nous dirons dans quelles conditions, et sous quelle forme.

Tout à fait en dehors de la série de compositions musicales cataloguées aux noms des Couperin, la Bibliothèqne Nationale de Paris possède une œuvre imprimée désignée de la façon suivante : « *Pièces de Viole*, avec la Basse chiffrée, par M. F. C., Paris, Boivin 1728, 2 ps. in-4°, Vm⁷. 6.203 : Catalogue J. Ecorcheville, vol. III, p. 128. »

Les initiales M. F. C. nous mirent de suite en éveil, car elles pouvaient signifier : Monsieur François Couperin.

A première vue, l'exemplaire que nous eûmes sous les yeux nous produisit une impression de confiance, mais, en l'observant minutieusement, il n'y avait plus de doute possible : ces pièces de viole étaient bien de M. François Couperin, le Grand, et, par conséquent, celles annoncées au Prix des ouvrages de l'auteur en 1725, celles, enfin, dont la trace était perdue.

La forme et le style en sont indéniablement imputables à François Couperin. De plus, parmi les nombreux signes d'agréments qu'on y rencontre, quelques-uns appartiennent en propre à l'immortel Claveciniste de Louis XIV, ainsi, le tremblement et doublé : ∾, les liaisons figurées par des barres avec crochets aux extrémités : ⌐⌐, et surtout les virgules de ponctuation :) que François Couperin a le premier employées, et dont il explique l'utilité et préconise l'usage dans la Préface de son Troisième Livre de Pièces de Clavecin.

FRANÇOIS COUPERIN
Surnommé le Grand.

« On trouvera un signe nouveau dont voicy la figure). C'est pour marquer la terminaison des chants ou de nos *Pièces harmoniques*, et pour faire comprendre qu'il faut un peu séparer la fin d'un chant avant de passer à celuy qui le suit, cela est presque imperceptible en général, qu'oy qu'en n'observant pas ce petit silence, les personnes de goût sentent qu'il manque quelque chose à l'exécution, en un mot, c'est la différence de ceux qui lisent de suite, avec ceux qui s'arrêtent aux points et aux virgules, ces silences se doivent faire sentir sans altérer la mesure. »

Voici, déjà, des garanties d'authenticité suffisantes; il en est d'autres.

Que l'œuvre de viole qui nous occupe ait paru, cela ne fait aucun doute; elle a simplement suivi la même destinée que les Nations.

Nous donnerons une preuve à peu près irréfutable de sa publication.

Le *Mercure de France*, dans son numéro du mois d'août 1729, page 737, relate les : « Œuvres de M. Couperin, Compositeur, organiste de la Chapelle du Roi, et Ordinaire de la Musique de la Chambre de S. M. pour le clavecin, donnez au Public jusqu'à cette année 1729, consistant, scavoir :

« Premier livre de Clavecin, 1713 en blanc, 16 livres.

« L'Art de toucher le Clavecin, y compris huit Préludes, 1716, 10 livres.

« Second livre de Clavecin, 1717, 18 livres.

« Troisième livre de Clavecin, à la suite duquel il y a quatre concerts, à l'usage de toutes sortes d'instrumens, 1722, 20 livres.

« Les goûts réunis, ou nouveaux Concerts, augmentez de l'Apothéose de Corelli, en trio, 1724, 15 livres.

« L'Apothéose de Lulli, 1725, 6 livres.

« Les Trio (*sic*), en 4 livres séparez, scavoir, premier et second Dessus de Violon, Basse d'archet et Basse chiffrée, 1726, 10 livres.

« *Pièces pour deux Violles, dont l'une est chiffrée, 1725, 6 livres.*

« Tous ces ouvrages se vendent à Paris chez l'auteur, proche la place des Victoires, etc. »

En premier lieu, constatons que la date 1725, donnée par le *Mercure* comme étant celle de la publication des Pièces de Viole, est évidemment fausse, puisque, dans tous les catalogues, l'œuvre de viole est annoncée comme devant paraître entre les Trios (les Nations) et le quatrième Livre de Clavecin ; que nous connaissons les dates de publication de ces deux dernières œuvres : 1726, 1730 ; que nous sommes en 1729, et que, tout naturellement, le Livre IV de Pièces de Clavecin n'est pas donné comme ayant été publié[1].

Conséquemment la date *1728*, placée sur le titre de notre exemplaire, doit prévaloir ; elle est sûrement la vraie.

Il est encore deux autres preuves que la cote Vm^7 6.203 de la Bibliothèque nationale nous fournit enfin l'œuvre égarée ; c'est, d'abord, que le prix de vente : 6^{lt} est partout le même ; ensuite, que l'œuvre est gravée par L. Huë, graveur habituellement employé par François Couperin pour toutes les autres œuvres de cette période de sa vie, la dernière.

Il reste la question de l'anonymat.

Comment François Couperin a-t-il pu publier une œuvre sous ses seules initiales ?

A cela nous répondrons que nous savons pertinemment que François Couperin ne craignait pas de se dissimuler sous le masque, et même de mystifier ses contemporains ; ne nous dit-il pas, lui-même, qu'il a donné une de ses Sonates sous un nom italien[2] ?

Or, ici, il se dissimule à peine derrière les initiales M. F. C. ; et, chose convaincante, le Privilège placé à la fin de l'œuvre de viole est de la même année, 1713, que le Privilège Général qui figure aux Leçons de Ténèbres, au Premier Livre de Pièces de Clavecin, et dans toutes les compositions du Maître. Au lieu d'y lire : « Salut François Couperin », on lit : « Salut F. C. ».

Ce Privilège est donné : « à Versailles le quatorzième jour de May l'an de grâce mil sept cent treize » ; il fut : « Registré sur le Registre, n° 3 de la Communauté des Libraires et Imprimeurs de Paris, page 616, n° 692. Conformément aux réglements, et nottament à l'Arrests du 13 août 1705, fait à Paris ce 7 juin 1713. — Signé L. Josse, Sindic. »

---

1. Il ne parut qu'en 1730.
2. Voir le présent chapitre, p. 95-96.

Peut-être y eut-il des considérations particulières qui déterminèrent François Couperin à publier, sous ses simples initiales, une œuvre composée pour la viole : sa qualité de claveciniste, entre autres. Cette raison est-elle suffisante? Nous nous heurtons là à l'incompréhensible.

L'exemplaire des Pièces de Viole de la Bibliothèque nationale de Paris comporte deux parties in-4°, reliées séparément en parchemin vert.

Premier volume : « Sujet », 1re Viole, traitée en instrument soliste; une page de titre et quinze de musique.

Second volume : « Basse chiffrée pour les pièces de viole », 2e Viole, Basse d'archet et Clavecin; une page de titre, onze de musique, et, à la fin, une de Privilège.

L'œuvre complète est composée de Deux Suites : la première, de sept morceaux; la seconde, de quatre, plus charmants les uns que les autres : *Prélude, Fuguette, Pompe funèbre, La chemise blanche.*

Ainsi voilà retrouvées et identifiées ces Pièces que beaucoup d'amateurs érudits désespéraient de jamais connaître [1].

Un des effets imitatifs cher aux clavecinistes du XVIIe siècle, est l'imitation des cloches.

Après son oncle Louis qui, nous l'avons vu, accompagnait du son des cloches les funérailles de M. de Blancrocher, et composait une pièce d'orgue pour contrefaire les Carillons de Paris, François Couperin ne se fit pas faute d'employer ce procédé; une de ses pièces de clavecin est intitulée : *le Carillon de Cithère* [2].

Dans cet ordre d'idées, on peut mentionner aussi *le Carillon,* de François Dandrieu [3]; celui de Michel Corrette [4], ainsi que *les Cloches,* de Nicolas-Antoine Le Bègue [5].

Il est une autre imitation très employée par les musiciens du

---

1. En raison de l'intérêt musical et artistique que présentent ces pièces, nous les publions dans la collection qui porte notre nom.
2. *Troisième Livre de Pièces de Clavecin,* quatorzième Ordre.
3. *Premier Livre de Pièces de Clavecin,* cinquième Suite.
4. *Nouveau Livre de Noëls pour Clavecin ou l'Orgue avec un Carillon.*
5. *Troisième Livre d'Orgue,* Paris, 1670.

XVIIe et surtout du XVIIIe siècle; nous voulons parler du chant des oiseaux.

Pour sa part, François Couperin a composé cinq pièces de clavecin, charmantes du reste, se proposant de dépeindre le babillage des oiseaux; deux, le chant du rossignol en particulier : *le Rossignol en amour* et le *Rossignol vainqueur*[1]; une : *la Linotte éfarouchée*; une : *les Fauvètes plaintives* [2]; et une : *le Gazouillement*[3], celle-ci prise dans un sens plus général.

Le Ramage des Oiseaux[4], de François Dandrieu; et surtout *le Coucou*[5], de Claude Daquin, ont été remis à la mode durant le cours de ces dernières années et sont célèbres actuellement.

Parmi les pièces de clavecin avec titres à noms d'oiseaux, nous citerons encore : *l'Hirondelle*[6], de Cl. Daquin; de Fr. Dandrieu : *le Concert des Oiseaux*[7], comprenant le Ramage, les Amours, l'Hymen; *le Rappel des Oiseaux*[8] et *la Poule*[9], de J.-Ph. Rameau; *la Fauvète*[10] et *les Tourterelles*[11], de D'Agincourt; *les Colombes*[12], de Du Phly; et, de Dufour, organiste de Saint-Jean-en-Grève et de Saint-Laurent, pareillement : *les Colombes*[13].

Les compositeurs pour la Vielle ou la Musette écrivirent également des pièces ayant l'oiseau pour objectif; c'est ainsi que nous voyons Braün, en 1741, publier : *le Coucou*; en 1761, J.-Fr. Boüin : *le Rossignol*; et Chédeville, le cadet : *la Coulombe*.

Ce genre de musique ornithologique était si courant que différentes orgues possédaient un jeu d'oiseau. L'orgue de Saint-Godard, de Rouen, établi par le réputé Titelouze, en 1632, comportait, au clavier de grand-orgue, un jeu de

---

1. Toutes deux contenues dans le *Troisième Livre de Pièces de Clavecin*, quatorzième Ordre.
2. Ces deux dernières appartenant au quatorzième Ordre du *Troisième Livre de Pièces de Clavecin*.
3. *Second Livre de Pièces de Clavecin*, sixième Ordre.
4. *Premier Livre de Pièces de Clavecin*, deuxième Suite, 1724.
5. *Premier Livre de Pièces de Clavecin*, troisième Suite.
6. *Premier Livre de Pièces de Clavecin*, seconde Suite.
7. *Premier Livre de Pièces de Clavecin*, deuxième Suite, 1724.
8. *Pièces de Clavessin avec une Méthode pour la Méchanique des doigts*, 1724.
9. *Nouvelles Suites de Pièces de Clavecin*, 1731 (?).
10. *Pièces de Clavecin, Premier Livre*, troisième Ordre.
11. *Pièces de Clavecin, Premier Livre*, quatrième Ordre.
12. *Deuxième Livre de Pièces de Clavecin*.
13. *Premier Livre de Pièces de Clavecin*, Œuvre I.

Rossignol (Avicinium). Celui de Saint-Merry, à Paris, l'un des plus anciens instruments construits par Clicquot, avant qu'il n'ait subi de restauration, avait une pédale spéciale pour imiter le Gazouillement des Oiseaux[1].

Jean-Sébastien Bach, qui n'avait jamais voyagé qu'en Allemagne, connaissait cependant parfaitement les œuvres des Maitres Français qu'il copiait, jouait et faisait travailler à ses élèves.

Dans ce groupe de compositeurs, il avait tout naturellement des préférences; celle qu'il eut pour François Couperin, le Grand, est indéniable : « Parmi les Français, c'est surtout Couperin qui l'occupa[2] »; et dans les œuvres de ce dernier, ce que J.-S. Bach recherchait et goûtait particulièrement c'était : « l'élégance et la mélancolie voluptueuse de certains motifs, la précision et la noblesse dans le rythme, enfin une sobriété qui n'est pas toujours forcée, mais témoigne parfois d'une louable discrétion[3] ».

M. André Pirro nous dit encore : « Les ouvrages de François Couperin, qu'il appréciait et recommandait à ses élèves, lui avaient également servi. Ernst Ludwig Gerber affirme que Bach employait dans son jeu la plupart des « manières » dont Couperin indique la signification[4]. »

En effet, dans le Klavierbüchlein, recueil d'exemples commencé à Cöthen le 22 janvier 1720, et constitué à l'usage de son fils aîné Wilhelm-Friedmann, J.-S. Bach donne un tableau et une « Explication de différents signes qui indiquent comment on exécutera avec goût certaines manières[5] », qui reproduisent à peu près exactement les ornements de François Couperin.

Mais si Bach prit à Couperin une partie de sa technique, là ne se réduisirent pas les emprunts qu'il fit à son maître français préféré. Nous tenons pour certain que, contrairement

---

1. Encyclopédie Roret, *L'organiste*, Paris, 1905, p. 85-87.
2. A. Schweitzer, *J.-S. Bach, le Musicien-Poète*, p. 151.
3. A. Pirro, *L'esthétique de J.-S. Bach*, p. 428-429.
4. *L'esthétique de J.-S. Bach*, p. 434. Voir aussi le *Lexikon* de Gerber, article Couperin.
5. *Bachgesellschaft*, vol. XLV¹, p. 213.

à l'opinion de M. Albert Schweitzer, ce n'est pas à N. de Grigny et à Dieupart qu'il convient d'attribuer exclusivement : « le charme tout à fait français[1] » qui se dégage des Suites du maître d'Eisenach, auxquelles ses élèves donnèrent, après sa mort, le nom de Suites Françaises; il faut en rechercher la cause principale dans les œuvres de François Couperin; ce sont elles qui contribuèrent puissamment à imprimer à son style les modifications notables que l'on peut aisément constater.

Cet avis est aussi celui de Zelter, le maître de Mendelssohn[2], qui semble, d'ailleurs, le regretter et lui en faire grief, car il écrivait à Gœthe, à la date du 5 avril 1827 : « Le vieux Bach, fils de son pays et de son temps, n'a pas su échapper à l'influence des Français, notamment à celle de Couperin. »

Il est une autre raison qui vient fortifier notre jugement sur l'influence de François Couperin dans le style français de J.-S. Bach.

La mère du brillant chanteur de l'Opéra-Comique, de Paris, Alexandre Taskin, alliée aux Couperin par sa mère, sœur d'Élisabeth-Antoinette Blanchet, épouse d'Armand-Louis Couperin[3], affirmait qu'une correspondance se serait établie entre Jean-Sébastien Bach et François Couperin, correspondance dans laquelle le Maître des Maîtres proclamait et ses emprunts musicaux et ses louanges au maître français; mais elle affirmait aussi, hélas, que la lettre ou les lettres en question, adressées à son illustre parent, avaient été employées à des usages domestiques : *on s'en serait servi pour fermer des pots de confitures*[4].

---

1. A. Schweitzer, *J.-S. Bach, le Musicien-Poète*, p. 188.
2. On sait que Mendelssohn ne fit que céder aux suggestions de Zelter, lorsque, cent ans après l'année où fut composée la Passion selon saint Mathieu, il donna à Berlin, le vendredi saint 1829, une audition mémorable et triomphale de l'œuvre gigantesque. Cette exécution marque la date à laquelle commença à rayonner la gloire de l'immortel Cantor de Leipzig, né, comme on sait, à Eisenach, ville du grand-duché de Saxe-Weimar, le 21 mars 1685, et mort, à Leipzig, le 28 juillet 1750.
3. Elle était donc la nièce d'Armand-Louis Couperin et d'Elisabeth-Antoinette Blanchet, par conséquent la cousine de leurs enfants : Antoinette-Victoire Couperin, Pierre-Louis Couperin, Gervais-François Couperin, et la petite cousine de Céleste Couperin, fille de Gervais-François.
4. Ces renseignements nous ont été fournis par Mme Arlette Taskin, fille d'Alexandre Taskin.

Ainsi donc, perdue, perdue à tout jamais cette correspondance qui nous eût apporté, sans nul doute, des appréciations on ne peut plus intéressantes, non seulement sur la musique de clavecin, mais sur la musique française des XVIIe et XVIIIe siècles.

Comment déplorer assez une perte pareille qui nous prive, en outre du jugement d'un arbitre tel que Bach, de l'une des preuves matérielles et certaines de l'estime dans laquelle était tenu François Couperin par son génial correspondant.

Cette estime est assurément l'un des plus beaux fleurons de la couronne de gloire de François Couperin; et si le titre de Grand, qu'on lui décerna, pouvait être augmenté, il le serait du fait de la distinction particulière dont il fut l'objet de la part de l'auteur du clavecin bien tempéré.

De nos jours, une place toute spéciale est réservée, en Allemagne, à nos organistes anciens.

Nous citerons l'appréciation suivante, qui résume assez bien l'opinion généralement répandue sur eux, de l'autre côté du Rhin :

La France eut, au XVIIe siècle et au commencement du XVIIIe, une brillante école d'organistes, qui traitèrent l'orgue un peu dans le style léger du clavecin, et qui apportèrent ici leur souci habituel de correction, d'élégance et de grâce noble. Il faut rappeler les noms de Jacques Champion de Chambonnières, de Couperin l'aîné et de François Couperin, de Nicolas de Grigny (1671-1703) qui nous a laissé des pièces d'un charme et d'une délicatesse rares, d'André Raison, de Jacques Boyvin, de Louis Marchand [1].

Le Dr Karl Weinmann passe sous silence des organistes qui eussent pu figurer avec justice dans son énumération. En revanche, il commet ici une erreur, en nommant, dans le groupe des organistes français du XVIIe siècle, Couperin l'aîné, c'est-à-dire Louis Couperin, dont la seule pièce d'orgue qui nous soit parvenue : *les Carillons* (?), n'est pas de nature à établir sa réputation à ce point de vue; tandis que les *Messes* de son frère, François, de Crouilly, confèrent à ce dernier le droit de cité, et lui assignent une place importante, sinon pré-

---

1. Dr Karl Weinmann, *La Musique d'église*, traduction Paul Landormy, Paris, 1912, p. 201.

pondérante, parmi les compositeurs-organistes de cette période.

C'est peut-être, après tout, de celui-ci que le Dr Karl Weinmann entend parler.

Au point de vue pédagogique, François Couperin, le Grand, nous a laissé un précieux ouvrage : *L'art de toucher le Clavecin*, une merveille de précision, un modèle de clarté dans l'énoncé des règles et des ressources complexes de cet instrument, et qui jette un jour éclatant sur la façon dont on doit jouer toutes les pièces de clavecin, en particulier celles de l'auteur de cet admirable traité.

Placé, pour ainsi dire, en face de la difficulté des pièces qu'il écrivait, François Couperin fut amené à envisager, à concevoir et à réaliser une technique plus développée que celle de ses prédécesseurs.

Le premier, en France, il démontra l'utilité de se servir des pouces ; avant lui, c'est-à-dire jusqu'au commencement du XVIIIe siècle, les clavecinistes n'en faisaient pas usage.

Dans le même temps, J.-S. Bach, en Allemagne, s'apercevait, de son côté, que les mains humaines comportaient dix doigts, et qu'en somme, il n'était pas rationnel de ne se servir que de huit de ces doigts, ainsi qu'on l'avait fait jusque-là : on jouait du clavecin et de l'orgue les pouces pendants.

Comme François Couperin, il fixa, enfin, l'usage des pouces[1].

Il ne fallut pas moins que la claire compréhension de deux hommes de génie, pour faire prévaloir une idée aussi simple.

C'est précisément dans l'art de toucher le clavecin, que François Couperin a établi théoriquement les règles de ce nouveau doigté :

J'établis par rapport à cette méthode (séparant de mon usage) qu'on commence par compter le poulce de chaque main pour le premier doigt en sorte que les chiffres soient ainsi :

main gauche : 5. 4. 3. 2. 1.   *main droite* : 1. 2. 3. 4. 5.

[1]. Faut-il voir là une simple coïncidence, ou bien échange d'idées nées de la correspondance dont il a été question précédemment ? Nous pencherions vers la seconde hypothèse.

Il est un autre doigté, constamment employé à l'orgue, que François Couperin transporta au clavecin, et préconisa comme moyen d'expression ; c'est le doigté de substitution :

On connoîtra par la pratique combien le changement d'un doigt à un autre sur la même note, sera utile et quelle liaison cela donne au jeu.

Les sons du Clavecin étant décidés chacun en particulier et par conséquent ne pouvant être enflés ny diminués il a paru presque insoutenable jusqu'à présent qu'on pût donner de l'âme a cet instrument. Cependant par les recherches dont j'ay appuyé le peu de naturel que le ciel m'a donné, je vais tâcher de faire comprendre par quelles raisons j'ay sçu acquérir le bonheur de toucher les personnes de goût qui m'ont fait l'honneur de m'entendre et de former des élèves qui peut-être me surpassent.

Quelques-unes des Réflexions contenues dans le « Plan de cette méthode » ne sont pas seulement excellentes pour le clavecin, mais aussi pour le piano ; à vrai dire, elles conviennent à tous les instruments et à leur enseignement. Nous extraierons celles qui nous semblent les plus générales :

L'âge propre à commencer les enfans est de six à sept ans, non pas que cela doive exclure les personnes plus avancées, mais naturellement pour mouler et former des mains à l'exercice du Clavecin, le plus tôt est le mieux et, comme la bonne grâce y est nécessaire, il faut commencer par la position du corps.

« Il est mieux et plus séant de ne point marquer la mesure de la teste, du corps ou des pieds. »

« Il est mieux pendant les premières leçons qu'on donne aux enfans de ne leur point recommander d'étudier en l'absence de la personne qui leur enseigne. Les petites personnes sont trop dissipées pour s'assujétir à tenir leurs mains dans la situation qu'on leur a prescrite ; pour moy, dans les commencements des enfans, j'emporte par précaution la clef de l'instrument sur lequel je leur montre, afin qu'en mon absence ils ne puissent pas déranger en un instant ce que j'ay bien soigneusement posé en trois quarts d'heure. »

« La façon de doigter sert beaucoup pour bien jouer. Il est sûr qu'un certain chant, qu'un certain passage étant fait d'une certaine façon produit à l'oreille de la personne de goust un effet différent. »

« Je trouve que nous confondons la mesure avec ce qu'on nomme cadence ou mouvement. *Mesure* définit la quantité et légalité des temps et *Cadence* est proprement l'Esprit et l'Ame qu'il faut joindre. »

Ces quelques préceptes devraient être un véritable bréviaire pour les professeurs de tous ordres et leur offrir un sujet de méditation constante.

On ne saurait faire un éloge plus juste que celui que constitue l'approbation accordée à ce magnifique traité de l'*Art de toucher le Clavecin*,, approbation placée à la fin du volume :

> J'ay lu par ordre de Monseigneur le Chancelier l'Art de toucher le Clavecin par Monsieur Couperin. Le seul nom d'un Auteur aussi célèbre doit rendre ce livre recommandable au public. On doit être obligé à un Maître qui a porté son art au plus hault degré de perfection de vouloir bien enseigner aux aultres par de courtes Leçons ce qui a été en lui le fruit d'une longue Étude et d'une application continuelle.
> Fait à Paris ce 20 mars 1917.
> DAUCHET.

Comment un tel ouvrage, d'un enseignement aussi utile, n'est-il pas réédité par les moyens dont dispose actuellement l'imprimerie[1]!

Il est un autre ouvrage, resté dans l'ombre jusqu'à présent, sur lequel, ne pouvant mieux faire, nous tâcherons d'attirer l'attention.

La dernière page du supplément au *Traité de l'Harmonie réduite à ses principes naturels*, de Rameau, ouvrage génial paru, en 1722, chez Jean-Baptiste-Christophe Ballard, comporte un : « Catalogue des autres livres de musique théorique, imprimez en France, dont on peut trouver des exemplaires ».

Or, parmi différents Traités d'accompagnement qui figurent à ce catalogue, se trouve l'annonce de « Celui de Monsieur Couperin ».

Malgré l'affirmation qu'on peut trouver des exemplaires de cet ouvrage didactique, jamais il ne nous a été possible d'en découvrir un seul.

Qu'est-il arrivé? Les exemplaires ont-ils été détruits? Ou bien, contrairement à l'annonce, n'y eut-il qu'un projet de publication auquel il ne fut pas donné suite?

Toujours est-il que, alors que François Couperin attache une grande importance à son Art de toucher le clavecin (par trois fois il y revient dans les préfaces de ses œuvres), par contre, il ne fait aucune allusion à ce Traité de l'Accompa-

---

1. La première édition de l'*Art de toucher le Clavecin*, parue en 1716, a été gravée au burin; nous venons de voir de quelle rareté sont les exemplaires de cet ouvrage; d'ailleurs, ceux de la seconde édition, 1717, ne sont pas moins rares. Cette seconde edition contient *une Allemande* et *huit Préludes* qui ne figurent pas dans la première, ni nulle part.

gnement; on chercherait vainement dans ses écrits un mot qui y ait trait. Dans l'Art de toucher le clavecin il s'occupe bien de l'accompagnement au clavecin, mais pas du tout au point de vue des lois qui régissent cette science.

Tout d'abord, nous avons penché vers notre dernière hypothèse : celle de la non-publication de l'ouvrage ; mais voici qui est fait pour nous déterminer à changer d'avis : les *Règles pour l'Accompagnement*, de François Couperin, figurent parmi les ouvrages composant la bibliothèque musicale de Sébastien de Brossard[1].

Cette preuve, ajoutée à l'annonce formelle du supplément de Rameau, semble bien démontrer que l'œuvre qui nous occupe a été imprimée.

Mais alors, que sont devenus les exemplaires ?

Nous avons éclairci le mystère qui planait sur les Pièces de Viole, de François Couperin, le Grand ; quant à celui qui pèse sur son Traité de l'Accompagnement, nous n'avons fait que soulever un coin du voile. Espérons que d'autres, plus heureux que nous, retrouveront un ouvrage qui, sans nul doute, serait intéressant à connaître, précieux à consulter.

D'ailleurs, en général, on s'étonne de la rareté des œuvres musicales imprimées à la Renaissance, au XVIIe siècle, et même au XVIIIe siècle ; effectivement, quelques-unes sont rarissimes, d'autres introuvables, malgré que l'on ait de fortes présomptions de croire qu'elles aient paru.

Nous essaierons d'indiquer les causes déterminantes d'un phénomène incompréhensible tout d'abord, et parfaitement naturel dès que l'on connaît la manière d'être de l'édition musicale, depuis ses origines jusqu'au début du XIXe siècle.

A l'époque actuelle, l'impression musicale s'obtient *lithographiquement*, c'est-à-dire qu'après avoir gravé sur des planches d'étain les œuvres destinées à être publiées, ces planches sont reportées sur pierre d'où l'on fait le tirage.

Cette façon de procéder permet un grand nombre d'exemplaires.

Jadis il en allait tout autrement.

---

1. Catalogue Séb. de Brossard, p. 287, Bibl. nat., Réserve, Vm⁸ 20.

Bien que la Xylographie, ou impression à l'aide de planches et de caractères gravés en bois, ait été en usage chez les Chinois dès le VIe siècle, et se soit développée, en Europe, à partir du XIIe jusqu'au XVe siècles, il est évident que l'imprimerie ne date que du jour ou Gutenberg, de Mayence (1397-1468), inventa les caractères mobiles en métal[1].

Ce n'est que pas mal d'années après la géniale invention de Gutenberg, que l'on commença à imprimer de la musique.

Les premières tentatives d'impression musicale seraient dues à Jörg Reyser, de Würtzbourg, et à Octavianus Sixtus, de Venise.

A ce titre, le missel de Würtzbourg, daté de 1484, présente un grand intérêt : « Il est imprimé partie sur papier et partie sur vélin, les préfaces des messes pour toutes les fêtes de l'année sont imprimées en ancienne notation allemande non mesurée, sur des portées de quatre lignes rouges, et en caractères mobiles; mais les lignes sont faites à la plume ou à l'aide d'un instrument particulier[2]. »

Un autre ouvrage, moins ancien, mais également important pour l'histoire de l'impression musicale, le Livre de Nicolas Wollick : Opus aureum Musice castigatissimum, imprimé à Cologne par Henri Quentel, en 1501 : « a tous ses exemples de plain-chant imprimés en caractères mobiles, d'après le système de la vieille notation allemande; mais, dans la partie du volume où il est traité du contrepoint, les portées des exemples de musique mesurée sont seules imprimées, et vides dans mon exemplaire : ils devaient être remplis à la main[3] ».

Quant à la Xylographie, elle n'était employée, à la fin du XVe siècle, que pour quelques exemples de musique placés dans des traités théoriques, comme ceux de Bartolomeo de Ramos (1482), Nic-Burtius (1487), et Franchino Gafori (1496).

Comme on le voit par ces aperçus, un procédé constant, définitif, n'était pas trouvé; la récente découverte hésitait, cherchait sa route.

---

1. Pour cette tâche ardue Gutenberg (Jean Gensfleisch, dit) s'était adjoint l'orfèvre Fust (1410-1465); puis Pfister-Fust eut lui-même pour associé Pierre Schaeffer (1425-1502).
2. Fétis, *Biographie universelle des Musiciens*, article Petrucci, note 1.
3. *Ibid.*

Il était réservé à l'Italien Ottaviano dei Petrucci, né, le 14 ou 18 juin 1466, à Fossombrone, petite ville du duché d'Urbino, de réaliser la typographie de la musique en caractères mobiles.

Le système de Petrucci consistait dans l'impression à deux tirages : le premier, pour les lignes de la portée ; le second, pour le placement des caractères de notes sur cette portée. Mais, alors que ses prédécesseurs traçaient en rouge les lignes de la portée, lui, abandonna cette couleur et ne fit plus usage que du noir.

Dès la première œuvre sortie de ses presses : un Recueil de Motets, ainsi qu'un grand nombre de Chansons, la plupart françaises, à trois et quatre voix (1501), Petrucci avait atteint la perfection. La précision, quant aux notes placées sur les lignes et dans les interlignes, est si parfaite, qu'aucune incertitude n'est possible pour le lecteur ; en outre, le tout est d'une netteté incomparable.

Petrucci fut aussi l'inventeur de presses admirables, comme de tout le matériel dont il se servait [1].

Le système à deux tirages, instauré par Petrucci, prévalut jusqu'en 1525, époque à laquelle le Français Pierre Hautin, ou Haultin, conçut l'idée d'imprimer de la musique en un seul tirage ; à cet effet il fondit et grava des types de notes avec des fragments de portée [2].

Ce procédé constituait un progrès sérieux et offrait, en somme, de grands avantages, mais il présentait aussi divers inconvénients ; l'un des principaux était l'impossibilité devant laquelle on se trouvait de pouvoir superposer plusieurs voix sur une même portée.

Pourtant, le nouveau procédé supplanta partout celui de Petrucci ; néanmoins, à cause de la difficulté que nous venons de signaler, la gravure sur bois, puis la gravure sur cuivre, inventée à Naples, vers 1515, par Pietro Sambonetti, continuèrent à subsister simultanément avec la typographie.

Enfin, grâce au perfectionnement de l'outillage, et à l'intro-

---

1. L'adaptation exacte des notes sur les lignes et dans les interlignes était due à ce que les deux formes de ses presses se repliaient l'une sur l'autre par des charnières parfaitement ajustées.
2. Ce sont les caractères de P. Hautin qui servirent à Pierre Attaignant pour l'impression de tous les ouvrages qu'il publia.

duction de l'étain pour l'usage des planches de musique, on finit par pouvoir frapper les signes de la notation mesurée à l'aide de poinçons; progrès réalisé, vers 1730, par les Anglais Cluer et Walstt.

On imprimait ensuite directement sur les planches, avec une presse à bras dite aujourd'hui : en taille-douce.

Dans la seconde moitié du XVIII° siècle, Immanuel Breitkopf entreprit de faire revivre l'ancien système typographique de Petrucci. Il réussit à donner incontestablement une grande impulsion à l'édition musicale, mais son effort fut surtout utile à l'impression des livres théoriques et historiques relatifs à l'art musical.

En somme, ces différents moyens d'imprimer la musique étaient difficiles et onéreux ; de plus, qu'on imprimât par le système typographique (caractères mobiles en bois ou en fer), soit au moyen des planches de cuivre gravées, ou d'étain frappées par les poinçons, le tirage ne pouvait être fait qu'à très petit nombre, toutes les matières employées s'écrasant fort vite.

D'autre part, les œuvres musicales étaient généralement imprimées, soit aux frais du protecteur auquel le compositeur avait dédicacé son ouvrage, soit par le compositeur lui-même. Dans les deux cas, les intéressés n'avait qu'un souci : celui, évidemment, d'atteindre le but, mais en réalisant la plus grande économie possible ; en cette occurrence il n'y avait pour eux qu'une ressource : réduire le nombre d'exemplaires.

Ainsi donc, de quelque côté que se portent les investigations de l'historiographe de l'édition musicale jusqu'en 1805, date à laquelle l'Allemand Hærtel commença à se servir de la naissante lithographie[1], elles arrivent constamment à cette conclusion : tirage très limité ; limité forcément par les matières employées, puisque s'écrasant, s'usant extrêmement rapidement ; limité aussi par les dépenses considérables nécessitées par les divers modes d'impression des œuvres.

Cela est tellement vrai que, dans la plupart des cas, presque tous, souvent tous les exemplaires étaient signés par l'auteur.

---

1. La lithographie fut découverte, en 1796, par Senefelder.

Pour que cela fût possible, il fallait bien que le tirage ait été restreint ; c'est aussi ce qui explique les nombreuses réimpressions d'un ouvrage ayant du succès, comme, par exemple, les Livres de Pièces de Clavecin, de François Couperin, le Grand.

Si, en outre, on imagine les aventures, ou plutôt les mésaventures qui ont pu survenir à un objet aussi fragile qu'un livre, on ne sera plus surpris de voir nos bibliothèques publiques et particulières si peu fournies d'ouvrages musicaux anciens.

François Couperin, fils unique de Charles Couperin et de Marie Guérin, son épouse, naquit, à Paris, le 10 novembre 1668[1], rue du Monceau-Saint-Gervais, et mourut, à Paris, le 12 septembre 1733[2], selon toute apparence dans une maison sise rue Neuve-des-Bons-Enfants, proche la place des Victoires, vis-à-vis les écuries de l'Hôtel de Toulouse.

« Il fut inhumé en l'église de Saint-Joseph, aide de la paroisse de Saint-Eustache[3]. »

D'après l'abbé Lebeuf, dont l'opinion fait autorité en matières d'histoire ecclésiastique du diocèse de Paris, Saint-Joseph n'était point aide de Saint-Eustache[4] ; voici dans quelles circonstances fut construite cette chapelle, et comment elle devint : « Dépendance de Saint-Eustache ».

Le cimetière de Saint-Eustache se trouvait, au début du XVIIe siècle, placé derrière l'Hôtel du Chancelier Séguier, rue du Bouloir[5]. Ce voisinage gênait-il cet illustre et richissime personnage ? Cela paraît certain. Toujours est-il que, dans le but évident d'éloigner de sa demeure ce champ de sépulture, il fit don, à Saint-Eustache, d'un terrain qu'il possédait rue Montmartre ; en conséquence, le cimetière paroissial fut

---

1. Il fut baptisé le surlendemain, 12 novembre 1668, et eut pour parrain son oncle François, de Crouilly.
2. Titon du Tillet, *Supplément du Parnasse françois*, article François Couperin, p. 663-666.
3. Titon du Tillet, *Supplément du Parnasse françois*, article François Couperin, p. 664-666.
4. Abbé Lebeuf, *Histoire de la ville et de tout le diocèse de Paris*. Réédition de 1883, t. I, p. 68.
5. Actuellement rue du Bouloi.

transféré dans ce nouveau terrain sur lequel on éleva la chapelle Saint-Joseph, dont la première pierre fut posée, le 14 juillet 1640, par le Chancelier Séguier, marguillier de la paroisse Saint-Eustache et, très certainement, donataire de cet édifice.

Saint-Joseph n'était donc, vraisemblablement, que la chapelle mortuaire du cimetière de Saint-Eustache[1].

Or, puisque Titon du Tillet, contemporain de François Couperin, auquel il survécut, nous dit que ce dernier fut inhumé en l'église de Saint-Joseph, il est de toute évidence que le décès de François Couperin eut lieu sur la paroisse Saint-Eustache.

Comme, d'autre part, nous savons qu'en 1730, alors qu'il était très malade puisqu'il renonça à tout travail, François Couperin habitait depuis sept ans au moins au coin de la rue Neuve-des-Bons-Enfants, proche la place des Victoires, vis-à-vis les écuries de l'Hôtel de Toulouse[2], nous avons tout lieu de supposer que ce fut là son ultime domicile, et que c'est effectivement dans cette demeure, ressortissant de la paroisse Saint-Eustache, qu'il rendit le dernier soupir le 12 septembre 1733.

Le 14 décembre [1733], les Maîtres de Musique et Musiciens de Paris, firent célébrer dans l'Église des Pères de l'Oratoire de la rue Saint-Honoré le service annuel et solennel accoutumé pour leurs confrères deffunts dans le courant de cette année; il s'y trouva environ 250 musiciens, tous excellens sujets par la voix et les instrumens, qui exécutèrent dans la plus grande perfection, plusieurs morceaux de musique de la composition du sieur Bordier.
Les deffunts pour la mémoire desquels le service a été fait, sont, les sieurs Bossel, curé de Saint-Jean-le-Rond; d'Andrieu, prêtre, organiste de Saint-Barthélemy; Couperin, organiste du Roy et de l'Église Saint Gervais; Lisore, organiste de l'Abbaye de Saint Denis; Moreau de Saint Cyr; Boivin, Le Jeune, De la Lande, Joseph De la Motte, et Emanuel Oudart[3].

1. C'est dans ce cimetière que fut inhumé Molière, en 1673.
2. Adresse relevée sur les titres de ses œuvres.
3. *Mercure de France*, décembre 1733, p. 2730-2731.

Domiciles de François Couperin.

Né, en **1668, rue du Monceau-Saint-Gervais.**
1690. — **Rue du Monceau-Saint-Gervais** (Acte de baptême de sa fille aînée, Marie-Madeleine).
1692. — **Près de Saint-Gervais**[1].
1705. — **Rue Saint-François** (Acte de baptême de sa seconde fille, Marguerite-Antoinette).
1713. — **Proche l'église Saint-Gervais.**
1714-1715. — **Rue Saint-Honoré aux armes de Bourgogne près le Palais-Royal.**
1716. — **Au coin de la rue des Fourreurs, vis-à-vis les Carmeaux** (Titre de l'Art de toucher le Clavecin, 1re éd.).
1716, fin de l'année. — **Rue du Poitou, au Marais.**
1717. — **Rue du Poitou, au Marais** (Titre de l'Art de toucher le Clavecin, 2e éd.).
1722. — **Rue de Poitou, au Marais** (3e Livre de Pièces de Clavecin et Concerts Royaux).
1724. — **Au coin de la rue Neuve-des-Bons-Enfans, proche la place des Victoires** (Goûts réunis).
1725. — **Proche la place des Victoires, vis-à-vis les écuries de l'Hôtel de Toulouse** (Apothéose de Lully).
1726. — **Au coin de la rue Neuve-des-Bons-Enfans, proche la place des Victoires** (Les Nations).
1730. — **Proche la place des Victoires, vis-à-vis les écuries de l'Hôtel de Toulouse.**
Mort, en **1733, au coin de la rue Neuve-des-Bons-Enfans, proche la place des Victoires, vis-à-vis les écuries de l'Hôtel de Toulouse** (?)

1. Abraham du Pradel, Le *Livre commode des adresses*, 1692. Évidemment, rue du Monceau-Saint-Gervais.

Nous avons vu que Charles Couperin, père de François Couperin, mourut, en 1679, laissant son enfant unique, le petit François, âgé de onze ans à peine.

Il est à présumer que cet enfant, né dans l'arche musicale de la rue du Monceau-Saint-Gervais, demeure de ses ancêtres avant d'être son propre berceau, avait, lorsque cet événement se produisit, et malgré son jeune âge, dû profiter largement déjà des enseignements de son père et de son oncle, aussi son parrain, François, de Crouilly.

Charles Gounod disait : « On n'apprend que ce que l'on sait ».

Cet énoncé d'une pensée qui, tout d'abord, peut paraître paradoxale, ne l'est plus du tout lorsque l'on veut bien réfléchir qu'il tend simplement à prouver une vérité à peu près reconnue, à savoir qu'au fond, nous ne faisons que développer ce qui est en nous; l'aphorisme si plaisant de Ch. Gounod nous permet donc de croire que l'éducation du jeune François était déjà fort bien échafaudée lorsqu'il perdit son père.

Dès lors, il nous paraît normal que les germes musicaux déposés en cet enfant, du fait de son atavisme, et par ces causes cachées qui font naître une prédestination qu'on est étonné parfois de rencontrer chez certains individus, durent grandir rapidement sous l'influence des conseils familiaux; si bien que lorsqu'un ami intime de Charles Couperin, Jacques-Denis Thomelin, organiste célèbre qui attirait la foule des curieux en musique, à l'église Saint-Jacques-la-Boucherie, se chargea de continuer la formation artistique du jeune François, il trouva un terrain dans lequel la moisson ne demandait qu'à lever [1].

Toujours est-il que François Couperin profita vite et amplement des leçons d'orgue, de clavecin et de composition que lui donna J.-D. Thomelin, puisque, en 1689, alors qu'il n'avait pas encore atteint sa vingt et unième année, il était en état d'être mis en possession de l'orgue de Saint-Gervais [2].

Il garda cette fonction jusqu'à sa mort, c'est-à-dire qu'il l'exerça pendant quarante-quatre ans. Toutefois, il est probable qu'à la fin de sa vie, son cousin Nicolas, pour lequel, à la date

---

[1]. Nous sommes amené à penser que Thomelin aimait, à l'orgue, les registrations lui donnant des sonorités puissantes, par cette remarque, plutôt ironique, de Le Gallois : « qu'il faisoit beaucoup de bruit ». *Lettre à Mlle de Sollier touchant la musique*, Paris, 1680, p. 63.

D'autre part, il est évident que le même organiste empiétait volontiers sur le temps qui lui était dévolu au cours des offices religieux de Saint-Jacques-la-Boucherie, puisque, en 1685, on avait dû l'avertir : « de se mieux conformer au cérémonial de l'Église de Paris » sous peine de se voir destituer : « la longueur affectée par le sieur Thomelin dans le jeu de l'orgue pendant le service lassant et fatiguant tant le clergé que les paroissiens ». Arch. nat., 44769, f° 60, v°.

[2]. Voir chapitre III, p. 33.

du 12 décembre 1723[1], il avait demandé et obtenu la survivance de la place d'organiste de Saint-Gervais, dut le suppléer, fréquemment d'abord, puis complètement vers l'année 1730.

La charge d'organiste ordinaire de la Chapelle du Roy, qui, d'abord, n'avait été remplie que par un seul organiste, fut ensuite octroyée à deux « servans par semestre », puis à quatre « servans par quartier ».

A la fin de l'année 1693, une des charges d'organiste de la Chapelle du Roi s'étant trouvée vacante par suite de la mort de Jacques-Denis Thomelin, titulaire de cette charge, François Couperin, son brillant élève, recueillit la succession de son maître dans des conditions qui font le plus grand honneur à ses mérites juvéniles.

Plusieurs musiciens s'étant présentés pour remplacer J.-D. Thomelin, un concours fut décidé et eut lieu le 26 décembre 1693. François Couperin qui s'était acquis déjà, tant à Saint-Gervais que dans différentes églises de Paris, la réputation d'un organiste de mérite, crut devoir prendre part à cette épreuve, quoiqu'il n'eût alors que vingt-cinq ans.

Sa confiance en lui n'était que trop justifiée, car voici comment fut jugé ce concours :

Aujourd'huy, 26 décembre 1693, le Roy estant à Versailles, après avoir entendu plusieurs organistes, pour juger de celuy qui seroit le plus capable de remplir la charge d'organiste de la musique de sa chapelle, vacante par le décès de Jacques Thomelin, Sa Majesté a fait choix de François Couperin, comme le plus expérimenté en cet exercice, et pour cet effet l'a retenu et retient aud. estat et charge d'un des organistes de sa Chapelle, pour y servir en cette qualité pendant le quartier de janvier et jouir de lad. charge, aux honneurs, prérogatives y attachés et aux gages de 600 livres, droits, profits, revenus, etc.[2].

La pièce suivante fera ressortir que François Couperin entra en fonctions aussitôt après le concours qui devait se terminer par sa réception ; elle nous fera, en outre, connaître les noms des collègues de François Couperin à la Chapelle royale :

Quatre organistes servans par quartier, trois reçûs en 1678 et le sieur Couperin en 1694. Ils ont chacun 600 livres de gages, que le thrésorier des

---

1. Voir chapitre III (Nicolas Couperin), p. 43.
2. Bibl. nat., Ms. Clairamb, 560, p. 889.

menus païe par quartier : en janvier, M. François Couperin ; en avril, M. Jean Buterne ; en juillet, M. Guillaume-Gabriel Niver, aussi maître de musique de la défunte reine, qui a encore 600 livres de pension ; en octobre, M. Gabriel Garnier[1].

Après la lecture de ces documents, on conçoit aisément que plusieurs organistes aient désiré recueillir la succession de J.-D. Thomelin, et se soient présentés à cet effet. Une charge de Musicien de la Cour, outre le bon renom qu'elle donnait au titulaire, représentait, pour celui-ci, une situation lucrative, non seulement pour le présent, mais aussi pour l'avenir ; l'artiste qui l'occupait obtenait ordinairement l'autorisation d'en vendre la survivance ; en outre, il était appelé, après un certain nombre d'années de service, à toucher une pension ; de plus, cette pension pouvait être, en partie, réversible au nom de la veuve du bénéficiaire.

N'est-il pas curieux de voir Louis XIV, ce monarque omnipotent, le Roi Soleil drapé dans toute sa majesté, se constituant président d'un jury chargé de juger un concours d'organistes, ou, pour mieux dire, se réservant le soin de choisir l'artiste qui devra se faire entendre pendant les cérémonies de sa chapelle royale?

Au reste, cette immixtion d'un Chef d'État, dans une question de détail artistique comme celle-ci, est assez naturelle de la part de Louis XIV, qui pensait et disait : « l'État, c'est moi ». Ne trouvait-il pas tout simple de paraître, sous divers travestissements, au cours d'un même ballet, et cela dans la plupart, pour ne pas dire dans tous les ballets qui se dansaient à la Cour, où, d'ailleurs, il était entouré des princesses, duchesses, comtesses et marquises, ainsi que des grands seigneurs de sa suite.

Si nous éprouvons quelque étonnement de tels agissements, c'est qu'on nous a appris à nous en déshabituer ; peut-être les gens du monde donnent-ils, actuellement, des bals moins artistiques que ceux auxquels prenaient part Louis XIV et son entourage !

Ce n'est que quelques années après sa prise de possession

---

1. *L'État de la France*, année 1708, t. I, p. 11.

des fonctions d'organiste de la chapelle du roi, que François Couperin se manifeste officiellement comme compositeur de musique religieuse, en publiant de ses œuvres.

En 1703, *Quatre Versets d'un Motet*, composés par lui, et chantés de l'ordre du Roi, paraissent chez Ballard; mais on y a ajouté le verset : Qui dat nivem, tiré du psaume : Laud Jerusalem, également mis en musique par lui, et chanté devant sa Majesté Louis XIV, en 1701.

En 1704 et en 1705 paraissent, successivement, chez Ballard, deux fois : *Sept Versets de Motets*, composés et exécutés dans les mêmes conditions que les précédents.

Les *Leçons de Ténèbres* ne parurent que de 1714 à 1715.

Toutefois, nous pensons que François Couperin avait écrit de la musique latine avant 1701 : les *Motets de Sainte-Suzanne* et *Laudate pueri Dominum*, ainsi que les *Élévations*, nous paraissent être sensiblement antérieurs à cette date.

Nous avons vu qu'en dehors de son goût qui le portait à écrire de la musique religieuse, sa charge d'organiste de la Chapelle du Roy lui en imposait l'obligation. Il dut, en somme, se livrer à ce genre de composition pendant toute sa carrière musicale; nous relevons que, cinq ans avant sa mort, on exécuta de lui un *Motet à voix seule avec symphonie* : « Le 8 de ce mois, Fête de la Nativité de la Vierge, le concert spirituel recommença au Château des Tuileries. La D[lle] Autier chanta seule un Motet avec symphonie, qui fut fort applaudi; il est de la composition de M. Couperin, organiste du Roi[1]. »

Ce Motet était-il une composition nouvelle du grand claveciniste, ou bien était-ce simplement le verset douzième : Ignitum, du psaume Mirabilia testimonia tua, composé, chanté, et publié en 1703?

Cette dernière hypothèse est fort plausible, mais il se peut aussi que nous assistions, là, à l'audition d'une œuvre composée de fraîche date, peut-être même à l'occasion de la réouverture du Concert Spirituel. S'il en est ainsi, le Motet des dernières années de la vie du Maître n'a pas été publié; quant

---

1. *Mercure de France*, 8 septembre 1728, p. 2094.

au manuscrit, il a subi le destin de ses semblables : disparu comme tous les autres.

Plus loin, nous chercherons à expliquer le sort réservé, non pas aux seuls manuscrits de François Couperin, mais à tous ceux des compositeurs-virtuoses des XVIIe et XVIIIe siècles; d'après notre conclusion, François Couperin n'aurait pas donné à ses auditeurs du 8 septembre 1728 le régal d'une œuvre nouvelle.

Il est un autre ordre de composition dont il est bien étonnant que l'on ne trouve pas trace dans la production musicale d'un compositeur, organiste de la Chapelle Royale, et, pendant quarante ans, organiste de Saint-Gervais, comme le fut François Couperin. Cependant, telle est la vérité : jusqu'à présent, on ne connaît aucune pièce d'orgue originale de François Couperin.

Si l'on veut bien admettre les idées que nous émettons relativement à la transposition du style de l'orgue à la musique de clavecin[1], il se peut que François Couperin n'ait pas jugé nécessaire d'écrire pour l'orgue, et se soit contenté, dès lors, d'exécuter sur cet instrument plusieurs de ses pièces de clavecin.

Ce serait l'excuse que l'on pourrait trouver à la publication, pour orgue, de la Sarabande Grave de François Couperin, qui n'est autre que la Sarabande du Cinquième Concert des Goûts réunis, présentée par l'auteur comme devant être exécutée sur le clavecin[2].

Aux XVIIe et XVIIIe siècles, lorsqu'un artiste obtenait une charge de musicien à la cour, son service ne se cantonnait pas exclusivement dans les fonctions de sa charge; souvent on faisait appel à lui pour des circonstances diverses, dans lesquelles ses talents devaient s'exercer d'une façon quelquefois toute différente des fins auxquelles tendaient les termes du brevet dont il était pourvu.

---

1. Voir chapitre III, p. 35-36.
2. Arrangée pour l'orgue par Alexandre Guilmant. Fait partie de la 4e livraison du *Répertoire des Concerts du Trocadéro*, n° 10, p. 68.

Pour ne parler que de François Couperin, aussitôt qu'il eut obtenu la charge d'organiste de la chapelle royale, son admirable talent de claveciniste fut mis à contribution; cela, nous le répétons, était dans les habitudes d'alors, et ne fait aucun doute.

Dès l'année 1701, nous le voyons se transporter, avec d'autres musiciens de la cour, au château de Saint-Maur, chez S. A. S. Monseigneur le duc d'Orléans : « Dans les intervalles de la promenade et du souper on fut agréablement diverti par un très beau concert composé des sieurs Couperain, Vizée, Forcroy, Rebel et Favre, Philebert et Decotaux[1]. »

Quelques mois après, il prend part, comme claveciniste, à un concert donné dans les appartements du roi : « Dimanche 23 novembre 1701. Le Roy entendit après son souper dans son cabinet un concert exquis d'airs italiens, exécuté par les Sieurs Forcroy pour la viole, Couperin pour le clavessin, et du jeune Baptiste qui est à Monseigneur le duc d'Orléans pour le violon[2]. »

Ne l'avons-nous pas vu, l'année suivante, à ce même château de Saint-Maur, accompagner avec une épinette Mlle Maupin et l'exquise chanteuse Marguerite-Louise Couperin, sa cousine[3]?

Cependant malgré sa continuelle participation aux concerts de la cour, en qualité de claveciniste, ce n'est que de longues années après cette date, 1702, que François Couperin obtint la survivance de la charge de Joüeur de clavessin, dont d'Anglebert était le titulaire, et cela seulement parce que la vue de d'Anglebert : « qui est fort affoiblie ne luy permet plus de continuer à servir avec la mesme aplication qu'il a fait par le passé ».

Survivance de joüeur de Clavessin de la musique de la Chambre du Roy pour le sieur Couperin.

---

1. *Mercure Galant*, 17 juillet 1701, p. 147.
2. *Mercure Galant*, novembre 1701, p. 207. Le jeune Baptiste, dont il est ici question, est Baptiste Anet II.
3. Chapitre consacré à François Couperin, de Crouilly et à sa descendance, p. 41.

Aujourd'huy 5º mars 1717. Le Roy estant à Paris ayant égard aux services que Jean Baptiste Henry d'Anglebert rend depuis quarante trois ans en la charge d'ord^(re) de la musique de sa Chambre pour le Clavessin et considérant d'ailleurs que sa veüe qui est fort affoiblie ne luy permet plus de continuer à servir avec la mesme aplication qu'il a fait par le passé, Sa Majesté a eü agréable la très humble suplication qu'il luy a faite d'accorder la survivance de sa charge à François Couperin l'un des organistes de sa chapelle a quoy Sa Majesté a d'autant plus volontiers consenty qu'elle est informé qu'il n'y a personne qui puisse la remplir avec autant de capacité que luy ce qui se vérifie par l'honneur que feu Monseigneur le Dauphin père de Sa Maj luy avoit fait de le choisir pour son maitre de Clavessin; pour ces considérations Sa Maj de l'avis de Monsieur le Duc D'orléans Regent a retenu et retient le d^t Couperin en la charge d'ordinaire de la musique de sa chambre pour le clavessin de laquelle le d^t d'Anglebert s'est desmis en sa faveur à condition toutefois de survivance, Pour par luy l'exercer conjointement ou separement avec le d^t d'Anglebert et en survivance l'un de l'autre en jouir et user aux honneurs prerogatives, privileges, franchises, libertez, gages, droits entretainemens a coutumez et y appartenant tels et semblables qu'en jouit ou doit jouir le dit d'Anglebert, sans qu'avenant le decez de l'un d'eux la d^t charge puisse être réputée vacante ny impetrable sur le survivant attendu le don que Sa Majesté luy en fait dès a present et sans qu'il ayt besoin d'autre provision que du present brevet. Mande Sa Majesté aux Tresoriers generaux de sa maison et des menus plaisirs et affaires de sa chambre que les d^(ts) gages et droits ils continuent de payer au d^t d'Anglebert pendant sa vie et après son decez au d^t Couperin aux termes acoutumez suivant les Ettats qui en seront signez par Sa Majesté, laquelle pour asseurance de sa volonté m'a commandé d'expedier le présent Brevet qu'Elle a signé de sa main et fait contresigner par moy con^(ier) secretaire d'Ettat et de ses commandemens et finances [1],[2].

Par une de ces fatalités insondables du sort, l'éminent claveciniste, le compositeur charmant, important et significatif qui fait l'orgueil d'une des branches de la musique française, François Couperin, le Grand, ne devait jamais être titulaire d'une charge de clavecin à la cour.

Non seulement ce ne fut pas Louis XIV qui le nomma survivancier, mais nous verrons que, trois ans avant sa mort, il dut abandonner les fonctions de survivancier, que Louis XV lui avait accordées.

Toutefois, s'il n'était pas pourvu d'une charge de claveciniste, du moins François Couperin bénéficiait de la survivance la plus avantageuse, et, il faut bien le dire, la seule conforme à ses hauts mérites et aux fonctions qu'il remplissait effecti-

---

1. Arch. nat., O¹ 61, fº 46.
2. En ce qui concerne d'Anglebert, voir *Notes annexes*, note IV, p. 290-292.

vement à la cour; celle, enfin, qui lui donnait tous les avantages de la titularisation.

En somme, on se trouvait en face d'une situation délicate, celle-ci : un Officier de la Maison du Roi, ayant fait pendant de longues années un service justement apprécié et qui, par suite de sa vue affaiblie, ne pouvait absolument plus remplir les fonctions qui lui avaient été confiées. Dans ces conditions on avait dû faire appel à un suppléant qui, depuis longtemps, assumait à lui seul tout le service de la cour. Aussi le Roi, c'est-à-dire le Régent de France, Philippe II d'Orléans, ne voulant pas, d'une part, méconnaître les titres acquis par d'Anglebert, et, d'autre part, désirant reconnaître ceux de François Couperin, dut choisir la seule solution qui conciliât toutes choses : laisser à d'Anglebert sa charge de claveciniste complète, et créer, sous prétexte de survivance, une véritable charge nouvelle pour François Couperin.

Cette combinaison était d'autant plus facile au Régent, d'ailleurs grand protecteur des Arts et des artistes, qu'il existait alors deux sortes de survivance : la survivance jouissante, qui conférait à celui qui l'obtenait tous les droits et apanages attachés à la charge, absolument comme s'il en eût été le titulaire, et la survivance simple, qui n'accordait que le titre et quelques privilèges.

C'est la survivance jouissante qui fut octroyée à François Couperin.

Ainsi, François Couperin, le Grand, attendit donc vingt-trois ans le titre d'Ordinaire de la Musique de la Chambre du Roy, puisqu'il ne l'obtint qu'en 1717, et qu'il était entré au service du roi en 1694. Ce n'est que sur les Goûts réunis, parus en 1724, que figure ce titre; jusque-là ses œuvres ne portent que celui d'Organiste de la Chapelle du Roy.

Ses succès d'organiste et de claveciniste-compositeur n'empêchaient pas François Couperin de s'adonner à l'enseignement; de même que ses oncles, et comme son père, il fut un professeur éminent et très en vogue. C'est lui qui apprit à jouer du clavecin à M. le duc de Bourgogne, dauphin de France, lequel eut, on le sait, Fénelon pour précepteur, et dont François Couperin devint ainsi le collaborateur, dans l'éducation de ce prince ; il eut aussi, pour élève, Madame Anne de Bourbon, princesse douairière de Conti, et Louis-Alexandre de Bourbon, comte de Toulouse, qui lui servit une pension de mille livres jusqu'à sa mort[1].

Lui-même nous dit, en 1713 : « il y a vingt ans que j'ay l'honneur d'estre au Roy, et d'enseigner presqu'en même temps à Monseigneur le Dauphin duc de Bourgogne, et à six Princes et Princesses de la Maison Royale[2] ».

En dehors de ces personnages de haute lignée, François Couperin donnait ses leçons à des personnes moins importantes, quoique occupant une situation dans l'État ; c'est ainsi que le fils du fermier général Ferrand : Joseph-Hyacinthe Ferrand, fut son élève[3].

Il dispensa également ses incomparables conseils à des professionnels.

Quand nous nous sommes occupé de l'Art de Toucher le Clavecin, nous avons vu que François Couperin ne craignait pas de louer ses élèves qui, disait-il : « peut-être me surpassent » ; il doit évidemment faire ici allusion à ses élèves professionnels.

Recueillons, en passant, ce détail intéressant que, du moins pour les enfants, ses leçons n'excédaient pas trois quarts d'heure[4].

Les traits de François Couperin, le Grand, nous ont été transmis par une gravure exécutée, en 1735, par Flipart d'après un tableau d'André Bouys[5]. — Pl. IV.

Ce portrait : « d'une ressemblance heureuse et frappante », nous dit la note parue dans le *Mercure de France*, en août 1735, pour annoncer l'apparition et la mise en vente de l'estampe en question, nous révèle que François Couperin, le Grand, était

---

1. Titon du Tillet, *Parnasse françois*, supplément.
2. François Couperin, *Préface de son Premier Livre de Pièces de Clavecin*.
3. M. Brenet, *Les Concerts en France sous l'ancien régime*, p. 218.
4. L'Art de toucher le Clavecin, *Petite dissertation sur la manière de doigter*, etc.
5. Voir *Iconographie des Couperin*, chapitre xi, p. 215 et suiv.

un homme plutôt gros, à l'air intelligent, bon, pourtant un peu hautain.

Tous les traits du visage sont lourds, épais et gros; cependant, il est certain que cette figure, encadrée d'une forte perruque, donne une impression de puissance unie à la bonté; et la lèvre inférieure, qui avance légèrement sur l'autre, lui confère une apparence de volonté indéniable, volonté encore accentuée par le pli qui sépare le front par son milieu, et va rejoindre l'œil gauche.

On conçoit fort bien que derrière un tel front soient écloses les innombrables idées musicales qui nous sont parvenues de ce délicieux artiste.

De grands beaux yeux calmes, en forme d'amandes, foyers d'une flamme profonde, lointaine, donnent au personnage un air ouvert et franc, et les sourcils, relevés, contribuent, avec la bouche aux coins également relevés, à marquer cette physionomie d'une morgue qui, malgré tout, ne lui enlève rien du charme et de l'attrait qu'elle inspire.

Malgré l'apparence de robustesse que semble indiquer le portrait authentique et, pour ainsi dire officiel, que nous venons d'analyser, François Couperin était d'une santé délicate.

Pour s'en convaincre point n'est difficile, il suffit simplement de lire les Préfaces de ses Livres de Pièces de Clavecin; là, il nous l'apprend lui-même :

1ᵉʳ Livre (1713) : « Ces occupations, celles de la cour, et plusieurs maladies. »

2ᵉ Livre (1716) : « Toujours des devoirs tant à la cour que dans le public, et, par dessus tout, une santé très délicate. »

4ᵉ Livre (1730) : « Il y a environ trois ans que ces pièces sont achevées. Mais comme ma santé diminue de jour en jour, mes amis m'ont conseillé de cesser de travailler, et je n'ay fait de grands ouvrages depuis. »

Ainsi, depuis l'année 1713, ou plutôt deux ou trois ans avant, puisqu'il déclare avoir eu plusieurs maladies antérieurement à cette date, jusqu'en 1730, époque à laquelle il fera reporter sur sa fille, Marguerite-Antoinette, la survivance de la charge de d'Anglebert, survivance dont il est pourvu depuis 1717[1], cela pour des motifs analogues à ceux qui ont empêché et qui empêchent d'Anglebert de remplir les fonctions de sa charge : l'âge et les infirmités; et jusqu'en 1733, année de sa mort, la santé de François Couperin, déjà précaire, n'alla qu'en déclinant; c'est-à-dire que pendant vingt-trois ans, pendant la période la plus brillante de sa vie, alors qu'il occupait, sinon la plus haute, du moins une des plus hautes situations musicales de son époque, tant à la cour qu'à la ville, François Couperin était la proie de maux physiques qui entravaient, dans une certaine mesure, sa vie extérieure, et la publication normale de ses compositions musicales.

Malgré cela, par le nombre des fonctions qu'il remplissait, par la quantité de ses œuvres imprimées, et de celles que nous savons avoir été écrites, exécutées et non publiées, et si l'on s'imagine tout ce qui se greffait autour des obligations laborieuses qui emplissaient sa vie, on peut aisément se rendre compte que François Couperin dut être d'une extrême activité.

Ajoutons que ses devoirs de famille devaient lui prendre passablement de temps, puisque, outre sa femme et ses trois enfants, il avait encore des cousins et des cousines.

Dans une famille aussi unie que l'était celle des Couperin, il est certain que tous devaient le réclamer et le retenir.

Sans compter que la musique était une occasion de réunions familiales; François Couperin, parlant de son trio : *l'Apothéose de Lully*, le dit expressément : « Je l'exécute dans ma famille[2] ».

Il fallait donc, qu'indépendamment de sa grande activité, il eût une extrême facilité de travail pour mener à bien tout ce qu'il a entrepris, et cela dès son plus jeune âge.

La bonté de François Couperin, reflétée sur ses traits, n'excluait pas chez lui, quand cela était nécessaire, un esprit persifleur et combatif, restant, il est vrai, dans les limites de la courtoisie la plus aristocratique, mais qui savait, néanmoins,

---

1. Voir page 88 et 115 du présent chapitre.
2. François Couperin, *Avis du Concert instrumental sous le titre d'Apothéose composé à la mémoire immortelle de l'incomparable M. de Lully*.

faire bien comprendre qu'il avait bec et ongles pour se défendre ; qu'on en juge :

> Je demande grâce à Messieurs les Puristes, et Grammairiens, sur le Stile (*sic*) de mes Préfaces, j'y parle de mon Art, et si je m'assujetissois à imiter, la sublimité du leur, peut-être parlerois-je moins bien du mien.
> Je n'aurais jamais pensé que mes Pièces dussent s'attirer l'immortalité, mais depuis que quelques Poëtes fameux leur ont fait l'honneur de les parodier, ce choix de préférence pouroit bien, dans les téms à venir, leur faire partager une réputation qu'elles ne devront originairement qu'aux charmantes parodies qu'elles auront inspirées, aussi marquay-je d'avance à mes associés-bénévoles, dans ce nouveau livre, toute la reconnoissance que m'inspire une société aussi flateuse, en leur fournissant, dans ce troisième ouvrage, un vaste champ pour exercer leur Minerve [1].

Et cet autre exemple du « Stile » de François Couperin, n'est-il pas curieux à bien des titres, y compris le délicieux petit coup de patte de la fin, qui nous le fait choisir à l'appui de la combativité du scripteur :

> S'il était question d'opter entre l'accompagnement et les Pièces pour porter l'un et l'aultre à la perfection, je me sens que l'amour propre me feroit préférer les Pièces à l'accompagnement. Je conviens que rien n'est plus amusant pour soi-même et ne nous lie plus avec les aultres que d'estre bon accompagnateur. Mais quelle injustice ! C'est le dernier qu'on loue dans les concerts. L'accompagnement du clavecin dans ces occasions, n'est considéré que comme les fondemens d'un édifice qui cependant soutient tout et dont on ne parle presque jamais. Au lieu que quelqu'un qui excèle dans les Pièces jouit seul de l'attention et des applaudissements de ses auditeurs.
> Il faut surtout se rendre très délicat en claviers et avoir toujours un instrument bien emplumé. Je comprends cependant qu'il a des gens à qui cela peut être indifférent parce qu'ils jouent également mal sur quelque instrument que ce soit.

Par ce qui suit, nous verrons que François Couperin était aussi de ceux qui ne négligent pas de défendre leurs intérêts, tout au moins professionnels, au besoin avec une certaine âpreté.

En 1693, s'unissant à trois autres compositeurs et organistes de la chapelle du roi : Nicolas le Bègue, Gabriel Nivers et Jean Buterne, il fut signataire d'une requête d'intervention tendant à ce que les clavecinistes, organistes et compositeurs soient exonérés des droits de maîtrise envers la corporation des Ménestriers Saint-Julien.

---

1. François Couperin, *Préface de son Troisième Livre de Pièces de Clavecin*.

Le conflit qui s'établît entre les compositeurs, clavecinistes, organistes et la Corporation des Ménestriers donna lieu à un long procès qui se termina par la victoire des compositeurs.

Toujours est-il que, par Arrêt du 3 mai 1695, la cour, ayant égard à la requeste des dits sieurs Nivers, le Bègue, Buterne, Couperin et consors, faisait droit sur le tout et condamnait aux dépens Guillaume Dumanoir[1] et les jurés de la Communauté des maîtres à dancer et joueurs d'instrumens tant hauts que bas et haut-bois[2].

Ce juste arrêt affranchisait les compositeurs de musique, organistes et joueurs de clavecin, de tous droits ou de redevances envers la communauté de Saint-Julien, et permettait à des artistes, de la valeur de ceux énoncés dans le jugement ci-dessus, d'échapper à la dépendance des maîtres à danser; dépendance qu'ils jugeaient, si légitimement, indigne d'eux.

La Corporation des Ménestriers, contre laquelle s'insurgeaient François Couperin et ses collègues, existait alors depuis près de quatre siècles : elle fut instituée, en 1321, par : « les Ménestreux et les Ménestrelles de la Ville de Paris, pour la réformacion du métier de yceux et le proufit commun[3] ».

L'auteur de La Chapelle de Saint-Julien-des-Ménestriers, M. Antoine Vidal, attribue à François, de Crouilly, la participation à la requête d'intervention dont il vient d'être question; pour cela il se base sur ce que François Couperin, le Grand, n'avait, en 1695, que vingt-sept ans[4].

---

1. Michel-Guillaume Dumanoir fut Roi des Ménestriers; c'est le 15 avril 1668 qu'il obtint la survivance de la charge de son père Guillaume Dumanoir; il démissionna de cette charge le 31 décembre 1685, et non 1695, comme le dit Fétis. Arch. nat., O¹ 1685.
Dans cette procédure, les demandeurs avaient tenu à s'adjoindre et à faire figurer sur les actes le nom de Dumanoir quoique celui-ci fut démis de ses fonctions officielles depuis plusieurs années.

2. Recueil d'Édits, Arrêts, Mémoires, etc., en faveur des Musiciens du Royaume, P. R. C. Ballard, Paris, 1774. Voir le *Mariage de la Musique avec la Dance*. 1664, publié par J. Gallay, Paris, 1870, Appendices B. C. D.

3. *La Chapelle de Saint-Julien-des-Ménestriers et les Ménestrels de Paris*, Ant. Vidal, Paris, 1878.
Ajoutons que la rue Rambuteau, s'est appelée, en 1225, rue aux Joueurs-de-Viéle, ensuite, rue aux Jugléours, puis, rue aux Jongleurs.
Plus tard elle prit le nom de rue des Ménestrels et, en 1482, celui de rue des Ménestriers.

4. *La Chapelle de Saint-Julien-des-Ménestriers et les Ménestrels de Paris*, note 3, p. 67.

Selon nous, il y a là une erreur.

Vidal ignorait, sans doute, qu'à cette date, François Couperin était, depuis deux ans déjà, reçu organiste de la Chapelle du Roy; que, par conséquent, il était tout à fait qualifié pour prendre position dans le différend; que, justement, il figure, dans ce débat, avec ses collègues de la Chapelle Royale; et que François, de Crouilly, n'avait, au contraire, aucun des titres qui lui eussent permis de représenter les organistes, clavecinistes-compositeurs, dans une affaire de ce genre.

C'est donc bien de François Couperin, le Grand, qu'il s'agit ici. — Voir : *Note additionnelle*, page 158.

François Couperin ne craignit pas non plus de mystifier ses contemporains, au moins une fois, au début de sa carrière; et, en cela, se montra-t-il fin psychologue.

Les anecdotes sur les Couperin, en particulier sur François, le Grand, sont si rares que nous croyons intéressant de transcrire, in-extenso, la suivante; d'autant plus que c'est la voix même de l'immortel claveciniste de Louis XIV et de Louis XV qui nous parle :

Il y a quelques années, déjà, qu'une partie de ces Trios a été composée : il y en eut quelques manuscrits répandus dans le monde; dont je me déffie par la négligence des Copistes, de tems à autres j'en ay augmenté le nombre; et je crois que les Amateurs du vray en seront satisfaits. La Première Sonade de ce Recueil, fut auscy la première que je composay, et qui ait été composée en France. L'Histoire même en est singulière. Charmé de celles du signor Corelli, dont j'aimeray Les Œuvres tant que je vivray ; ainsi que Les Ouvrages-Français de Monsieur de Lulli, j'hazarday d'en composer une, que je fis exécuter dans le concert où j'avois entendu celles de Corelli; connoissant L'apreté des français pour Les Nouveautés-étrangères, sur toutes-choses; et me Déffiant de moy-même, Je me rendis, par un petit mensonge officieux, un très bon service. Je feignis qu'un parent que j'ay, effectivement, auprès du Roy de Sardaigne, m'avoit envoyé une Sonade d'un nouvel Auteur italien : Je Rangeai les Lettres de mon nom, de façon que cela forma un nom italien que je mis à la place. La Sonade fut dévorée avec empressement; et j'en tairay L'apologie. Cela cependant m'encouragea, j'en fis d'autres; et mon nom italianisé m'attira, sous le masque, de grands applaudissemens. Mes Sonades heureusement, prirent assés de faveur pour que L'équivoque ne m'ait point fait rougir. J'ay comparé ces premières Sonades avec celles que j'ay faites depuis; et n'y ay pas changé, n'y augmenté grand-chose. J'y ay joint seulement de grandes suites de Pièces aux quelles les Sonades ne servent que de Préludes, ou d'especes d'introductions.

Je souhaite que le Public-desinterressé en soit content : Car il y a toujours des Contradicteurs, qui sont plus à redouter que les bons Critiques, dont on tire souvent, contre leur intention, des avis très salutaires. Les premiers sont Méprisables; et je macquîte d'avance envers eux : avec usure [1].

L'histoire amusante que vient de nous narrer François Couperin convient, certes, à la première sonate du recueil des Nations : *la Françoise*, mais elle s'applique, surtout, à la première version de cette œuvre. En effet, avant que n'aient paru *les Nations* sous la forme définitive que leur conférait l'impression, telle que François Couperin la comprenait, il y eut, comme il nous l'apprend lui-même, quelques manuscrits répandus dans le monde.

C'est un de ces manuscrits que possède la Bibliothèque Nationale : in-4°, Vm^7 *1156*.

Le manuscrit en question contient quatre Sonates : *la Pucelle, la Visionnaire, l'Astrée* et *la Steinkerque*.

A part de légères différences, nées sans aucun doute de la négligence des copistes dont se défiait tant l'auteur, les trois premières de ces sonates sont semblables à trois des sonates du recueil des Nations; c'est-à-dire que *la Pucelle* est la même sonate que la première des Nations : *la Françoise*; *la Visionnaire* est la même sonate que la deuxième des Nations : *l'Espagnole*; *l'Astrée* est la même sonate que la quatrième des Nations : *la Piémontoise*; seule, *la Steinkerque* est originale dans le manuscrit, comme est originale, dans le recueil imprimé : *l'Impériale*.

De ce qui précède, il s'ensuit que le titre de la première sonate que François Couperin fit entendre, sous le masque d'un nom d'emprunt, était : *la Pucelle*; et que, ainsi que nous le disions plus haut, c'est à cette composition que s'adapte la divertissante anecdote de l'Aveu au Public, qui figure en tête des Nations (1726).

Il semble que, pendant le premier quart du XVIIIe siècle, les sonates à deux violons, basse chiffrée et basse d'archet, de

---

[1]. François Couperin, *Les Nations, Aveu de l'auteur au public*. L'apparition et la mise en vente de cette œuvre furent annoncées dans le *Mercure de France* de mars 1727, p. 502-503.

François Couperin, manuscrites alors, ne furent pas souvent exécutées; ou, du moins, qu'elles n'étaient pas excellemment jouées, puisque Sébastien de Brossard, qui possédait une copie de ces œuvres, peut-être celle qui appartient actuellement à la Bibliothèque nationale, s'exprime ainsi à leur sujet : « On peut et on doit dire que voyla de la bonne et de l'excellentissime musique, rien n'y manque qu'une bonne exécution[1]. »

Dans son bel et précieux article sur les Couperin, Jal dit ceci : « Lorsque Louis XIV, en 1696, permit à tout le monde de prendre des armoiries, François II Couperin ne se refusa pas l'innocent plaisir de se retirer vers les Commissaires de Sa Majesté et de se faire composer un blason par d'Hozier[2]. »

Telle n'est cependant pas la vérité.

Louis XIV ne permit pas à tout le monde de prendre des armoiries. Voici dans quelles conditions, et sous quelles réserves, un certain nombre de personnes obtinrent effectivement le droit de porter des armes.

Malgré les guerres victorieuses du règne, les finances de l'État se trouvaient, à la fin du XVIIe siècle, un peu épuisées; aussi, afin de faire entrer de l'argent dans les caisses du Trésor royal, eut-on recours à un stratagème qui atteignit son but, et combla de joie les quelques Français qui en profitèrent : un Édit autorisa l'anoblissement de cinq cents personnes, dignes d'être élevées à ce degré d'honneur et de distinction.

C'est-à-dire qu'une première sélection fut faite dans les différentes branches de la Société d'alors, et qu'après examen des titres des candidats, on ne choisit que ceux qui étaient le plus distingués par leur mérite, vertus et bonnes qualités.

Il y a donc loin entre ce qui se passa réellement et ce qu'énonce Jal à ce sujet; il est facile de s'en convaincre plus complètement encore, par la lecture de l'Édit de 1696, que nous reproduisons ici :

---

1. Catalogue Séb. de Brossard (1724), p. 381, Bibl. nat., Rés. Vm⁸ 20.
2. *Dictionnaire critique de Biographie et d'Histoire*, p. 441.

Edit du Roi, du mois de Mars 1696[1], *registré au Parlement le 20 mars suivant.*

Annoblissement de 500 personnes qui seront choisies parmi ceux qui se sont le plus distingués par leur mérite, vertus et bonnes qualités.

Seront préferés ceux qui, par des emplois et des charges qu'ils auront exercés ou qu'ils exercent, se seront rendus recommandables et dignes d'être élevé à ce degré d'honneur et de distinction, même les Négocians et les Marchands faisant commerce en gros, qu'ils pourront continuer sans déroger a ladite qualité de Noble.

A la charge de payer à S. M. les sommes auxquelles ils seront modérément fixés au Conseil par les Rôles qui y seront arrêtés sur quittances du garde du Trésor Royal en exercice, qui leur seront délivrées, sans que les dits annoblissemens puissent être supprimés, ni révoqués, ni sujets à aucune taxe pour être confirmés, attendu la finance qu'ils paient dans les besoins pressans pour lesquels on les accorde.

Cet Edit est imprimé[2].

Comme on le voit, François Couperin possédait à son actif toutes les qualités requises par le précédent Édit; aussi est-il, d'abord, tout naturel qu'il ait posé sa candidature; ensuite, que sa candidature ait été agréée.

Il est fort probable qu'il ne s'engagea dans cette affaire qu'à bon escient, avec l'assurance de réussir, et, à notre avis, après y avoir été incité.

En tous cas, il est bien certain qu'il dut surtout à ses mérites personnels la faveur de porter des armes, et que cette distinction ne lui fut accordée que comme conséquence de la charge qu'il occupait à la cour et des fonctions qu'il y remplissait.

C'est dans le : *Supplément au détail des Armoiries d'après l'état du 9 décembre 1701* (vu le 16 décembre 1701) que nous trouvons le blason de François Couperin, ainsi constitué par d'Hozier.

On comprend que la lyre figure dans les armes d'un musi-

---

1. Probablement du 16 mars 1696.
2. L.-N.-H. Chérin, *Abrégé Chronologique d'Édits, Déclarations, Lettres patentes, concernant le fait de la Noblesse*, Paris, 1768. Une suite d'Édits, formant corollaires de l'Édit du mois de mars 1696, furent promulgués au cours de cette même année : Création et établissement d'une Maîtrise générale et souveraine avec un Armorial général ou Dépôt public des Armes et Blazons du Royaume (d'Hozier en était le chef et titulaire), Édit de novembre 1696, registré le 28 dudit mois, Arrêts du 4 décembre 1696 et 23 janvier 1697. Par un Édit d'avril 1701, registré à la Chambre des Comptes, le 23 avril, et à la Cour des Aides, le 30 mai 1701, le précédent Édit fut révoqué; de ce fait la charge de Maîtrise générale se trouvait supprimée, et l'Office de Juge d'Armes rétabli.

cien; on peut encore concevoir les étoiles et le soleil donnés à un grand artiste au service du Roi Soleil; quant aux deux tridents d'argent passés en sautoir, il est difficile de saisir l'allusion de d'Hozier, qui, après tout, se rapporte, sans doute, au nom même de Couperin³ (peut-être : Coupe-rein).

Outre l'obtention de ces armes, qui lui conféraient un titre de noblesse, François Couperin était aussi Chevalier de l'Ordre de Latran⁴; la croix posée sur la table de la gravure de Flipart, exécutée d'après son portrait peint par Bouys, est le signe de cette distinction. — Pl. IV.

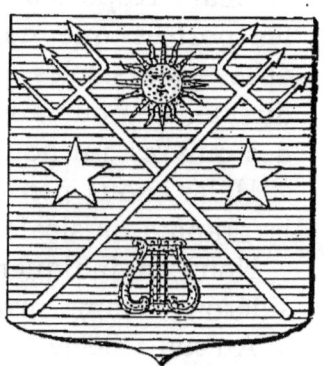

François Couperin, organiste de la Chapelle du Roy. Porte d'Azur à deux tridents d'argent passés en sautoir, accosté de deux étoiles de meme et accompagné en chef d'un soleil d'or et en pointe d'une Lire de meme ¹·².

C'est au cours de l'année 1705 que, pour la première fois, nous en relevons la mention : 1°, dans la seconde édition des Motets, imprimés chez Ballard, en 1703, 1704 et 1705; 2°, dans l'acte de baptême de Marguerite-Antoinette Couperin, 20 septembre 1705, auquel François Couperin signe : Le Chevalier Couperin, après s'être dit, au cours de l'acte : Chevalier de l'Ordre de Latran :

Le grade de Chevalier, grade personnel, et qu'on ne transmet point à ses descendants, étoit réservé à ceux qui, pour récompense de leurs grandes actions, en avoient été revêtus par les Souverains ou par des Chevaliers commis de leur part à cet effet⁵.

Combien voudrions-nous voir un manuscrit autographe de François Couperin!

Il est si intéressant, et même impressionnant, de songer

---

1. Description contenue dans l'Armorial de Versailles. Bibl. nat., Cabine des Manuscrits, *Armorial général* : Fonds français 32227, vol. XXXIV, p. 294, n° 687.
2. *Armorial général (d'Hozier), Blasons, Armoiries*, Bibl. nat., Cabinet des Manuscrits : Fonds français 32262, vol. XXXV, p. 69.
3. Souvent, en effet, les armes composées à cette époque comportaient une figuration du nom sous la forme rébus.
4. Ordre institué, en 1560, par le pape Pie IV.
5. D'Hozier, *Armorial général de France*, préface du Registre premier.

que les caractères qu'on a devant soi ont été tracés par l'auteur qu'on admire ; que l'on touche la même feuille de papier que sa main respectée a tenue et écrite ; que ses yeux ont suivi les portées que nos yeux regardent à leur tour ; qu'enfin, après des siècles, nous nous trouvons en communication directe, et pour ainsi dire intime, avec l'artiste qui a conçu des œuvres qui nous émeuvent ou nous ravissent.

Hélas, nous pensons qu'il faut désespérer de revoir jamais la graphie musicale de François Couperin.

Nous en indiquerons une des causes, celle que nous considérons comme principale.

Au XVIIe siècle, on n'imaginait pas qu'une main exécutât ce que l'esprit d'un autre avait conçu.

La profession de virtuose, telle qu'on l'exerce à notre époque, eût été, pour tous les dilettanti du XVIIe siècle, un non-sens dont ils ne pouvaient se faire aucune idée et qu'ils n'eussent pas accepté : le compositeur était l'exécutant obligatoire de ses propres œuvres. Tout en ne manquant pas de marquer leur admiration différente pour les deux aspects du talent d'un même artiste, ils ne séparaient jamais ces deux aspects l'un de l'autre ; on les considérait comme intimement liés et inséparables. Naturellement, nous ne parlons ici que des seuls instrumentistes, car, pour les chanteurs, la scission était faite depuis longtemps, la période pendant laquelle le chanteur[1] fut à la fois poète, compositeur et instrumentiste étant révolue depuis déjà plusieurs siècles[2].

Pour nous, d'après ce que nous savons de la construction du clavecin, et par les appréciations nombreuses, très nombreuses, que nous fournissent les documents du temps sur l'exécution des grands clavecinistes du XVIIe siècle, instrumentistes qui nous intéressent tout particulièrement, eu égard aux Couperin, nous croyons pouvoir énoncer que le clavecin était un instrument infiniment plus personnel que notre piano moderne.

---

1. Trouvères, Troubadours et Ménestrels.
2. Au XVIIe siècle, cependant, Michel Lambert, beau-père de Lully, eut de grands succès en chantant remarquablement ses propres compositions, qu'il accompagnait au moyen d'un luth, d'un théorbe ou d'un clavecin.

Grâce à l'isolement ou à l'accouplement des claviers et des timbres, un instrumentiste habile arrivait à une foule de combinaisons, et à des effets qui, pour être moins bruyants que ceux du piano, n'en n'étaient pas moins sonores, et qui, en tous cas, présentaient une grande diversité.

En outre, le clavecin se prêtait à merveille à l'improvisation, et à ces changements dans l'emploi des jeux, et, surtout, dans le placement et l'interprétation des ornements; ornements et changements de jeux qu'un claveciniste réputé ne manquait pas de varier constamment, et dans lesquels il s'appliquait à conquérir une part de succès.

Quant à la sonorité même de l'instrument, elle pouvait être toute particulière; Chambonnière, par exemple, savait tirer du clavecin un son d'une beauté sans égale. L'abbé Le Gallois nous dit que : « S'il faisoit un accord qu'un autre en même temps eût imité en faisant la même chose, on y trouvoit néanmoins une grande différence et la raison en est.... qu'il avoit une adresse et une manière d'appliquer les doigts sur les touches qui étoit inconnue aux autres [1]. »

La palette sonore du clavecin comportait évidemment une gamme de tons plus bas que celle du piano, mais n'en n'était pas pour cela moins étendue; elle avait, en outre, l'avantage de la coloration obtenue par les timbres (les jeux), ressource immense que ne possède en aucune façon le piano actuel.

Cette multiplicité d'effets de timbre s'enrichit encore, un peu après le milieu du XVIIIe siècle : « Sur le conseil, dit-on, de Balbâtre, organiste de Louis XVI, Taskin imagina en 1768 de garnir un des trois rangs de sautereaux dont l'instrument était habituellement pourvu non plus de dards en plume de corbeau, mais de morceaux de buffle [2]. »

L'invention de Pascal Taskin, dite : registre de buffle, permettait aux clavecinistes des contrastes de sonorité nés du pincement de la corde, plus doux par le cuir que par la

---

1. Le Gallois, *Lettre à Mlle Regnault de Sollier touchant la musique.*
2. Le nom de buffle est donné à cette époque au bœuf d'Italie; mais le même nom s'applique, par extension, à toute espèce de cuir préparé comme la peau de ce ruminant, passée notamment à l'huile pour lui donner une résistance particulière. Ernest Closson, *Pascal Taskin*, Recueil de la Société Internationale de musique (ZIMG), janvier-mars 1911, p. 249.

plume de corbeau : « Le premier clavecin « à buffle » sorti de l'atelier de Taskin avait été construit pour le compte de Hébert, trésorier général de la Marine et des Menus plaisirs. Les organistes Armand [Louis] Couperin et Balbâtre admirèrent fort, paraît-il, le nouvel instrument[1]. »

L'abbé Vogler, également admirateur enthousiaste du buffle, affirmait qu'il donne aux basses « une splendeur inconnue », « un timbre de contrebasse[2] ».

D'autre part, nous voyons que : « La découverte de M. Pascal lui a mérité les suffrages unanimes des connoisseurs. Les premiers artistes de Paris, tels que M. Couperin [Armand-Louis], M. Balbâtre, n'ont pas tardé à vouloir jouir du bienfait de cette invention, et les grands de la cour et de la capitale s'empressent tellement de suivre leur exemple, que M. Pascal n'a d'autre regret que d'être occupé sans cesse à appliquer son mécanisme à d'anciens clavecins, et de n'avoir pas un moment pour achever les siens, qu'il regardoit avec raison comme les plus propres à assurer sa réputation[3]. »

Il est une autre invention de Pascal Taskin, moins célèbre que celle du buffle, mais qui, cependant, ajoutait un puissant effet aux différents modes d'expression dont disposait déjà le clavecin; cette invention, réalisée par son auteur avec un art infini, consiste dans les registres emplumés.

En voici une description claire qui en fera parfaitement comprendre toute l'importance, son but et son utilité :

« Pour augmenter la variété de l'expression, M. Taskin a imaginé de faire traverser son clavecin de haut en bas par des baguettes de fer, dont l'extrémité supérieure fait mouvoir des registres emplumés. Le claveciniste opère cet effet en pressant avec le genou le bout inférieur de ces baguettes. Ce méchanisme ingénieux n'oblige pas le claveciniste à interrompre son jeu, à déplacer la main du clavier; il rend avec tout l'esprit dont il est capable, toutes les finesses dont l'expression musicale est susceptible. »

1. E. Closson, *Pascal Taskin*, p. 251.
2. *Ibid.*, p. 252.
3. *Journal de Musique*, année 1773, n° 5, p. 18-19. *Lettre aux auteurs de ce journal, sur les clavecins en peau de buffle inventés par M. Pascal*, signé : Trouflaut, chanoine semi-prébendé de l'église de Nevers.

« M. Taskin ne s'est pas borné à ce changement, pour rendre le jeu du clavecin plus net et plus varié; il a placé, sous les pieds du claveciniste, une espèce de pédale ou de tirant, qui fait mouvoir à volonté le jeu de sautereaux de buffle, ou celui de sautereaux de plumes. Plus la pression du pied sur le tirant est forte, plus elle enfle les sons. A l'aide de cette méchanique, le claveciniste peut leur donner, dans la même proportion, l'effet du ressort qu'il fait agir du pied; la force avec laquelle il le met en mouvement l'anime et le vivifie [1]. »

On le voit, le clavecin était alors un instrument plein de ressources sonores, expressives et rythmiques. C'est à cette époque qu'il atteignit son suprême développement, son plus haut degré de perfection, qu'il brilla, vraiment, du plus vif éclat.

L'orgue seul, toutes proportions gardées, donne une idée amplifiée des ressources du clavecin; et ce sont justement ces moyens analogues qui ont amené les artistes du XVIIe et du XVIIIe siècles à transporter le même style sur l'un et l'autre de ces deux instruments, ce qui, nous l'avons fait observer déjà, amena la décadence du style de la musique d'orgue par la transposition, à cet instrument, du style de clavecin.

Cependant, malgré le merveilleux génie d'invention de Pascal Taskin, le Clavecin à buffle venait trop tard; l'avenir n'était plus au clavecin, mais au piano, popularisé par Sibermann, de Strasbourg; Stein, d'Augsbourg; Fréderici, de Géra; Backer, de Londres; en attendant les coups d'éclat de Sébastien Erard. Partout, déjà, l'instrument à cordes frappées remplaçait son archaïque congénère. Puis, la Révolution allait bientôt faire entendre une autre musique, et, la tourmente passée, l'ancien style, avec ses organes propres, n'allait plus être qu'un souvenir.

Ce fut Taskin qui, assure-t-on, toucha le premier piano aux Tuileries, probablement un instrument anglais : « Vous aurez beau faire, mon ami, lui aurait dit Balbâtre, présent à l'expérience, jamais ce nouveau venu ne détrônera le majestueux clavecin [2]. »

---

1. *Almanach Musical*, Paris, année 1782, p. 51-52.
2. E. Closson, *Pascal Taskin*, Recueil de la Société Internationale de Musique (ZIMG), janvier-mars 1911, p. 259.

La nouvelle invention n'avait pas eu, non plus, l'heur de plaire à Voltaire qui, toujours passionné dans ses appréciations, qualifia illico le piano-forté : « d'instrument de chaudronnier en comparaison du clavecin [1] ».

Au reste, ce n'est pas là, la seule fois où Voltaire marque sa sympathie pour le clavecin ; en différents endroits de son œuvre poétique et de sa correspondance, il le dit expressément, ou le laisse parfaitement entendre.

Parmi maints exemples, nous choisirons celui-ci qui lui fournit une charmante allégorie.

Dans une lettre à Deodati Tovazzi, sur la langue italienne, il croit devoir prendre la défense de l'*e* muet français de la manière suivante : « Vous nous reprochez, Monsieur, nos *e* muets, comme un son triste et sourd qui expire dans notre bouche ; mais c'est précisément dans ces *e* muets que consiste la grande harmonie de notre prose et de nos vers. *Empire, couronne, diademe, flamme, tendresse, victoire...* toutes ces désinences heureuses laissent dans l'oreille un son qui subsiste encore après le mot prononcé, comme un clavecin qui résonne encore quand les doigts ne frappent plus les touches [2]. »

Au contraire du piano, lourde et puissante machine qui, une fois établie sur ses fortes bases, ne demande que de temps à autre l'ingérence d'un ouvrier, le clavecin, délicat comme un violon italien, réclamait les soins constants de celui qui le jouait : il fallait veiller à ce que les sautereaux fussent toujours bien emplumés ; à ce que le mouvement de ces mêmes sautereaux ne soit pas gêné pour effectuer leur glissement ascendant et descendant dans les coulisseaux ; il y avait, en outre, la question de l'accord, opération délicate qui, le plus souvent, incombait à l'instrumentiste.

---

1. *Correspondance de Mme la Marquise du Deffand.*
2. Par opposition à cette défense de l'e muet, quant à son bel effet dans la déclamation ordinaire, ajoutons que le même Voltaire, dans une lettre à l'abbé d'Olivet, reprend ce qu'il a dit dans le *Siècle de Louis XIV*, ayant trait à l'effet désagréable que produisent nos rimes féminines, toutes terminées par un e muet, lorsqu'elles sont chantées : « La gloire, la victoire, à la fin d'une tirade, deviennent toujours la gloir-eu, la victoir-eu. Voilà pourquoi Quinault a grand soin de finir, autant que cela se peut, ses couplets par des rimes masculines ; et c'est ce que recommandait justement Rameau aux poètes qui travaillaient pour lui. »

De même qu'il existe différents tempéraments, ou plutôt à cause de ces divers tempéraments, il y avait aussi plusieurs manières d'accorder les clavecins ; François Couperin proposa celle-ci : « Prendre une touche quelconque du clavecin, en accorder d'abord la quinte juste, puis la diminuer insensiblement ; procéder ainsi d'une quinte à l'autre, toujours en montant, c'est-à-dire du grave à l'aigu, jusqu'à la dernière dont le son aigu aura été le grave de la première [1]. »

Jean-Jacques Rousseau reproche à cette méthode, préconisée par Jean-Philippe Rameau [2], après François Couperin et le père Mersenne, qui en attribue l'invention à un nommé Gallé, d'être défectueuse parce qu'il en résulte des tierces majeures trop fortes, et des tierces mineures trop faibles ; c'est, cependant, à peu de chose près, celle qui prévalut. Toutefois, on adopta de commencer par l'ut du milieu du clavier, et d'en affaiblir les quatre premières quintes, jusqu'à ce que la quatrième mi, à l'aigu, fasse la tierce majeure bien juste avec son premier son ut.

Pour l'accord des pianos, on procède d'une autre façon : une partition, accordée par quintes faibles et quartes justes, est constituée par un groupe restreint de notes ayant le *la* du diapason normal comme point initial ; lorsque cette partition, prise par conséquent dans la partie médiane du clavier, est bien établie, on accorde l'aigu et le grave par octaves justes.

Nous avons dit, précédemment, que la nature du clavecin avait fait naître chez les Instrumentistes-compositeurs le besoin de multiplier les ornements.

Or, plusieurs de ces agréments, de ces *manières*, appartenaient en propre à certains virtuoses. Quant à ceux dont l'emploi s'étendait à tous les compositeurs, leur interprétation variait à l'infini ; c'est ce qui explique pourquoi différents clavecinistes dressèrent un tableau des signes qu'ils employaient, avec une traduction indiquant la façon dont ils en comprenaient l'exécution.

---

1. J.-J. Rousseau, *Dictionnaire de Musique*, article Tempérament.
2. *Génération harmonique*.

Toutefois, pour quelques-uns, François Couperin faisait autorité en la matière; c'est le cas de d'Agincourt qui s'exprime ainsi dans la Préface de son livre de Pièces de Clavecin, publié en 1733 : « Je n'ay rien changé aux agrémens n'y à la manière de toucher de celle que Monsieur Couperin a si bien désignée et caractérisée, et dont presque toutes les personnes de l'Art font usage ; je peux dire même que nous lui devons tous sçavoir un gré infini des peines qu'il s'est données d'en faire la recherche[1]. »

Dans le même temps, Marin Marais jouissait d'un prestige et d'un ascendant analogues sur les violistes.

François Couperin, qui tenait énormément à ce que les agréments qu'il avait marqués fussent exécutés tels qu'ils les concevait, avait effectivement apporté tous les soins possibles à leur recherche, et les ressources de son esprit lucide, pour trouver des signes clairs qui les désignent; aussi le voyons-nous se fâcher tout rouge, parce que l'on négligeait de tenir compte exactement de ce qu'il avait écrit : « Je suis toujours surpris (après les soins que je me suis donné pour marquer les agrémens qui conviennent à mes Pièces, dont j'ay donné à part, une explication assés intelligible dans une Méthode particulière, connue sous le titre de l'Art de toucher le clavecin) d'entendre des personnes qui les ont aprises sans s'y assujetir. C'est une négligence qui n'est pas pardonnable, d'autant qu'il n'est point arbitraire d'y mettre tels agrémens qu'on veut. Je déclare donc que mes Pièces doivent être exécutées comme je les ay marquées : et qu'elles ne feront jamais une certaine impression sur les personnes qui ont le goût vray, qu'on n'observera pas à la lettre, tout ce j'ay marqué, sans augmentation ni diminution[2]. »

---

1. Sur le titre du Livre de Pièces que nous venons de citer, nous lisons : « Composées par M. d'Agincour », la Dédicace à la Reine est en outre signée de même d'Agincour ; conséquemment quoi que l'on ait toujours écrit le nom de cet artiste en un seul mot et avec un t à la fin, nous croyons devoir employer l'orthographe dont il se sert lui-même pour se qualifier. Jacques-André (François) D'agincour, Organiste de la Chapelle du Roy, de l'Eglise Métropolite de Rouen Primatiale de Normandie, et de l'Abbaye Royale de Saint-Ouen, naquit à Rouen en 1684, et mourut, en 1757, dans la même ville, après avoir fait de longs séjours à Paris.

2. François Couperin, *Préface du troisième livre de ses Pièces de Clavecin.*

D'après ce qui précède, il est facile de déduire que l'on ne connaissait complètement les œuvres d'un maître du clavecin que lorsqu'on les lui avait entendu jouer; œuvres dans lesquelles il faisait apparaître, mieux que tout autre, non seulement sa virtuosité particulière, les idées incluses, mais encore ses propres intentions.

C'est la raison qui fait que les virtuoses de cette époque ne se souciaient pas de livrer à des confrères, lesquels étaient aussi des rivaux, des compositions musicales qui représentaient pour eux une propriété exclusive, de laquelle ils entendaient profiter seuls.

Ils toléraient que des amateurs, auxquels ils voulaient être agréables, copiassent quelques-unes de leurs pièces; mais, dans ce cas, il apparaît bien qu'ils leur livraient surtout les morceaux d'une exécution et d'un style simples, se réservant les pièces plus complexes, d'un ordre plus raffiné, et dans lesquelles on pouvait le moins les imiter.

Ce qui n'est pas douteux, c'est qu'ils retardaient, le plus possible, la publication de leurs œuvres; ce n'est, en général, qu'à la fin de leur vie, lorsque des copies fautives, répandues un peu partout, les ont altérées et rendues presque méconnaissables, qu'ils se décident à les faire imprimer.

François Couperin ne le dit-il pas en propres termes : « On scait assez qu'un auteur n'a que trop d'interest de donner une édition corecte de ses ouvrages, lorsqu'ils ont eu le bonheur de plaire : S'il est flatté par les applaudissemens des connoisseurs, il est mortifié par l'ignorance, et les fautes des copistes, c'est le sort des manuscrits recherchés[1]. »

Il va de soi qu'à partir du moment où les amateurs purent avoir une édition correcte des pièces du musicien en renom, ils ne se soucièrent plus des copies présentant, non seulement des fautes graves dans le texte de l'ouvrage, mais encore des déformations dans les agréments; aussi les copies durent-elles disparaître promptement, pour laisser la place à l'édition sûre publiée par l'auteur.

De même, le manuscrit autographe paraît avoir été détruit

---

1. François Couperin, *Préface du premier livre de ses Pièces de Clavecin.*

dès que l'œuvre était gravée : on ne trouve, en effet, presque jamais, le manuscrit d'une œuvre ayant été publiée.

Voilà pourquoi la plupart des compositions de François Couperin ayant été livrées, par lui-même, au grand jour de l'édition, on a fort peu de chances de rencontrer jamais un manuscrit de lui.

Seul celui d'une œuvre non gravée[1] peut-il sortir, par le fait du hasard, de l'endroit où, peut-être, il est actuellement enfoui.

Vers les dernières années de sa vie, François Couperin semble être assez désabusé, et la proie du doute, non seulement sur la renommée qu'il laissera après lui, mais encore sur une foule d'autres considérations.

Que de choses, en effet, peut-on entrevoir dans ces lignes.... et entre les lignes : « Je remercie le Public de l'aplaudissement qu'il a bien voulu leur donner jusqu'icy [à ses pièces de clavecin]; et je crois en mériter une partie pour le zèle que j'ai eu à lui plaire. Comme personne n'a gueres plus composé que moy, dans plusieurs genres, j'espère que ma Famille trouvera dans mes Porte-feuilles de quoy me faire regretter, si les regrets nous servent à quelque chose après la vie. Mais il faut du moins avoir cette idée pour tacher de mériter une immortalité chimérique ou presque tous les hommes aspirent[2]. »

Cela fait un peu l'effet d'un testament artistique; et surtout quelle mélancolie !

Le merveilleux claveciniste, le compositeur varié, noble et charmant, l'organiste au style sobre et élevé, le grand et complet artiste qu'il était, dut, certes, être regretté.

En tous cas, l'un des doutes que nous venons de lui voir exprimer ne devait pas se réaliser; en 1737, ses Pièces de Clavecin étaient déjà jouées par d'autres que lui, ainsi qu'il appert de cette note : « le 20. le concert fut composé d'une suite de symphonies de M. de Blamont... suivie de plusieurs suites de pièces de feu Couperin[3] ».

---

1. Une des compositions dont il dit, au cours de la Préface de son quatrième livre de Pièces de Clavecin, que sa famille trouvera dans ses portefeuilles après sa mort.
2. François Couperin, *Préface de son quatrième livre de Pièces de Clavecin,* sa dernière œuvre parue en 1730, trois ans avant sa mort.
3. *Mercure de France*, septembre 1737, p. 2093.

A présent, François Couperin est entré complètement dans la gloire, et dans une immortalité que personne ne pourrait lui contester, car il l'a bien méritée.

François Couperin se maria fort jeune, vraisemblablement en 1689[1], puisque son premier enfant : Marie-Madelaine Couperin, naquit le 9 ou 10 mars 1690[2] ; il n'avait donc que vingt et un ans lorsqu'il épousa Marie-Anne Ansault.

De cette union naquirent trois enfants : Marie-Madeleine, déjà citée ; Marguerite-Antoinette Couperin, 19 septembre 1705 (baptisée le 29 septembre 1705) ; Nicolas-Louis Couperin, 24 ou 25 juillet 1707 (baptisé le 26 juillet 1707).

A propos de la descendance de François Couperin, il s'est établi une tradition vraie : à savoir qu'il avait eu deux filles ; mais, sans doute à cause de la première erreur commise par Titon du Tillet, dans le supplément du Parnasse François, au sujet de l'aînée, qu'il dit s'appeler « Marie-Anne », confondant ainsi la fille cadette de François, de Crouilly, avec la première enfant de François Couperin, le Grand, on a généralement reproduit cette erreur.

C'est Jal qui a rétabli les choses, en restituant à la fille aînée de François Couperin, le Grand, ses véritables prénoms : Marie-Madelaine, d'après son acte de baptême du 13 mars 1690.

D'ailleurs, après la lecture de l'acte de baptême de Marie-Anne Couperin, née le 11 novembre 1677, lequel dit expressément : « le parrain François Couperin, fils de Charles Couperin, organiste de Saint-Gervais », il est de toute évidence que François Couperin, alors le petit, puisqu'il n'avait, en 1677, que neuf ans, ne pouvait être le père de la jeune personne qu'il tenait sur les fonts baptismaux.

Cependant, la confusion s'est encore accrue du fait que Marie-Madelaine Couperin avait dû, comme sa tante à la mode de Bretagne, se faire religieuse[3].

1. La même année où il prit possession de l'orgue de Saint-Gervais.
2. L'acte de baptême est du 11 mars 1690. *Registre de Saint-Gervais*, baptêmes, 13 mars 1690.
3. Peut-être aussi que la similitude des prénoms de madame François Couperin : Marie-Anne Ansault, et de sa cousine Marie-Anne Couperin, de Crouilly, contribua à brouiller, à obscurcir l'entendement de tout ceci.

Le renseignement le plus important que nous ayons sur Marie-Madelaine Couperin émane d'une pièce d'archives assez intéressante : c'est la division, accordée par Louis XV, de la pension de 800 livres donnée à Francois Couperin, le Grand, par Louis XIV, le 6 novembre 1714 :

Brevet de 400tt de pension pour marie anne ansaut femme de francois Couperin, organiste de la Chapelle.

Aujourd'huy 28 septembre 1718. Le Roy étant a Paris, françois couperin organiste de sa chapelle ayant très humblement suplié sa majesté de diviser la pension de 800tt que le feu Roy luy accorda par brevet du 6 novembre 1714 entre Marie anne ansault sa femme pour l'aider à subsister et marie madelaine Couperin sa fille p^r la mettre en estat d'accomplir le dessein qu'elle a de se faire religieuse, sa majesté voulant gratifier le d[it] Couperin après s'etre fait reporter le brevet du 6 novembre 1714 qui demeurera nul, de l'avis de M. le duc d'orléans Regent a donné et accordé a marie anne ansaut sa femme la somme de quatre cent livres de pension annuelle veut et ordonne sa majesté qu'elle en soit payé sa vie durant sur ses simples quittances par Les gardes de son trésor Royal presens et à venir chacun en l'année son exercice suivant Les etats ou ordonnances qui en seront expediez en vertu du present brevet que pour asseurance de sa volonte sa majesté a signé et fait contresigner, etc [1].

: « *du 28 septembre 1718.*
Pareil Brevet pour marie madelaine Couperin sa fille de pareils 400tt. [2]

Certes, voilà un assez maigre bagage documentaire ; pourtant la pièce d'archives citée ci-dessus, et l'acte de baptême relevé par Jal déterminent, de façon irréfutable, que François Couperin eut bien deux filles, nées de son mariage avec Marie-Anne Ansault, ou Ansaut, son épouse.

Jusqu'à présent, on ne savait pas si la fille aînée de François Couperin, le Grand, avait vraiment mis à exécution son projet claustral ; et, étant donné le cas de l'affirmative, dans quel ordre elle serait entrée ; ni, non plus, quelle avait été la durée de ses jours.

Voici un tout petit renseignement qui éclaire parfaitement ces trois points restés dans l'ombre, et si intéressants pour l'histoire de notre dynastie.

Dans le registre des décès de l'Abbaye Royale de Maubuisson, registre conservé aux Archives municipales de

---

1. Arch. nat., O^1 62, f° 212.
2. Arch. nat., O^1 62, f° 212.

Pontoise, nous relevons, parmi les religieuses de chœur[1], le nom de : « Marie-Cécile Couperin, décédée le 16 avril 1742, âgée de cinquante et un ans, après vingt et une années de profession[2] ».

Si l'on rapproche la date 1742, année de mort de la religieuse en question, de celle de 1690, date qui nous est connue comme étant celle de la naissance de Marie-Madelaine Couperin, on trouve, à vrai dire, non pas cinquante et un ans, mais cinquante-deux ans d'existence ; il n'y a cependant aucun doute possible, nous sommes bien là en présence de la même personne : la fille aînée de François Couperin, le Grand.

Elle dut entrer à l'Abbaye de Maubuisson, peu de temps après avoir obtenu la pension annuelle de 400 livres, dont nous avons vu le brevet lui en accordant la jouissance, c'est-à-dire à la fin de l'année de 1718 ou au commencement de 1719. Naturellement elle fit un noviciat, et ce n'est qu'en 1721 qu'elle prononça des vœux qui durèrent jusqu'à sa mort, soit vingt et une années.

Quant à son prénom de Cécile, qui se substitue à celui de Madelaine, il est fort possible que ce soit celui qu'elle prit en entrant au couvent, cela en souvenir de la famille dont elle était issue, et comme un hommage à la sainte patronne des musiciens.

Ainsi voilà donc bien avéré que Marie-Madelaine-Cécile Couperin embrassa la vie religieuse, qu'elle fut sœur Bernardine, et mourut à l'âge de cinquante et un ans.

De ce que, dans le libellé de son décès, il ne soit pas fait mention qu'elle ait rempli les fonctions d'organiste à l'Abbaye Royale de Maubuisson, on ne peut induire qu'elle n'ait pas été musicienne, ni qu'elle n'ait été organiste de ce monastère : dans le registre des décès de l'Abbaye, aucun titre n'accom-

---

1. Il existait à l'Abbaye de Maubuisson, comme dans la plupart des couvents de femmes, deux catégories de religieuses : 1° les sœurs de chœur, qui participaient aux offices, les chantaient, et qui seules pouvaient devenir officières, c'est-à-dire être chargées d'une dignité ; 2° les sœurs converses, auxquelles étaient réservés les soins domestiques du monastère.
2. Consigné aussi dans l'ouvrage important de MM. A. Dutilleux et J. Depoin, *L'Abbaye de Maubuisson, Notre-Dame la Royale*, quatrième partie, Annexes, p. 314.

pagne le nom des sœurs mortes étant officières, celui de religieuse de leur ordre suffisant amplement.

D'autre part, quoique peu de temps avant l'entrée de Marie-Madelaine Couperin à l'Abbaye de Maubuisson on ait remplacé un petit orgue, déjà ancien, par un instrument plus important[1], on ne saurait déduire, de ce fait, que le couvent ait eu à cette époque, parmi ses moniales, une artiste marquante pour laquelle aurait été placé le nouvel orgue : les communautés religieuses agissant, en pareille circonstance, sans un but spécial autre que celui de munir et d'orner leur chapelle, d'un instrument digne de leur maison et, surtout, du lieu où il était édifié.

Toutefois, il est certain que lorsque Marie-Madeleine Couperin entra au monastère de Maubuisson, elle y trouva un instrument neuf sur lequel elle put exercer ses talents pendant les longues années qui s'écoulèrent pour elle dans l'existence monacale qu'elle avait choisie, si, comme nous le pensons et voulons le croire, la fille aînée de François Couperin, le Grand, fut musicienne.

Toujours est-il qu'après sa mort il y eut, très probablement, une intérimaire, cela pendant trois ans au maximum; puis on fit appel à une personne non professe, ni même sœur converse, pour occuper le poste laissé vacant (?) par Marie-Madelaine-Cécile Couperin; ce fut, en effet, une simple pensionnaire qui devint organiste en titre du couvent. Le registre des décès nous renseigne complètement à cet égard; nous y voyons, dans le chapitre réservé aux pensionnaires, le nom de : « Marie-Geneviève Thomelin, organiste depuis quarante-cinq ans, décédée le 25 mai 1790, à l'âge de soixante-sept ans ».

Cette Marie-Geneviève Thomelin était apparemment parente de J. Thomelin, organiste de l'église Saint-Jacques-la-Boucherie, ami de Charles Couperin, et l'un des maîtres de

---

1. Le petit orgue, acheté en 1654, avait coûté 650ᵘ. On y avait ajouté en 1657, un jeu payé 22ᵘ (Comptes de madame d'Orléans-Longueville); quant au nouvel instrument, édifié en 1716 par madame de Châteaumorand, c'était un 6 pieds dont l'acquisition et la pose coûtèrent 12 363ᵘ. — A. Dutilleux et J. Depoin, L'Abbaye de Maubuisson, 2ᵉ partie : les Bâtiments, l'Église, les Tombeaux, p. 98.

François Couperin, le Grand ; celle-là, n'étant pas religieuse, n'avait d'autre droit à figurer sur le nécrologe de l'Abbaye que les longs et sans doute loyaux services qu'elle rendit; aussi la gratifie-t-on du titre d'organiste depuis quarante-cinq ans.

Sur Nicolas-Louis Couperin, nos connaissances se bornent à savoir qu'il naquit, à Paris, le 24 ou 25 juillet 1707 puisqu'il fut baptisé le 26 juillet de la même année ; c'est Jal qui, ayant vu l'acte de baptême, donne cette date.

Notre conviction est que le seul fils de François Couperin, le Grand, de même que son petit-cousin François-Hiérosme, mourut en bas âge ; ce serait la seule hypothèse permettant d'expliquer le silence qui règne autour du fils d'un homme dont la célébrité s'étendait, non seulement à Paris, mais aussi dans les provinces, et à l'étranger, où ses compositions et son nom étaient réputés.

Le fait que la sœur cadette de Nicolas-Louis Couperin fit une carrière masculine semble corroborer notre hypothèse de sa mort survenue prématurément ; s'il avait vécu, et s'il avait été musicien, il est fort probable que l'auréole de Marguerite-Antoinette, malgré son talent exceptionnel, eût été diminuée des avantages qu'il pouvait retirer de la situation paternelle, ce qu'il n'eût certainement pas manqué de faire ; et, dans ce cas, quelque chose de lui nous serait parvenue.

Il est une autre preuve, celle-là à peu près flagrante, qui donne plus de consistance encore à notre hypothèse, c'est que si Nicolas-Louis Couperin avait vécu, et avait suivi la trace de ses ancêtres, ce n'est certes pas pour son cousin Nicolas que François Couperin eût demandé la survivance des fonctions d'organiste de Saint-Gervais, mais bien pour son propre fils, d'autant que cette demande, nous l'avons vu à la partie biographique consacrée à Nicolas Couperin[1], se produisit en 1723, alors que Nicolas Couperin avait quarante-trois ans ; en 1723 Nicolas-Louis aurait eu seize ans. C'est justement vers cet âge que son père pouvait songer à lui

---

1. Voir chap. III, p. 43.

comme successeur à l'orgue de Saint-Gervais; il ne le fit pas.

Ajoutons que, d'après son prénom, il est à peu près certain que ce fut son petit-cousin qui le tint sur les fonts baptismaux en qualité de parrain, celui-ci étant le seul de la dynastie des Couperin qui, avant et après lui, porta le nom de Nicolas; il avait vingt-sept ans lorsque naquit le fils de François Couperin, le Grand.

Même si Nicolas-Louis Couperin n'avait pas exercé la profession d'artiste, mais s'il avait vécu, il serait, quelque part, question de ce fils du plus grand claveciniste des règnes de Louis XIV et de Louis XV. — Peut-être le hasard fera-t-il découvrir, au cours de recherches, sans doute non musicologiques, un document propre à nous révéler sa personnalité, en tant qu'évolution; jusque-là il nous faut rester, à son sujet, dans l'ignorance à peu près complète, sauf la précision que nous donne le rédacteur de la note reproduite page 49, à savoir qu'à sa mort, en 1733, François Couperin, le Grand, n'a laissé que des filles : à cette date, Nicolas-Louis n'existait donc plus, c'est dire, qu'au maximum, la durée de sa vie n'aurait pas excédé vingt-six ans.

La seconde fille de François Couperin, le Grand : Marguerite-Antoinette, née le 19 septembre 1705, avait hérité de tous les dons de son père; elle fut une musicienne accomplie, une claveciniste des plus remarquables.

Titon du Tillet nous dit qu'elle jouait : « d'une manière scavante et admirable[1] ».

C'est ce talent hors ligne qui fit qu'elle fut appelée à suppléer son illustre père, quelquefois d'abord, et cela certainement plusieurs années avant l'époque où nous la voyons prendre part fréquemment aux concerts qui se donnaient dans les appartements de la Reine, ainsi qu'en témoigne la note suivante, note qui montrera aussi que la manie des terribles arrangements sévissait déjà en 1729 : « La D^lle Couperin, fille du sieur Couperin, organiste du Roy a eu l'honneur de jouer plusieurs fois pendant ce mois devant la Reine plusieurs

---

1. *Supplément au Parnasse françois* p. 666.

pièces de clavecin et en dernier lieu le 24, veille de la fête de Saint-Louis pendant le souper de LL. MM. elle étoit accompagnée seulement par le sieur Besson, ordinaire de la musique de la Chapelle de la Chambre du Roy lequel s'est fait une étude particulière pour jouer parfaitement ces sortes de pièces, en adoucissant extrêmement son violon, ces différents morceaux ont été très goûtés [1]. »

En tous cas, il n'est pas douteux qu'à partir de cette année 1729, et surtout de 1730 à 1733, c'est-à-dire pendant toute la période où François Couperin, en raison de sa santé précaire, avait dû renoncer à toute occupation, Marguerite-Antoinette ne l'ait remplacé complètement, du moins en tant que claveciniste.

C'est, en effet, en 1730 que lui fut accordé, par Louis XV, le brevet de survivance d'Ordinaire de la Musique du Roi, pour les raisons indiquées dans ce document :

Brevet de survivance d'Ordinaire de la Musique du Roi, en faveur de la Dam^{elle} Couperin.

Aujourd'huy 16 fevrier 1730. Le Roy étant à Marly, le s^r françois Couperin ordinaire de la Musique de la Chambre de Sa Majesté pour le Clavecin, en survivance du s^r d'Anglebert, a très humblement représenté a sa Majesté, que l'age et les infirmités dud. s^r d'Anglebert, l'empéchent de remplir les fonctions de lad. charge depuis plusieurs années; Il étoit aussi par les mêmes motifs hors d'etat d'y suppléer pourquoi il suplioit Sa Majesté du consentement dud. d'Anglebert, d'agréer que lad. survivance dont il est pourvû, passa à la dam^{elle} Couperin sa fille; qui s'est apliquée toute sa vie avec succès à la Musique et au Clavecin. Et Sa Majesté étant informée de la bonne conduite et des talens de lad. dam^{elle} Couperin, a declaré et declare, veut et entend que led. s^r d'Anglebert continuë de jouir sa vie durant de lad. charge, et des honneurs gages nouritures droits exemptions prérogatives privileges emolumens et montures qui y sont attachées, tout ainsi qu'il en a jouy ou doit jouir; Et attendu que les infirmités dud. d'Anglebert le métent hors d'état d'exercer lad. charge, Sa Majesté après s'être fait representer le consentement desd. s^r d'Anglebert et Couperin, a commis et commet la dam^{elle} Antoinette-Margueritte Couperin pour en faire les fonctions des a present, et les continuer après le déces dud. Danglebert, en vertu du present Brevet, et ce tant qu'il plaira a Sa Maj^{té} Au moyen de laquelle disposition, le brevet de survivance de lad. charge, que Sa Majesté avoit accordé aud. Couperin le 5 mars 1717, demeurera éteint et suprimé; declare en outre Sa Majesté, que lad. dam^{elle} Couperin ne pourra prétendre du vivant dud. Danglebert, d'entrer en jouissance d'aucuns apointemens gages droits nouritures et

---

1. *Mercure de France*, août 1729, p. 1874.

autres revenus et emolumens appartenans a lad. charge desquels elle entrera seulement en possession, après le deceds dud. Danglebert, et en jouira tout ainsi qu'il en aura jouy ou dû jouir, et a cet effet lesd. gages droits et emolumens seront alors employés sous le nom de lad. damelle Couperin. Et pour assurance de sa volonté etc. [1-2].

D'après ce document, très explicite, il est aisé de se rendre compte qu'Antoinette-Marguerite Couperin se substituait purement et simplement à son père, dans les fonctions de Survivancière de la charge de claveciniste de la Chambre ; toutefois sans toucher les émoluments ni bénéfices des nombreux avantages que cette charge importante donnait au titulaire, d'Anglebert, et à François Couperin. Elle n'obtenait, en somme, que la Survivance simple.

Néanmoins, cette distinction était d'autant plus flatteuse que les fonctions de claveciniste de la Chambre n'avaient, jusqu'alors, jamais été exercées par une femme ; cela montre assez la qualité et la rareté du talent que devait avoir Marguerite-Antoinette Couperin. A cette époque il fallait un mérite réel pour que l'on fît une telle exception à la règle.

Après le décès de son père, survenu en 1733, rien ne fut changé dans son service à la cour : elle ne fit que continuer celui qu'elle faisait depuis trois ans.

Titon du Tillet nous dit : « C'est elle qui l'exerce [la charge de claveciniste] dans tous les concerts qui se font dans les Appartements du Roi et de la Reine, le Titulaire [d'Anglebert] étant trop vieux pour en remplir les fonctions [3]. »

Plus favorisée par les circonstances que ne l'avait été François Couperin, Marguerite-Antoinette put recueillir la succession de d'Anglebert ; à la mort de ce dernier elle devint, automatiquement, du fait de son Brevet de survivance, en date du 17 février 1730, titulaire de la charge dont elle remplissait les fonctions depuis six ans, ainsi qu'il appert de la pièce suivante :

Versailles le 24 mars 1737.

Du 25 du dit. Ordonnance de décharge au s^r hebert Tresorier general

---

1. Arch. nat., O^1 74, p. 66-67.
2. Voir : *Notes annexes*, note IV, p. 291.
3. *Parnasse françois*, Supplément, p. 666.

des menus plaisirs[1]. En faveur de la d{elle} Couperin des gages et autres droits de feu Jean henry d'anglebert joueur de clavecin ord{re} de la musique de notre chambre au lieu et place duquel Elle a servi pendant le quartier d'octobre de l'année dernière 1736 desquels nous luy avons fait don et raportant... etc. [2-3].

Nous avons vu que le service effectif et constant de Marguerite-Antoinette Couperin avait commencé trois ans environ avant la mort de son père, soit vers 1730; c'est pourquoi nous pouvons dire que, lorsqu'à la fin de l'année 1736, la charge de d'Anglebert lui fut attribuée, elle en remplissait depuis déjà six ans les fonctions.

A son tour, elle eut un survivancier, dont nous devrons nous occuper plus loin : le sieur Bernard de Bury (brevet en date du 25 novembre 1741)[4]; cela sans se départir de remplir les fonctions de sa charge, suivant en ceci la coutume établie par le principe même des charges, et en en gardant, naturellement, les traitements, avantages, et le titre de claveciniste de la Chambre.

Outre les fonctions d'instrumentiste qui l'attachaient à la cour, Marguerite-Antoinette Couperin fut choisie, par Louis XV, pour montrer à jouer du clavecin à Mesdames de France, ses filles.

Cet enseignement royal, et le charme de ses mains enchanteresses, lui valurent les vers ci-après, publiés par Le Mière en 1742, vers qui mettent bien en relief la notoriété dont jouissait la fille cadette de François Couperin :

A Mlle Couprin, Maitresse de Clavecin de Mesdames de France.
Stances irrégulières

> Aujourd'hui la vérité
> Nous fait croire, scavante Fée,
> Ce que la Fable sur Orphée
> Nous a toujours tant vanté.

---

1. Celui-là même pour lequel Pascal Taskin construisit son premier clavecin à buffle.
2. Arch. nat., O¹ 81, f° 132.
3. Voir : *Notes annexes*, note IV, p. 291.
4. Bernard de Bury appartenait à une famille de musiciens officiels. Son père était Ordinaire de la musique du Roy (c'est la qualité qu'il prend sur l'acte de baptême de son fils Bernard), et l'oncle de sa mère, Colin de Blamont, avait été Surintendant de la musique du Roy. Musicien officiel, à son tour,

Jadis, aux sons harmonieux
Du fameux Chantre de Thrace,
Les tigres suivoient la trace
De ses pas victorieux.

Plongé dans de tristes alarmes,
Il gémissoit sur son malheur;
Mais c'étoit de la douleur
Que la lyre empruntoit ses charmes.

Sous le sombre et cruel caprice,
Qui causa tous ses regrets,
Sans la perte d'Euridice
Ses chants auroient eû moins d'attraits.

Pour vous, dans l'heureux partage
Qui fait votre unique plaisir,
De votre glorieux loisir
Vous faites un noble usage.

Ce ne sont point des Bois rustiques
Qui répètent vos Chansons;
Ce sont des Palais magnifiques
Qui servent d'Echos à vos sons.

Je ne goûte plus le Miracle
Des Animaux aprivoisés;
Un plus illustre Spectacle
Frape mes sens désabusés;

Je vois d'augustes Princesses
Toucher les ressorts divers
Qui sous vos mains enchanteresses
Forment d'agréables Concerts.

Ainsi, quand de votre coté,
Vous formez leur tendre jeunesse,
Elles travaillent sans cesse
A votre immortalité.

Parmi les noms éclatants
Votre nom trouvera place;
Et, sans qu'aucun autre l'efface,
Sera le vainquer des tems.

Le Mière [1].

Suivant une manière qui lui était habituelle, François Couperin glorifia aussi sa propre fille, en en faisant le *portrait*

il n'avait pas moins de trois charges à la cour : celle de claveciniste de la Chambre du Roy, acquise 6 000ᵗˡ à Marguerite-Antoinette Couperin; celle de maître de clavecin de la Chambre du Roy; enfin celle de Surintendant de la musique du Roy. Né à Versailles, le 20 août 1720, il mourut dans la même ville, le 19 août 1786.

1. *Mercure de France*, juin 1742, p. 1315-1317.

musical dans une pièce de clavecin intitulée : *La Couperin*[1]. Tout naturellement les pères sont portés à s'exagérer les qualités de leurs enfants; pourtant, il semble bien qu'en traçant musicalement le portrait de son illustre fille, et étant donné ce que nous connaissons d'elle, François Couperin n'ait en rien grossi les mérites de Marguerite-Antoinette.

A la vérité, la pièce qu'il lui a consacrée est absolument magnifique, d'une écriture et d'une harmonisation recherchées, cependant parfaitement claires; elle constitue un remarquable morceau de musique.

Si, comme nous le pensons, la peinture est vraie, le modèle devait résumer en lui un ensemble de qualités qui en faisait un être tout à fait accompli. Marguerite-Antoinette Couperin devait posséder une grande science, sans cependant en faire montre; elle avait mis à profit le précepte que Fénelon énonce dans le *Traité de l'Éducation des Filles*, à savoir que ces dernières : « doivent avoir la pudeur de la science ».

Tout en elle paraît avoir été distingué, sérieux, noble sans emphase, simple, naturel; son allure même devait être, ainsi que l'indique la pièce : « d'une vivacité modérée », ainsi qu'il est dit dans la pièce dont elle est le prototype. En effet, le mouvement à quatre temps binaires demande à être subdivisé sans lenteur.

D'autre part, dans le Livre de Pièces de Clavecin de d'Agincour, nous relevons une *Allemande*, également dénommée : *La Couperin*.

A-t-il voulu glorifier Marguerite-Antoinette Couperin, ou rendre hommage à François Couperin? Les deux suppositions sont possibles; toutefois, étant donné le caractère général de l'œuvre en question, d'un style différent, à la fois plus élevé et plus profond que celui des autres pièces du même auteur, la similitude des formules et du dispositif employés et par Couperin, et par d'Agincour[2], il apparaît comme certain que d'Agincour ait voulu rendre hommage, non pas à la fille de François Couperin, mais à ce dernier lui-même, son bienfaiteur

---

1. *Quatrième Livre*, vingt et unième Ordre.
2. Reproduction exacte d'une mesure entière, la 38ᵉ de d'Agincour, semblable à la 14ᵉ de l'Allemande La Couperin, de François Couperin.

et son modèle; en sorte que l'Allemande: La Couperin, datée de 1733, semble bien être comme une manière de Tombeau de l'illustre claveciniste.

L'hommage de d'Agincour n'aurait, au reste, rien de surprenant, étant données son admiration pour le claveciniste de Louis XIV, et la dette de reconnaissance qu'il lui devait, si l'on en croit Fétis, qui s'exprime de la sorte en parlant de lui : « Sa douceur [celle de d'Agincour] lui avait fait beaucoup d'amis qui s'exagéraient son mérite; cette bienveillance qui lui était acquise fit faire quelquefois des injustices à ses concurrents dans les épreuves d'orgue où il se présentait. C'est ainsi qu'il l'emporta un jour sur Calviere, bien supérieur à lui, quoique Couperin fût au nombre des juges[1]. »

En incriminant, en cette circonstance, la justice de François Couperin, Fétis commet une erreur; pour s'en convaincre, il suffit de lire et de comparer la version du même épisode, raconté par Titon du Tillet, beaucoup mieux placé que l'auteur de la Biographie universelle des Musiciens pour apprécier avec discernement le rôle de François Couperin, en tant qu'arbitre, et le talent de d'Agincour :

« Antoine Calviere, Parisien, mort le 18 avril 1755, âgé d'environ soixante ans, inhumé à Saint-Paul sa paroisse.

« Avant l'année 1730, il concourut pour l'orgue de la Chapelle du Roi avec M. Dagincour beaucoup plus âgé que lui. Le célèbre François Couperin, Organiste du Roi, et pourvu de la charge du Clavessin de la Chambre de Sa Majesté [survivance]; fut pris pour juge de leur talens, qui par leur degré de perfection, ne paroissoient pas céder l'un à l'autre; il n'y eut que l'âge plus avancé de M. Dagincour qui le fit préférer, ce que Couperin fit connoître à Calvière, en le louant beaucoup sur la manière dont il touchoit l'Orgue : il lui demanda où il avoit appris cet art merveilleux; à quoi il répondit : Monsieur, c'est sous l'Orgue de St Gervais (dont Couperin a été environ quarante ans organiste). Jugez, sur cette réponse, de la joie de celui-ci, qui l'embrassa étroitement[2]. »

Ainsi présentée, conformément à l'exactitude des faits,

---

1. *Biographie universelle des Musiciens*, article d'Agincour.
2. *Second Supplément du Parnasse francois*, année 1755, p. 79-80.

semble-t-il, l'issue de ce concours paraît tout à fait équitable, et laisse un rôle parfaitement honorable aux trois personnages qui, respectivement, participèrent à cette épreuve.

Il nous a été impossible de découvrir l'acte de décès de Marguerite-Antoinette Couperin, c'est-à-dire le document nous fournissant le jour précis de sa mort; mais, voici deux pièces d'archives qui, indirectement, nous indiqueront, de façon à peu près certaine, du moins l'année, inconnue jusqu'ici, où cette femme remarquable cessa de vivre.

Ce sont, d'une part, un Brevet de Pension accordé au Sieur Bernard de Bury, survivancier de Marguerite-Antoinette Couperin; et, d'autre part, une supplique adressée à Monseigneur le baron de Breteuil afin d'obtenir une aide pour la fille de Bernard de Bury, après la mort de ce dernier :

Brevet d'une Pension de 4 225tt produisant net 4 165tt.
En faveur du S. Bernard de Bury né à V^{lles} [1] le 20 avril 1720 baptisé le même jour dans la paroisse N. D. de lad. ville, surintendant de la Musique du Roy, cette pension composée des objets ci après.
Appointemens de 2 500tt qui lui ont été conservés sur les fonds ordinaires des Menus plaisirs, sans retenues, en qualité de maître de musique de la chambre de Sa Majesté, le p^r janvier 1776 et dont il a été payé, de trois en trois mois, par le Trésorier général des d. menus plaisirs, Jusqu'au p^r janviers 1779 — 2 500tt.
Une somme annuelle de 1 725tt produisant net 1 665tt pour lui tenir lieu de 600tt de gages, réduits par la retenue du X[2] à 540tt et de 1 125tt de nourritures, sans déduction, dont il jouit sur le T. R.[3], depuis le p^r X^{bre} 1774, comme pourvu de la charge de maître de Clavessin de la Chambre de Sa majesté, suprimée par l'Edit du mois d'août 1761, successivement à la feue D^{elle} Couperin, dont la survivance lui avait été accordée par Brevet du 25 novembre 1741. Ces gages et nourritures lui ont été payés en vertu des ordonnances expédiées d'année en année Jusqu'au p^r Décembre 1778.   net 1 665

net 4 165

N^{ta}. — Il reste dû de ces gages et nourritures de 1 665tt un mois révolu le p^r Janvier 1779 moutant à 138tt 15c.

A ce Brevet sont adjoints deux reçus qui le complètent :

Le sieur Bernard de Bury Surintendant de la Musique du Roy, né à Versailles le 20 aout 1720 Election de Paris, généralité de la d^{te} ville;

---

1. V^{elles} : Versailles.
2. X : du dixième.
3. T. R. : *Trésor Royal.*

Baptisé le même jour dans la Paroisse de notre Dame dudit lieu de Versailles, demeurant actuellement a la d^te ville, Place Dauphine.

Déclare avoir obtenu successivement du Roy en 1739, 1744, 1761 et 1765, tant en ladite qualité qu'en celle de maitre de la d^te musique Deux mille cinq cens Livres d'appointement sur les fonds extraordinaires des menus qui luy étoient payés sans retenues, lesquels appointemens luy ont été conserves par Décision du Roy comme une des conditions essentielles de l'arrangement approuvé par Sa Majesté lorsqu'il a cédé la survivance de sa charge de surintendant au Sr Berton *en 1776* [1] Et dont il a reçu à la fin du mois de mars présente année le quartier de janvier 1779.

fait à Versailles ce *10 avril 1780.*
BERNARD DE BURY [1].

Déclare en outre Led. S^r en qualité d'accompagnateur de Clavecin de la chambre du Roy dont la charge a été supprimée, jouir de dix sept cens vingt cinq Livres d'appointemens sur le Trésor Royal dont le dixième n'est retenu que sur la partie de 600^tt des gages de la d^te charge et dont (ce dixième de 60^tt déduit) il reçoit net chaque année 1 665^tt. Il a été payé des dits appointemens jusqu'au 1er X^bre 1778, par conséquent il ne luy étoit dû qu'un mois au p^r Janvier 1779.

Certifié véritable à Versailles le *15 may* mil sept cent quatre vingt.
BERNARD DEBURY [2].

Nous donnerons maintenant toute la première partie de la Supplique à M. de Breteuil; après en avoir pris connaissance, on se rendra compte à quel point ce complément direct de la pièce précédente éclaire un coin de l'histoire des Couperin, laissé dans l'obscurité jusqu'ici.

Nous avons à dessein négligé le reste de la Supplique, non pas que le tout ne soit fort intéressant à divers points de vue, mais parce que cela aurait allongé cet épisode, sans avantage bien sérieux pour notre sujet principal :

A Monsieur Le Baron de Breteuil

Monseigneur

La Dame de Montfaucon fille du Sr de Bury, surintendant de la Musique du Roi, et qu'elle vient de perdre le 19 de ce mois, a l'honneur de reclâmer votre protection dans cette trop funeste circonstance pour elle.

Feu son père avait l'honneur d'appartenir au Roi depuis près de 59 ans, dont 40 en qualité de surintendant. Son zèle pour le service et la délicatesse avec laquelle il en a toujours rempli les devoirs, lui avaient à juste

---

1. En 1776, en surcharge, écrit de la main de Bernard de Bury comme la signature et 10 avril 1780.
2. Egalement de la main de Bernard de Bury : 15 may et signature du second reçu.

Brevet et reçus appartiennent aux Arch. nat., O¹ 670.

titre mérité la confiance de ses supérieurs, et l'estime publique. Son extrême désintéressement, quoique n'ayant nulle fortune, l'avait retenu toute sa vie dans les bornes d'un revenu annuel de sa charge de sur-intendant, et de celle de Maître dont il avait acquis la survivance avant celle de Sur-intendant.

Précédemment il avait aussi acquis 6 000tt celle de Claveciniste de la D^{elle} Couperin dont il a attendu 37 ans la jouissance. Cette charge ayant été supprimée, il en avait perdu le fonds ainsi que d'une autre petite charge également supprimée.

Il avait aussi attendu pendant près de 30 années la jouissance de la charge du sur-intendant, et au bout de 15 ans d'Exercice il lui avait été accordé une gratification annuelle de 1 200tt pour l'indemniser du service gratuit de ladite charge, cette gratification lui fut ôtée au moment qu'il devint titulaire.

Le Roi, pour le dédommager de toutes les pertes qu'il avait éprouvées, et des fonds perdus pour sa famille, lui accorda en 1779, un brevet de pension sur le Trésor Roïal de la somme de 4 165tt. Il a joui bien peu de tems, Monseigneur, d'une grâce que le Roi avait regardé comme méritée par des services qui avaient commencé avec lui et ont fini avec lui.

Voilà les motifs.... etc[1].

Différentes choses nous sont enseignées par les pièces précitées :

Le Brevet de pension, et les reçus nous indiquent que l'antique charge dénommée par les appellations successives de : Joueur d'espinette de la Chambre du Roy, Ordinaire de la Chambre du Roy pour le Clavessin, Claveciniste de la Chambre du Roy, Accompagnateur de Clavecin de la Chambre du Roy, fut supprimée par un Édit du mois d'août 1761. Ils nous montrent encore combien étaient complexes les rouages administratifs de ces charges à la cour.

Pour rendre hommage au talent d'un artiste, le roi créait une charge quelconque; celle-ci, représentait non seulement un grand honneur pour le titulaire, auquel elle donnait, en outre de divers privilèges importants, le rang d'Officier commensal du Roy, et lui conférait la noblesse au bout d'un certain temps d'exercice, mais elle constituait encore un capital aliénable, en ce sens que celui qui était l'objet d'une telle faveur pouvait vendre, avec le consentement du roi, la survivance de sa charge.

Il n'était pas rare qu'un artiste bénéficiât de plusieurs charges

---

1. Supplique non datée.

à la fois; c'était alors pour lui la source d'un gros revenu, et, aussi, un fonds très important.

Que le titulaire eût acquis sa charge, ou qu'elle lui eût été accordée, on ne pouvait l'en déposséder : les droits de l'Artiste étaient imprescriptibles. Il fallait un Édit pour supprimer une charge; et, lorsque cette suppression était prévue, elle n'était effective, en général, qu'au décès du titulaire; néanmoins, dans tous les cas, le roi se considérait comme engagé vis-à-vis des héritiers.

Il est un autre point, le plus essentiel pour nous, que va, à son tour, préciser la Supplique du protecteur anonyme de la Dame de Montfaucon, fille de Bernard de Bury, en nous apprenant que son père a attendu trente-sept ans la jouissance de la charge de claveciniste de Marguerite-Antoinette Couperin.

Puisque nous savons pertinemment que la survivance de cette charge a été attribuée à Bernard de Bury le 25 novembre 1741, et qu'il a dû attendre trente-sept ans pour en obtenir la titularisation, titularisation qui ne pouvait être effective que par suite du décès de la précédente titulaire, il faut en déduire, avec presque certitude, que Marguerite-Antoinette Couperin mourut en 1778.

Pour une fois, l'ouvrage anonyme de l'abbé Barat et des oratoriens Guibaud et Valla : le Dictionnaire historique, littéraire et critique, si sujet à caution d'ordinaire, quant aux Couperin, a raison lorsqu'il s'exprime de la manière suivante, à propos de Marguerite-Antoinette : « *a* la charge de claveciniste dans la chambre du roi... ».

L'exquise claveciniste, celle dont les mains enchanteresses eussent charmé les tigres au temps heureux de la fable, Marguerite-Antoinette Couperin, l'éminente fille de François Couperin, le Grand, devait vivre encore vingt ans après la date à laquelle parlaient, au présent, en 1758, les auteurs que nous venons de citer.

Il nous plaît de la voir s'éteindre à un âge assez avancé : soixante-treize ans, entourée, nous l'espérons, de l'estime générale à laquelle lui donnaient droit ses hauts mérites.

CHAPITRE VI

COUPERIN ARMAND-LOUIS

(1727-1789)

Armand-Louis Couperin, unique enfant de Nicolas Couperin et de Françoise Dufour de la Coste, son épouse, naquit, au dire de Jal : « le 25 février 1725 »; il donne cette date en ajoutant qu'Armand-Louis a été baptisé le lendemain, 26 février 1725, en l'église Saint-Gervais dont son père était organiste[1]. Or, la date de 1725 ne concorde pas avec l'acte de décès d'Armand-Louis Couperin, acte que nous avons retrouvé et que nous reproduisons ici :

Extrait des registres des sépultures de la paroisse de Saint-Gervais de la ville de Paris pour l'année mil sept cent quatre vingt neuf.
 Le mercredy, quatre février au dit an, Armand-Louis Couperin, organiste du Roy, de cette paroisse et autres paroisses, Epoux d'Elisabeth-Antoinette Blanchet, décédé d'avant hier soir au pourtour, agé de soixante et deux ans, a été inhumé dans la chapelle de la Providence en cette église, présen (sic) Pierre-Louis Couperin, organiste du Roy, francois gervais Couperin, organiste de la Ste Chapelle, les fils, et d'auguste pierre marie Soulas, commis de la grande poste aux lettres, son gendre.
 Collationné à l'Original, et délivré par moi, Pretre, Licencié ès Loix, vicaire de laditte Paroisse. A Paris, ce cinq mars mil sept cent quatre vingt neuf.
DE FREVAUX E. S.[2].

Ainsi, l'acte ci-dessus dit expressément qu'Armand-Louis Couperin mourut le lundi 2 février 1789, âgé de soixante et

---

1. *Dictionnaire critique de Biographie et d'Histoire*, p. 441.
2. Arch. nat., O^1 672.

deux ans; à moins que cet acte soit fautif, quant au nombre d'années attribué à Armand-Louis lors de son décès, cette remarque fixerait à 1727 l'année de sa naissance, et non à 1725, ainsi que Jal le prétend, et encore moins à 1721, comme le dit Fétis[1].

Le même acte nous apprend encore qu'Armand-Louis Couperin mourut au pourtour, c'est-à-dire dans l'ancien logis des Couperin ou, pour mieux dire, dans la maison du pourtour reconstruite, en 1734, rue du Pourtour-Saint-Gervais, actuellement, 4, rue François-Miron[2].

M. Jean Gombault, marchand orfèvre à Paris, marguillier comptable de la paroisse Saint-Gervais, étant décédé le 1er janvier 1789, sa veuve, dame Jeanne-Noelle Hurelle, rendit, aux lieu et place de son mari, les comptes pour l'année 1788. Dans cet état des dépenses et des recettes, nous trouvons la confirmation que, outre le traitement de 464 livres qui lui était alloué par la Fabrique, pour ses fonctions d'organiste, Armand-Louis Couperin occupa gratuitement, jusqu'à sa mort, l'appartement de la rue du Pourtour.

En effet, parmi les locataires des boutiques sises dans les immeubles fabriciens voisins de l'église, après qu'il a été fait mention de la location de la première boutique, à M. Genest, 640 livres; de la seconde, à M. Paulmier, m{d} chapelier, 650 livres; locations formant les articles 1 et 2, figure une observation, constituant l'article 3, ainsi conçue :

> Observent, les rendans pour ordre de compte seulement, que le deuxième appartement au-dessus des deux premières boutiques est occupé par M. Couperin Organiste de la paroisse auquel il a été accordé sans en payer aucun Loyer. Cy... Observation[3].

Le registre suivant porte la même mention à propos d'une :

> Reprise dans les comptes qui ont précédé celui-ci notamment dans

---

1. *Biographie universelle des Musiciens*, p. 376. Armand-Louis Couperin n'a pu naître en 1721 puisqu'à la mort de son père, en 1748, il n'était pas majeur (Voir : Acte mortuaire de Nicolas Couperin, p. 45, et Acte de mariage d'Armand-Louis Couperin), p. 147.
2. Rappelons que le père d'Armand-Louis Couperin fut le premier de la famille qui habita cette maison nouvellement réédifiée.
3. Arch. nat., H. 4418, *Registre de comptes de la paroisse Saint-Gervais*, 1788-1789.

le 1er Chapitre de Recette du compte rendu par Mad^e Gombault pour l'exercice 1788 à 1789 ¹.

L'acte cité plus haut nous fixe exactement, aussi, sur le lieu de la sépulture d'Armand-Louis Couperin, puisqu'il nous dit qu'il fut inhumé, le mercredy 4 février 1789, dans la chapelle de la Providence, en l'église Saint-Gervais².

Nous y voyons, encore, que la mise au tombeau d'Armand-Louis Couperin eut lieu en présence de ses fils, Pierre-Louis Couperin, organiste du Roy, et Gervais-François Couperin, organiste de la Sainte-Chapelle ; que son gendre, Auguste-Pierre-Marie Soulas, commis de la grande poste aux lettres, assistait également à cette inhumation.

Plus loin, nous constaterons combien nous sera précieux ce dernier renseignement : il nous permettra d'éclairer un point resté obscur jusqu'à présent.

Voici comment les *Affiches*, du jeudi 5 février 1789, annonçaient cette inhumation :

Enterrements. — *Du 4.* — M. Armand-L. Couperin, Organiste de la Chapelle de Paris, de St Barthélemy, de Ste Marguerite et de S. Gervais. Homme du plus rare mérite, et jouissant de la réputation la mieux établie, dans son Art, où il avoit peu de rivaux dont le talent fut égal au sien (1), décedé rue du Pourtour. A. S. Gervais.

. . . .

(1) La manière affreuse dont il est mort, ajoute encore aux regrets de sa perte : il a péri par un de ces cruels accidens, devenus si communs dans les rues de cette Capitale, qu'on ne pourra bientot plus y aller à pied.

Que diraient les Parisiens de 1789 s'ils voyaient le mouvement actuel de nos rues?... Leurs lamentations s'élèveraient probablement au ton des nôtres!

Un contemporain d'Armand-Louis Couperin, l'abbé de Feller, nous donne sur sa mort les détails assez précis que voici : « Le premier février 1789 [dimanche], comme il revenait de l'église Notre-Dame, il fut renversé et foulé par un cheval ; il mourut le lendemain, dans les douleurs les plus aiguës³. »

Cette fin tragique rappelle les circonstances dans lesquelles

---

1. Arch. nat., H. 4418³.
2. Chapelle disparue à la Révolution ; elle se trouvait non loin de la sacristie des messes, à l'endroit où est placé, actuellement, la Descente de Croix de Goïs.
3. *Dictionnaire historique*, p. 360.

périt le grand-père d'Armand-Louis : François Couperin, sieur de Crouilly.

Un autre témoignage confirme le récit de l'abbé Feller, sur les particularités lamentables de cette mort; le 15 février 1789, comme suite à une lettre datée du 11 février de la même année, lettre écrite par le Duc de Villequier à M. de Villedeuil, secrétaire d'État, une supplique était adressée au roi, pour faire accorder une pension à Elisabeth-Antoinette Blanchet, « veuve du Sr Couperin ».

Nous donnerons la copie de cette supplique au Roy :

Le Sr Couperin organiste de la musique du Roy, vient de mourir malheureusement, il jouissait d'un traitement de 2 400^{tt}, et avoit près de 20 ans de service[1]. M. le Duc de Villequier supplie Votre Majesté d'accorder à sa veuve une pension de 600^{tt}. Il représente que l'accident qui a occasionné la mort de son mari, la supéririoté de ses talens, son zèle et son exactitude rendent sa veuve susceptible de cette grâce[2].

Cette pension fut accordée « sur le Trésor Royal » par une décision du même jour, 15 février 1789, avec jouissance du même mois[3].

Voici, maintenant, la copie d'une note écrite au bas de l'Avis de l'exemplaire des Pièces de Clavecin composées par Armand-Louis Couperin, et dédiées à Mme Victoire de France, exemplaire appartenant à la Bibliothèque du Conservatoire de Paris[4].

Cette précieuse note nous fournit des détails précis et importants sur le talent d'Armand-Louis Couperin, sur sa vie, sur les circonstances dramatiques de sa mort, et sur ses fils; de

---

[1]. Exactement dix-neuf ans de service dans la musique du roi.
[2]. Arch. nat., O^1 672.
[3]. Arch. nat., O^1 672.
[4]. La Bibliothèque du Conservatoire possède deux exemplaires des Pièces de Clavecin d'Armand-Louis Couperin : l'un, relié avec le second et le quatrième livres des Pièces de Clavecin de François Couperin, le Grand, et à la place du Premier Livre, avec lequel il a été longtemps confondu; l'autre, celui qui nous intéresse le plus : *18445 Réserve*, est placé, seul, dans une reliure en parchemin vert.
Cet exemplaire a appartenu à Mlle Le Riche L'aînée (?), dont il porte la signature sur le titre; toutefois, la Note de l'Avis n'a sûrement pas été écrite par cette dernière, car l'écriture dont elle est tracée est toute différente de la signature et de la date : « mardi vingt-et-un mars 1815 » placées à l'intérieur du plat inférieur, qui présente les mêmes caractères graphiques que ceux de la signataire.

PL. V.

ARMAND-LOUIS COUPERIN.

plus, elle nous indique, très exactement, la date du décès d'Elisabeth-Antoinette Blanchet, épouse d'Armand-Louis Couperin, date qui, jusqu'à présent, était restée inconnue :

> On reconnoit les grands talens et la modestie de leur auteur : celui-cy était le plus sublime organiste qu'on ait entendu, et peut-être de lontemps verra-t-on son égal, il mourut ayant été terrasé par un cheval sur le port au blé le Dimanche 1er février 1789 en revenant des 1res vêpres de la Purification de la Vierge de la Ste Chapelle du Palais dont il était organiste, ainsi que chez le Roi, de la Métropole, de St Gervais ; il l'avoit été de St Barthelemi jusqu'à l'époque que l'Eglise fut abbatue (sic) en 1770. Son fils ainé qui marchoit sur les traces de son Père, mourut de chagrin de la perte qu'il fit d'un aussi bon Père au mois d'octobre de la même année. Madame Couperin la mère qui était aussi une habile organiste, mourut à Versailles le jeudi jour de la fête-Dieu 25 mai année 1815. Son second fils, M. Gervais Couperin, est en ce moment organiste de la paroisse St Gervais depuis la mort de son frère [1].

Puisqu'elle nous renseigne sur la date du décès d'Elisabeth-Antoinette Blanchet, cette note a été rédigée postérieurement à l'année 1815 ou, tout au moins, dans le second semestre de cette année 1815. Nous pensons, cependant, qu'elle est d'un contemporain d'Armand-Louis Couperin, l'écriture dont elle est tracée présentant tout à fait les caractères graphiques du XVIIIe siècle.

Enfin, un grand article nécrologique nous montre Armand-Louis Couperin comme un artiste d'une loyauté et d'une probité absolues, et comme un homme d'un caractère admirable; de plus il précise et confirme la plupart des choses que nous avons apprises sur Armand-Louis, et donne au personnage tout son relief. Pour ces diverses raisons, il mérite d'être transcrit in-extenso :

Mort remarquable

Les Arts et la Société viennent de perdre un homme distingué, l'accident affreux qui l'a fait périr a causé une sensation extrême et générale : il portoit un nom que deux cens ans de célébrité dans la musique ont rendu si fameux. A ces traits on reconnoitra aisément Armand-Louis Couperin, organiste, comme plusieurs de ses aïeux, de la Chapelle du Roi, de la Sainte Chapelle de Paris, de l'Eglise de Paris, et de celle de St Gervais, etc. A des talens supérieurs qui, en le plaçant au premier rang dans son état, le rendoient si précieux aux amateurs de son art, il réunissoit des

---

1. Bibl. du Conservatoire de Paris, 18445, Réserve.

qualités personnelles qui le rendoient bien plus cher encore à ses amis. Il n'avoit pas besoin de l'illustration de son nom pour être aimé et admiré. Eh! que pouvoit ajouter à sa gloire les suffrages dont Louis XIV honora les talens de François Couperin, son Organiste? M. Couperin avoit tout ce qu'il falloit pour se faire, lui seul, un grand nom. Admirable comme ses ancêtres, par la science et le charme de ses compositions, par l'exécution la plus brillante, ainsi que par l'art d'enseigner et de former des élèves, art héréditaire dans sa famille, il étoit recommandable par les qualités du cœur les plus estimables, par une piété vraiment exemplaire ennemie de tout faste et de tout apparat, par l'aménité d'un caractère sensible et bienfaisant, par la simplicité et la régularité de ses mœurs, par la délicatesse de ses sentiments, qui a nui (sic) plus d'une fois à sa fortune, et surtout par sa modestie qui lui faisoit cacher, avec le plus grand soin, tout ce qui pouvoit dérober au public de l'éclat de son mérite, témoin les motets qu'il a composés pour des maisons religieuses, et qui auroient fait à un musicien la plus belle réputation, mais qu'il n'a jamais voulu livrer au grand jour de l'impression, ni de la publicité. Il a constamment refusé de travailler pour le théatre, malgré les vives sollicitations des maîtres de l'art qui l'assuroient du succès le plus brillant.

Il épousa en 1752, Elisabeth-Antoinette Blanchet, fille de M. Blanchet, Facteur des Clavecins de la Cour, à qui sa probité et son intelligence ont fait la plus haute réputation dans son art. M. Couperin, pendant 37 ans, a formé avec elle l'union la mieux assorti, par la conformité des talens et des sentimens; il a trouvé dans sa société tout le bonheur qu'une femme procure à son époux, par ces qualités qui sont d'autant plus solides, qu'elles sont moins brillantes.

L'accident cruel qui a terminé ses jours, à l'âge de 62 ans, ajoute encore aux regrets de sa perte. Le premier Février, vers les cinq heures du soir, M. Couperin, en rentrant chez lui, et passant par le Port-au-Bled, fut renversé par un cheval fougueux qui s'étoit échappé de dessous son cavalier; il reçut une blessure mortelle à la tête; et le cheval lui brisa deux côtes au dessus du cœur: on le transporta chez lui, où, sans proférer une seule parole, et sans presque donner aucun signe de vie, il expira au bout de 24 heures. Il fut enterré avec un concours de monde et un cortège qui attestoient la grande estime qu'on avoit pour lui.

Il laissa trois enfans, une fille et deux fils. Héritiers des vertus et des talens de leur père, ils en occupent toutes les places, tous deux organistes du Roi, l'un à Versailles, l'autre à la Ste Chapelle de Paris[1]. *Article communiqué*[2].

Cette fois, nous voici exactement renseigné sur tous les détails de l'accident qui provoqua la mort d'Armand-Louis Couperin, et sur les causes qui la déterminèrent.

D'après ce que nous savons déjà, et par ce qu'on va lire,

---

1. *Journal général de France*, du samedi 7 mars 1789, n° 29, p. 114-115.
2. *Article communiqué*, très certainement, par l'abbé de Feller, qui en a donné un extrait, mot à mot, dans le *Dictionnaire historique*.

il est aisé de se rendre compte qu'Armand-Louis Couperin était un organiste extrêmement remarquable.

Un de ses collègues : Ferdinand-Albert Gautier, organiste de l'abbaye de Saint-Denis, avait une admiration enthousiaste pour le talent instrumental de son confrère. Écoutons le ton dithyrambique des éloges qu'il lui adresse : « M. Couperin, étoit le plus célèbre organiste de son siècle et peut-être de tous ceux qui l'ont précédé et de tous ceux qui le suivront. »

L'Anglais Charles Burney entendit Armand-Louis Couperin au cours du voyage d'études qu'il fit en France et en Italie, en 1770, et ne lui ménagea pas non plus les louanges. Voici comment il s'exprime à son sujet, dans son journal de route :

Lundi 18 Juin. — J'allai l'après diner à St Gervais pour entendre M. Couperin neveu du fameux Couperin, organiste de Louis XIV et du Regent le Duc d'Orléans. Comme c'était la veille de la Dédicace [fête patronale], il y avait un grand concours de monde. J'y rencontrai M. Balbâtre[1] avec sa famille. J'eus lieu de remarquer que le tems des fêtes annuelles était aussi celui où les organistes peuvent déployer leurs talens. M. Couperin accompagna le Te Deum qui ne fut que chanté, et il le fit avec beaucoup de goût. Les morceaux entre chaque verset furent admirables. Il montra dans son exécution beaucoup d'art et de talent variant souvent dans son jeu et dans son style le genre de son exécution. Je remarquai qu'à la connaissance de son instrument, il joignait un doigté égal en force et en rapidité aux difficultés qu'il rencontrait. Il joua plusieurs morceaux d'effet avec les deux mains, sur le dessus, tandis qu'il jouait la basse avec les pédales.

M. Balbâtre me mena chez M. Couperin après le service. J'eus du plaisir à voir deux hommes aussi distingés dans la même profession également unis par les liens de l'amitié.

M. Couperin me paraît avoir 40 à 50 ans[2]; son goût dans la musique n'est pas aussi moderne qu'il pourrait l'être; mais cependant vu son âge, le goût de sa Nation, les changemens que la musique a éprouvés depuis son enfance, il est fort bon organiste, brillant dans son exécution, varié dans sa mélodie, et consommé dans ses modulations.

On donne une grande latitude à l'artiste dans les intermèdes; rien n'est trop léger ni trop grave; tous les genres sont admis, et quoique M. Couperin ait le vrai doigté de l'orgue, cependant il essaya avec succès des passages de clavecin qu'il prononçait vivement, et dont il détachait les notes en les rendant distinctement[3].

---

1. Voir *Notes annexes*, note V, p. 293-294.
2. Il avait, alors, exactement quarante-trois ans.
3. Ch. Burney, *De l'état présent de la Musique*. Traduction Ch. Brack, Gênes,

Nous voyons là un exemple probant de la transposition, à l'orgue, de la musique de clavecin, transposition dont la pratique, qui s'exerçait depuis le XVIIe siècle, fut si néfaste, nous ne saurions trop le répéter, au style de la musique d'orgue.

En outre, la constatation que fait le pèlerin musical Burney, de l'amitié qui unissait l'organiste réputé, Claude Balbastre, à Armand-Louis Couperin, semble donner pleinement raison au suprême éloge qui fut adressé à ce dernier, quelques années seulement après sa mort, c'est-à-dire quand le souvenir précis de ses mérites était encore vivace : « Il était tellement impossible d'atteindre à la supériorité de son talent, que ses rivaux n'ont pu en être jaloux[1]. »

Que dire de plus, après cela, pour glorifier qui que ce soit? — Il ne restait plus qu'à louer Armand-Louis avec le secours de la poésie... C'est ce qui arriva. Un autre Te Deum, également exécuté à l'orgue par Armand-Louis Couperin, en fut l'occasion, car il produisit une grande impression, du moins sur l'un de ses contemporains, dont la verve poétique s'alluma, s'enflamma, au feu d'une admiration enthousiaste.

Dans le courant d'octobre 1769, M. Plaisant de la Houssaie, avocat au Parlement, écrivait la lettre suivante à l'abbé Aubert, Directeur du *Journal des Beaux-Arts* :

Le nom des hommes célèbres faits pour passer à l'immortalité est toujours favorablement accueilli dans votre journal, c'est la raison qui m'a déterminé à vous adresser ces vers que le désir de rendre hommage à M. Couperin m'a inspiré.

Jamais Te Deum n'a peut-être été exécuté avec plus de pompe, de majesté et de richesse d'harmonie que celui des Matines de la veille de St Barthélemi [23 Août] par ce grand homme. Surtout il s'est surpassé dans les différents tableaux qu'il nous a présenté des circonstances du jugement dernier.

Vous vous apercevrez aisément, Monsieur, que je me suis efforcé de

---

1809. Vol I, p. 32-34. Au lendemain de la publication de la 2e édition corrigée du livre de Burney, 1777, des extraits de cet ouvrage figuraient déjà dans le *Journal de Musique par une Société d'Amateurs*, année 1777, nos 4 et 5. Le numéro suivant, qui devait contenir un extrait des articles sur Rome et Naples, ne semble pas avoir paru.

1. Al. Choron et Fayolle, *Dictionnaire historique des Musiciens*, Paris, 1re éd., 1810.

suivre dans mes vers les idées et les images de ce célèbre musicien, le Rameau de nos jours pour l'orgue[1]. Mais que n'a-t-il plutôt eu pour auditeur dans un pareil moment ou Corneille, ou M. de Voltaire :

Vers à M. Couprin, en sortant de son Te Deum de la veille de St Barthélemi sur son jugement dernier à l'occasion du Verset Judex crederis esse venturus.

> Grand Dieu, quel jugement Couprin nous fait entendre !
> Ne quittes tu ta gloire et le trône des cieux
>   Que pour réduire en cendre
> Ce superbe univers trop coupable à tes yeux ?
>   Déjà le feu de ta colère,
> La désolation de la nature entière
> Annoncent ta vengeance ; et les foibles mortels
> Rassemblés devant toi, justes ou criminels.
> Redoutent le courroux de leur Juge suprême.
> La trompette effrayante a donné le signal :
> C'est l'Arrêt du Très Haut ; la mort à l'instant même
>   Représente à ton tribunal
> Ceux qui dans les tombeaux n'étoient plus que poussière.
> Tu t'avances... mon Dieu ! Quels éclats de tonnerre !
> Le dernier jour du monde est un spectacle affreux
> Que de gémissemens ! que de cris douloureux !
> Veux tu nous perdre tous, et le Dieu de la vie
> N'adoucira-t-il point la justice infinie,
> Que deviendront les Saints ? la troupe des Elus ?...
> Tu la rends au néant et la terre n'est plus.
> Mais qu'entends-je ? quels chants de pompe et d'allégresse
> S'épandent dans les airs et m'entrouvent les cieux ?
> Couprin tu nous ravis au séjour bienheureux
> En peignant du Seigeur la Gloire enchanteresse[2].

Trois ans après, le 18 juin 1772, encore à l'occasion de la fête patronale, Armand-Louis Couperin fit entendre, en l'église Saint-Gervais, au cours d'un Te Deum, une *symphonie d'orgue* très développée, à en juger par le compte rendu de cette composition.

Outre qu'il nous montre, à nouveau, Armand-Louis Couperin comme un organiste de premier ordre, ce compte rendu nous donne de précieuses indications sur la registration

---

1. Rameau, Jean-Philippe, né en 1683, était mort le 22 septembre 1764 ; il est évident que M. Plaisant de la Houssaie, voulant glorifier Armand-Louis Couperin, ait quelque peu forcé l'éloge en lui décernant le nom de l'homme de génie qui venait de s'éteindre.

2. *Journal des Beaux-Arts et des Sciences*, octobre 1769, p. 150.

employée par lui ; et cela n'est pas un des moindres intérêts que présente la narration suivante :

Te Deum. — On a surtout paru satisfait d'une symphonie non moins agréable par le choix du sujet que par l'heureux mélange des jeux qu'a imaginé M. Couperin. Ce musicien faisait ses *tutti* sur le grand jeu, et les *solo* sur le Hautbois avec accompagnement de Nazard au positif. On croyait entendre un orchestre composé de divers instrumens très distincts et très reconnaissables, ce qui n'a pas fait moins d'honneur à *M. Clicquot* auteur de ce jeu qu'à *M. Couperin* qui scait si bien s'en servir. Le dernier solo a été terminé par un point d'orgue ; ce savant badinage a fait gouter avec un nouveau plaisir le retour de la symphonie sur le grand jeu. On a également gouté une *fugue* dont toutes les parties se répondaient très bien, et dont le concours formait un tout harmonique intéressant ; un *duo* très riche en modulations ; une *musette* agréable par sa naiveté et sa varieté ; un *quatuor* dont l'exécution n'était pas plus contrainte que s'il y eût eu quatre instrumens séparés [1].

Il ressort de l'analyse assez fouillée de notre narrateur anonyme, que cette grande pièce d'orgue devait être fort bien composée et très variée. Il est aisé de se rendre compte, aussi combien la registration d'Armand-Louis Couperin est différente de celle de son ancêtre, François, de Crouilly [2] ; c'est que le style de la musique d'orgue s'était déjà sensiblement modifié : à style nouveau, il fallait une coloration nouvelle.

Les puristes, les classiques d'alors ne se faisaient pas faute, d'ailleurs, de se répandre en amères lamentations, non seulement sur le style dégénéré de l'orgue, mais sur celui, non moins dégénéré du clavecin ; et aussi sur les modifications fâcheuses apportées à la technique de cet instrument.

En 1746, Louis Bollioud de Mermet publia un des Mémoires lus par lui à l'Académie de Lyon, sa ville natale. Cette brochure intitulée : *De la corruption du goût dans la Musique Française* [3], est un véritable réquisitoire contre la musique et les musiciens du milieu du XVIII siècle.

De ce fait, l'auteur de la brochure citée s'attira une réponse qui se présente sous la forme d'une : *Lettre de M. de S. à M. de L. B.*, laquelle constitue un essai de réfutation presque

---

1. *Avant-Coureur*, 13 juillet 1772, p. 435-436.
2. A ce sujet, consulter les copies manuscrites des deux messes de François Couperin, de Crouilly : Bibl. du Conservatoire, Bibl. de Versailles.
3. Lyon, 1746, in-12. Louis Bollioud de Mermet naquit à Lyon, le 15 février 1709, et mourut, dans la même ville, en 1793.

totale des critiques formulées par Bollioud de Mermet.

Puisque nous avons fait remarquer l'intrusion néfaste de la musique et du style de clavecin dans la musique d'orgue, nous croyons intéressant de reproduire ici la partie de la lettre de M. de S. à M. de L. B. ayant trait au clavecin :

> Je passe au Clavecin, sur lequel M. B, s'est le plus étendu en reproches. Que dirons-nous, s'écrie M. B. page 35, du toucher du Clavecin ? Quelle idée en auroit un Couperin, s'il revivoit aujourd'hui ? Les pièces de sentiment sont négligées. La légèreté de la main, l'emporte si fort sur l'expression, dans l'esprit de nos Musiciens, qu'ils oublient que la perfection du Clavecin consiste aussi dans la tendresse; dans la propreté, dans la délicatesse du toucher. Nos Grands-Maîtres s'attachoient à lier leur jeu : nos modernes au contraire ne s'étudient qu'à détacher les sons, et à rendre par conséquent leur jeu sec, sur un Instrument qui n'a déjà que trop ce défaut par lui-même.
>
> Mais M. B. n'a donc pas de connoissance exacte des faits, car c'est tout le contraire. Couperin [François, le Grand] qui n'a guéres composé que dans le gout champêtre, avoit précisément ce jeu sautillé que M. B. prétend nous reprocher aujourd'hui. Il est donc le seul à ignorer que nous avons maintenant ce qu'il veut très-sérieusement qu'on cherche encore. Il ne connoit donc pas toutes les pièces de Clavecin de ce même homme à qui nous devons les livres de théorie que je vous ai cités. S'il les connoissoit, il auroit vu qu'il y en a plusieurs qui sont précisément dans le genre du sentiment, et pour l'éxécution desquelles, telles qu'elles ont été composées, il faut nécessairement lier son jeu, même former des ports de voix, ce qu'on ne connaissoit point encore. Il y a même à la tête de ces pièces un avertissement que l'Auteur a été obligé d'y mettre, pour indiquer la manière d'éxécuter ces liaisons et ces ports de voix. Voilà, je crois, de quoi seroit étonné un Couperin, s'il revenoit aujourd'hui, plus que de voir croiser les mains sur le Clavecin, ce que M. B. appelle des subtilités puériles.
>
> Couperin ne manqueroit pas de lui dire sur cela, mais mon cher admirateur, vous parlez de croiser les mains sur le Clavecin. Prenez vous garde que j'ai composé plusieurs Pièces dans ce genre. Il est vrai que je ne l'ai pas inventé, et que par cette raison, j'ai pû ne le pas approuver d'abord, mais forcé de convenir que cela avoit son mérite, et contribuoit d'ailleurs à la variété, j'en fis moi-même du mieux que je pus. Il sembleroit que c'est de moi précisément que vous entendez parler, lorsque vous dites que ces tours d'adresse si vantés ne ressemblent pas mal à ceux des joueurs de Gobelets dont la subtilité fait tout le prix; j'en ai justement intitulé une, les Tours de Passe passe.
>
> Vous dites d'ailleurs que la Nature présente la main droite pour les dessus, la gauche pour les basses, mais que cet usage étant suranné, on croise les mains pour jouer les dessus de la main gauche, et les basses de la droite.
>
> Apparemment que vous n'avez voulu faire qu'une charge, sans examiner la chose, car ce n'est point cela. On croise ordinairement les mains sur le Clavecin, pour multiplier les parties, comme par exemple, tandis que la

main droite, comme la plus brillante, fait des batteries dans une partie, et qu'elle les soutient, la gauche en croisant vous fait entendre alternativement des traits dans les autres parties, ensorte que quand vous dites encore que ce changement peut réjouir les yeux par sa singularité, sans que l'oreille y gagne rien, Vous voyez bien qu'elle y gagne d'entendre plus de parties.

Tel seroit certainement le discours que Couperin tiendroit à M. B. c'est en vérité bienheureux que le plaisir que M. B. reprochoit à nos yeux de prendre à voir croiser les mains, se trouve justifié par celui qui en résulte pour l'oreille. Le Clavecin étant plus communément pratiqué par les Dames, par de jeunes Demoiselles sur-tout, doit-on pas plaindre M. B. sur le chagrin que cela lui fait de voir de jolies mains s'entre-lasser et se livrer à un exercice aussi vif, aussi agile [1]?

Malgré le ton décidé, arrogant et moqueur de cette Lettre, il est facile de se rendre compte que les erreurs ne sont pas du côté de Bollioud de Mermet; elles restent parfaitement acquises au polémiste, M. de S., qui, assurément, n'aimait pas François Couperin, et qui montre vraiment trop de partialité à son endroit. François Couperin, *si varié*, a, certes, composé dans d'autres genres que dans le goût champêtre, ainsi que l'affirme M. de S.!

Quant à ce que cet écrivain dit des Pièces croisées, celles de François s'adressent aux deux claviers du Clavecin, c'est-à-dire au déplacement des parties, et non exclusivement au croisement des mains de l'instrumentiste; cela est tellement vrai que François Couperin prend soin d'ajouter, à propos de leur exécution : « Ceux qui n'auront qu'un Clavecin à un clavier, ou une épinette joüeront le dessus comme il est marqué, et la Basse une octave plus bas; et lorsque la Basse ne pourra être portée plus bas, il faudra porter le dessus une Octave plus haut [2]. » — A ce point de vue *Le Tic-toc-choc* peut être signalé comme typique.

Les clavecinistes du XVIIe siècle et ceux de la première moitié du XVIIIe procédaient de la même manière : *les Trois mains*, la pièce de Rameau d'un si curieux effet, et *le Colin-Maillard*, de d'Agincour, appartiennent à cet ordre de compositions, et sont, naturellement, soumises, relativement à leur exécution, au même dispositif; tandis qu'il est avéré que

---

1. *Mercure de France*, septembre 1746, p. 58-85.
2. François Couperin, *Préface du troisième Livre de Pièces de Clavecin*.

ÉLISABETH-ANTOINETTE BLANCHET
Épouse d'Armand-Louis Couperin.

pendant la seconde moitié du XVIIIe siècle, on était arrivé à croiser dans un but effectivement bien plus esthétique que musical. Michel Corrette, 1771, nous en fournit un exemple dans sa pièce de Clavecin : *La Confession*, brunette en variations, où, d'après les indications de l'auteur, on exécute avec la main gauche, et sur un seul clavier : le grand, ce qui, normalement, devrait être joué par la droite.

Au chapitre consacré à François Couperin, le Grand, nous nous sommes occupé du génial et célèbre facteur de clavecins, Pascal Taskin ; nous donnerons, à présent, la copie d'une lettre de lui, adressée à Jean-Philippe de Limbourg, bourgmestre de Theux, petite ville située entre Verviers et Spa, où naquit Pascal Taskin.

Cette lettre, publiée pour la première fois par M. E. Closson [1], nous fournit d'utiles renseignements sur la structure des clavecins, leur prix d'achat, et sur le taux des leçons des meilleurs professeurs de clavecin de la fin du XVIIIe siècle. Elle nous est particulièrement précieuse, en ce qu'elle nous fixe exactement sur les honoraires que touchaient, pour leurs leçons, Armand-Louis Couperin et sa femme Élisabeth-Antoinette Blanchet :

A Paris le 6 octobre 1765.

Monsieur,

Agréez s'il vous plait mes respects, et l'honneur que j'ai de répondre à votre demande, le prix d'un clavecin neuf, et bon, vient au montant de six sept et huit cens livres [2], de la fasson de Mr Blanchet facteur de Clavecins du roi, qui est le bourgeois pour lequel je travaille ; ils sont a grands ravallement, terme de notre vacation, qui s'entant à deux claviers, dont chaque clâvr, est composé de soixante et une touches, lesquelles font, sinq octave chaqu'un, et l'extérieur est une peinture, noir, blan, gris, bleux, verd, ou rouge, avec des plattes bandes, est filets d'or regnant à l'entour et dessus le couvecque en ordres d'archidecture, les meme on peut les trouver de hazard mais rarrement pour quatre ou cinq cens livres et cela à la faveur d'un délais de quelque demoiselle entretenue dont un tel présent lui seroit resté par reconnoissance : on peut en avoir, fait par d'autres auteurs au prix de quatre et sinq cens livres neuf, et vieux ou hazard quelque cent livres de moin, mais ce sont des ouvrages a y faire

---

1. Dans la Z. I. M. G., janvier-mars 1911, p. 239-240. Article déjà cité.
2. La livre française équivalait à peu près au franc de notre monnaie, le sou à un peu moins de dix centimes, et l'écu à 5 fr. 82.

des dépenses, il m'en est déja passés entres les mains pour y coriger quantité de deffauts : celui qu'on vous présente pour dix écûs argant du païs n'est point cher, si son harmonie est bonne, j'en ay été voire plusieurs a vervier dont on vouloit me les vandres beaucoups plus cheres... Et quand au maitres de musique pour le clavecin M⁺ Tourneur est celui qui donne leçon à la cour[1] j'ai très souvant l'honneur de le voire et lui parler, les leçons qu'il vient donner en ville sont de huite neuf et dix livres, M. et Madame couperins sœur et beaufrère de M⁺ Blanchet le donnent a six livres la leçon pour ses dernier je me flatte qu'ils auront grande attention pour moi pour en diminuer le prix...

Dans le fait que Pascal Taskin se porte garant d'obtenir une diminution sur le taux ordinaire des leçons d'Armand-Louis Couperin, on peut voir un exemple nouveau de l'obligeance et de la bonté qui lui étaient coutumières; d'autant plus qu'en raison de sa grande réputation, Armand-Louis Couperin devait être un professeur très demandé; et que, s'il ne donnait pas leçon à la cour, il avait, pour élèves, de très hauts personnages : au cours de la Dédicace de son Œuvre II, ne nous apprend-il pas qu'il enseignait le clavecin à Mlle de Beauvau.

Pascal Taskin cite encore comme : « les meilleurs Maîtres de paris Messieurs Balbade[2] Dufly[3] et le Grand[4] » qui ont les mêmes prix de leçon; il parle ensuite d'autres professeurs de clavecin, moins réputés que les précédents : « et qui néanmoint leurs leçons sont bonne et le donnent pour trente quarante sinquante sous, et un écu suivant les moiens de leurs écolliers ».

Mais revenons à Armand-Louis Couperin.

Naturellement, les Affiches ne manquent pas d'annoncer, comme un événement et un attrait artistique de premier ordre, qu'à la fête patronale de Saint-Gervais et de Saint-Protais, ainsi qu'à quelques autres grandes fêtes : Saint-Laurent,

---

1. Le Tourneur, maître de clavecin de la Dauphine et de Mesdames de France. C'est à ce titre, et par brevet à lui conféré en 1765, qu'il touche à cette époque 1500ᵘ d'appointements (L. de La Laurencie).

2. Plutôt Claude Balbâtre, 1729-1799, organiste de Monsieur, de l'église Saint-Roch, et l'un des quatre organistes de Notre-Dame.

3. Duflitz ou Duphly, d'abord organiste puis claveciniste distingué; il composa des Pièces pour cet instrument. Daquin de Château-Lyon vante : « la légèreté et la grâce de son exécution ».

4. Probablement J.-P. Legrand, maître de clavecin, et organiste de Saint-Germain-des-Prés, auteur de sonates dans le style de Phil. Emm. Bach (L. de la Laurencie).

patron des Clercs de cette paroisse, etc. : « M. Coupperin, père, organiste du Roi, touchera l'orgue à tout l'office, ainsi que la veille au Te Deum ».

Nous relevons des annonces analogues, pour les années 1783, 20 juin; 1784, 8 août; dimanche 18 juin 1786; et jeudi 19 juin 1788.

Le registre des dépenses de la Fabrique de Saint-Gervais, pendant l'année 1759, nous renseigne, chapitre neuvième, sur le traitement alloué à Armand-Louis Couperin, pour les fonctions d'organiste qu'il remplissait à cette église :

Art. 1er. — fait défense, le rendant [pour ordre de compte], de la somme de quatre cent huit livres païée au S. Couperin pour l'année 1759. de ses appointemens en la ditte qualité et compris 6tt pour la feste de la Providence et 2tt pour le salut de St Jean Baptiste suivt ses quatre quitance des vingt huit juillet, 10 octobre 1759. 11 janvier et 11 avril 1760. — ci.... 408tt [1].

Il est à remarquer que, trente ans plus tard, les fils d'Armand-Louis Couperin touchaient exactement le même traitement d'organiste[2], auquel venait s'ajouter le Casuel, c'est-à-dire les cérémonies en dehors du service ordinaire.

Parmi ces cérémonies, il en est une assez curieuse, c'est celle qui eut lieu, le 24 février 1764, pour la bénédiction de deux cloches livrées, en 1763, par les sieurs Desprez Heban et consorts, fondeurs. A cette occasion « l'organiste Couperin » (Armand-Louis) reçut douze livres de gratification[3].

Faibles émoluments, vraiment, pour rétribuer un artiste de la valeur d'Armand-Louis Couperin.

Quant à la personne qui avait l'honneur de souffler pour Armand-Louis, elle touchait soixante livres par an, plus un petit supplément pour les jours de fêtes.

Au sujet de ce personnage, nous trouvons ceci, dans les registres des dépenses de la Fabrique, pour les années 1777, 1778, 1779, 1780 et 1781 :

Art. 25. — De celle de 3 livres 10 sols payée au nommé Leger, père, savoir 2 livres 10 sols pour avoir soufflé l'orgue les fêtes de St Jean-Bap-

---

1. Arch. nat., H. 4488.
2. Voir chap. vii, p. 165.
3. Arch. nat., H. 4395.

tiste et de la Providence; et 1 livre pour idem pour la convalescence de Mgr l'Archevêque, suivant sa quitance du 19 janvier 1778 [1].

Art. 26. — De la somme de 3 livres 10 sols payée au nommé Leger père, savoir 2 livres 10 sols pour avoir soufflé l'orgue les fêtes de St Jean-Baptiste et de la Providence, et 1 livre pour le Te Deum à l'occasion de l'accouchement de la Reine, suivant sa quitance du 18 janvier 1779 [2].

En 1780, le même souffleur touche « une livre à l'occasion du Te Deum chanté pour la prise de Grenade [3]. »

En 1781, « une livre pour la messe du salut célébré pour la Couronne [4] ».

En 1782 : « deux livres pour avoir soufflé l'orgue aux messes et Te Deum savoir : 1° à l'occasion de la naissance de Mgr le Dauphin; 2° à l'occasion de la victoire remportée sur les anglais [5]. »

Nous croyons devoir transcrire ici le budget musical de Saint-Gervais, tel qu'il se décomposait peu de temps avant la Révolution, en 1786, par conséquent pendant qu'Armand-Louis Couperin était encore en fonctions :

M. Vilbourg, premier chantre ou premier Choriste, 328 livres par année, y compris certaines dépenses.

M. Damerval, deuxième chantre et maître de musique des enfants de chœur, 391 livres 13 sols 3 deniers, y compris certains menus frais.

MM. Rousseau et Damerval jeune, troisième et quatrième chantres 250 livres chacun.

M. l'abbé Pouillez, maître des enfants de chœur, 2,527 livres, y compris les dépenses afférentes à ces enfants.

M. Minet, serpent, 185 livres 11 sols.

M. Couperin, organiste, 468 livres.

M. Cliquot, facteur, pour entretien de l'orgue, 100 livres [6].

De même que, moyennant rétribution, l'élément militaire prêtait son concours aux cérémonies religieuses extraordinaires, pour en rehausser l'éclat [7], et aussi afin de faire évacuer les porches de l'église qu'envahissaient les mendiants [8], des grou-

---

1. Arch. nat., H. 4407.
2. Arch. nat., H. 4408.
3. Arch. nat., H. 4409.
4. Arch. nat., H. 4410.
5. Arch. nat., H. 4411.
6. Arch. nat., H. 4416.
7. Arch. nat., H. 4412 et H. 4414.
8. Arch. nat., H. 4388 et H. 4400.

pements musicaux de la ville étaient employés par la Fabrique, en particulier les jours de processions, ainsi qu'il appert de ces deux articles de dépenses, relevés dans les registres de comptes de la paroisse Saint-Gervais :

Art. 4. — De la somme de 54 livres payée au sieur de Bureaux, musicien, pour la musique qui a assisté aux processions des deux Fêtes-Dieu, suivant sa quitance du 25 juin 1778[1].

Art. 5. — De celle de 66 livres payée au sieur de Bureaux, officier de la musique de l'Arquebuse, pour la musique qui a assisté aux processions des deux Fêtes-Dieu, suivant sa quitance du 10 juin 1779[2].

Le seul Privilège qui figure dans les œuvres d'Armand-Louis Couperin est placé à la fin de *l'Amour médecin*, Cantatille de dessus avec symphonie : Deux violons et Basse chiffrée[3].

Voici ce document :

Extrait du Privilège Général. — Par Privilège du Roi, donné à Paris le trentième jour du mois d'Avril mil sept cent cinquante, signé par le Roi en son conseil, Sainson, et scellé ; il est permis au sieur Armand-Louis Couperin, de faire graver, imprimer, vendre et débiter *l'Amour médecin, le Printemps, la Jeunesse* et *la Vieillesse,* Cantatilles et autres ouvrages de Musique tant vocale qu'instrumentale de sa composition, pendant le temps de douze années ; et déffences sont faites à tous Imprimeurs, Graveurs et autres de contrefaire en quoi que ce soit lesdits ouvrages, à peine de confiscation des exemplaires contrefaits, de trois mil livres d'amande (sic), et tous dépens dommages et intérêts, comme il est plus au long porté sur ledit Privilège.

Registré en la Chambre Syndicale des Imprimeurs et Libraires de la Ville de Paris le cinq^e jour de Mai mil sept cent cinquante.

Le Gras, Sindic.

Ainsi, c'est en 1750, alors qu'Armand-Louis n'avait que vingt-trois ans, que fut publiée la charmante cantatille : *l'Amour médecin*; on peut donc dire qu'elle est une œuvre de jeunesse, de toute jeunesse même, car elle fut, assurément, composée avant l'année 1750. Elle révèle, cependant, chez son

---

1. Arch. nat., H. 4408.
2. Arch. nat., H. 4409.
3. Jean-Jacques Rousseau, dans son *Dictionnaire de Musique*, définit ainsi la cantatille : « *Cantatille.* Diminutif de Cantate, n'est en effet qu'une cantate fort courte dont le sujet est lié par quelques vers de récitatif, en deux ou trois Airs en Rondeau pour l'ordinaire, avec des accompagnemens de symphonie ».

auteur, une maîtrise d'écriture déjà très développée, et un remarquable sentiment musical[1].

Quoique cette œuvre ne porte pas de numéro, il est bien évident qu'elle doit être l'*Opus I*, auquel, toutefois, viennent s'ajouter, à notre avis, les *Pièces de Clavecin dédiées à Madame Victoire de France*.

Nous essaierons de nous expliquer sur ce sujet, et de situer définitivement, si possible, l'Œuvre entier, imprimé, du fils de Nicolas Couperin.

On verra, plus loin, que nous sommes exactement éclairé sur les œuvres II et III d'Armand-Louis Couperin, quant à l'époque précise de leur parution ; seules les *Pièces de Clavecin* du même auteur, et *l'Amour médecin* ne sont pas datées sur le titre. Néanmoins, pour cette dernière œuvre, le privilège, dont nous avons donné la teneur, semble bien lui conférer la date de 1750. Il ne reste donc plus à fixer que celle des Pièces de Clavecin ; or, Armand-Louis Couperin, lui-même, par l'Avis que nous trouvons au commencement de cette composition musicale, va nous venir en aide pour cela :

Avis

Il y a quelques années que mes Amis et plusieurs Personnes bien intentionnées pour moi, me sollicitent de travailler pour le Clavecin : mais je me refusai de me rendre à leur sollicitations ; Le Public fut toujours à mes yeux un Juge trop redoutable ; d'ailleurs les réflexions que je fesois sur tous les bons ouvrages qui avoient paru en ce genre me décourageoient, et étoient prêtes à étouffer en moi tout sentiment d'émulation.

Cependant ces mêmes Personnes m'assurant que le Public a aussi de l'indulgence pour les jeunes Auteurs m'ont aiguillonné de façon à me faire mettre la main à l'œuvre.

C'est le fruit de ce travail que je hazarde à mettre au jour : j'ai tâché d'y varier les gouts et d'être neuf ; tout y est portrait en différens genres.

Trop heureux si le Public lui fait un accueil favorable.

Donc, Armand-Louis Couperin était encore un jeune auteur, lorsque, cédant aux sollicitations de personnes bien intentionnées pour lui, il se décida, d'abord à écrire pour le clavecin, puis à mettre au jour le fruit de son travail.

---

[1]. Les autres cantatilles : *le Printemps, la Jeunesse* et *la Vieillesse*, ont dû rester à l'état de projet ; nous ne les avons jusqu'ici rencontrées dans aucune bibliothèque.

Aux approches de la trentième année, on n'est plus un jeune auteur; pour mériter ce qualificatif, il fallait qu'Armand-Louis eût, selon nous, moins de vingt-cinq ans, ou fort près de cet âge.

On peut donc déduire, avec assez de vraisemblance, que les *Pièces de Clavecin* furent publiées aux environs de 1752.

Ajoutons que cet Avis, qui semble oublier complètement l'œuvre de chant déjà parue, s'explique parfaitement par la modestie inhérente au caractère exquis d'Armand-Louis Couperin, et par ce qu'il dit de l'effroi qu'il éprouvait à composer pour le clavecin, « après tous les bons ouvrages qui avoient paru en ce genre » : ceux de ses ancêtres suffisaient en effet, à eux seuls, à lui rendre la tâche bien difficile. Pourtant, il a atteint le but qu'il s'était proposé : les vingt-huit pièces qui forment ce recueil sont certes de goûts variés; plusieurs présentent, évidemment, une virtuosité neuve qui fait déjà songer à la technique du piano. Ainsi que son oncle à la mode de Bretagne : François Couperin, le Grand, il a réussi à faire de la musique descriptive et, pourrait-on dire, psychologique : tout y est portrait en différens genres.

Les *Pièces de Clavecin*, la cantatille *l'Amour médecin*, sans doute d'autres œuvres restées en manuscrit, et ses admirables improvisations à l'orgue, firent que la réputation d'Armand-Louis Couperin, comme compositeur, s'établit alors qu'il était encore fort jeune car, en 1765, il semble être déjà presque à l'apogée de la gloire.

Voici comment on s'exprime, à son sujet, à propos de l'apparition de son *Œuvre II* : *Sonate en Pièces de Clavecin avec accompagnement de Violon*, ad libitum :

> L'auteur de ces sonates est neveu de l'ancien et célèbre Couperin, dont les productions musicales sont entre les mains de tous les vrais amateurs : mais la célébrité de l'oncle [1] ne peut nuire à celle du neveu. Ce dernier ne doit qu'à lui-même la haute réputation dont il jouit, et que ce dernier ouvrage doit encore accroître [2].

En 1770, le *Mercure* et les Affiches annoncent, sans commentaire, son *Œuvre III* : *Sonates en trio*; et, en 1779, nous

---

1. François Couperin, le Grand, oncle à la mode de Bretagne.
2. *Mercure de France*, mai 1765, p. 189.

trouvons, également dans le *Mercure de France*, la note suivante qui montre de quelle manière Armand-Louis Couperin était apprécié à cette époque. Il apparaît comme le musicien formant point de jonction du style ancien et du nouveau style, ayant emprunté à l'un et à l'autre ce qu'ils avaient de mieux, et condensé le tout avec art. Il est le maître en vue, celui sur lequel on se base pour déterminer le mérite des autres compositeurs :

Le Concerto de violon que fit entendre M. Chartrain, lui mérita des applaudissemens unanimes. Sans avoir ni la simplicité monotone de l'ancien genre, ni les fougueux écarts du nouveau, ce compositeur paroit s'être attaché à réunir les avantages de l'un et de l'autre, il a fait pour le violon ce que M. Couperain fait pour l'orgue depuis 10 ans [1].

Lorsqu'au lendemain de la première représentation de *Richard Cœur-de-Lion*, laquelle avait eu lieu le 21 octobre 1784, l'éditeur Le Duc voulut publier une chose d'actualité, dans le *Journal de Clavecin*, dont il était le directeur-fondateur, c'est à Armand-Louis Couperin qu'il s'adressa pour avoir des variations sur un air du nouvel opéra de Grétry, dont le succès s'affirmait.

Armand-Louis Couperin s'empressa de satisfaire à la demande de l'éditeur, car nous trouvons, effectivement, dans le *Journal de Clavecin*, 3ᵉ année, n° 12, par conséquent au mois de décembre de la même année 1784 : « Air de Richard Cœur-de-Lion varié par M. Couperin père, organiste de la Chapelle du Roi ».

On n'avait donc pas perdu de temps pour la composition des dites variations.

En raison de l'importance qu'il attachait aux variations d'Armand-Louis Couperin, Le Duc n'avait pas hésité à augmenter d'un supplément de deux pages le numéro du *Journal de Clavecin* contenant cette œuvre du « Maître [2] ».

L'Œuvre assez considérable d'Armand-Louis Couperin est donc ainsi constitué : Op. I, *l'Amour médecin* et les *Pièces de*

---

1. ... *France*, février 1779, p. 161-162.
2. Pour le *Journal de Clavecin* comme pour le *Journal de Harpe*, se reporter à la note 4 qui figure page 161, chapitre VII.

PL. VII.

ARMAND-LOUIS COUPERIN.

Clavecin; Op. II, *Sonates en pièces de clavecin* avec violon; Op. III, *Sonates en trio* dédiées à la duchesse de Béthune; auxquelles œuvres il convient d'adjoindre, quoique ne portant pas de numéro d'ordre de production, l'air de *Richard Cœur-de-Lion*, mis en variations; plus les œuvres manuscrites, dont on trouvera l'énumération et le détail au Catalogue général des œuvres des Couperin.

A ce lot de musique imprimée et manuscrite, viennent s'ajouter des compositions inédites et disparues, telles que les *Motets*, qui sont l'objet d'une mention spéciale, dans l'article nécrologique cité plus haut.

S'il nous faut déplorer la perte de ces œuvres importantes, qui auroient fait à un musicien la plus belle réputation, la Bibliothèque du Conservatoire de Paris nous fournira, heureusement, un des Motets qu'Armand-Louis Couperin composa pour des maisons religieuses, et que sa modestie ne voulut jamais livrer au grand jour de l'impression, ni de la publicité. Celui-là, du moins, pourra nous servir d'étiage pour apprécier la valeur de toutes les autres compositions du même genre dues à la plume du célèbre organiste, et, d'ailleurs, confirmer le jugement élogieux porté sur elles.

Le manuscrit de la Bibliothèque du Conservatoire est daté de 1787, c'est-à-dire qu'il fut écrit vers la fin de la vie d'Armand-Louis Couperin, deux ans avant sa mort. A cette époque, l'auteur avait développé la maîtrise d'écriture que nous signalions comme une des qualités de l'Œuvre I, la ravissante cantatille : l'Amour médecin, qualité qui apparaît complètement dans son : *Élévation ou Mottet au St Sacrement à trois voix, par A. L. Couperin organiste de la Chapelle du Roi, 1787*, qui vaut autant par le fond que par la forme.

Les parties vocales de cet *Ego sum Panis Vitae* se meuvent et chantent librement, tout en formant, avec la Basse chiffrée destinée à être réalisée à l'orgue, un ensemble homogène duquel se dégage un sentiment pieux d'une haute envolée. Il nous fait regretter encore davantage la disparition des autres Motets, ses semblables, très certainement, qui eussent enrichi le répertoire de la musique religieuse d'œuvres fort intéressantes.

En somme, si les compositions d'Armand-Louis Couperin ne méritent pas les éloges pompeux que les contemporains de l'auteur adressèrent, en particulier, à celles de ses œuvres qui ne nous sont pas parvenues, elles valent, en tout cas, mieux que le jugement sévère porté sur elles par les biographes du XIXe siècle qui, au reste, ne les connaissaient que très imparfaitement.

Le style en est distingué et charmant, d'une écriture musicale absolument correcte ; on sent que l'homme qui a tracé ces œuvres a étudié toutes les règles de son art et se les est assimilées, en les faisant passer au crible de sa nature délicate. Certains Adagio ont une douceur infinie ; et toutes marquent un goût parfait dans le choix des motifs, qui correspondent exactement aux différents caractères de sentiment que l'auteur s'est proposé de traduire.

Elles ont, en outre, une sérénité, une droiture qui donnent vraiment une idée du noble caractère d'Armand-Louis Couperin.

Comme il fut à la fois Organiste du Roy (Louis XVI), de 1770 à 1789[1], de Saint-Gervais, de la Sainte-Chapelle, de Saint-Barthélemy, de Saint-Jean-en-Grève[2], de Sainte-Marguerite, des Carmes-Billettes[3], de Saint-Merry, et l'un des quatre organistes de Notre-Dame, il va de soi qu'il ne put à lui seul satisfaire au service de ces différentes paroisses ; ses fils le suppléèrent largement, ainsi que sa femme : « Antoinette Blanchet avait acquis un si grand talent comme organiste qu'elle remplaçait son mari sans que les amateurs s'en aperçussent[4]. »

A quatre-vingt-deux ans, Mme Couperin jouait encore de l'orgue à Versailles, en l'église Notre-Dame, de façon à enlever tous les suffrages[5].

Notre conviction personnelle, basée sur une certaine évidence, est qu'Antoinette-Victoire, sa fille, collaborait aussi à ce trust familial. Différents biographes l'affirment[6].

---

1. Arch. nat., O¹ 672, *Lettre de M. le Duc de Villequier*.
2. Église disparue à la Révolution. La salle Saint-Jean, de l'Hôtel de ville actuel de Paris, rappelle l'emplacement et le souvenir de cette église.
3. Maintenant temple protestant, 22, rue des Archives.
4. *Le Pianiste*, novembre 1833, n° 1ᵉʳ, p. 66-67.
5. Voir, ci-après, la lettre de Gervais-François Couperin.
6. « Alors qu'elle n'avait que seize ans jouait déjà de l'orgue à Saint-

L'acte mortuaire d'Armand-Louis Couperin, et la supplique du duc de Villequier nous ont confirmé dans ce que chacun sait : qu'Armand-Louis Couperin avait épousé Elisabeth-Antoinette Blanchet. Mais ce n'est pas en 1751, ainsi qu'on l'a toujours dit, que ce mariage eut lieu, entre Armand-Louis et la fille d'Estienne Blanchet « M^e faiseur d'instrumens de musique[1] », ét d'Elisabeth-Martine Gobin, son épouse; il faut en reporter la date à l'année suivante : 1752, car voici une pièce qui ne laisse subsister aucun doute à ce sujet, c'est l'acte authentique de mariage de ces deux conjoints, acte que nous avons eu la bonne fortune de retrouver :

Extrait du registre des mariages de la p^{sse} St Merry a Paris pour l'année 1752 fol^o 15 verso.

Le lundy sept février mille sept cens cinquante deux Sr Armand Louis Couperin Bourgeois de Paris, fils min [mineur] de defft Nicolas Couperin bourgeois de Paris et la D^{elle} françoise Dufour de la Coste son Epouse de fait rue du Pourtour p^{sse} St Gervais et de droit de la p^{sse} St Barthelemy place Dauphine a cause de son tuteur d'une part; Et d^{elle} Elizabeth Antoinette Blanchet fille min de S^r francoy Etienne Blanchet, m^e faiseur d'instrumens de musique et de defft^e Elizabeth Martine Gobin son Epouse de fait et de droit de cette psse rüe de la Verrerie d'autre part; les fiancailles faites le deux du courant ont été mariez, après la publication de trois Bancs en cette Eglise et en celle de St Barthelemy; en présence du coté de l'Epoux de Sr Louis françois normand m^e orloger son tuteur par sentence de m^r Le Prévost de Paris, de m^e Godard de Montarsis avocat au parlem^t rue des Noyers psse St Benoit et de deux autres. Et du cote de l'epouse de son dit Pere, de m^{re} [messire] Nicolas Pierre Blanchet pretre habitué en cette Eglise, son oncle paternel rue St Bon[2] de Cette psse, m^{re} francois Gobin prêtre Curé de Ducy diocèse de Senlis de présent rue des arcis[3] de cette psse, son oncle maternel, lesquels temoins nous ont certifié de la liberté catholicite et du domicile des parties et ont signé à la Minute.

Gervais », Fétis, « Antoinette-Victoire fut organiste de Saint-Gervais à l'âge de seize ans », *Encyclopédie Roret*; voir surtout, page 156, du présent chapitre, ce que disent sur elle A. Choron et F. Fayolle.

1. Célèbre facteur de clavecins qualifié de « Me Luthier » dans l'acte de baptême de Gervais-François Couperin dont il fut le parrain.

2. La rue Saint-Bon existait déjà au XIIIe siècle; elle doit son nom à une chapelle Saint-Bon qui datait du XIe siècle; cette chapelle se trouvait sur l'emplacement du n° 6 en face du débouché de la rue Pernelle, elle fut détruite en 1792. Actuellement, la rue Saint-Bon est une très courte voie qui commence rue de Rivoli et se prolonge, par un escalier, dès lors avec la largeur qu'elle avait jadis, jusqu'à la rue de la Verrerie; elle n'a que treize numéros.

3. Avant le 18 février 1850, la partie de la rue Saint-Martin comprise entre l'avenue Victoria et la rue de la Verrerie.

Collationné à L'original et délivré par moy, ptre, Bachelier et Vicaire de la Susd psse St Merry.

A Paris le douze juin mil sept cens soixante et deux.

MASSIÉ [1].

Par cet acte, nous apprenons que, lors de son mariage, Elisabeth-Antoinette Blanchet était mineure et avait perdu sa mère; qu'en outre, Armand-Louis Couperin n'avait pas encore atteint sa majorité lorsqu'il s'unissait à Elisabeth-Antoinette Blanchet, et que c'est pour cette raison qu'il fut assisté du tuteur dont il avait été pourvu, par sentence du Prévost de Paris, à la mort de son père, événement qui se produisit, alors qu'il n'avait que vingt et un ans [2].

Ce tuteur, cousin de Nicolas Couperin, son père, s'appelait: Louis-François Normand et était Maître horloger [3].

Le même acte nous apprend aussi que, comme son père, Armand-Louis Couperin était Bourgeois de Paris.

A son talent transcendant d'organiste, Armand-Louis Couperin joignait une connaissance approfondie du mécanisme et de la construction de son instrument; cela lui constituait une compétence et une autorité qui faisaient qu'on le choisissait ordinairement pour la réception des orgues nouvelles.

Avec ses trois collègues de Notre-Dame, Balbâtre, Séjan et Charpentier, nous le voyons figurer comme arbitre, et toujours en première ligne : le 14 décembre 1770, à la réception de l'orgue de Saint-Roch, réparé par Clicquot [4]; le 22 octobre 1779, à la réception de celui de l'église Saint-Martin-des-Champs : « qui vient d'être augmenté d'un nouveau jeu de bombarde à la pédale, et de quelques autres, par le Sieur Ferrand, Facteur [5] »; enfin, le 10 février 1781, à la réception de l'orgue des R. P. de Nazareth [6].

Clicquot, qui se parait du titre de Facteur d'orgues du Roi,

---

1. Arch. de la Seine, Mariages, 7 février 1752.
2. Il manquait un peu moins de trois mois pour qu'il y soit parvenu (Naissance : 25 février 1727, mariage : 7 février 1752). Jadis la majorité de l'homme était fixée à vingt-cinq ans.
3. Voir aussi l'acte mortuaire de Nicolas Couperin, p. 45.
4. *Affiches, annonces et avis divers*, 10 décembre 1770.
5. *Ibid.*, 21 octobre 1779.
6. *Ibid.*, 10 février 1781.

et auquel on pourrait décerner, justement, celui de Roi des Facteurs d'orgues, avait été chargé de construire un instrument important à Saint-Sulpice ; l'inauguration et la réception de l'orgue qu'il édifia eut lieu le 15 mai 1781.

Ce furent encore Armand-Louis Couperin et ses collègues de Notre-Dame que l'on chargea de juger la nouvelle œuvre de Clicquot, ainsi qu'en témoigne le compte rendu de cette solennité, compte rendu qui figure dans l'*Almanach Musical*, année 1782[1] :

1781, 15 mai, réception de l'orgue de la paroisse Saint-Sulpice.
Le Public a écouté, avec une espèce d'ivresse, tous les morceaux que Messieurs Couperin, Balbâtre, Séjan et Charpentier ont joués sur ce précieux instrument. Ce jour étoit une espèce de triomphe pour M. Clicquot. La critique n'a rien trouvé à relever dans son ouvrage : elle s'est retirée sans humeur d'une fête dont l'amour des Arts a fait les honneurs, dans une des plus belles églises de Paris.

A propos de cette réception, nous relevons, dans le *Mercure de France* de septembre 1781, une *Lettre à M**** signée : Traversier, dont le ton est empreint du même enthousiasme pour l'organier et les organistes-arbitres, que celui du précédent compte rendu.

Cette lettre débute ainsi : « La réputation du célèbre Clicquot, auteur de cet instrument, et celle de MM. les arbitres, ont attiré la plus grande affluence à l'église. Ce jour était un triomphe pour les grands talens, et une vraie fête pour les amateurs des Arts[2]. »

Suit une analyse circonstanciée, et une appréciation de cet admirable instrument qui, dès le début de son installation, était remarquable par la douceur et le moelleux de ses jeux, qualités qu'on ne rencontre ordinairement que dans des instruments construits depuis vingt-cinq ou trente ans.

Après quoi, l'auteur de la lettre en question se fait l'écho d'une légère critique adressée aux grandes statues ornant le buffet : « qui interceptent un peu la Sonorité » ; et termine de la sorte : « Les talens supérieurs de MM. Couperin, Balbâtre, Séjan et Charpentier, qui sont depuis longtemps en possession

---

1. Page 117.
2. Page 42.

de plaire au Public, ont bien fait les honneurs de ce fameux instrument[1]. »

En l'occurrence, les quatre grands organistes de la seconde moitié du XVIIIe siècle ne se contentèrent pas d'être arbitres, ils s'employèrent à mettre en valeur, par leur virtuosité respective, les moyens multiples, et les qualités diverses du nouvel orgue, l'un des meilleurs et des plus beaux qui soient. Nous avons vu qu'ils atteignirent le but auquel ils tendaient.

Un autre important ouvrage de Clicquot, l'Orgue de Notre-Dame, fut également contrôlé par Armand-Louis Couperin et ses collègues habituels. Les affiches nous disent : « On fera auj. 8, à 4 heures précises, la réception de l'orgue de l'église de Paris, refait et augmenté par le sieur Clicquot, Facteur d'orgues du Roi. Les arbitres nommés par le Chapitre sont MM. Couperin, Balbâtre, Séjan et Charpentier, tous quatre organistes de Notre-Dame[2]. »

Il est à présumer que la belle réfection de l'orgue de Saint-Gervais, commencée en 1760, par Louis Bessart, continuée et achevée, de 1764 à 1768, par Clicquot, alors qu'il était jeune organier, et dont c'était le premier grand travail[3], fut exécutée sous la direction d'Armand-Louis Couperin, et est due, en grande partie, à ses conseils éclairés.

Les résultats de cette restauration furent excellents, à en juger par l'appréciation de Charles Burney, auditeur avisé et expert, dont l'opinion peut, en somme, faire autorité en la matière.

La seule critique qu'il fasse s'adresse, non à l'instrument, mais à l'église elle-même : « L'orgue de Saint-Gervais qui me paraît un fort bon instrument, est presque neuf. Il fut fait par M. Cliquard (sic) qui a fait également celui de Saint-Roch. Les pédales ont trois octaves. Le ton haut de l'orgue est riche, plein et agréable, quand le mouvement est lent : mais dans les passages vifs, la répercussion est si forte dans ces grands édi-

---

1. *Mercure de France*, septembre 1781, p. 43.
2. *Affiches, annonces et avis divers*, jeudi 8 mai 1788.
3. François-Henri Clicquot naquit à Paris, en 1728, et mourut à Paris en 1791. On ne peut pas être plus contemporains que ne le furent A.-L. Couperin et Clicquot : l'organier est né une année plus tôt que l'organiste; ce dernier mourut deux ans avant le célèbre facteur d'orgues.

fices, que tous les sons ne se distinguent plus, ils se confondent[1]. »

Ce qui est certain aussi, c'est que les mémoires de travaux et réparations exécutés à l'orgue devaient être vérifiés et certifiés par Armand-Louis Couperin, avant d'être payés à l'organier; cet article des dépenses, extrait d'un des registres de compte de la paroisse Saint-Gervais, en témoigne nettement :

> *Art. 21.* — De celle de 240 livres payée au Sr Clicquot, facteur, pour ouvrages par luy faict à l'orgue, suivant son mémoire certifié par M. Couperin, et quittance le 2 octobre 1786 [2].

Jusqu'à maintenant, les biographes des Couperin n'ont reconnu à Armand-Louis et à sa femme Élisabeth-Antoinette Blanchet que trois enfants; une fille : Antoinette Couperin, 3 ou 4 avril 1754[3], et deux garçons : Pierre-Louis Couperin, 14 mars 1755, et Gervais-François Couperin, 22 mai 1759.

Cependant, à la mort de sa mère, le fils cadet, Gervais-François, dit expressément, dans une lettre dont il sera question plus loin, que ses parents eurent quatre enfants[4].

Nous verrons, à la partie du présent chapitre consacrée à Antoinette Couperin, qu'il avait parfaitement raison en reconnaissant cette postérité à son père et à sa mère : il était bien difficile, en effet, que ce fils se trompât sur un pareil sujet.

Occupons-nous d'abord d'Elisabeth-Antoinette Blanchet.

Dans les articles biographiques qui lui ont été consacrés, on a toujours donné, sur la date de sa naissance, cette indication vague : *Née vers 1728.* Ayant retrouvé l'acte de baptême de l'épouse d'Armand-Louis Couperin, nous sommes en mesure de fixer définitivement, au *vendredi 14 janvier 1729*, la date de sa naissance.

---

1. Ch. Burney, *De l'état présent de la Musique.* Traduction Ch. Brach, vol. I, p. 33.
2. Arch. nat., H. 4416.
3. Acte de baptême du 5 avril 1754. Jal, *Dictionnaire critique de Biographie et d'Histoire.*
4. *Lettre de Gervais-François Couperin aux Directeurs de la Gazette de France.*

Voici cette pièce :

Extrait des registres des baptêmes mariages et sépultures de la psse St *Merry de Paris.*

Le Samedy quinze janvier mil sept cent vingt neuf a été baptisée une fille née d'hier et nommée Elisabeth antoinette fille de françois Estienne Blanchet M^e faiseur d'instrument de musique Rue de la Verrerie, de cette psse, et d'élisabeth Martine Gobin, son épouse. Le parrain messire nicolas pierre Blanchet Pretre licencié En droit de la faculté de paris et habitué de cette psse y demeurant Rue St Martin. La Marraine Antoinette Gobin, de Louis de Laistre m^c charron Rue Mauconseil psse St Eustache ; ainsi signé à la minute antoinette Gobin, Blanchet, n-p Blanchet.

Collationné à l'original et délivré par moi pretre vicaire de la susditte psse a paris ce 5 mars 1789.

MOUFFLE [1].

A présent, nous donnerons, in-extenso, la copie de la lettre dont nous avons déjà cité un passage, et qui fut adressée, le 16 septembre 1815, soit un peu moins de quatre mois après la mort d'Elisabeth-Antoinette Blanchet, aux Directeurs de la *Gazette de France*, par Gervais-François Couperin, son plus jeune fils, le seul qui lui ait survécu.

Cette lettre est surtout intéressante par les détails qu'elle nous fournit sur le talent qu'Elisabeth-Antoinette possédait encore à la fin de sa vie :

Messieurs, accordez moi, je vous prie, une place dans votre journal, pour faire connaitre au public, amateur des arts, la grande perte qu'ils viennent de faire dans la personne de Madame Couperin, veuve d'Armand-Louis Couperin, organiste du roi. Mme Couperin, née Blanchet, fit ses études en musique comme aurait fait un jeune homme destiné à cet art. Elle acquit un talent supérieur pour l'exécution, pour l'harmonie et pour improviser sur l'orgue des morceaux d'une composition remarquable. Elle épousa, en 1751, M. Couperin, organiste du roi (comme l'avaient été ses ancêtres depuis deux cents ans); elle eut de ce mari quatre enfants, dont un seul lui survit dans ce nom. Elle a fait d'excellents élèves, entre autres son neveu. M. Pascal Taskin [2], professeur de piano à Paris. Il y a cinq ans que se, trouvant à Saint-Louis de Versailles [3], l'orsqu'on essayait l'orgue, Monseigneur l'évêque, M. le préfet et les autorités l'invitèrent à en toucher,

---

1. Arch. nat., O^1 672.
2. Il y a là une erreur : Pascal-Joseph Taskin II avait épousé Marie-Françoise-Julie Blanchet, sœur d'Élisabeth-Antoinette Blanchet ; il n'était donc pas le neveu de cette dernière, mais son beau-frère, et ne travailla pas la musique avec elle. C'est son fils, Henri-Joseph Taskin, en effet le neveu d'Elisabeth-Antoinette Blanchet, qui fut élève de sa tante, Mme Armand-Louis Couperin, pour la composition, et de sa mère, pour le piano.
3. Actuellement l'église Notre-Dame.

et elle enleva tous les suffrages. Elle avait alors quatre-vingt-deux ans. Sa modestie la fit se cacher, au point qu'on ne put jamais la retrouver pour la complimenter. Huit jours avant l'attaque qui vient de la conduire au tombeau, elle fit les délices d'une société qui l'avait priée de toucher un piano que l'on voulait juger; elle avait pour lors quatre-vingt-sept ans. Ses vertus, ses qualités aimables et ses rares talens la font vivement regretter. Sans que mon témoignage soit suspect, je crois qu'il est difficile de trouver une femme plus accomplie.

COUPERIN, organiste du Roi.

C'est cet âge : quatre-vingt-sept ans, donné en 1815, par le fils à sa mère, qui a déterminé la fixation de l'année 1728 comme étant celle de la naissance d'Elisabeth-Antoinette Blanchet. Son acte de baptême, que nous avons reproduit plus haut, démontre que Gervais-François Couperin commettait une légère erreur de date, qui vieillissait d'une année, Mme Couperin.

En outre, Fayolle et Choron, dans le *Dictionnaire des Musiciens*, édition de 1810, s'expriment ainsi, dans l'article consacré à Armand-Louis Couperin : « Sa veuve, actuellement vivante et âgée de quatre-vingt-un ans, a touché l'année dernière, à la réception de l'orgue de Saint-Louis à Versailles. Elle a étonné et fait les délices de toute l'assemblée par son génie d'improvisation, et la légèreté de son toucher. »

Cela confirme, s'il était nécessaire, l'année 1729, comme date de la naissance d'Elisabeth-Antoinette Blanchet.

Cette femme remarquable fut-elle compositeur? On peut le présumer, quoiqu'aucune œuvre d'elle, imprimée ou manuscrite, ne nous soit encore parvenue. En tous cas, à en juger par les témoignages que nous avons de sa science harmonique et de ses mérites d'improvisatrice à l'orgue, il est impossible de douter qu'elle n'ait été parfaitement capable d'écrire des œuvres musicales présentant un intérêt certain.

Si l'on ajoute à ses facultés créatrices, qu'elle avait un talent supérieur pour l'exécution, qu'elle étonnait et faisait les délices de ses auditeurs, par la légèreté de son toucher, on voit qu'Elisabeth-Antoinette Blanchet était tout à fait digne de la famille à laquelle elle s'était alliée.

Nous nous sommes occupé déjà, pages 152 et 130, du désaccord qui existe entre ce qui est et ce que l'on a dit de la descendance d'Armand-Louis Couperin et de sa femme Elisabeth-Antoinette Blanchet.

Les biographes des Couperin n'ont reconnu qu'une fille à Armand-Louis et à M#me# Couperin, fille à laquelle ils attribuèrent les prénoms d'Antoinette-Victoire. Jal, précieux comme toujours[1], a seul projeté un peu de lumière dans l'obscurité qui régnait autour de ce point généalogique de l'histoire des Couperin; en effet, il a indiqué exactement la date de baptême d'une fille d'Armand-Louis Couperin, 5 avril 1754, ainsi que ses vrais prénoms : Antoinette-Angélique; mais il déclare, ensuite : « Cette fille épousa Pierre-Marie Soulas, commis de la grand-poste aux lettres[2] ».

Il y a là une grosse erreur qu'on a constamment recopiée depuis lors, erreur qui consiste à avoir réuni deux Antoinette Couperin en une seule.

L'année 1754, donnée par Jal comme date de baptême d'Antoinette-Angélique, est bien aussi celle de sa naissance; mais, ce qu'on a ignoré jusqu'à présent, c'est que cette fille mourut en bas âge.

Rien ne saurait mieux le prouver que l'acte d'inhumation de cette toute jeune enfant.

Les Archives de la Seine, Fonds Bégis, possèdent, en effet, l'acte d'inhumation d'Antoinette-Angélique Couperin : « décédée le 23 mars 1758, âgée de quatre ans », nous dit cet acte.

A partir de maintenant, nous voilà complètement renseigné sur la naissance et la mort de cette Antoinette-Angélique Couperin.

Dès lors, puisque, d'une part, la mise au tombeau d'Armand-Louis Couperin eut lieu en présence de ses deux fils, et de *son gendre*[3]; que, d'autre part, assistaient à l'inhumation de Pierre-Louis Couperin, non seulement Gervais-François, son

---

1. Augustin Jal, né à Lyon, le 13 avril 1795, mort à Paris, le 6 avril 1873. La première édition de son admirable *Dictionnaire critique de Biographie et d'Histoire* parut en 1865, la seconde en 1872.
2. Jal, *Dictionnaire critique de Biographie et d'Histoire*, p. 441.
3. Voir *Acte de décès d'Armand-Louis Couperin*, p. 125, chap. VI.

frère, mais Auguste-Pierre-Marie Soulas, *son beau-frère*[1], point n'est besoin d'être grand clerc pour se rendre compte qu'il y eut une seconde demoiselle Armand-Louis Couperin.

D'ordinaire, lorsque, dans une famille, on perdait un enfant en bas âge, s'il en survenait un du même sexe, on lui donnait le même premier prénom que celui que portait le disparu. D'après cette habitude, couramment pratiquée, et puisque la deuxième fille d'Armand-Louis Couperin reçut le premier prénom d'Antoinette, qui était celui de la première fille, il faut en déduire qu'elle naquit après la mort de cette dernière. Comme elle ne put voir le jour en 1755 ni en 1759, ces années étant celles de la naissance de ses frères Pierre-Louis et Gervais François, il s'ensuit que sa naissance doit être approximativement fixée aux années 1756, 1757, 1758 ou 1760, attendu qu'elle se serait mariée en 1780.

Pour ce qui est du prénom de Victoire, nous allons voir qu'il est aisé de s'expliquer qu'on le lui donna. En 1760, son père, Armand-Louis Couperin, avait déjà publié son Livre de *Pièces de Clavecin*, op. 1, qu'il avait dédié à Mme Victoire de France[2]; dès lors, on conçoit fort bien que, par déférence, par courtoisie, et même par adresse, Armand-Louis Couperin ait été amené à donner à sa seconde fille le nom d'une Princesse qui, à n'en pas douter, était une de ses protectrices, sûrement la plus haut placée, élève de sa cousine Marguerite-Antoinette Couperin, et qui, peut-être, ne dédaigna pas d'être la marraine de la nouvelle venue.

Qu'une telle faveur ait été accordée à Armand-Louis, il n'y a là rien de très surprenant, si l'on considère l'énorme réputation dont jouissait celui qui en aurait été l'objet, son irréprochable honorabilité qui le faisait grandement apprécier, et l'auréole de l'admiration sans bornes dont il était entouré.

Fétis, qui ne cache pas sa mésestime pour le *Dictionnaire historique des Musiciens*, en a, cependant, maintes fois copié des passages entiers. Il n'y a pas lieu d'apprécier ici si les

---

1. Acte de décès de Pierre-Louis Couperin; Jal, *Dictionnaire critique de Biographie et d'Histoire*.
2. Fille de Louis XV et de Marie Lesczinska, née à Versailles en 1733, morte à Trieste en 1799.

critiques qu'il adresse aux auteurs de cet ouvrage, en particulier à Fayolle, qu'il dit être le principal rédacteur de « cette compilation », sont justifiées ; si les traductions de Gerber « contiennent une foule de non-sens » ; ou si les articles traitant des musiciens français « ont été copiés avec trop de confiance » dans La Borde. Ce qui est certain, c'est que ceux de ces articles ayant trait aux derniers Couperin, c'est-à-dire aux enfants et petits-enfants d'Armand-Louis, offrent une garantie presque absolue, en raison de ce que A. Choron et F. Fayolle étaient leurs contemporains ; par conséquent les indications qu'ils nous donnent sur eux présentent un caractère d'authencité qu'il serait oiseux de vouloir contester ; aussi nous sont-elles extrêmement précieuses.

Voici comment s'expriment, au sujet de la seconde fille d'Armand-Louis Couperin, A. Choron et F. Fayolle qui, nous ne saurions trop le répéter, furent ses contemporains :

> Antoinette-Victoire, actuellement vivante, élève de son père et de sa mère, à seize ans touchait l'orgue de Saint-Gervais, et remplissait très bien les offices de l'église. Elle y joint le talent de la harpe et possède une très belle voix, qu'elle a souvent fait entendre dans des concerts et dans différentes églises de religieuses. Elle a épousé en 1780 le fils de M. Soulas, Trésorier de France et propriétaire de la manufacture de damas de Tours. Elle a une fille qui touche agréablement du piano, et qui, douée d'une jolie voix, la conduit avec infiniment de goût [1].

Ces renseignements, détaillés et très précis, projettent une vive lumière sur le personnage, resté assez obscur jusqu'ici.

D'abord, ils ne laissent subsister aucun doute sur les vrais prénoms de la seconde fille d'Armand-Louis Couperin, lesquels sont bien Antoinette-Victoire, comme nous étions amené à le penser, après avoir essayé de démontrer qu'il était tout naturel qu'il en ait été ainsi ; ensuite, ils nous la montrent ayant été, toute jeune, une musicienne accomplie, jouant également bien de l'orgue et de la harpe ; possédant, en outre, une très belle voix.

Une jeune fille qui, à seize ans, remplit très bien les offices d'une église comme Saint-Gervais, y joue de l'orgue de façon à donner toute satisfaction, celle-là était assurément douée au

---

[1]. *Dictionnaire historique des Musiciens*, Articles Couperin.

point de vue musical, et la digne descendante de ses parents et de ses illustres ancêtres.

Une note, écrite au crayon par Armand-Louis Couperin, sur une copie manuscrite d'une de ses symphonies de Clavecins, provenant du Fonds Ch. Malherbe légué à la Bibliothèque du Conservatoire de Paris, nous révèle qu'Antoinette-Victoire était la copiste attitrée de son père.

Quel charmant tableau de famille, la phrase, qui constitue cette note, ne fait-elle pas revivre à nos yeux!

Nous voyons ce Papa si bon, si affectionné, si révéré de ses enfants, que l'un d'eux, Pierre-Louis, ne put survivre à la douleur qu'il éprouva en apprenant le décès de ce père tendrement aimé : il en mourut de chagrin; nous voyons, disons-nous, Armand-Louis Couperin faire le fâché, et, prenant un petit ton grondeur, dont il nous semble entendre le son de voix un peu grossi pour la circonstance, dire à sa chère enfant : « Étourdie qui a encore passé une mesure »; nous voyons aussi la jolie moue de la pauvre petite, toute honteuse de s'être attiré une réprimande pareille.

Mais le temps a marché; à son tour, la jeune fille s'est mariée, elle a épousé le fils de M. Soulas, Trésorier de France et propriétaire de la manufacture de damas de Tours : Auguste-Pierre-Marie Soulas, commis de la grand-poste aux lettres. De cette union est née une fille « qui touche très agréablement du piano, et qui, douée d'une jolie voix, la conduit avec infiniment de goût ».

Ainsi, dans chaque pousse nouvelle, se retrouvent et se perpétuent les qualités natives du bel et puissant arbre que représente la dynastie des Couperin.

La date du décès d'Antoinette-Victoire ne nous est pas connue; toutefois, nous constatons qu'elle vivait encore, en 1817, lors de la seconde édition du *Dictionnaire historique des Musiciens* de A. Choron et F. Fayolle, où il est dit, comme dans la première édition de 1810 : « actuellement vivante ».

A ce moment, elle pouvait avoir cinquante-sept ans environ; on est en droit de présumer que la durée de ses jours se prolongea quelques années après 1817.

Sauf ce que nous a appris le *Dictionnaire historique des*

Musiciens, concernant la fille d'Antoinette-Victoire, à savoir qu'elle jouait agréablement du piano, et qu'elle conduisait avec infiniment de goût une jolie voix, les circonstances de sa vie : date de naissance, date de mort, et ses prénoms, nous sont inconnus. C'est ce qui fait qu'il nous a été impossible de la faire figurer sur le tableau généalogique des Couperin, quoique ses dons musicaux lui eussent assigné une place à la suite de sa mère et de son grand-père : Armand-Louis Couperin.

Note additionnelle. — L'Arrêt de 1695, cité page 94, aurait dû trancher irrévocablement, semble-t-il, le différend en litige entre les compositeurs de musique, organistes, clavecinistes, d'une part, et la Corporation des Maîtres à danser, d'autre part; il n'en fut rien.

Cinq ans environ après son avènement comme Roy des violons, en 1747, le dernier représentant de la monarchie ménestrière, Pierre Guignon, armé des anciens statuts de la Confrérie, des règlements de la Communauté et s'appuyant, en outre, sur tout ce qui constituait, en somme, les rouages administratifs de la Corporation : lettres patentes, arrêts confirmatifs, création des quatre jurés héréditaires, etc., émit la prétention d'incorporer, à nouveau, au sein de la communauté des maîtres à danser, les organistes, clavecinistes, compositeurs.

Les « Harmonistes », ainsi qu'ils se qualifiaient, ne voulant en aucune façon être confondus avec les autres membres de la corporation, qu'ils jugeaient leur être inférieurs, firent entendre leur protestation, sous forme d'une requête, au reste fort convenable, dans laquelle, ils énonçaient les arguments militant en faveur de l'indépendance qu'ils souhaitaient, qu'ils prétendaient être en droit d'obtenir, et qu'ils entendaient garder.

Armand-Louis Couperin fut, avec Calvière, Daquin, les deux Clérambault et les deux Forqueray, l'un des premiers qui s'élevèrent contre les règlements que Guignon voulait leur imposer. Bientôt après, trente-trois organistes de province vinrent se joindre à eux, et un procès s'engagea. Les procédures durèrent trois ans encore à partir de la reprise des hostilités; enfin, un Arrêt définitif de la Grand-Chambre du Parlement (30 mai 1750) termina toutes les contestations et débouta le Roy des violons de ses prétentions.

Pierre Guignon abdiqua, en 1773, après avoir conservé, *ad honores*, les prérogatives de sa charge.

CHAPITRE VII

COUPERIN PIERRE-LOUIS

(1755-1789)

Pierre-Louis Couperin, fils aîné d'Armand-Louis Couperin et d'Élisabeth-Antoinette Blanchet, son épouse, naquit à Paris, le 14 mars 1755[1], et mourut, à Paris, rue du Pourtour-Saint-Gervais[2], là où il était né, le 10 octobre 1789 :

> Pierre-Louis fut instruit par son père et sa mère. Il fit exécuter dans un âge peu avancé, différents morceaux de sa composition et d'une belle facture. Il a composé différentes œuvres dont un seul est gravé [*Nina*, en variations], plus quelques motets qui ont été chantés dans différentes églises. Il joignit au talent d'organiste et de pianiste, celui de harpiste. Il était né avec une faible santé ce qui l'empêcha de composer autant qu'il aurait voulu ; malgré cela il a été un excellent organiste, il a joui d'une grande réputation. Il fut organiste du Roi, de Notre-Dame, de Saint-Gervais, de Saint-Jean, et des Carmes-Billettes. Il est depuis trois ans organiste de Saint-Merry. Il a été nommé arbitre pour la réception de l'orgue de Beauvais, etc. Il est mort en 1789.

Tels sont les renseignements que nous fournissent, sur Pierre-Louis Couperin, A. Choron et F. Fayolle[3].

Quoique la première œuvre que nous ayons de Pierre-Louis Couperin ne soit que de 1782, il ressort néanmoins clairement, des renseignements ci-dessus, que le fils aîné d'Armand-Louis

---

1. Acte de baptême du 15 mars 1755. Jal, *Dictionnaire critique de Biographie et d'Histoire*, p. 441.
2. Actuellement rue François-Miron, n° 4.
3. *Dictionnaire historique des Musiciens*, Article Couperin.

Couperin fut un compositeur précoce et assez fécond pour le peu de temps qu'il vécut, jouant également bien de l'orgue, du piano-forté et de la harpe.

Pas un des différents morceaux, d'une belle facture, qu'il fit exécuter dans un âge peu avancé, ni aucun des motets qui ont été chantés dans différentes églises ne sont arrivés jusqu'à nous; cela s'explique par le fait que ces œuvres restèrent manuscrites, et que bien peu de choses sont aussi périssables qu'un manuscrit : il faut admettre que ceux qui nous restent ont dû courir bien des risques, subir de nombreux avatars avant d'être recueillis et sauvés.

Seul, l'Œuvre I de Pierre-Louis Couperin, gravé isolément en 1787, nous est parvenu. La façon alléchante dont il est annoncé dans le *Mercure de France* est des plus plaisantes : « *Romance de Nina* mise en variations, par M. Couperin fils aîné, organiste du Roi en survivance, Œuvre I, Prix 3 liv. 12 sols. A Paris, chez l'auteur, rue du Pourtour-Saint-Gervais, près l'Église.

« L'auteur a cherché surtout à conserver le chant principal, et certifie à ceux qui pourraient s'effrayer de la multiplicité des notes, que l'exécution en est facile[1]. »

A en juger par cette œuvre, Pierre-Louis Couperin apparaît comme un compositeur médiocre; cependant, nous voulons croire que ses morceaux à grand orchestre, dont parle un de ses biographes, ainsi que ses *Motets*, étaient d'une belle facture, et lui faisaient plus d'honneur que la Romance de *Nina* mise en variations, pour qu'on ait pu lui décerner, ainsi qu'on le fit, le qualificatif de : « bon compositeur[2] ».

Il semblerait, d'après ce qui précède, que Choron et Fayolle aient eu parfaitement raison en affirmant qu'une seule œuvre de Pierre-Louis Couperin ait été gravée; cependant il n'est pas douteux que, quelques années avant la mise au jour des variations sur la Romance de *Nina*, 1787, une petite série de compositions musicales du même auteur n'ait paru au cours des années 1782 et 1784, les *Affiches, annonces et avis*

---

[1]. *Mercure de France*, samedi 7 avril 1787, p. 48; *Gazette de France*, mardi 19 janvier 1787, p. 26.

[2]. *Le Pianiste*, novembre 1833, n° 1ᵉʳ, p. 66-67.

LA MAISON DES SOUVERIN
Façade.

divers, la Gazette et le *Mercure de France* annonçant respectivement les mêmes œuvres :

1° « *Journal de harpe*, n° 11, contenant trois airs d'opéras-comiques et autres, les accompagnements par Madame Leduc, Mrs Couperain et Burchkoffer [1] ».

2° « *L'air Malbourough* en variations, par Couperin l'aîné, 2 liv. chez Leduc, rue Traversière-Saint-Honoré [2] ».

3° « Le n° 3 du *Journal de Clavecin* contient un morceau de M. Couperin l'aîné [3] ».

Ces compositions ayant été publiées dans le *Journal de Harpe* ou le *Journal de Clavecin*, il paraissait aisé de les rencontrer parmi la volumineuse collection de ces deux périodiques, exclusivement musicaux, que possède la Bibliothèque Nationale; malheureusement les numéros qui nous intéressent sont manquants [4]. Nos recherches tendant à les trouver dans d'autres bibliothèques étant restées infructueuses, nous allions nous déclarer battu, lorsque la Bibliothèque du Conservatoire de Paris vint nous les fournir, du moins celles de ces œuvres qui figurent dans le *Journal de Clavecin*, car nous n'avons pu retrouver le *Journal de Harpe*, n° 11, de l'année 1782, contenant trois airs d'opéras-comiques et autres, dont un des accompagnements est de « M. Couperain ».

En revanche, le *Journal de Clavecin*, 3e année, 1784, nous fournit, page 38 : « l'Air de Tibulle et d'Élie, accompagnement par M. Couperin l'aîné ».

Malgré la contribution apportée au Catalogue restreint de l'Œuvre de Pierre-Louis Couperin, par les compositions appartenant aux journaux de clavecin et de harpe, le jugement qui découle de la lecture de la Romance de *Nina* mise en variations n'est nullement modifié. Nous croyons, cependant, devoir

---

1. *Gazette de France*, août 1782; *Mercure*, septembre 1782; *Affiches, annonces et avis divers*, mardi 5 novembre 1782.
2. *Gazette de France*, mardi 26 novembre 1782; *Affiches, annonces et avis divers*, 25 novembre 1782.
3. *Mercure de France*, avril 1784.
4. Le *Journal de Harpe* comportait deux ou trois pages de musique et paraissait chaque semaine; le prix de l'abonnement était de 15 livres par an. Le *Journal de Clavecin* paraissait chaque mois, comportait huit pages de musique; l'abonnement coûtait également 15 livres. Tous deux étaient publiés : « à Paris, chez Le Duc, rue Traversière-Saint-Honoré ».

réserver notre appréciation complète et définitive sur le talent de compositeur de Pierre-Louis Couperin. Agir autrement, vis-à-vis d'un musicien qui a de qui tenir, serait par trop injuste, puisqu'on ne doit classer un artiste que sur ses meilleurs travaux, lesquels, pour Pierre-Louis Couperin, nous sont inconnus ; et, d'autant plus, que nos données, quant aux mérites d'instrumentiste de l'auteur de ces modestes productions musicales, sont beaucoup plus précises : elles nous le montrent comme un excellent organiste qui jouit d'une grande réputation.

Il suppléait son père, et lui succéda dans tous les postes d'organiste dont celui-ci était titulaire.

Armand-Louis Couperin, outre l'affection toute naturelle qu'il lui portait, devait apprécier infiniment les dons musicaux de son fils aîné, car voici, extraite du registre des délibérations du Conseil de Fabrique de Saint-Gervais, la lettre par laquelle il demandait pour lui, alors que Pierre-Louis Couperin n'avait que dix-huit ans, la survivance de la place d'organiste qu'il occupait avec tant d'autorité :

19 avril 1773. — Mr Couperin, organiste de cette paroisse, a l'honneur de présenter à la Cie [1] Pierre-Louis Couperin, son fils aîné, pour obtenir son agrément et sa faveur pour la survivance et la place d'organiste ; quoique donnant déjà beaucoup de satisfaction et d'agrément tant par sa conduite que par ses talents, le père est persuadé que cette faveur lui donnera encore une forte émulation pour atteindre autant qu'il lui sera possible le mérite de ses ancêtres que vous avez toujours honorés, MMrs, des marques de votre bienveillance et que leurs successeurs s'efforcent de tout en tout de mériter, il a l'honneur de vous assurer que cette faveur qu'il vous demande pour son fils ne l'écartera jamais de remplir ses fonctions à la paroisse, surtout aux grandes festes et grands solennels, il y tient trop par le cœur et s'en fera toujours un devoir, ne consultant même que son inclination, de même qu'il restera toujours titulaire sur votre bon plaisir.

Sur quoy, la compagnie, après en avoir délibéré, a arrêté que pour donner au Sr Couperin père, dont les talents sont généralement reconnus et admirés, de nouvelles marques de sa satisfaction, et désirant concourir avec luy au progrès de ce qu'il se promet de son Sr fils, comme à la juste émulation que cette faveur peut et doit produire, elle accorde au Sr Pierre-Louis Couperin la survivance demandée, aux charges et réserves annoncées en la dite resqueste [2].

1. Compagnie des Marguilliers.
2. Arch. nat., LL. 751.

Malgré l'assurance qu'Armand-Louis Couperin donnait aux marguilliers, de remplir ses fonctions à la paroisse, surtout aux grandes festes et grands sollennels, si la faveur qu'il demandait pour son fils lui était accordée, il apparaît, par la note ci-après, qu'il se soit écarté quelque peu de la ligne de conduite qu'il s'était tracée, et cela, probablement dans l'intérêt même de ce fils chéri : « Dem. [ain] 14, on célébrera en l'église Saint Gervais, la fête de Saint Laurent, patron du clergé de cette paroisse. M. Couperin fils touchera l'orgue à tout l'office [1]. »

Pierre-Louis Couperin eut une autre survivance, aussi très importante, celle d'Organiste du Roi ; toutefois, elle ne fut accordée que lorsque son Œuvre I était déjà paru, c'est-à-dire après 1787, la mention : « Organiste du Roy en survivance » figurant, en surcharge imprimée, sur des exemplaires de la Romance de *Nina* mise en variations pour le Clavecin ou Piano-forté.

En conséquence, doit être considérée comme erronée la note suivante : « Il [Pierre-Louis], obtint, par concours et à l'unanimité des suffrages, la place d'organiste du roi Louis XVI[2]. » C'est la mort de son père qui lui fit attribuer la place d'organiste du roi ; quant à la survivance, elle n'était pas octroyée à la suite d'un concours.

Pierre-Louis Couperin ne profita que fort peu de temps des deux survivances qu'il avait obtenues ; car, né avec une santé très délicate, il mourut à l'âge de trente-quatre ans, le 10 octobre 1789, la même année que son père qu'il aimait tendrement.

Il serait mort de chagrin de la perte qu'il fit d'un aussi bon père[3], des suites d'une révolution que lui occasionna l'annonce de la mort de son père[4].

« Il fut inhumé, le 12 octobre 1789[5], en l'église Saint-Gervais,

1. *Affiches, annonces et avis divers*, 13 août 1785.
2. *Le Pianiste*, novembre 1833, n° 1, p. 66-67.
3. Voir chap. VI, p. 157.
4. *Le Pianiste*, novembre 1833, n° 1, p. 66-67.
5. Les Archives de la Seine, Fonds Bégis, donnent le mardi, 13 octobre 1789, comme date d'inhumation de Pierre-Louis Couperin ; il y a là erreur, car les *Affiches, annonces et avis divers* confirment la date du lundi, 12 octobre.

dans la cave [caveau]¹, où avait été déposé le corps d'Armand-Louis Couperin, huit mois auparavant. A son inhumation assistèrent : François-Gervais Couperin, organiste de la Sainte-Chapelle, de Sainte-Marguerite et des Carmes-Billettes, son frère, et Aug. Pierre-Marie Soulas son beau-frère². »

Cinq ans après cette inhumation, les caveaux de Saint-Gervais étaient ouverts afin de s'emparer du plomb des cercueils.

La chapelle de la Providence n'échappa pas à la loi commune, de sorte que les restes de Pierre-Louis Couperin et de son père furent dispersés; ils se trouvèrent ainsi confondus avec les ossements que l'on jetait pêle-mêle dans les tombes.

Voici un extrait de Mémoire de travaux, qui nous renseigne clairement à ce sujet :

> Mémoire d'ouvrages de maconnerie faite par la Municipalité de Paris en cy-devant église de St Gervais en brumaire jusqu'en ventôse l'an 11e de la République françoise une et indivisible.
> Ordre du cÿtoyen Fournier inspecteur éxécutée par Bidel entre-preneur de batiment d'eumeurant rue Geoffroy Lasnier 7 et par Roussillac rue Grenier sur l'eau n° 5.
> Ordre du dép^t du 17 nivose dernier n° 573, fol-90, n° des bureaux du batimens 2836.
> Cy-devant chapelle de la Providence la levée de deux fortes pierres, à gauche du cœur, (note ajoutée à l'encre rouge par le vérificateur), fermeture d'une cave à tombe pour en retirer les cercueilles, repose d'icelle et garnissage³.

C'est le 6 janvier 1794 qu'eut lieu cette opération.

La seconde et dernière fois, qu'à notre connaissance du moins, il soit fait mention de Pierre-Louis Couperin, en qualité d'organiste, c'est à l'occasion de la fête patronale de l'église où son père et ses ancêtres s'étaient illustrés.

« On célébrera dim. 21, en l'église St Gervais, la fête patronale. M. Couperin, Organiste du Roi, touchera l'orgue au Te Deum et à tout l'office⁴. »

Il est évident que cette cérémonie fut pour lui l'apogée de

---

1. Ce caveau avait son entrée dans la chapelle de la Providence.
2. Jal, *Dictionnaire critique de Biographie et d'Histoire*, Article Couperin.
3. Arch. nat., F^{13}, 966, n° 10 (Pièce 3). La série F^{13}, dont il s'agit ici, a été, il y a peu de temps, inventoriée sur fiches, par M. Legrand. Cette pièce nous a été communiquée par M. l'abbé Louis Malherbe.
4. *Affiches, annonces et avis divers* du 20 juin 1789. Comme d'habitude, la fête patronale, fixée au 19 juin, avait été reportée au dimanche suivant.

ses courtes fonctions comme titulaire de l'orgue de Saint-Gervais.

Nous extrayons du Registre de comptes de la Fabrique de Saint-Gervais, année 1790, un article très intéressant en ce que, à part Antoinette-Victoire Couperin qui n'y figure pas, il y est question de tous les membres de la famille Armand-Louis Couperin. Il nous montre : que le pauvre Pierre-Louis ne toucha qu'un trimestre de ses honoraires d'organiste de Saint-Gervais; que le second quartier de son service fut payé à Elisabeth-Antoinette Blanchet, sa mère, veuve d'Armand-Louis. Nous y voyons, aussi, Gervais-François Couperin accomplir sa première manifestation administrative dans les fonctions d'organiste de la paroisse Saint-Gervais, fonctions qu'il devait remplir, ensuite, pendant trente-sept ans.

Voici l'article en question :

Art. 46. — De la somme de quatre cents soix[te] huit livres payée savoir 1° 117 livres au feu s[r] Couperin [Pierre-Louis] suivant sa quittance du 8 juillet 1789, dont 100 livres pour le quartier échu le 1er du dit mois de ses honoraires, 40 livres pour partie des fondations, et 15 livres pour le quartier du souffleur; 2° 117 livres à la dame v[e] Couperin [Elisabeth-Antoinette Blanchet], comme héritière du dit sieur Couperin, son fils, pour le quartier échu le 1er octobre 1789 suivant sa quittance du 7 décembre suivant; 3° et pareille somme de 234 livres payée au S. Couperin [Gervais-François] suivant ses deux quittances des 12 janvier et 21 avril 1790, pour les deux quartiers échus le 1er du dit mois de janvier et d'avril[1].

1. Arch. nat., H. 4418[3].

CHAPITRE VIII

COUPERIN GERVAIS-FRANÇOIS

(1759-1826)

Gervais-François Couperin[1] était le second fils d'Armand-Louis Couperin et d'Elisabeth-Antoinette Blanchet, son épouse, et leur dernier enfant.

Les dates de sa naissance et de sa mort étaient inconnues jusqu'ici; elles nous sont à présent révélées.

Gervais-François Couperin naquit, à Paris, le mardi 22 mai 1759, et mourut, à Paris, en 1826.

Relativement à la date de sa naissance, nulle pièce ne pouvait nous renseigner d'une façon aussi sûre que son extrait de baptême, que nous avons été assez heureux pour retrouver; voici ce document :

Extrait du registre de la Paroisse Saint-Gervais à Paris pour l'année mil sept cent cinquante neuf.
Le mardi vingt deux mai au dit an a été baptisé Gervais François, fils d'Armand Louis Couperin organiste de cette paroisse, d'Elisabeth Antoinette Blanchet, sa femme demeurant rue du Pourtour étant né de ce jour.
Le parain François Etienne Blachet, me Luthier; la maraine Geneviève

---

1. Le membre de la dynastie des Couperin qui fait l'objet du présent chapitre a été désigné jusqu'alors par les deux prénoms : François et Gervais, placés indifféremment l'un après l'autre. Dans ce chapitre, nous avons adopté l'ordre de placement : Gervais-François, croyant ne pouvoir faire mieux que de nous en référer à la rédaction de l'extrait de baptême de Gervais-François Couperin, cette pièce déterminant officiellement les prénoms du dernier enfant d'Armand-Louis Couperin et d'Elisabeth-Antoinette Blanchet.

Agathe Bourlet, épouse de Louis François Normand, marchand horloger, qui ont signé avec le père et le Corsonnois, prêtre.

Collationné à la minute et délivré par moi prêtre dépositaire des registres de ladite paroisse à Paris ce trente octobre mil sept cent quatre vingt douze.

Signé : Pouillier [1].

Quant à la date de mort de Gervais-François Couperin, les registres de délibérations du Conseil de Fabrique vont nous renseigner, à leur tour, sur ce sujet.

En effet, en date du 7 juillet 1826, l'un de ces registres contient un :

Ordre du jour appelant le choix et la nomination définitive d'un organiste en remplacement de M. Couperin décédé. Les appointements [du successeur] de 650 francs par an partent du 1er juillet dernier [2].

D'après ce document, il faut penser que le Conseil de Fabrique de Saint-Gervais avait nommé un intérimaire, pour assurer le service de l'orgue pendant l'ultime maladie du titulaire, Gervais-François Couperin, et qu'aussitôt après son décès, la dite compagnie se serait empressée de pourvoir au remplacement du défunt, cela, purement et simplement, en régularisant la situation de l'intérimaire [3].

Selon toute évidence, Gervais-François Couperin dut mourir dans le courant du mois de juin 1826 [4].

L'année 1826 est confirmée, comme date de mort de Gervais-François Couperin, par la note * de la page 11 de la Notice de P. Fromageot : Un disciple de Bach, Pierre-François Boëly, où il est dit : « qu'à la mort du dernier Couperin, en 1826 », renseignement précis fourni par « l'obligeante communication » de P. F. Boëly [5], qui avait connu Gervais-François Couperin, et lui survécut trente-deux ans.

Gervais-François qui, ainsi que son père Armand-Louis Cou-

---

1. Arch. de la Seine, *État civil reconstitué*, Naissances, baptêmes, 22 mai 1759.
2. Arch. nat., O¹ 672.
3. Qui, dans l'espèce, était Marrigues, puisque nous avons vu, Début de la Dynastie, p. 13, que ce fut celui-ci qui prit la succession de Gervais-François Couperin à l'orgue de Saint-Gervais.
4. Il n'y a donc rien d'étonnant à ce qu'Adrien de la Fage l'ait connu, en 1823, ainsi que le dit Wekerlin dans le Catalogue de la Réserve de la Bibliothèque du Conservatoire de Paris.
5. Voir *Début de la Dynastie*, p. 13.

perin, et comme son frère Pierre-Louis, était né dans la maison de la rue du Pourtour, ne termina pas là ses jours.

La Révolution ayant confisqué les biens appartenant aux églises, les maisons fabriciennes de la rue du Pourtour furent vendues à différents propriétaires. De ce fait, l'Œuvre et Fabrique de Saint-Gervais dépossédée, et dont les finances étaient d'ailleurs fort modestes, n'avait plus à intervenir quant à l'allocation d'un appartement, dans les maisons construites avec ses deniers; dans ces conditions, Gervais-François Couperin quitta l'antique demeure familiale.

Il habita, d'abord, rue de la Marche, au Marais, n° 14[1]; puis, par une Ephéméride de l'année 1810, Ephéméride de laquelle nous reparlerons, nous le voyons habitant, à cette époque, 11, rue Cloche-Perce, quartier Saint-Gervais; nous perdons ensuite sa trace.

En tous cas, il ne mourut pas sur la paroisse Saint-Gervais, car son inhumation ne figure pas au livre des décès de l'année 1826.

Gervais-François Couperin épousa, le 22 septembre 1792, en l'église Saint-Sauveur, une jeune fille douée d'une voix superbe : Mlle Hélène-Narcisse Fay[2], ou Frey[3], son élève : « fille mineure de Maximilien Fay, ancien officier[4] » (Ancien Chevalier de Saint-Louis, lieutenant-colonel du régiment suisse de Salis-Samade)[5].

« Gervais-François, actuellement vivant, fut instruit par

---

1. Voir les titres de ses œuvres imprimées : *Catalogue analytique*, p. 276-277. La rue de la Marche était la continuation de la rue de Touraine, comme la rue de Saintonge était le prolongement de la rue de la Marche.
2. D'après Jal, qui eut l'acte de mariage sous les yeux.
3. A. Choron et F. Fayolle, qui vivaient à la même époque que les deux conjoints, et qui, très certainement, les connurent, écrivent le nom de la jeune épousée, non pas Fay, mais Frey; aussi, sans contester en quoi que ce soit les mérites de Jal, lesquels sont incontestables, Jal, disons-nous, malgré la grande maîtrise qu'il possédait pour la lecture des Actes de l'Etat civil, et dans ce cas particulier, a pu commettre une légère erreur; peut-être aussi l'acte lui-même, était-il fautif. Il n'en est pas moins vrai que, pour nous, il plane une indécision sur le nom véritable de l'épouse de Gervais-François Couperin. C'est à cette épouse que Gervais-François Couperin devait, neuf ans après leur mariage, en 1799, dédier son œuvre IXe : six Romances avec accompagnement de Piano Forté et de Harpe, ce qui semble bien confirmer qu'Hélène-Narcisse Fay, ou Frey, ait été réellement « douée d'une voix superbe ».
4. Jal, *Dictionnaire critique de Biographie et d'Histoire*.
5. A. Choron et F. Fayolle, *Dictionnaire historique des Musiciens*.

son père et sa mère dans le même talent d'organiste et de pianiste. A dix-huit ans il fit exécuter, dans différents concerts de société, une symphonie à grand orchestre de sa composition. Il a composé, depuis, dix œuvres qui sont gravées; plus des Motets qui ont été chantés dans différentes églises [1]. »

Le fonds Ch. Malherbe, légué par lui à la Bibliothèque du Conservatoire de Paris, possède, écrite par Gervais-François Couperin, une symphonie manuscrite (partition et parties) pour deux flûtes, deux violons, alto et basse. Est-ce celle-là dont veulent parler les auteurs de la note ci-dessus ? Le titre de *Première Symphonie*, que porte le manuscrit en question, nous inciterait assez à le croire ; cependant, comme A. Choron et F. Fayolle la disent à grand orchestre, il devient bien difficile d'être exactement fixé sur ce point, à moins qu'au début du XIXe siècle, on appelât grand orchestre un groupement instrumental composé du quatuor et de deux flûtes.

Toujours est-il qu'on ne saurait douter que Gervais-François Couperin ne soit né musicien, et que, tout jeune encore, il n'ait composé avec facilité.

Dans le chapitre que nous consacrons à Pierre-Louis Couperin, nous avons montré Gervais-François entrant en fonction d'organiste de Saint-Gervais, aussitôt après la mort prématurée de son frère aîné. Un mois après, on annonçait déjà sa participation à une fête solennelle : « Du dim. 15 novembre, à l'église Saint-Gervais, Fête de la Providence, Te Deum, M. Couperin organiste de cette église touchera l'orgue à tout l'office [2]. »

Il succéda à Pierre-Louis, non seulement à Saint-Gervais, mais aussi dans toutes les places et charges d'organiste remplies et occupées par ce dernier.

Dès 1782, c'est-à-dire alors que Gervais-François Couperin n'avait que vingt-trois ans, l'éditeur Leduc publiait, dans le *Journal de Clavecin*, un *Rondo* du jeune artiste [3] ; mais ce n'est

---

1. A. Choron et F. Fayolle, *Dictionnaire historique des Musiciens*.
2. *Affiches, annonces et avis divers*, 14 novembre 1789.
3. Annoncé dans la *Gazette de France* du mardi 20 août 1782, p. 318; les *Affiches, annonces et avis divers*, 26 août 1782; *Mercure de France*, septembre 1782.

qu'en 1788 que parut la première des œuvres gravées séparément, de Gervais-François Couperin : « *Deux Sonates pour le clavecin* ou le piano-forté, avec accomp. de violon et violoncelle, ad libitum, par M. Couperin j. [jeune]. *Œuvre I*, prix 6 liv. A Versailles, chez Blaisot, rue Satory; et à Paris, chez l'auteur, rue du Pourtour S. Gervais, le Duc, rue du Roule, etc.[1] »

Deux ans plus tard, les événements ont marché; Gervais-François Couperin, en homme qui veut plaire à tout le monde, et qui sait s'adapter aux circonstances, fait paraître deux nouveaux morceaux, dont l'un s'inspire du chant populaire à la mode, et l'autre est d'une orientation, du moins pour le thème, diamétralement opposée.

Qu'on en juge :

« *Ah! Ça ira!* varié pour le clavecin ou forté-piano, par M. Couperin, Organiste du Roi, de St Gervais, de St Jean, de Ste Marguerite et des Carmes Billettes : prix 2 liv. 8 s. »

« *Complainte Béarnaise*, tirée des *Actes des Apôtres*, variée pour forté-piano ou clavecin, par le même : 2 liv. 8 s. chez l'auteur, rue du Pourtour St Gervais, n° 15; et aux adresses ordinaires. — M. Couperin porte un nom que son père a rendu célèbre. Qui ne connoit *les Vendangeuses* de cet habile organiste, et mille ouvrages qui, pour être vieux, n'en sont pas moins bons[2]? M. Couperin jeune, resté seul d'une famille d'artistes, paraît marcher sur leurs traces. Les variations que nous annonçons doivent lui faire beaucoup d'honneur[3]. »

Comme il est regrettable que ces variations, qui devaient faire tant d'honneur à Gervais-François Couperin, ne nous soient pas parvenues! Elles viendraient grossir, heureusement sans doute, le groupe déjà considérable des compositions

1. *Affiches, annonces et avis divers*, 27 novembre 1788, *Supplément*; *Gazette de France* du mardi 18 novembre 1788, p. 414.
2. Nous ne connaissons aucune œuvre d'Armand-Louis Couperin portant ce titre. L'auteur de cette note doit faire allusion aux *Vendangeuses* de François Couperin, le Grand : *Rondeau*, qui fait partie de son Premier livre de Pièces de Clavecin, et qui fut, en effet, réputé. Notre narrateur fait donc erreur quand il dit que Gervais-François porte un nom que son père a rendu célèbre; c'est de son arrière-cousin qu'il veut parler. La phrase : qui pour être vieux n'en sont pas moins bons, s'applique, d'ailleurs, infiniment mieux à François Couperin qu'à Armand-Louis qui, certes, ne diminua pas la célébrité attachée au nom de Couperin.
3. *Affiches, annonces et avis divers* du mercredi 29 décembre 1790.

musicales imprimées ou manuscrites que nous avons de lui, groupe qui dénote, chez Gervais-François, une réelle fécondité musicale.

Ses sixième et septième compositions imprimées furent annoncées de la manière suivante : « *Les Incroyables*, pièce musicale pour le piano-forté, par Couperin; Œuvre VI : prix 3 liv. 10 s. Chez l'auteur, rue de la Marche, au Marais, n° 14, et aux adresses ordinaires. Idée plaisante, exécutée avec esprit. »

« *Les Merveilleuses*, autre pièce musicale du même auteur, sont sous presse[1] » (Œuvre VII).

L'*Œuvre VIII* : « *Ouvertures d'Iphigénie* et de *Demophon* mises à la portée des jeunes élèves pour le piano-forté avec accompagnement de violon, ad libitum, etc. », n'est, à vrai dire, qu'un arrangement; elle est annoncée, sans commentaire, dans les *Affiches, annonces et avis divers* du 18 frimaire an VI (vendredi 8 décembre 1797), p. 1462.

Voici, enfin, l'annonce d'une autre œuvre de Gervais-François Couperin : « *Recueil contenant six romances*, avec accompagnement de piano-forté ou de harpe, composées par Couperin, et dédiées à son épouse, Œuvre IX. Prix 4 fr. 50 cent. à Paris, chez l'auteur, rue de la Marche, au Marais, n° 14, et aux adresses ordinaires. *Nota*. — Chaque exemplaire sera signé de l'auteur[2]. »

L'*Air de Barège*, mis en variations pour le piano-forte, constitue l'*Œuvre X*.

Aux dix compositions de Gervais-François Couperin, annoncées par le *Dictionnaire historique des Musiciens*, comme ayant été gravées, il faut en ajouter au moins deux, puisque la Bibliothèque du Conservatoire de Paris possède, imprimée, l'*Œuvre XII* : *Sonate pour piano-forté* avec accompagnement de violon, ad libitum.

Parmi ces douze compositions musicales, gravées du vivant de l'auteur, nous venons de voir que plusieurs manquent actuellement à l'appel; cependant, elles furent écrites, et, si

---

1. *Affiches, annonces et avis divers* du 4 ventôse an V (22 février 1797), p. 2455.

2. *Affiches, annonces et avis divers* du 9 pluviôse an VII (28 janvier 1799).

on leur adjoint les Motets qui ont été chantés dans différentes églises, ainsi qu'un autre Motet, dont une Ephéméride de 1807 relate l'exécution en ces termes : « Dimanche 21 juin 1807. Fête de Saint-Gervais[1]. Messe solennelle à l'église ; M. Couperin tient l'orgue, avec exécution d'un motet de sa composition[2] », plus les œuvres manuscrites du même auteur, dont on trouvera l'énumération à la partie de notre catalogue analytique spécialement consacrée à Gervais-François Couperin, on se rendra compte que nous n'exagérons rien en disant que le fils cadet d'Armand-Louis Couperin fut un compositeur fécond.

Ainsi, son œuvre comporte des sonates pour clavecin, pour piano-forté avec violon, des romances pour chant et harpe, une petite symphonie, des morceaux pour deux pianos, et à quatre mains, etc.

Quant aux œuvres en elles-mêmes, sans s'élever, en général, à une grande hauteur de pensée, elles dénotent, cependant, un musicien de race, possédant convenablement les règles de son art.

Au point de vue harmonique, Gervais-François était jugé audacieux par Boëly, qui aurait dit de lui : « Voyez donc ce petit coquin de Couperin qui passe de C sol ut en G ré sol sans préparation[3] ». Cette phrase donne assurément une idée du purisme harmonique, de l'exclusivisme de Boëly, mais est loin de montrer Gervais-Francois Couperin comme un précurseur des modulations modernes : aller du ton d'ut en sol étant chose des plus simples.

En 1793, la réouverture de l'Opéra, sous la dénomination de : *Théâtre des Arts*, fait l'objet d'un long compte rendu dans les *Affiches, annonces et avis divers*.

Nous y relevons que Gervais-François, devenu le « Citoyen

---

1. La fête des saints patrons de l'église, fixée au 19 juin, avait été reportée au dimanche suivant.
2. Comme les autres Motets de G.-F. Couperin, celui-ci ne nous est parvenu ni manuscrit, ni imprimé ; ce devait être une de ces longues compositions, sur des paroles latines, dont les nombreux versets permettaient à l'organiste de non moins nombreuses improvisations, sortes de commentaires de chacun des versets.
3. Boëly à Mme Brossard d'Inval, citée p. 14, dans le chapitre consacré au *Début de la Dynastie*.

Couperin », joua de l'orgue à cette inauguration, en compagnie de son collègue Séjan.

Nous n'extraierons de ce compte rendu que la partie intéressant directement notre sujet :

Théatre des Arts. — Ce théatre a fait son Ouverture decadi dernier, par une représentation, pour le Peuple, de la réunion du dix Aout.

. . . .

Les intervalles des six colonnes d'avant-scène sont ouverts : (plus de niches, plus de statues) : entre les deux premières colonnes sont quatre petites baignoires, et l'intervalle des autres colonnes offre de chaque côté un grillage couvert d'un rideau à demi fermé derrière lequel on a placé, de chaque côté aussi, un buffet d'orgue. Ces deux instrumens, touchés par deux artistes connus, les citoyens Séjan et Couperin, font entendre des Airs patriotiques variés en Duo, et peuvent servir dans les marches ou les chœurs religieux : il est à craindre cependant que les changemens de tems ne nuisent souvent à leur accord [1].

Dix ans après son installation dans les fonctions d'organiste de Saint-Gervais, Gervais-François Couperin devait certainement jouir déjà d'une réputation bien établie, car nous le voyons, à cette époque, prendre part à une fête historique très importante : le prélude du 18 brumaire.

Lorsqu'après la campagne d'Égypte, le général Bonaparte revint à Paris, entouré de gloire et de popularité, un grand banquet lui fut offert, le 6 novembre 1799 (15 brumaire), dans l'église Saint-Sulpice, transformée en Temple de la Victoire :

Le temple, dit Lucien Bonaparte, dans son récit de la Révolution de Brumaire, était décoré à profusion de tapisseries magnifiques et de drapeaux, fruit de nos mille victoires, et une superbe statue de la Victoire s'élevait au fond de l'abside. Le président des Anciens était au haut de la table ; le président du Directoire occupait le milieu, à droite ; j'étais, (comme président des cinq cents) placé entre Bonaparte et Moreau. Dans la situation critique où l'on se trouvait, cette fête était devenue une affaire d'Etat. On s'observait réciproquement et fort sérieusement, il y avait certes plus d'inquiétude que de gaieté parmi les convives.

Pendant le repas, on joua d'une excellente musique, et les orgues qui étaient restées dans le temple, furent touchées par Couperin [2].

L'année suivante, Gervais-François Couperin était choisi

---

1. *Affiches, annonces et avis divers* du Quartidi 24 thermidor, 2ᵉ année de la République française (11 août 1793).
2. Ch. Hamel, *Histoire de l'église Saint-Sulpice*, p. 290.

comme arbitre pour la réception de l'orgue de Saint-Merry. A cette occasion, il se fit entendre en compagnie de quatre organistes, qui durent également être remarquables, à en juger par la poésie suivante :

Vers adressés aux cit. Séjan, Miroir, Couperin, Després et Blin, après la réception de l'orgue du temple du Commerce, (ci-devant St Merry), refait à neuf, par le cit. Clicquot, célèbre facteur d'orgues.

> Quand Pâris, sur la pomme, offerte à la plus belle,
>   Se vit contraint de prononcer,
>   Pour terminer promptement la querelle
> Dont il eut bien voulu ne pas s'embarrasser,
>   Il préféra, par force ou par foiblesse,
>   De la Beauté l'éclatante déesse ;
>   Mais si, nommé pour décerner le prix
> A l'un des cinq rivaux, si dignes d'être amis,
> Qui, par leur jeu brillant, leur touche enchanteresse
> Viennent des amateurs, en foule réunis,
> D'exciter tour-à-tour les transports et l'ivresse,
>   Un nouveau juge, un moderne Pâris
>   Eut dû donner la palme au plus habile.
>   Ce jugement devenoit moins facile :
> Egalement par tous justement mérité,
> Entre ses mains alors, le prix seroit resté.
>   Par le cit. C... M...[1].

1. *Affiches, annonces et avis divers* du Primidi 21 vendémiaire, an VIII de la République, p. 333-334.
Nicolas Sejan, qui naquit à Paris le 19 mars 1745, fut un organiste fort distingué ; il obtint, alors qu'il n'avait que quinze ans, l'orgue de Saint-André-des-Arts ; il mourut, à Paris, le 16 mars 1819.
Nous n'avons pas de renseignements sur Després ; nous savons seulement qu'il fut organiste de la Métropole (Notre-Dame) et que Blin, de son vrai nom Lacodre, né à Beaune, le 19 juin 1757, lui succéda. Blin était aussi organiste de Saint-Germain-l'Auxerrois. L'art de cet organiste semble avoir été particulièrement digne et honorable ; avec Séjan il sut garder à son instrument le noble style qui lui est nécessaire. Blin est mort à Paris le 9 février 1834.
En ce qui concerne Miroir, l'excellence de son talent n'est pas douteuse. Il y eut trois frères de ce nom, tous trois organistes et clavecinistes ; on les distinguait en les désignant, suivant l'usage, sous les noms de Miroir l'aîné, Miroir le cadet, et Miroir le jeune. Il s'agit ici de Miroir l'aîné : « artiste fort remarquable qu'on appelait toujours « le célèbre organiste de Saint-Germain-des-Prés », mais ce n'est pas seulement dans cette abbaye fameuse qu'il remplissait ces fonctions, car il était en même temps organiste aux églises Saint-Benoît, Saint-Honoré et Saint-Louis-en-l'Isle, au couvent des Bénédictins anglais, et au Saint-Sépulcre de la rue Saint-Honoré (1785). La renommée de Miroir l'aîné était fort grande, et l'on accourait de très loin pour l'entendre ». Arthur Pougin, *Supplément à la biographie universelle des Musiciens.*
Jal, parlant du dernier Couperin, François-Gervais, dit ceci : « Le Rival de Miroir, à en croire les vieux amateurs qui me vantaient Miroir et Couperin en 1816 ou 1817. »

Si nous voulons, maintenant, compléter nos renseignements sur les mérites d'organiste de Gervais-François Couperin, il nous suffira de prendre connaissance de la note suivante, extraite des Éphémérides pour l'année 1810; voici ce que nous trouvons à la date du 8 juillet : « *Fête de Saint-Gervais*[1]. — Te Deum en l'église de ce Saint. L'orgue était tenu par M. Couperin. L'église était pleine.... Il est difficile de tirer un plus grand parti de l'orgue : Imitations de voix humaine, effets de tonnerre, etc. L'enchantement a été universel; malgré la sainteté du lieu toutes les mains ont applaudi l'enchanteur qui produisait de telles illusions[2]. »

De cette note, nous pouvons déduire plusieurs choses : 1° que le style de l'orgue, qui s'était déjà si malheureusement transformé pendant la seconde moitié du XVIIIe siècle, était tombé, au XIXe, à un étrange degré de dégénérescence, car il est certain que ces effets de tonnerre, qui s'accordent évidemment fort mal avec la sereine musique des Classiques de l'orgue, n'étaient pas exclusifs à Gervais-François Couperin, attendu que plusieurs instruments possédaient à cette époque, à la pédale, un jeu de tonnerre; il n'y a donc pas à douter que cet effet n'ait été à la fois recherché et courant; 2° que l'assistance de l'église Saint-Gervais était, en 1810, fort enthousiaste et assez peu respectueuse, pour battre ainsi des mains sans se préoccuper de la sainteté du lieu où se faisait tout ce tapage.

Voici un autre avis, paru six semaines après la précédente note, qui montre à quel point Gervais-François Couperin occupait l'attention de ses concitoyens, et quelle place il tenait dans la vie musicale d'alors : « *23 août 1810*. Le célèbre organiste Couperin, demeurant rue Cloche-Perce n° 11[3], quartier Saint-Gervais fait paraître une composition intitulée Caprice en pot pourri sur les airs de Cendrillon de Nicolo; elle est dédiée à sa fille[4]. »

---

1. Comme précédemment, la fête patronale avait été reportée.
2. *La Cité*, loc. cit., 9e année, octobre 1910.
3. Cette toute petite rue, d'abord rue Renau-Le Fèvre, puis Regnault-Lefèvre, ensuite rue Cloche-Percée, et, enfin, rue Cloche-Perce existe encore; elle commence rue François-Miron, ancienne rue du Monceau-Saint-Gervais, traverse la rue de Rivoli, et aboutit à la rue du Roi-de-Sicile; elle n'a que 18 numéros.
4. *La Cité*, loc. cit., octobre 1910; Éphémérides du IVe.

LA MAISON DES COUPERIN
Derrière.

On est étonné de voir l'importance donnée à l'apparition d'une œuvre comme celle-ci. Nous n'avons pu trouver aucun exemplaire de cette composition musicale ; pourtant, il ne semble pas que ce Caprice en pot-pourri, sur les airs de Cendrillon de Nicolo, ait mérité un tel bruit de caisses pour annoncer sa venue ! Cela ne s'explique que par l'énorme célébrité que s'était acquise Gervais-François Couperin, célébrité justifiée par l'enthousiasme inouï que suscitait son exécution à l'orgue.

Fétis s'est donc gravement trompé, lorsqu'il a écrit, dans la Biographie Universelle des Musiciens, que Gervais-François Couperin n'avait été : « qu'un organiste médiocre ».

Celui qui enthousiasma ainsi les foules, et qui jouit d'une telle réputation ne pouvait être un médiocre instrumentiste.

Certes, si François Couperin, de Crouilly, avait entendu son petit-fils, il l'eût certainement blâmé de ne pas avoir gardé intact le noble patrimoine artistique qu'il lui avait légué ; cependant, il n'aurait pu s'empêcher de reconnaître que Gervais-François continuait, tout de même, la lignée des Couperin, puisqu'il possédait, assurément, une grande virtuosité, et les qualités de style que l'on exigeait alors d'un parfait organiste.

Évidemment, il aurait été un plus grand artiste si, au lieu d'accommoder son style au goût de ses auditeurs, il eût dirigé le leur ; on ne peut, cependant, lui dénier d'avoir été un organiste des plus brillants.

La plupart des biographes des Couperin ont reproduit la méprise de Fétis, sur les mérites d'organiste de l'ultime représentant masculin de cette belle famille d'artistes dont le nom devait bientôt s'éteindre. En effet, il ne fut porté que jusqu'en 1826, par Gervais-François, et, finalement, pendant quelques années seulement, par la fille de ce dernier : Céleste Couperin.

Le souvenir de Gervais-François Couperin se perpétua plusieurs années après sa mort, trois ans au moins.

Si l'on en croit un mélomane anonyme du XIXe siècle, la musique, en 1829, se traînait lamentable et piteuse.

Se plaignant que le règne de cet art est fini, notre narrateur dit : « Qu'on est tombé, au point de vue musical, dans le marasme et la mort, c'est un silence effrayant. Encore si quelque élève de feu M. Couprin, par forme de consolation, nous attirait par sa renommée à toucher de l'orgue dans quelques-unes des églises; mais il n'y a que le vrai monde des fidèles, si rare, si clair, si parsemé, comme le disent si bien les mandements épiscopaux, qui soit au courant de ces délices ecclésiastiques; point de programmes, ni d'affiches, pas la moindre petite annonce insérée dans un journal répandu : où aller? que faire?[1].

Les temps ont bien changé depuis 1829 !

A présent, la musique et les musiciens sont entraînés dans un tourbillon; il semble que la rapidité de l'électricité et de nos délicieux automobiles ait une influence sur l'orientation, non seulement de la vie en général, des affaires, mais aussi de l'art. Il faut arriver le plus tôt possible, on tient à faire vite et beaucoup; peut-être la qualité de la production s'en ressent-elle un peu, mais bah... c'est une évolution. Dès qu'un artiste a simplement du talent, il est proclamé génie; le voilà, tout à coup, chef d'École.

Quant à la virtuosité, profession assez moderne, ainsi que nous l'avons vu, ceux qui l'exercent sont légion. Aussi, qui ne donne son petit ou son grand concert!

Il n'est pas douteux, qu'actuellement, on ne puisse voir maintes annonces de manifestations musicales et de concerts de tous ordres, insérées à foison dans les journaux répandus; quant aux affiches et aux programmes,... c'est une orgie !

On sait évidemment que faire et où aller !

Gervais-François Couperin et Hélène-Narcisse Fay, ou Frey, son épouse, eurent une fille : Céleste Couperin, à laquelle il est fait allusion dans l'Éphéméride de 1810, citée plus haut.

Nous n'avons pu, jusqu'à présent, connaître les dates de naissance et de mort de cette fille unique de Gervais-François Couperin; toutefois, en procédant par déductions, et en restant exclusivement dans le domaine de l'hypothèse, arriverons-nous à déterminer, du moins approximativement, celle de sa naissance.

---

1. *Mercure de France*, 1829, t. XXV, p. 144.

Deux contemporains de Gervais-François Couperin et de sa fille, les auteurs du *Dictionnaire historique des Musiciens*, s'expriment ainsi, à propos de Céleste Couperin : « Encore très jeune, annonce une belle voix et des talens dignes de la famille. »

Or, si la première édition du *Dictionnaire historique des Musiciens* est de 1810, Al. Choron et F. Fayolle durent réunir et préparer les matériaux de cet ouvrage dès le début du XIXe siècle, et n'en rédigèrent les articles que pendant les années 1808-1809.

Si, maintenant, nous rapprochons de ce que nous venons d'exposer, la date du mariage de Gervais-François et d'Hélène-Narcisse Fay : 22 décembre 1792, il devient évident qu'en 1808-1809 Céleste Couperin devait avoir quatorze ou quinze ans. Elle ne pouvait, en tous cas, être âgée de plus de seize années : c'est, en effet, l'âge où l'on peut annoncer une belle voix; c'est aussi celui où l'on est encore très jeune.

D'après tout ceci, Céleste Couperin dut naître à la fin de 1793, ou en 1794.

Les espérances que faisait concevoir sa prime jeunesse se réalisèrent; elle fut effectivement excellente musicienne, à la fois chanteuse, pianiste et organiste.

Comme son oncle, Pierre-Louis Couperin, elle était tendrement attachée à ses parents. A la mort de son père, elle se consacra entièrement au bien-être et au bonheur de sa mère.

Peut-être faut-il voir, dans la joie qu'elle éprouvait à remplir ses devoirs filiaux, une des causes qui motivèrent l'état de célibat dans lequel elle vécut?

Les autres renseignements que nous avons pu recueillir sur Céleste Couperin ne forment pas un corpus bien considérable; cependant, tous ceux dont nous nous servirons émanent également d'écrivains sans doute contemporains de la dernière représentante du nom célèbre de notre dynastie[1], ils présentent donc une réelle garantie et nous permettront, dès lors, de

---

1. Le dernier en date, des articles que nous invoquons, est de 1850. Céleste Couperin aurait eu alors cinquante-six ou sept ans; il n'est pas impossible de présumer qu'elle parvint à cet âge.

reconstituer, du moins en partie, l'existence qu'elle mena pendant toute une période de sa vie.

1º : *Céleste*, dernier rejeton de cette illustre famille, ne s'est pas mariée. Elle habite Beauvais, où elle professe le piano et le chant. Elle a touché l'orgue pendant quelque temps à St Gervais et à St François après la mort de son père [1].

2º : Ce grand artiste [François Couperin, le Grand] eut un neveu qui épousa la fille du facteur Blanchet [2]. Francois Couperin était le grand oncle de Mlle Couperin, professeur de piano, qui habitait Beauvais avec sa mère il y a quatre à cinq ans. Mlle Couperin est le dernier rejeton de cette famille d'artistes célèbres au XVIIIe siècle [3].

3º : Le dernier rejeton de cette famille [les Couperin] existe encore ; c'est Mademoiselle Couperin, qui, il y a quelques années, professait le piano dans notre ville [Beauvais]. Mademoiselle Couperin, sans jouir de la faveur que la renommée accordait à ses aïeux, n'en était pas moins intéressante sous d'autres rapports ; elle avait le mérite d'entretenir sa mère, qui n'avait de ressources que dans le talent de sa fille [4].

Puisque, d'après les renseignements ci-dessus, Céleste Couperin professait dans la capitale du Beauvaisis, en 1833 ; que quatre ou cinq ans avant l'année 1846, elle habitait encore Beauvais, et qu'en 1850, elle avait professé « il y a quelques années », il s'ensuit que la résidence de Céleste Couperin, à Beauvais, semble se situer entre les années 1831 ou 1832 et 1842 ou 1843.

Ainsi, jusqu'à l'époque où elle perdit son père, c'est-à-dire vers le mois de juin de l'année 1826, Céleste Couperin, après avoir été, de même que sa tante, son oncle et son père, une musicienne précoce, dut vivre paisiblement au milieu des siens dont elle partageait les joies, les peines et, probablement, les travaux ; mais, à partir de cet événement, tout change pour elle.

Malgré ses succès retentissants, son énorme réputation, et l'importance qu'il s'était acquise parmi les musiciens de son

---

1. Anonyme, *De l'orgue*, Étude technique et historique de cet instrument ; à ce propos, petite biographie des Couperin fournie par Taskin à l'auteur de l'article, *Le Pianiste*, nº 1er, novembre 1833, p. 66-67.
2. Armand-Louis Couperin, neveu à la mode de Bretagne.
3. Magnien Victor, *Abrégé historique de la facture du piano depuis son origine jusqu'à nos jours*, Bulletin de l'Athénée du Beauvaisis, 1846, premier semestre, p. 44.
4. Magnien Victor, *Résumé historique de la Musique en France*, Bulletin de l'Athénée du Beauvaisis, 1850, p. 417.

temps, Gervais-François Couperin ne paraît pas avoir laissé de fortune à sa veuve et à sa fille. Aussi nous faut-il voir l'ultime représentante d'un nom, glorieux et célèbre comme celui de Couperin, aux prises avec la vie pour subvenir aux besoins matériels de sa mère et aux siens propres; ce spectacle n'est-il pas lamentable.

La voici, d'abord, jouant de l'orgue dans l'église où, pendant plus d'un siècle et demi, s'était manifesté le génie de tous ses ancêtres, à Saint-Gervais; puis à Saint-François où, comme à Saint-Gervais, elle ne devait pas être titulaire des fonctions d'organiste. Il est bien évident que, dans ces conditions, les ressources financières que lui procura sa participation occasionnelle aux cérémonies de ces deux églises ne durent pas contribuer dans une large mesure à assurer son existence.

Pour alimenter le budget de la pauvre Céleste Couperin, il restait les leçons. A ce point de vue, il n'est pas douteux qu'elle n'ait mis à contribution toutes les relations de sa famille, qu'elle n'ait frappé à toutes les portes, dans le but de s'en procurer; cependant, ses efforts ne paraissent pas avoir été couronnés de succès car, assurément lasse de se débattre dans la grande ville, elle se décide, au bout de quatre à cinq ans de lutte, à se fixer à Beauvais où, sans doute appelée par des personnes qui s'intéressaient à elle, la vie lui devint moins difficile, nous osons l'espérer!

Nous venons de voir qu'elle y resta environ dix ans.

Que, dans la détermination que prit Céleste Couperin de s'éloigner de Paris, son choix se soit porté sur Beauvais, il n'y a là rien que de très simple, et l'on peut se l'expliquer par le fait que sa famille était connue et, tout naturellement appréciée dans cette ville, peut-être plus que dans toute autre. N'oublions pas que son oncle, Pierre-Louis, avait été nommé arbitre pour la réception de l'orgue de Beauvais[1], et que son père, avec la grande réputation dont il jouissait, y alla probablement jouer, sur l'instrument que son frère avait été chargé de vérifier. En tous cas, Gervais-François Couperin devait avoir, à Beauvais, des relations toutes disposées à être

---

1. *Dictionnaire historique des Musiciens.*

agréables et utiles à sa fille; si bien que, ainsi que nous le disions plus haut, ce fut avec la presque assurance de trouver une situation lucrative dans la capitale du Beauvaisis qu'elle s'y rendit.

Quel est l'événement qui la détermina à quitter la position qu'elle avait acquise dans le chef-lieu du département de l'Oise[1]? Que devint-elle après le séjour prolongé qu'elle y fit? Où se rendit-elle ensuite? Revint-elle à Paris? Quelle existence lui fut réservée, et de quelle durée fut sa vie à dater de son départ de Beauvais?

Autant de questions auxquelles, jusqu'à nouvel ordre, il nous est impossible de répondre.

Triste destinée que celle de cette dynastie de musiciens, dont l'évolution forme d'abord un cycle si brillant, dont tous les membres connaissent la vie fastueuse des cours de nos rois de France, sont en rapport avec les plus grands personnages de la cour et de la ville, et dont la dernière de ses représentantes doit vivre, pendant un assez long laps de temps, en province, loin du berceau de sa famille, Paris, du produit, très certainement assez mince, de leçons de piano et de chant.

Si l'on se reporte à la claire aurore de la fête chez Chambonnière, et de l'arrivée de Louis Couperin à Paris, on est amené à trouver bien sombre le crépuscule dans lequel s'éteint Céleste Couperin.

---

1. Peut-être la mort de sa mère?

CHAPITRE IX

LA MAISON DES COUPERIN

La genèse et l'existence de l'immeuble que nous appelons *La Maison des Couperin*, sont intimement liées à l'histoire de l'église Saint-Gervais et de son cimetière. Aussi devrons-nous remonter aux premières années de cette histoire, pour essayer d'expliquer les raisons qui déterminèrent la construction de la demeure qui fait l'objet de la présente étude.

On sait que, contrairement à la mode romaine, qui plaçait ses tombes hors des villes, les éparpillant le long des routes, la coutume chrétienne était de les grouper autour de ses temples; on peut donc penser que l'antique basilique des saints Gervais et Protais ait attiré, dès le commencement de son édification, les sépultures des habitants d'alentour.

Toutefois, les souvenirs laissés par la nécropole qui dut se former ainsi, sont peu nombreux et insuffisamment probants.

Ce qui est certain, c'est qu'au XIIIe siècle, Saint-Gervais possédait un cimetière paroissial[1], et que le dédoublement de Saint-Gervais en deux paroisses, dédoublement survenu en 1212, donna lieu, au XIVe siècle, à une foule de revendications, de contestations et de procès, ayant justement trait au cimetière paroissial.

---

1. Le 25 juin 1847, lors de l'abaissement de 1 m. 40 du sol de la rue de l'Orme-Saint-Gervais, et du grand perron du pourtour, on trouva un sarcophage, aujourd'hui au Musée de Cluny, paraissant dater du XIIIe siècle. D'autres sarcophages, des XVe et XVIe siècles, furent également trouvés à la même date. *Histoire du diocèse de Paris par l'abbé Lebœuf*, t. I, p. 346.

La nouvelle paroisse, qui n'était autre que l'ancienne chapelle baptismale de la première, reçut le nom de Saint-Jean-en-Grève[1].

« Les paroissiens de Saint-Jean prétendaient avoir le droit de se faire inhumer dans le cimetière Saint-Gervais. Ils basaient leurs prétentions sur le fait que, entre la date de l'érection de leur église en cure, en l'année 1212, jusqu'au 16 mai 1393, époque ou Charles VI leur donna une partie de l'emplacement de l'hôtel de Craon, rue des Mauvais-Garçons, pour y établir un cimetière spécial, il n'y avait eu pour les deux paroisses qu'un champ commun de sépultures, celui de Saint-Gervais. Or, les paroissiens de Saint-Jean, dont les ancêtres étaient inhumés dans ce dernier cimetière, arguaient de ce fait pour prétendre au droit d'être enterrés auprès d'eux[2]. »

Cette prétention engendra de nombreux conflits entre les ecclésiastiques des deux paroisses, les prêtres de Saint-Jean-en-Grève revendiquant le droit de présenter, eux-mêmes, au cimetière Saint-Gervais, leurs paroissiens décédés, et cela, sans l'assistance du clergé de cette paroisse.

Plusieurs actions furent introduites au Châtelet de Paris, qui donna gain de cause à la paroisse Saint-Jean.

En 1349, les marguilliers de Saint-Gervais cédèrent « pour toujours et à perpétuité » à la famille de Pacy[3] : « une place séante du costé devers l'hostel-Dieu-Sainct-Gervais, appelé le Petit Cimetière[4], joignant à l'église, est (sic) à la maison du costé qui estoit sur l'allée de la porte Bauldoier, appartenant à l'œuvre de la Marguillerie[5] ».

Cette cession, qui livrait à l'hôpital Sainte-Anastase une

---

1. Jaillot, *Recherches critiques sur la ville de Paris*, t. III, quartier de la Grève, p. 32 et 37.
2. Lucien Lambeau, *Le cimetière paroissial de Saint-Gervais et ses charniers*, La Cité, loc. cit., juillet 1907, p. 550.
3. A Jean de Pacy et Jacques de Pacy, son frère.
4. « L'hostel-Dieu-Sainct-Gervais ou hôpital Sainte-Anastase, était situé au nord de l'Eglise, vers le portail, à l'endroit où se trouve à peu près aujourd'hui la partie sud-est de la caserne Napoléon [Lobau]. Cette place, dite du Petit Cimetière, était donc probablement prélevée sur l'ensemble du cimetière paroissial, dont la limite, au nord, était, en l'an 1300, la rue du Cimetière, devenue depuis la rue du Pourtour, et ensuite la rue François Miron. » Lucien Lambeau, loc. cit.
5. Jacques de Breul, *Le Théâtre des Antiquités de Paris*, 1612, p. 310.

Pl. X.

LA MAISON DES COUPERIN
Balcon en fer forgé, 1er étage.
(L'Orme Symbolique.)

partie du cimetière paroissial de Saint-Gervais, fit naître des difficultés sans nombre entre la fabrique Saint-Gervais et les religieuses de l'hôpital Sainte-Anastase.

De regrettables conflits eurent lieu entre porteurs, fossoyeurs et marguilliers; pour cette raison, un procès exista, de 1522 à 1523, entre les directeurs écclésiastiques de l'Hôtel-Dieu-Saint-Gervais et la paroisse.

A quelle époque construisit-on un mur d'enceinte au cimetière de Saint-Gervais?

La date de cette érection n'est pas absolument déterminée; toutefois, vers le dernier quart du XIVe siècle, le cimetière paroissial était déjà clos de murs contre lesquels s'appuyaient des hériquets[1] où l'on vendait toutes sortes de denrées : viandes, volailles, fruits, et surtout des poissons d'eau douce.

Ces divers « hériquets », plus ou moins proprement tenus, dégageaient de mauvaises odeurs et encombraient de détritus les alentours; ils étaient, en outre, habités par « des gens de menus estas » qui ne se gênaient guère pour lancer, dans le champ du repos, des immondices aussi diverses qu'abondantes, « au grand esclandre » du respect que l'on doit aux morts, à la dignité de l'église, et cela, au grand préjudice de la Fabrique. De ce fait, le cimetière, malgré sa situation commode, au cœur de la ville, et ses vastes dimensions, était de plus en plus délaissé par les personnes notables, susceptibles d'y élever : « des ouvrages, charniers et autes édifications[2] ».

Dans ces conditions, et pour sauvegarder les intérêts de la Fabrique, les marguilliers demandèrent et obtinrent, en 1474, de louer à bail toutes les places : « à commencer depuys une maison nommé la maison neufve appartenant à la dicte église Sainct-Gervais et faisant le coing de la rue des Barres jusques à la porte de la dicte église qui est devant l'ostel-Dieu appelé l'ostel-Dieu Sainct-Gervais[3] ».

Le bail que sollicitaient les marguilliers leur fut accordé

---

1. Cahute, baraque, échoppe, boutique.
2. *Manuscrit de 1473*, analysé par M. Fernand Bournon.
3. *Ibid.*

moyennant le paiement d'une rente de vingt-deux livres parisis[1].

Le but de la Fabrique, en demandant l'aliénation, à son profit, du terrain occupé par les diverses échoppes, depuis la rue des Barres jusqu'au portail de l'église, était de faire disparaître toutes ces baraques, et de les remplacer par des constructions qu'elle pût louer à sa guise, mais destinées, surtout, à clôturer convenablement le cimetière paroissial du côté nord.

Le 18 janvier 1474, les hériquets, vingt environ, furent expropriés, dirions-nous aujourd'hui, et l'année suivante, 1475, une bulle du pape Sixte IV, datée du 30 septembre, autorisait la Fabrique à construire et à louer des maisons en bordure du cimetière paroissial, afin de procurer une augmentation de revenus à la dicte Fabrique « dont les ressources sont si minces que les offices ne peuvent plus être célébrés comme dans les Églises cathédrales et collégiales », explique la bulle[2].

Les maisons, petites, irrégulières, et au nombre de neuf, furent effectivement construites en ménageant, du côté du cimetière, des ouvertures avec vitraux pour éclairer les charniers, vraisemblablement édifiés en même temps qu'elles.

Elles mirent plus de deux années à se bâtir puisque, commencées en 1475, on s'occupait encore de l'alignement de trois de ces maisons en 1477[3].

Par le fait de ces constructions, le cimetière paroissial prit la forme triangulaire qu'il a conservée depuis, et que l'on peut constater sur les anciens plans de Paris : de Georges Braun, vers 1530; du plan dit de Bâle, vers 1552, et du plan dit de Saint-Victor, vers 1555, où ses croix sont parfaitement visibles, ainsi que les maisons qui le bordent du côté nord[4].

Ces maisons fournirent une carrière de deux cent cinquante-cinq ans.

---

1. F. Bournon, *Rectifications et additions à l'Histoire de Paris de l'abbé Lebœuf*, p. 56.
2. Ce document manuscrit, conservé aux Archives nationales, a été déchiffré et communiqué à M. L. Lambeau, par M. Lucien Lazard, archiviste-paléologue, archiviste-adjoint du département de la Seine.
3. *Arch. nat.*, S. 3359.
4. Voir les anciens plans de Paris, que nous venons d'indiquer.

En 1732, elles tombaient en ruine.

Par sentence du Bureau des Finances, en date du 7 mai 1732, les marguilliers furent condamnés à les démolir.

La Fabrique décida, alors, de profiter de cette circonstance, pour remplacer les maisons du XVᵉ siècle par des immeubles plus solides, plus spacieux, plus salubres, et plus productifs.

A cet effet, l'Œuvre et Fabrique de Saint-Gervais donna plein pouvoir aux marguilliers pour emprunter quatre-vingt-dix-neuf mille sept cents livres. La permission fut demandée, et, le 19 mars 1733, un arrêt du Parlement autorisait la Fabrique à contracter cet emprunt, ainsi qu'à faire usage, pour cette construction, d'une somme de vingt mille six cents livres de deniers comptant lui appartenant[1].

D'après les Archives paroissiales de Saint-Gervais, les travaux furent confiés à l'architecte ordinaire de la Fabrique : Varenne, qui, d'ailleurs, figure, ainsi qu'on le verra plus loin, comme architecte des nouveaux immeubles fabriciens, dans le rapport du vérificateur-expert Piretouy.

Malgré cela, M. Lucien Lambeau donne, d'après une pièce justificative annexée à son remarquable travail sur l'église Saint-Gervais et ses abords, le sieur Le Grand, comme architecte des nouvelles maisons; cependant il ajoute : « Peut-être y eut-il entente entre le sieur de Varenne et Le Grand ».

Nous ne le croyons pas. Pour nous, il semble ressortir de la pièce citée par M. L. Lambeau, que Le Grand ait été surtout commis à la vérification des levés de plans des anciens immeubles, et des plans des constructions projetées.

Quel qu'ait été l'architecte des bâtiments neufs, les marchés étaient passés, le 19 mai 1733, par-devant Mᵉ Camuset, notaire, entre le curé, les marguilliers de Saint-Gervais, et les entrepreneurs dont voici les noms :

Pierre Charpentier, maître maçon, entrepreneur des bastimens du Roy; Charles Bonneau, maître charpentier; Jean Lamory, maître couvreur; Jean-Baptiste Bouillot, maître serrurier; Pierre Mabire, maître menuisier; Gabriel Gautier, maître plombier; Edme-Timoléon Dufour, maître vitrier; Charles Leroy, maître peintre; Pierre Dausse, maître marbrier; et Nicolas Lambert, maître paveur[2].

---

1. Arch. nat., S. 3360.
2. Arch. nat., S. 3360.

Tout d'abord, Jacques Piretouy, doyen des architectes jurés du Roi, expert et bourgeois de Paris, avait été chargé de se rendre compte de la structure, du plan et de l'état des maisons dont la démolition avait été ordonnée. Dans son procès-verbal, du 10 janvier 1733, il constate : « que les nouvelles maisons à construire prendront la place et par conséquent supprimeront les anciens charniers longeant la rue du Pourtour ; qu'en outre, dans le plan que lui soumet l'architecte Varenne, elles auront en profondeur, toute celle que contiennent ceux [les bâtiments] actuellement existant, la largeur entière des charniers au derrière, lespoisseur du mur de face vers le cimetière, et cinq pieds qui anticipent sur iceluy, en sorte que lesdites maisons et bâtiments auront suivant lesdits plans, vingt-cinq pieds de profondeur hors œuvre... ».

« Cette édification supprimera la porte des Charniers de la place Baudoyer, une seule entrée sera réservée dans la dernière maison près du portail de l'église qui comprendra : au rez-de-chaussée, deux petites boutiques au derrière desquelles sera un passage pour communiquer de la rue au cimetière [1]. »

Les nouvelles maisons fabriciennes s'élevèrent rapidement ; leur construction fut terminée en une année. Ce sont celles qui existent encore aujourd'hui, depuis le portail de l'église Saint-Gervais jusqu'à la rue des Barres, avec retour sur cette rue.

Construites d'après un plan identique, ces maisons se composent : d'un rez-de-chaussée disposé pour être occupé par des boutiques ; d'un entresol recevant la lumière du jour par une fenêtre flanquée de deux baies cintrées ; de trois étages percés de cinq fenêtres chacun, et d'une toiture mansardée, couverte en tuiles.

L'immeuble de la rue des Barres, portant, actuellement, le numéro 17, est semblable à ceux de la rue François-Miron, qui sont numérotés de 2 à 14.

Les fenêtres de leur premier étage sont ornées de balcons en fer forgé, dont le motif central n'est autre que l'Orme de Saint-Gervais, les armes parlantes de la paroisse. — Pl. X.

Ces charmants balcons furent exécutés par Jean-Baptiste

---

[1]. Arch. nat., S. 3359-3360,

Bouillot, maître serrurier à Paris, l'un des entrepreneurs que nous avons cités plus haut comme ayant passé marché avec le curé et les marguilliers de Saint-Gervais.

Un seul de ces balcons, celui du n° 14, diffère des autres ; il est à la fois le plus important et aussi le plus beau de tous. Bien posé sur ses consoles, embrassant deux fenêtres de l'entresol, il est composé, pour la partie ferronnerie, en particulier, avec un goût, et un sentiment des proportions absolument parfaits ; en outre, le travail de la main y est irréprochable. On a répété l'Orme de Saint-Gervais en encadrant ce symbole par des motifs décoratifs d'une délicatesse et d'une grâce infinies. Cette harmonieuse œuvre d'art fait le plus grand honneur à l'architecte, au ferronnier, et au maçon qui l'ont conçue et exécutée.

L'Orme symbolique de la paroisse figure également sur les plaques de cheminée de plusieurs maisons de la série de la rue François-Miron [1].

La première maison de cette suite, celle qui nous intéresse tout particulièrement, nous allons voir pourquoi, comporte deux parties. — Pl. VIII.

L'une, attenante au portail de Saint-Gervais, ou, pour mieux dire, à la chapelle des fonts baptismaux, forme pan coupé. Surmontée du n° 2, la porte cochère, dont elle est percée, est celle qui fut réservée pour permettre d'entrer de la rue dans le cimetière (en raison de la construction des marches, conséquence de l'abaissement du sol, elle n'est plus praticable aux voitures). Elle donne, maintenant, accès à une ruelle extrêmement pittoresque, qui sépare le derrière des immeubles en question, de Saint-Gervais et des petites chapelles funéraires construites contre l'église, lesquelles sont ainsi placées au bas de ses verrières, du côté nord. — Pl. IX.

La seconde partie de notre maison, beaucoup plus importante que la première, et dont la modeste porte d'entrée permet d'atteindre aux étages, par un escalier muni d'une rampe en fer, a reçu le n° 4.

---

[1]. Jadis, au XVIII° siècle, la dernière ; voir, p. 188, le procès-verbal de Jacques Piretouy.

Or, il était de règle que la Fabrique, outre le traitement qu'elle allouait à l'organiste de la paroisse, lui donnât la gratuité, pour un des appartements d'une des maisons de l'Œuvre.

D'autre part, cette maison, portant les numéros 2 et 4, occupe exactement la place d'un des logis du XVe siècle dont elle est, de la sorte, comme le prolongement. Aussi, unissant dans une même pensée respectueuse ces deux demeures, n'en concevrons-nous plus qu'une, à laquelle nous donnerons le nom de : *Maison des Couperin*.

En effet, tous les membres de la dynastie des Couperin habitèrent cette demeure ; la plupart y naquirent. François Couperin, si justement surnommé le Grand, est né, en 1668, dans le logis du XVe siècle, et cela seul suffirait à rendre historique cette maison, si ses autres titres ne venaient encore s'ajouter à celui d'avoir été le berceau du plus grand claveciniste du XVIIe et du XVIIIe siècles, du compositeur charmant, dont l'influence se fit sentir même dans les œuvres du Maître des Maîtres : Jean-Sébastien Bach.

Nicolas Couperin, cousin et successeur de François Couperin à l'orgue de Saint-Gervais, fut le premier de sa famille qui habita la nouvelle maison de la rue du Pourtour-Saint-Gervais, ainsi que s'appelait autrefois la rue François-Miron actuelle. On se souvient, qu'en date du 30 mai 1734, la Fabrique lui avait alloué gratuitement : « le second appartement complet qui donne sur les deux premières maisons à côté du cimetière avec portion de greniers et de caves[1] ».

Armand-Louis Couperin y naquit et y mourut, ainsi que son fils aîné Pierre-Louis.

Quant à Gervais-François Couperin, fils cadet d'Armand-Louis Couperin, et dernier représentant masculin de la dynastie, c'est bien dans cette maison qu'il naquit, mais, pour les raisons que nous avons expliquées dans le chapitre qui lui est consacré dans cet ouvrage, ce n'est pas là qu'il termina ses jours.

Ainsi, c'est dans le logis du XVe siècle, et dans l'apparte-

---

1. Arch. nat., LL. 750. Déjà cité au chapitre consacré à François Couperin, de Crouilly, et à sa descendance, p. 44.

ment du XVIIIᵉ siècle, que se développèrent les âmes musicales, souvent géniales, des membres de cette illustre dynastie, qui est une des gloires de l'Art Français.

Toutes les manifestations de la vie, tous les événements, heureux ou malheureux, qui survinrent dans cette noble famille durant le cours de près de deux siècles : naissances, travaux, espérances, mariages, joies, peines, soucis, deuils ; tous se produisirent là.

Que de sourires, de propos, de larmes *virent* et *entendirent* les murs de l'antique et traditionnel logis familial !

Oui, vraiment, nous pouvons dire que c'est bien là, la *Maison des Couperin*[1].

---

1. Voir *Notes annexes*, note VI, p. 295-296.

PL. XI.

L'ORGUE DE SAINT-GERVAIS
Instrument des Couperin.

CHAPITRE X

L'ORGUE DE SAINT-GERVAIS

INSTRUMENT DES COUPERIN

L'orgue de Saint-Gervais est intéressant à plusieurs titres : d'abord, parce qu'il est un spécimen, sinon unique, du moins fort rare, de la vieille facture française; ensuite, parce que, pendant plus d'un siècle et demi, il fut joué par tous les membres de la dynastie des Couperin, qui déployèrent sur cet instrument leurs rares et précieux talents [1].

A présent, adossé au mur constituant l'arrière-corps de la facade, et placé sur une tribune en pierre (XVIIe siècle), formant porche intérieur, le grand orgue de Saint-Gervais, vue de la nef, produit un effet d'harmonieuse grandeur. — Pl. XI.

L'histoire de cet orgue, ou plutôt des orgues qui se juxtaposèrent les unes aux autres à des époques successives, est assez obscure et difficile à retracer; toutefois, il est aisé de déterminer qu'avant le XVIIe siècle, époque à laquelle fut édifié le portail, l'église Saint-Gervais possédait un orgue. Les *Insinuations du Châtelet* nous apprennent, en effet, qu'en 1545 : « un organiste était attitré à Saint-Gervais »; il s'appelait : Antoine Le Roy, et l'on retrouve sa trace l'année suivante, 1546 ; donc, au milieu du XVIe siècle, il existait déjà un orgue dans l'église.

---

1. Voir notre *Tableau généalogique des Couperin* en tant qu'organistes de Saint-Gervais, chap. I, p. 13.

Cet instrument devait être de petites dimensions, à montre de bois, placé à terre, assez proche du maître-autel [1].

Un autre document, le *Marthologe de Saint-Gervais*, dont nous avons extrait le passage relatif à la cérémonie de la pose de la première pierre du portail [2], confirme les « Insinuations du Châtelet » citées plus haut.

Puisque la cérémonie en question eut lieu avec jeux d'orgues, il est de toute évidence que l'église abritait un instrument de cette nature, avant l'année 1616; le dire est presque puéril. Sans nul doute, ce fut l'instrument du XVIe siècle qui fit entendre ses multiples voix au cours de cette fête.

S'il était nécessaire qu'une autre preuve vînt corroborer celle que nous avons déjà, de la présence d'un orgue à Saint-Gervais avant la construction du portail, le *Marthologe de Saint-Gervais* nous en fournirait encore une absolument indéniable.

Voici, en effet, ce que l'on trouve, dans « l'Avis de ce qui est à faire : Quant aux orgues chacun cognoissant la nécessité de les changer et mettre au bout de la nef, au-dessus du portail, fault croire que dans peu de temps elles y seront mises par l'ayde des aumosnes et charités des gens de bien ».

Dans l'état présent de nos connaissances, rien ne peut encore préciser l'année où s'effectua le transfert souhaité; cependant, si l'on considère qu'en 1623, date à laquelle se formulaient les desiderata de la Fabrique, la paroisse était importante et riche, on est amené à penser que la réalisation dut suivre de très près le projet, et que, dès lors, il est fort probable que c'est peu de temps après 1623, que l'on construisit la belle tribune sur laquelle on plaça aussitôt le nouvel orgue. Suivant nous, ce serait aux environs de 1630-1635 que l'on pourrait en fixer approximativement l'édification.

En tous cas, il n'est pas douteux que l'orgue actuel ne renferme des éléments provenant de son ancêtre de la Renaissance, notamment des montants en bois qui présentent, sur la

---

1. Cette conjecture, basée d'ailleurs sur des données assez probantes, est de MM. L. Malherbe et M. Ferron, vicaires de Saint-Gervais, qui ont étudié soigneusement l'orgue de leur église. Voir *Essai historique sur le grand Orgue de l'église Saint-Gervais*, Anonyme, Paris, 1911, p. 11, Préface de Ch. M. Widor.
2. Voir *Aperçu historique sur l'église Saint-Gervais*, p. 237.

face tournée à l'intérieur, des cannelures du XVIe, ainsi que des tuyaux, également en bois peint, qui faisaient évidemment partie de la montre de ce dernier; qu'en outre, il ne soit formé de deux orgues, l'un, pour ainsi dire greffés, sur l'autre : le premier, du XVIIe siècle, le se second, du XVIIIe.

Extérieurement, cet instrument est composé de deux buffets en bois sculpté, de styles très différents.

Le plus grand de ces deux buffets est nettement Louis XV (XVIIIe siècle); il est admirable de proportions, d'architecture.

Voici, extrait d'un des registres de comptes de la fabrique Saint-Gervais, un article de dépenses qui nous apprend, à la fois, la date exacte de sa construction et le nom du menuisier qui l'édifia :

Art. 14. — Plus la somme de sept cens livres païée par acte passé devant Me Mathis, notaire à Paris, le 22 octobre 1759, aux créanciers de Pierre-Claude Tiessé, menuisier, suivant la délégation par lui faite et en sa présence pour le contenu au marchez fait avec lui par la fabrique, le cinq février 1758, pour la menuiserie du grand corps de l'orgue, lequel acte contient la quitance de ladite somme, les mainlevées des saisies et opositions ont été données, le double du marché remis par ledit Tiessé, l'expédition d'un acte de délégation à ses créanciers du 22 septembre 1756, et l'acte contenant la quitance dudit jour 22 octobre audit an etc [1].

Ainsi voilà qui est bien clair : le traité établi et conclu par les Fabriciens de Saint-Gervais et Pierre-Claude Tiessé, pour la construction de ce buffet d'orgue, est du 5 février 1758, et c'est deux ans à peine après cette date que le travail était achevé, puisque c'est le 22 octobre 1759 que fut payée, aux créanciers de P.-C. Tiessé, la somme de 700 livres représentant le prix convenu entre les parties.

L'article de dépense que nous venons de citer n'est, d'ailleurs, que le résumé de l'acte-quittance qui figure, à la date du 22 octobre 1759, aux minutes de Me Constantin, notaire, successeur de Me Mathis, acte qui nous fournit des renseignements encore plus complets que le registre de compte.

Nous y voyons, d'abord, que Pierre-Claude Tiessé était le second de ce nom, puisqu'il est désigné par le qualificatif de « fils »; qu'en outre, il habitait « rue du temple paroisse

---

1. Arch. nat., H. 4388.

Saint-Nicolas des Champs »; ensuite, que les créanciers de cet habile « maître menuisier » étaient ses collaborateurs : « Jacques-François Fichon, maître sculpteur à Paris et y demeurant rue de Jouy, paroisse Saint-Paul », qui orna le buffet de l'orgue des délicieux motifs : fleurons, guirlandes et vases dont il est décoré; et : « Charles Leblanc, marchand de bois à Paris et y demeurant passage de Lesdiguière, place de la Bastille, paroisse Saint-Paul ».

Quant au buffet du Positif, placé en avant de son congénère, plus bas, et au bord de la tribune qu'il surplombe, il paraît antérieur de près d'un siècle à celui du grand buffet (XVIIe siècle par conséquent). Les trois tourelles dont il est pourvu sont surmontées : celles de droite et de gauche, d'instruments de musique; celle du milieu, d'un ange jouant du luth. sculpté d'une façon large, sobre et ample, qui indique une main éminemment experte.

Pour les faces plates comme pour les tourelles, les tuyaux d'étain font une partie des frais de la décoration générale, et servent aussi, réellement, de basses au jeu de montre.

Monter à l'orgue n'est pas une entreprise commode. On doit passer par un escalier en colimaçon, étroit, aux marches usées, construit dans une tour massive accolée à l'un des piliers de l'église; une porte basse en donne l'accès.

Pauvre et vénérable escalier, l'usure de ses marches nous dit assez les innombrables fois où les modestes et souvent sublimes représentants de la dynastie des Couperin le gravirent au cours des siècles, et par lequel, heureux après avoir rempli leur devoir doublement pie, ils le descendirent pour retourner à leurs occupations de la cour et de la ville, ou dans leur famille.

Après être monté, non sans précautions, par cet escalier obscur et inquiétant, on ouvre une première porte, à la serrure rouillée et grinçante, on longe une sorte de galerie reliant deux piliers, puis on franchit une seconde porte, lourde et non moins verrouillée que la première : on est alors dans la salle de la soufflerie.

Cette salle, qui reçoit la lumière du jour par la jolie ouverture en plein-cintre, garnie d'un vitrail, pratiquée au-dessus de la porte principale du portail, est des plus curieuses. Elle contient six énormes soufflets, d'un modèle tombé en désuétude depuis le XVIIIᵉ siècle, époque à laquelle ils furent vraisemblablement construits. Quatre de ces soufflets, placés sur le sol, ont l'air de grandes pierres tombales et fournissent du vent aux quatre premiers claviers manuels; les deux autres, appliqués au plafond, alimentent le clavier d'écho et celui de pédales. A chacun de ces soufflets est adapté un long levier, qui permet de les mettre péniblement en branle. — Pl. XIV.

De la salle de la soufflerie on parvient, enfin, à la tribune de l'orgue, d'où l'on a, tout à coup, la vue saisissante de la nef dans toute son étendue, avec ses proportions nobles, simples, élégantes, et justement du point précis où l'on peut en avoir la meilleure vision.

Un banc est adossé au Positif; c'est là que l'exécutant prend place, ayant devant lui cinq claviers manuels, disposés dans une niche ménagée à cet effet au bas du grand buffet; à ses pieds, un pédalier[1]. — Pl. XIII et XII.

Ces six claviers commandent à trente-sept jeux qui, en commençant par le clavier inférieur, se répartissent de la manière suivante :

1° *Au Positif* (jeux enfermés dans le petit buffet) : Montre 8 pieds, Flûte 8, Prestant 4, Doublette 2, Basson-Hautbois 8, Trompette 8, Cromhorne 8, Clairon 4, Plein Jeu, Tierce et Nazard.

2° *Au Grand-Orgue* : Montres 8 et 16 pieds, Bourdons 8 et 16, Flûte 8, Prestant 4, Doublette 2, Voix humaine 8, Trompette 8, Clairon 4, Grand Cornet 8, Nazard, Quinte, Tierce, Plein-Jeu et Tremblant ou Trémolo[2].

3° *Au clavier de Bombarde* : une Bombarde de 16 pieds.

4° *Au Récit* (non expressif) : Hautbois 8 et Cornet 8.

5° *A l'Écho* : Trompette 8 et Flûte d'Echo 4[3].

---

1. A présent l'exécutant est éclairé par de modernes becs de gaz; jadis, deux bras de lumière étaient fixés à la partie postérieure du petit buffet (Positif), et projetaient ainsi les pâles rayons de deux chandelles sur la musique qui devait être jouée pendant l'office.

2. Lors d'une réparation, une erreur a été commise dans le placement des étiquettes sur les registres du grand Orgue : la Quinte est une Doublette, et la Doublette, une Quarte de Nazard.

3. Nous rappellerons ici la division des jeux de l'orgue, en jeux de fonds,

Les trois premiers claviers peuvent être réunis par un accouplement manuel dit : à tiroir. Le clavier de Bombarde est toujours accouplé au Grand Orgue; ce sont ces deux derniers claviers qui sont amenés sur le Positif.

Chacun des cinq claviers manuels ne comporte que 51 touches; leur étendue est donc plus courte, de trois notes, que celle des claviers modernes. Ces touches vénérables, courtes, et jaunies, portent les empreintes des mains illustres qui, successivement, les firent mouvoir pendant de si longues années; la garniture d'os de certaines d'entre elles est complètement usée, et les doigts s'y incrustent naturellement. Le Positif et le Grand Orgue, surtout, témoignent de la façon dont ils ont servi. L'usure des barres de repos rend très grand l'enfoncement des touches; le jeu en devient ainsi difficile aux non-initiés.

Le Récit n'est pas expressif et ne descend qu'au second sol de la clef de fa, soit deux octaves et demie d'étendue. L'Echo descend seulement au premier ut de la clef de sol, il n'a donc que deux octaves, les touches des basses ne figurant que pour la symétrie. L'enfoncement de ces deux claviers est très faible, et les touches de l'Echo sont particulièrement courtes.

Quant au *Pédalier*, c'est un modèle curieux de ce qu'étaient, ces claviers, en France, au XVIIIe siècle. Les touches sont réduites au minimum, inclinées et, vu leur exiguïté, ne permettent pas le jeu alternatif de la pointe et du talon. L'étendue de ce pédalier est aussi extraordinaire : il commence au *la* pour finir à l'*ut* (deux octaves et deux notes); il possède ainsi deux tons de plus, au grave, que la pédale moderne. — Pl. XII.

Les jeux du Pédalier, au nombre de six, sont les suivants : Flûte 8, Flûte 4, Soubasse 16, Trompette 8, Clairon 4, Bombarde 16.

Les plus grands jeux ne dépassant pas cette dimension, l'orgue est un seize pieds[1].

---

ouverts (Flûtes), et bouchés (Bourdons); en jeux à anches, et en jeux de mutation, ces derniers destinés à fournir d'harmoniques les jeux de fond, La Tierce, la Quinte sont des mutations ou mixtures simples, ne donnant qu'une note. Le Plein Jeu est composé; il donne, pour chaque note, un accord.

[1]. Rappelons encore l'habitude des Organiers, de désigner la taille et l'importance d'un instrument, d'après le plus grand jeu dans son tuyau le plus grave.

Il va sans dire qu'au cours des années, et par suite de réparations, des jeux ont été modifiés, d'autres ont complètement disparu. Nous ne trouvons plus trace de jeu de viole; cependant, ce jeu, qu'au XVIIe siècle on cherchait à ajouter aux orgues d'alors, cela « par le moyen de plusieurs unissons », devait exister à Saint-Gervais, si nous en croyons Villiers de Sens, qui écrivait à Mersenne, le 3 septembre 1635 : « J'ay appris qu'à St Jean en Grève (ou à St Gervuais) il y avait dans leur orgue un ieu de viole [1]. »

Tel qu'il est actuellement, l'orgue de Saint-Gervais, quoique déchu, reste encore remarquable, tant au point de vue historique qu'à celui de sa composition et de la nature de ses moyens sonores.

La qualité de quelques-uns de ses jeux est unique. Les jeux de fonds ont une douceur et une rondeur exceptionnelles; de plus, une importante artillerie de mixtures, mise à leur service, permet des combinaisons particulièrement heureuses. Parmi les jeux d'anches, *le Cromhorne* doit être placé au premier rang, pour sa sonorité un peu âpre, métallique, mais très caractéristique; le *Basson-Hautbois* est aussi fort beau. Le Récit possède un *Hautbois* et un *Cornet* d'une exquise sonorité, tout à fait propre à l'exécution des pièces anciennes : *Récits* de Cornets, si chers aux vieux maîtres. Mais c'est *la Flûte* placée au clavier d'Echo qui est assurément la plus précieuse : le timbre en est rare et délicieux, un des plus magnifiques qu'il nous ait été donné d'entendre. La valeur de ce jeu est d'autant plus appréciable que le clavier auquel il appartient a pour ainsi dire disparu des orgues actuelles. Le même clavier d'Echo possède également *une Trompette*, dont les quelques notes que la poussière n'a pas envahi, et qui, par conséquent, parlent encore, sont ravissantes.

Deux choses frappent l'auditeur qui entend pour la première fois l'orgue de Saint-Gervais : la douceur de ses jeux, et leur moelleux dans la puissance. Une combinaison faite d'un

---

1. Pour exposer un Solo parmi les fonds, Dom Bédos cite un jeu propre à cet usage, mais fort rare : « Un autre jeu qui n'est pas bien connu en France, c'est la Basse de Viole... c'est un huit pieds pour la hauteur des tuyaux, mais pour la grosseur on suit la taille du Prestant. Il est assez difficile de le mettre

Bourdon de 16, d'un de 8, d'une Montre de 8, d'une Flûte de 8, et d'un Prestant de 4 au Grand Orgue, peut donner une idée excellente du charme délicat de ce merveilleux instrument. Rien d'aigre, de pointu, de mince; c'est beau, rond, enveloppant et, pourtant, cette sonorité délicieusement estompée se perçoit de toutes les parties de l'église. Il est vrai qu'au point de vue acoustique, l'orgue est admirablement placé; il reste un certain espace vide au-dessus des plus grands tuyaux, le tiers de la voûte environ, de sorte que, non seulement les sons ne s'écrasent pas contre le sommet, mais, au contraire, ont toute liberté pour se développer et se répandre en ondes sonores dans le remarquable vaisseau de l'église, qui se prête si bien aux exécutions musicales [1].

Le nom de l'Organier [2] qui fit le transfert de l'orgue de la Renaissance et fut chargé de placer le nouvel instrument sur la tribune du portail était, jusqu'à présent inconnu. Nos investigations dans le sombre domaine de l'édification de l'orgue du portail, combinées avec nos recherches sur les Couperin, nous permettent actuellement, non pas d'affirmer, mais de supposer que c'est à Pierre Thierry que revient, vraisemblablement, l'honneur de sa construction; qu'en tous cas, si ce n'est pas lui qui le construisit, il y travailla dès les premières années de sa mise en place; qu'en outre, il n'y eut pas un Thierry, comme on le croyait jusqu'ici, mais bien plusieurs Thierry ayant apporté le concours de leurs mérites personnels à l'instrument des Couperin [3].

Voici sur quelles données sont basées nos conjectures :

C'est en 1691, qu'apparaît le nom de Thierry, dans les

---

au point qu'il faut pour imiter la vraie Basse de Viole. Quoique ce soit un huit pieds on le fait octavier et parler à l'unisson du Prestant. Il y en a qui en font un jeu composé en y adjoutant une seconde rangée de tuyaux qui sonnent une octave plus haut. »

Le jeu que décrit Dom Bédos est simplement la gambe des orgues modernes imitée de celles des facteurs allemands.

1. Sur l'instrument des Couperin. Voir Ed. Ballot, *Les Grandes Orgues de Saint-Gervais, Notes d'Art et d'Archéologie*, janvier-mars 1911, et Ch. Symon, *La France Illustrée*, 25 novembre 1911; articles faits après que notre travail similaire était élaboré.

2. Jadis, les facteurs d'orgues étaient appelés Organiers.

3. Trois, d'après nous.

PL. XII.

L'ORGUE DE SAINT-GERVAIS
Les claviers et le pédalier.

L'ORGUE DE SAINT-GERVAIS
Les registres et les claviers.

registres de délibérations de la Fabrique de Saint-Gervais, à propos de travaux exécutés par lui, en 1684 ou 1685 : « Décembre 1691. — Le Sieur Thierry, facteur d'orgues et qui entretient celles de cette église demande un vieux debet pour ouvrages faicts à l'orgue il y a six ou sept ans, et qu'il fait monter à 600 livres [1]. »

Le nom de Thierry réapparaît, en 1714, dans les Archives paroissiales, mais alors précédé du prénom : François. On le trouve enfin, en 1736, pour la dernière fois.

De 1736 à 1759, aucun nom d'organier ne figure sur les registres de comptes; on ne rencontre plus trace de soins donnés à l'orgue. Comment admettre que, quoiqu'en bon état, cet instrument, dont on se servait continuellement, n'ait pas été entretenu durant l'espace de vingt-trois années? Cela est inadmissible.

C'est même parce qu'il était en état, que les Fabriciens ne négligèrent certainement pas de lui faire donner les soins qui devaient le maintenir en d'excellentes conditions; d'autant qu'à cette époque, la paroisse, disposant de ressources nombreuses, n'était pas astreinte à réaliser de petites économies, surtout aussi mal comprises que celle résultant de l'abandon de l'orgue.

L'hypothèse du décès de François Thierry[2], à la date de 1737, est également impossible, puisque nous le voyons exerçant sa profession à l'église Saint-Jean-en-Grève, justement en 1737[3].

Il faut, au contraire, penser que François-Thierry continua encore, pendant de longues années après 1736, à être l'organier chargé de l'entretien de l'instrument, et qu'il ne mourut que peu de temps avant 1759, époque à laquelle un nouveau facteur, Louis Bessart, survient dans l'histoire de l'orgue de Saint-Gervais.

Si l'on envisage, avec un peu d'attention, ces différentes dates, et si, d'autre part, on songe que ce n'est guère avant l'âge de vingt-cinq ou trente ans que Thierry pouvait être choisi pour effectuer d'importants travaux à l'orgue de Saint-Gervais,

---

1. Arch. nat., LL. 748, p. 52.
2. Troisième organier de ce nom.
3. Arch. nat., LL. 663.

on se rendra compte, alors, que, même si Thierry n'avait eu que vingt-cinq ans en 1684, il aurait été âgé de cent ans en 1759.

Il y a peu de probabilités pour que les choses se soient passées ainsi.

Une seule hypothèse est donc plausible : celle d'admettre deux Thierry employés à l'orgue, de 1684 à 1759.

Il reste à nous occuper du Thierry, constructeur probable de l'orgue du XVIIe siècle.

Personne, jusqu'ici, n'avait mentionné son nom, du moins comme organier de Saint-Gervais.

Seul Jal, à propos du mariage de François Couperin, de Crouilly, nous révèle ses nom et prénom ainsi que sa qualité de « facteur d'orgues ». L'acte de mariage, nous dit-il, fut rédigé en présence de : « Pierre Thierry, facteur d'orgues, et de Charles Licanhes, organiste à Paris[1] ».

Il est avéré que de tout temps, en dehors des membres de la famille, on prit, pour témoins d'un mariage, des amis que l'on considérait particulièrement, ou des protecteurs influents dont on espérait ainsi se concilier la faveur.

Dans le cas particulier qui nous intéresse, il est évident que dès l'instant que le choix de François, de Crouilly, se porta sur un facteur d'orgue, c'était parce que celui-ci était, non seulement l'ami de ses frères et le sien, mais aussi parce qu'il était l'organier important de l'époque, attaché, sans nul doute, à l'église Saint-Gervais.

De là à penser que ce fut Pierre Thierry qui installa l'orgue sur la tribune du portail, il n'y a qu'un pas; d'autant que les dates s'accordent parfaitement pour le démontrer.

Nous avons vu que le désir de la Fabrique, tendant au changement de place de l'orgue du chœur, avait pu être réalisé, approximativement, vers 1630-1635. Or, la période qui sépare 1623-1635, 1635-1655, laisse assez peu de place pour un autre organier; dans ces conditions, il paraît à peu près certain que l'artisan de la première heure, Pierre Thierry, s'occupa seul de l'orgue, pendant tout cet espace de temps.

De toute manière, lorsque Louis Couperin, l'aîné de la

---

[1]. Jal, *Dictionnaire critique de Biographie et d'Histoire*, p. 440.

famille musicale, prit possession des fonctions d'organiste de Saint-Gervais, en 1655, il eut à jouer un instrument presque neuf, et, si notre hypothèse est juste, trouva en Pierre Thierry le Monsieur avec lequel il fallait compter.

L'organiste et l'organier, tous deux pleins de talents, s'apprécièrent, devinrent amis, et l'affection née de cette commune estime se reporta, tout naturellement pour Pierre Thierry, sur les deux frères de Louis : François, de Crouilly, et Charles Couperin, qui, en 1662, date du mariage de François, de Crouilly, venait de succéder à Louis Couperin, mort en 1661.

A cette époque Pierre Thierry pouvait avoir environ soixante ans; n'est-ce pas l'âge d'un artiste de ce genre, arrivé à la notoriété, d'un ami influent, d'un protecteur bénévole... d'un témoin?

Ce sont ces différentes raisons qui déterminèrent, très certainement, le choix de François, de Crouilly, et ce choix, à notre avis, jette un jour éclatant sur la personnalité de Pierre Thierry, sur son rôle dans l'histoire de l'orgue de Saint-Gervais, et sur la situation qu'il occupait par rapport aux Couperin. Par conséquent, jusqu'à preuve du contraire, et malgré qu'à tout ceci soit réservée une large part d'hypothèses et de déductions, notre conviction intime nous porte à croire que Pierre Thierry est bien l'auteur initial de l'instrument du XVIIe siècle.

Né tout à fait au début du XVIIe siècle, il dut rester employé à Saint-Gervais jusqu'en 1675 environ. A ce moment, le second Thiery, peut-être son fils, lui succéda; nous avons vu qu'il réclamait, en 1691, le montant de travaux, évidemment assez considérables, puisqu'ils s'élevaient à la somme de 600 livres[1], exécutés par lui en 1684. Il continua vraisemblablement ses fonctions jusqu'à la fin du XVIIe siècle, et même pendant les premières années du XVIIIe.

De 1705 à 709 un autre facteur parisien : Deslandres, figure sur les registres de comptes. Cet organier continua-t-il ses soins à l'orgue de Saint-Gervais après 1709? Nous le pensons.

Peut-être le troisième Thierry : François, entra-t-il à Saint-

1. La veuve du facteur Louis Bessart recevait, en 1764, 650 livres pour une partie de la réfection de l'orgue entreprise par son mari en 1760.

Gervais avant 1714; toutefois, c'est seulement à cette date qu'il fit d'importants travaux : une restauration partielle cependant.

François Couperin, le Grand, qui, après son oncle, François, de Crouilly, avait dû constater les travaux exécutés par le second Thiery, puisqu'il était organiste à Saint-Gervais depuis 1689, surveilla également la restauration faite par François Thierry.

Vingt-deux ans après ce travail, en 1736, nous voyons encore François Thierry chargé de l'entretien de l'instrument qu'il avait réparé en 1714.

C'est à partir de 1736, jusqu'en 1759, soit pendant vingt-trois années, que l'on ne trouve pas trace d'organier à Saint-Gervais.

Nous avons dit, précédemment, quel était notre avis au sujet de cette période.

En 1759 apparaît Louis Bessart ou Bessard, qui, en 1760, commença une réfection totale de l'instrument : « La mort interrompit, en 1764, les travaux de Bessart, et ce fut Clicquot qui, après avoir estimé à titre d'expert les travaux de son prédécesseur, fut chargé de compléter son œuvre[1]. »

L'article de dépenses ci-après indique le paiement fait à la veuve de Louis Bessart, pour les travaux qu'il venait d'exécuter, et qu'il laissait inachevés :

Art. 2. — Le comptable fait dépense de la somme de 700 livres par lui payées à la veuve Bessart, facteur d'orgues, pour ouvrages faits par feu Bessart son mary, suivant quittance passée devant M⁰ Blaque, notaire à Paris, le 7 juillet 1764, savoir 650 livres pour ce qui restait dû audit feu sr Bessart, plus 50 livres pour ladite année 1764 de l'entretien de l'orgue[2].

Depuis 1759, Louis Bessart figurait annuellement sur les registres de comptes de la Fabrique, pour la somme de cinquante livres, affectée à l'entretien de l'orgue.

C'est à sa seule qualité de fils de facteur d'orgues, et successeur d'une maison sans doute avantageusement connue, que François-Henri Clicquot fut appelé à expertiser et à continuer

---

1. L. Malherbe et M. Ferron, *Essai sur le grand orgue de Saint-Gervais*, p. 13-14, loc. cit.
2. Arch. nat., H. 4394.

le travail de Bessart, car ce n'est qu'après qu'il eut achevé la réfection commandée à Louis Bessart que, associé à Pierre Dallery, en 1765, il acquit la réputation méritée du plus grand facteur d'orgue du XVIIIe siècle, et même de tous les siècles pendant lesquels on fabriqua de ces instruments.

L'orgue de Saint-Gervais est le premier ouvrage qu'il exécuta seul, et c'est après qu'il se fut séparé de son associé, qu'il construisit l'instrument admirable qui est encore à Saint-Sulpice[1]. Son dernier ouvrage fut l'orgue de Poitiers, qu'il termina un an avant sa mort[2].

En fin d'expertise, Clicquot semble avoir « poussé à la dépense », en proposant et en conseillant des modifications, d'ailleurs excellentes pour l'instrument qui lui était confié, mais aussi, profitables à ses intérêts.

Clicquot mit quatre ans pour parachever l'œuvre commencée par Louis Bessart; ce n'est que le samedi, 16 avril 1768, que les organistes Daquin et Balbâtre, choisis pour arbitres, essayèrent et reçurent, avec enthousiasme, l'orgue définitivement restauré. Ils demandèrent, en outre, que : « pour la perfection de l'instrument il y fut ajouté un chromhorne neuf », ce qui fut fait l'année suivante.

Voici la quittance des derniers travaux exécutés pendant la période 1768-1769 :

Art. 17. — De celle de 2700 livres payée au s[r] Clicquot, facteur d'orgue, pour les ouvrages et réparations qu'il a faits à celui de Saint-Gervais, suivant ses cinq quittances des 21 mars, 17 avril, 24 juin 1768 et 13 juillet 1769[3].

Clicquot, qui tout d'abord touchait, comme son prédécesseur Bessard, cinquante livres de traitement annuel pour l'entretien de l'orgue, dut demander une notable augmentation, car, par délibération du conseil de Fabrique en date du 1er avril 1772, son traitement fut porté, d'un seul coup, à cent livres[4]; ce détail montre assez dans quelle estime il était tenu.

---

1. On sait, qu'actuellement, cet orgue est mis en complète valeur par l'exécution magistrale de M. Ch.-M. Widor.
2. Hamel, *Biographie des facteurs d'orgue.*
3. Arch. nat., H. 4400.
4. Arch. nat., H. 4401.

A partir de 1778, commence une série de restaurations, qui dure jusqu'en 1781 :

Art. 28. — De celle de 400 livres payée au Sr Clicquot, facteur d'orgue, à compte des ouvrages et réparations faits à l'orgue de la paroisse, suivant sa quittance du 8 janvier 1779 [1].

Art. 22. — De celle de 300 livres payée au Sr Clicquot, facteur d'orgue, à compte sur les ouvrages qu'il a faits à celui de la paroisse, conformément au marché fait double entre lui et la Fabrique, suivant sa quittance du 18 janvier 1780 [2].

Art. 12. — De celle de 300 livres payée au s^r Clicquot, facteur d'orgue, pour forfait et dernier payement des ouvrages et réparations par luy faits à l'orgue de Saint-Gervais, suivant sa quittance du 15 janvier 1781 [3].

Dans le chapitre consacré à Armand-Louis Couperin, nous avons donné [4] la copie de l'article de dépenses concernant la somme de 240 livres payée à Clicquot, en 1786, après vérification de son mémoire par Armand-Louis, fils de Nicolas Couperin.

Jusqu'en 1789, Clicquot figure, chaque année, sur les registres de comptes de la Fabrique, pour la somme de cent livres, prix du nouveau traitement qui lui avait été alloué pour l'entretien de l'orgue.

La Révolution ayant interdit l'accès de l'orgue, ce furent le son des violons des bals publics et les chants révolutionnaires qui se substituèrent aux hymnes religieuses, et aux mâles et nobles accents de l'instrument sublime qui, naturellement, ne reçut aucun soin pendant cette période.

Les cérémonies religieuses ayant repris leur cours normal en 1795, Gervais-François Couperin fut appelé, à nouveau, aux fonctions d'organiste de Saint-Gervais.

Quoique l'orgue de Clicquot, qui comptait déjà quarante-six années d'existence, ait continué à être privé de soins jusqu'en 1811, on peut juger, par l'effet que produisit, en 1810, le représentant ultime de l'illustre dynastie des Couperin, que cet instrument avait conservé toutes ses qualités et la totalité de ses ressources. Cependant, malgré le bon état dans lequel il se trouvait alors, des réparations et des transformations furent

---

1. Arch. nat., H. 4408.
2. Arch. nat., H. 4409.
3. Arch. nat., H. 4410.
4. Page 151.

jugées nécessaires, non pas par le célèbre François-Henri Clicquot, mort depuis 1791, mais par le fils de son ex-associé, Pierre Dallery : Pierre-François Dallery, qui avait été appelé pour le remplacer[1].

Le travail assez considérable de Pierre-François Dallery, consistant en la réparation des anciens jeux et l'adjonction de plusieurs jeux nouveaux, fut terminé en août 1812.

La veille de la réception de l'instrument nouvellement réparé et augmenté, les organistes Lasceux[2] et Gervais-François Couperin, choisis comme arbitres, firent, assistés de deux membres du conseil de Fabrique, un examen complet de l'orgue, le 26 au soir, vers cinq heures, à la suite duquel ils dressèrent un rapport, daté du 27 août 1812, où est relaté leur examen de la manière suivante : « Après avoir visiter (sic) tous les jeux les uns après les autres, nous les avons trouvés bien réparés et de bonne harmonie ainsi que tous les jeux qui ont été faits à neufs (sic) scavoir; une trompette de grosse taille au grand Orgue[3], une clarinette[4], un basson, et une flûte au Positif[5]. »

La cérémonie du lendemain fut annoncée par voie d'affiche, dont voici le texte, d'après une épreuve conservée dans les Archives paroissiales :

Réception de l'orgue de Saint-Gervais.

Le jeudi 27 Août 1812, à une heure, cet orgue relevé et augmenté par M. Dallery, facteur d'orgues de S. M. L'Empereur et roi, sera reçu et touché par M. Lasceux, organiste de St. Etienne du Mont et Couperin, organiste de St. Gervais. Le lendemain Vendredi 28 MM. les Organistes de Paris toucheront à trois heures.

De l'imprimerie de la veuve Delaguette, rue St. Merry n22.

1. *Les Dallery* constituent une véritable dynastie d'organiers, et occupent, à la fin du XVIIIe siècle et au commencement du XIXe, une place importante dans l'histoire de la facture d'orgue en France qu'ils couvrirent de leurs travaux.
Voici la généalogie de cette famille :
Charles Dallery.
Pierre Dallery, neveu de Charles, associé de Clicquot.
Pierre-François Dallery, fils de Pierre.
Paul Dallery, fils de Pierre-François.
2. Une messe solennelle avec orchestre, composée par cet artiste, fut exécutée à Saint-Gervais, en 1804, au jour de la Sainte-Cécile.
3. A été supprimée il y a quelques années.
4. Porte, actuellement, le nom de Cromhorne.
5. Archives paroissiales.

Après le « relèvement[1] » et les augmentations de Pierre-François Dallery, l'orgue dut fonctionner très convenablement, mais, dès 1836, des réparations urgentes apparurent comme nécessaires, à Paul Dallery, fils de Pierre-François, et son successeur depuis dix ans, qui proposa un devis.

Dans un « Préambule » à son devis, Paul Dallery expliquait que : « Les grands tuyaux dont il est déjà parlé ont fini de s'user, et au lieu de parler, ils ne font plus que souffler désagréablement, ce qui en outre rend les basses de fond si faibles que l'organiste les entend à peine[2]. »

Les « grands tuyaux » dont il est ici question sont ceux en étain ornant les tourelles de la Montre, lesquels, d'après Dallery, dataient de François Thierry, et n'avaient pas été refaits par Clicquot.

Devis proposé par Paul Dallery.

Première partie :

I. Descente et nettoyage des tuyaux	400 fr.
II. Réparation des postages[3]	200 fr.
III. Nettoiement du mécanisme, redrappage des claviers, rendre mobile le registre de la Bombarde qui « à ma connaissance, a toujours été tiré et peut occasionner des cornements de nature à interrompre l'office »	200 fr.
IV. Réfection de la soufflerie	1.200 fr.
V. Remise en place des tuyaux et accord	1.000 fr.
Total	3.000 fr.

Deuxième partie :

I. Réfection des 15 grands tuyaux des tourelles du grand buffet.	2.200 fr.
II. Construction et placement au grand orgue de « une fourniture et une cymbale se composant ensemble de six tuyaux par touche ou 306 tuyaux dans tout leur ensemble. Les corps de ces jeux nécessaires pour l'accompagnement du plein-chant seront d'étain, les pieds et bizeaux en étoffe[4]	600 fr.

---

1. On appelle « relèvement », le démontage et nettoyage de toutes les parties constitutives de l'orgue.
2. Archives paroissiales.
3. Les « postages » sont de petits conduits de plomb qui servent à amener le vent du sommier au pied des tuyaux de certains jeux non placés directement sur le sommier.
4. L'Etoffe est un alliage composé d'étain et de plomb : « Il est d'usage en France de faire généralement tous les pieds des Tuyaux de l'intérieur de l'Orgue en Etoffe, aussi bien que certains jeux. » Dom François Bedos de Celles. — *L'Art du facteur d'orgues*, Paris, 1766, 2ᵉ partie, chap. viiiᵉ, p. 350.

L'ORGUE DE SAINT-GERVAIS

Les soufflets.

III. Placement au positif d'une fourniture et d'une cymbale de 5 tuyaux par touche qui « vu le peu de largeur des chapes dudit positif, en occuperont deux, celle déjà vacante d'un ancien larigot et celle de la tierce jugée inutile par M. Boëly......... 500 fr.
Report de la 1re partie... 3.000 fr.
Total.... 6.300 fr.
Paris le 6 novembre 1836.
Signé : Dallery.

A part la tierce du Positif qui, quoique jugée inutile par M. Boëly, fut conservée, les travaux proposés dans le devis de Paul Dallery ne furent exécutés que sept ans après.

Il y a quelques années, lors d'une remise en état des tuyaux des tourelles du grand buffet, on retrouva, gravée sur les écussons des deux gros tuyaux ut et ut dièze, l'inscription suivante : « Schumacher et Boulet, ouvriers chez M. Dallery, facteur d'orgues du roi, 1843 ».

Il est à remarquer que les réparations faites par Paul Dallery ne portent nullement sur les jeux installés par son père, en 1812.

Dans la restauration du fils, les nouvelles fournitures et cymbales nécessaires pour l'accompagnement du plein-chant furent, selon une coutume déjà ancienne, placées ensemble sur un seul tirant, qui reçut le nom de : Plein-Jeu[1].

Au reste, ce Plein-Jeu ne fut utile que pendant fort peu de temps, la construction de l'orgue du chœur ayant été achevée en 1845. L'inauguration de cet instrument eut lieu le 2 octobre 1845; elle fut faite par Alexandre-Pierre-François Boëly, organiste de Saint-Germain-l'Auxerrois[2]. Dès lors, il n'y avait plus aucune raison pour que l'accompagnement du plein-chant continuât à être réalisé au grand orgue.

Depuis 1843, l'instrument que Thierry appelait : « l'un des plus beaux du royaume de France » alla se détériorant de plus en plus, d'abord parce que privé de soins, et aussi sous l'influence de causes fortuites et désastreuses : en 1853, un

---

1. Cette dénomination de « Plein-Jeu » existait depuis longtemps avant 1845; nous trouvons en effet ceci, dans l'admirable ouvrage du bénédictin Dom François Bédos de Celles : l'*Art du facteur d'orgues*, publié en 1766 : « La cymbale va toujours avec les fournitures; on ne sépare jamais ces deux jeux qui étant ensemble prennent le nom de Plein-jeu ».
2. P. Fromageot, *Un disciple de Bach* : Pierre-François Boëly, Versailles, 1909, note p. 1, loc. cit.

autel installé, un jour de procession, exactement sous la tribune du portail, prit feu; des flammèches pénétrèrent dans l'orgue, et la chaleur dégagée par cet incendie fit fondre un des tuyaux de la montre du Positif[1].

Dans un rapport, présenté, le 30 mars de la même année 1853, au curé de Saint-Gervais et au conseil de Fabrique, Paul Dallery s'exprime ainsi : « ... J'ai reconnu que le danger dont la pensée m'avait fait appeler avait disparu, mais que l'introduction des flammèches dont je parle plus haut, ajoutée aux ordures qui déjà par suite des travaux qui depuis dix ans ont été exécutés soit au portail, aux vitrages ou autres parties de l'église en arrière ou au dessous de l'orgue, ordures auxquelles il faut ajouter celles qui, en 1848, sont résulté de l'envahissement par les socialistes de ce même instrument ou au moins de ses alentours; il résulte qu'il est aussi sale que s'il y avait vingt ans qu'il n'eut été réparé et qu'il a besoin d'être relevé, c'est-à-dire, démonté et nettoyé dans toutes ses parties[2]. »

Touzé, vicaire, et Baillet, alors organiste et, vraisemblablement, aussi, maître de Chapelle de Saint-Gervais, certifièrent ce rapport conforme à la vérité; cependant rien ne fut fait.

L'organiste Garreaud, qui fut sans doute le successeur immédiat de Baillet à l'orgue de Saint-Gervais, et qui examina l'instrument de cette église, au mois de décembre 1854, trace le tableau suivant de sa déchéance : « Il est désolant de voir un orgue tellement rempli de poussière qu'on ne sache où se placer, des claviers d'une malpropreté repoussante, un registre cassé, des jeux dont la plupart des notes refusent de parler; dans la soufflerie une vitre cassée et remplacée par un chiffon, la porte donnant dans l'intérieur de l'orgue ouverte, tout accuse un abandon des plus grands et nécessitera fréquemment des réparations dispendieuses. »

Par ce qu'on vient de lire, on peut imaginer l'état de délabrement auquel parvint le malheureux instrument, à la fin du XIXe siècle.

---

1. Un devis de vingt francs figure au livre de comptes de la Fabrique, pour la réparation de ce tuyau.
2. Archives paroissiales.

« Au début du XXe siècle il n'avait même plus d'accordeur attitré, et la poussière avait envahi les sommiers, fermé la bouche des tuyaux. Des nettoyages sommaires furent opérés ; la montre fut descendue et blanchie en 1909[1]. A cette époque, grâce à ces efforts, tous les jeux sauf une deuxième trompette, parlaient tant bien que mal, quand en juillet 1910, un violent orage, pénétrant les voûtes, vint paralyser la moitié des jeux. Les facteurs abandonnèrent alors l'orgue de Saint-Gervais[2]. »

Le vieil instrument historique aux jeux très fins, à la sonorité toute spéciale et si distinguée, qui charma jadis nos pères, n'est plus, aujourd'hui, que l'ombre de lui-même : « Parfois, quand quelque artiste, amant du passé, s'essaie sur ses claviers jaunis, les rares jeux demeurés intacts exhalent encore une plainte infiniment douce, et les vieilles voûtes, qui ont vu passer tant de générations, semblent un instant tressaillir comme au souvenir d'un passé glorieux[3]. »

Une restauration très soigneuse, basée sur des données scientifiques et artistiques, est quelquefois entreprise avec succès, pour redonner leur fraîcheur de coloris à de vénérables tapisseries gothiques ou à de poétiques fresques de la Renaissance.

Un travail dans cet ordre d'idées pourrait rendre sa splendeur passée à l'instrument qui fut, et peut encore être la gloire des vieux Organiers Français.

Une reconstitution est projetée ; espérons que ce louable projet se réalisera.

Il semble, en effet, impossible qu'on laisse définitivement tomber en ruine l'orgue vénérable, l'*Orgue de Saint-Gervais*, *instrument des Couperin*[4].

---

1. Par Merklin (Gutschenritter).
2-3. L. Malherbe et M. Ferron, *Essai historique sur l'orgue de Saint-Gervais*, p. 15.
4. Voir *Notes annexes*, note VI, p. 295-296.

Tableau généalogique et chronologique des Organiers de Saint-Gervais.

Pierre Thierry.	1636-1675
Thiery.	1676-1704
Deslandres.	1705-1709
François Thierry.	1710-1758
Louis Bessart	1759-1764
François-Henri Clicquot	1764-1789
Pierre-François Dallery	1796-1826
Paul Dallery.	1826-1860
Merklin	1910

Pusieurs de ces dates sont approximatives; cependant, nous pensons que, dans son ensemble, le tableau ci-dessus n'est pas éloigné de l'exacte vérité.

CHAPITRE XI

ICONOGRAPHIE DES COUPERIN

L'Iconographie des Couperin est, hélas! des plus modestes; pourtant, elle comporte, heureusement, les portraits de trois des membres les plus intéressants de la dynastie, ceux de : François Couperin, sieur de Crouilly, François Couperin, le Grand, et Armand-Louis Couperin.

A ces portraits d'hommes, il convient d'ajouter celui de Nicolas Couperin, plus deux portraits de femme, ceux de : Marguerite-Louise Couperin, fille de François, de Crouilly, et Elisabeth-Antoinette Blanchet, épouse d'Armand-Louis Couperin.

Le portrait de François Couperin, sieur de Crouilly, appartient au Musée de Versailles, où il est exposé dans l'une des pièces de l'ancien appartement de Mme de Maintenon, et catalogué sous le n° 4280. — Pl. II.

Ce tableau, peint par Claude Lefebvre (1631-1701), est d'une fort belle facture; il est cité dans les *Mémoires sur les membres de l'Académie de peinture*[1]. Ses dimensions sont : hauteur : 1 m. 27, largeur : 0 m. 96.

François, de Crouilly, y est représenté assis devant un orgue, sur les claviers duquel sont posées ses mains, deux belles mains, adroites, intelligentes, aristocratiques : la main droite, sur le clavier du bas ou grand clavier; la gauche, sur le clavier du haut ou petit clavier. On conçoit que ces mains magni-

---

1. T. I. p. 403. Claude Lefebvre fut reçu à l'Académie, les 31 mars et 30 octobre 1663, sur le portrait de Colbert (Musée de Versailles).

fiques, ces beaux outils mis au service des facultés que nous constaterons dans la tête, aient fait merveille sur le sublime instrument.

La tête n'est pas vraiment belle, au sens de la pureté des lignes, mais elle est très intéressante. Elle exprime l'intelligence et l'esprit; les yeux scrutateurs sont remplis de finesse et de malice : celui qui avait de tels yeux était, à n'en pas douter, un observateur profond et averti, et les différentes psychologies des êtres devaient lui être bien vite révélées. Quant au sourire, pour ainsi dire répandu sur tout le visage, il donne au personnage un caractère à la fois énigmatique et révélateur, qui le rend étrangement attractif.

Ajoutons que notre organiste, vêtu somptueusement d'un costume foncé, sobre et distingué, est empreint d'une noblesse indéniable.

Nous nous plaisons à retrouver, dans la physionomie que nous montre ce portrait et dans son allure générale, les divers aspects que nous connaissons de la nature de François Couperin, sieur de Crouilly. Pour nous, c'est bien là l'auteur des Messes si élevées, si ingénieuses, si nobles que nous avons de lui; c'est bien aussi l'homme aimable, gai, jovial, dont nous avons cité quelques traits piquants.

Le catalogue des tableaux du Musée de Versailles dit que la jeune fille, debout à droite de cette toile, dont la main droite est posée sur son cœur, et qui, de la gauche tient un livre de musique oblong à moitié ouvert, est la fille du peintre Claude Lefebvre : « élève de François Couperin ».

Nous ne sommes pas du tout de cet avis.

Sans douter que la fille de Claude Lefebvre ait été l'élève de François, de Crouilly (il suffirait, pour en accepter l'hypothèse, de remarquer que le peintre et son modèle organiste vécurent exactement le même temps : ils sont nés tous deux en 1631, tous deux sont morts en 1701), nous pensons, toutefois, qu'il n'y avait aucune raison pour que le peintre qui fit le portrait de François Couperin, de Crouilly, eût fait figurer à côté de ce dernier sa propre fille, tandis qu'il nous paraît tout naturel qu'auprès du père il ait tenu à placer la fille de celui-ci, musicienne remarquable dont les mérites furent hautement appréciés, et qui, comme chanteuse, obtint, fort jeune, d'éclatants succès[1].

Conséquemment, nous supposons, avec quelque vraisemblance, que la jeune fille du tableau dont nous nous occupons est bien : Marguerite-Louise Couperin, fille de François, de Crouilly. — Pl. II.

Elle est d'ailleurs délicieuse cette jeune fille avec son air candide et intelligent. L'ovale du visage est exquis; il semble que ces grands yeux veulent « bien voir » tout ce qui s'offre à eux, et leur écartement dit assez qu'ils se souviendront de ce qu'ils auront vu. L'arcade sourcilière est fort belle, le front superbe; quant à la bouche, elle est adorable.

Il est certain que cette jeune personne avait en elle, et extériorisait hors d'elle, tout ce qu'il faut pour charmer et séduire.

En outre, il y a une analogie si frappante entre les yeux et la bouche des deux personnages, qui forment le véritable tableau de famille dont cette toile donne tout à fait l'impression, que cela serait une nouvelle preuve à l'appui de notre hypothèse, si elle avait encore besoin d'être renforcée.

Il n'existe qu'un portrait authentique de François Couperin, le Grand : la gravure exécutée, en 1735, par Flipart[2] d'après le tableau peint par Bouys[3]. — Pl. IV.

La Bibliothèque Nationale, Cabinet des Estampes, série des Estampes, série des portraits[4], possède deux tirages de cette même gravure, lesquels ne diffèrent que par la lettre; tous

---

1. Rappelons qu'elle fit partie de la Musique du Roy, sinon à dix-neuf ans, du moins à vingt et un; que c'est elle qui chanta, à Versailles, les Motets de son cousin Francois, le Grand.
2. Il y eut, au XVIIIe siècle, trois graveurs de ce nom : Jean-Charles Flipart, né à Paris en 1700 (?), mort à Paris le 24 mai 1751, et ses deux fils : Jean-Jacques Flipart, né à Paris le 15 février 1719, mort à Paris le 9 juillet 1782, qui paraît avoir été le plus estimé des membres de la famille, et auquel le baron Roger Portalis et Henri Béraldi consacrent un long article, dans leur ouvrage : *Les graveurs du XVIIIe siècle*, Paris, 1881; Charles-François Flipart, mort à Paris en 1773. En raison des dates respectives de naissance et de mort de ces trois artistes, il nous semble que la gravure du portrait de François Couperin, doive être attribuée au premier du nom, à Jean-Charles Flipart.
3. André Bouys, peintre graveur, élève de François Detroy, né à Hyères, Var, en 1656; mort à Paris le 18 mai 1740 (paroisse Saint-Eustache); reçu à l'Académie, le 27 novembre 1688, sur les portraits de Delafosse (Musée de Versailles), et de Lehongre; Conseiller, le 2 juillet 1707.
4. Série n° 2.

deux ont des dimensions semblables : hauteur : 0 m. 30, largeur : 0 m. 20 1/2.

Celui de ces deux tirages qui nous paraît être le plus ancien comporte, comme lettre : « François Couperin compositeur organiste ‖ de la Chapelle du Roy ». Sous le trait carré, à gauche : « Bouys pinxit »; à droite : « flipart sculp. 1735 » et, en bas, à droite, l'adresse : « a Paris chèz l'auteur rüe St Jacques au nom de Jésus vis a vis le colège du playsis ».

Voici la lettre du second : « F. Couperin. Organiste de la Chapelle du Roy. ‖ Dedié à Monseigneur de la Boissière Trésorier ‖ Général des Etats de la Province de Bretagne. ‖ Par son très humble et très obeissant serviteur Flipart ». Sous le trait carré, à gauche : « Bouys pinxit »; à droite : « flipart sculp. 1735 ». L'adresse ne figure pas sur cette estampe, qui comporte encore, empiétant sur le trait carré du bas, les armes de M. de la Boissière.

L'apparition et la mise en vente de cette gravure furent annoncées, de la manière suivante, par le *Mercure de France* : « Il paroit en Estampe un portrait bien intéressant pour les Amateurs de la Musique, qui sont aujourd'hui en grand nombre. C'est celui du célèbre François Couperin, compositeur organiste de la Chapelle du Roy, d'une ressemblance heureuse et frappante, gravé par le sieur Flipart d'après le tableau original de M. Bouys, peintre de l'Académie. Cette estampe se vend rue S. Jacques au nom de Jésus, chez Flipart; rue S. Honoré, chez la veuve Boivin, et la rue du Roule, chez le Clerc, prix 24 sols[1]. »

Le *Dictionnaire général des Artistes de l'école Française*[2] ne mentionne pas ce portrait, ni dans l'œuvre de Bouys, ni dans celle de l'un des Flipart. Malgré ce mutisme, l'estampe de Flipart dut jouir d'une assez grande vogue, si l'on en croit le *Mercure de France* qui, à son sujet, revint à la charge, cinq mois après la date de son apparition : « Le Portrait de l'illustre François Couperin, Compositeur organiste de la Chapelle du Roy, peint par M. Bruis (sic), de l'Académie Royale de Pein-

---

1. *Mercure de France*, août 1735, p. 1820-1821.
2. Ouvrage commencé par Emile Bellier de la Chavignerie, continué par Louis Auvray, Paris, 1882.

ture et gravé par le sieur Flipart, continuë de se vendre avec beaucoup de succès chès l'Auteur, vis-à-vis le Collège du Plessis, etc.[1] »

Quant au portrait peint par Bouys, il devait avoir une certaine allure, à en juger par la belle gravure de Flipart.

Qu'est devenue cette peinture?... Égarée! Ou, ce qui est plus désolant encore, détruite, détruite à tout jamais, comme tant d'autres, hélas! — Nos recherches personnelles tendant à retrouver cette œuvre ne nous ont rien fait découvrir, pas même la trace de ce tableau.

Il va de soi que, pour nous faire une idée du portrait de François Couperin peint par André Bouys, nous devons nous rappeler que, pour donner l'image vraie du tableau qu'il a à reproduire, le graveur doit s'assujettir à copier son modèle se reflétant dans un miroir; mais que, les graveurs négligeant cette règle ou préférant ne pas s'y conformer, la plupart des gravures ne représentent que l'image inversée du tableau dont elles ne sont ainsi qu'une reproduction infidèle.

La gravure de Flipart suit la loi commune; aussi subit-elle la peine engendrée par la faute commise.

François Couperin y est représenté assis. La main gauche, posée sur le papier à musique placé devant lui, sur la table qui occupe le premier plan, est un non-sens : dans la peinture c'est la main droite qui se trouvait là; dès lors il était parfaitement compréhensible que c'est cette jolie main potelée, dont l'auriculaire est orné d'une bague, qui venait de tracer le titre et les premières mesures de la pièce de clavecin : *les Idées Heureuses*[2], qu'on voit figurer sur l'estampe.

De même, dans le tableau, c'était la main et le bras gauche qui se campaient élégamment et harmonieusement sur la cuisse gauche; là, encore, nouveau non-sens : il semble que c'est le bras droit qui prend cette attitude irrationnelle.

Au reste, pour avoir une vision juste du tableau original, il suffit d'agir, à présent, comme Flipart aurait dû faire jadis,

---

1. *Mercure de France*, janvier 1736, p. 136.
2. Cette pièce fait partie du Premier Livre, Second Ordre, des Pièces de Clavecin de François Couperin.

toutefois en sens contraire : regarder la gravure reflétée dans une glace.

Nous avons dit dans le chapitre consacré à François Couperin, le Grand, page 91, ce que nous pensions du visage du célèbre claveciniste. Ici, il y a lieu de féliciter le graveur, pour la manière dont il a fixé, d'une main sûre et habile, les traits de cette physionomie, non seulement en donnant au visage toute son expression, mais encore en laissant apparaître, au travers du masque, la pensée intime de l'être.

Le corps, gros et gras, se meut à l'aise dans une chemise à jabots et à poignets de dentelle, souples, délicieux, et dans un magnifique vêtement brodé, qui paraît être en soie; le graveur en a traité les plis avec cet art exquis, propre aux artistes du XVIIIe siècle. Les rubans, qui servaient à rapprocher les deux parties de l'habit, sont ravissants aussi.

Sur la table, près du cahier de musique et dans la ligne du coude, se trouve posée une croix attachée à une chaîne. Or, parmi les titres et qualités énoncés dans l'Acte de baptême de Marguerite-Antoinette Couperin, seconde fille de François Couperin, ce dernier est qualifié : « Chevalier de l'Ordre de Latran[1] »; il faut donc penser que la croix et la chaîne qui figurent sur la table représentent les insignes de cet Ordre, auxquels, d'ailleurs, le dessin correspond exactement.

Cette croix a aussi beaucoup d'analogie avec celle de l'Ordre de Saint-Michel, mais il est évident que si François Couperin avait obtenu cette distinction, fort peu décernée par Louis XIV, il n'aurait pas manqué de le mentionner et de s'en faire un juste titre de gloire.

Parmi les tableaux, sans nom d'auteur, que possède le Musée de Versailles, il en est un qui doit retenir notre attention; le catalogue l'attribue, avec toute vraisemblance, à l'Ecole Française. — Pl. III.

Ce tableau, dont les dimensions sont : hauteur : 0 m. 90, largeur : 0 m. 73, est exposé, sous le n° 4340, dans une des

---

1. L'Ordre de Saint-Jean de Latran fut institué, en 1560, par le pape Pie IV.

salles de l'appartement de Mme de Maintenon; il représente un homme roux, jeune encore, quoique ayant quelques cheveux grisonnants, vêtu d'une chemise à jabots et poignets en dentelle, et d'une robe de chambre jaune à parements bleus. Ce personnage, qui est assis, a le coude droit appuyé sur une petite table ronde, supportant un encrier en verre dans lequel plonge une plume d'oie. La main gauche tient une feuille de papier à musique sur laquelle sont tracés des caractères assez difficiles à définir; peut-être pourrait-on y relever : « in, n », et, en dessous : « 17.. », mais rien n'est moins sûr que cela.

L'expression du visage de cet homme est franche, bonne et intelligente; le front fort beau, et nous dirons plus loin ce que nous pensons des yeux et de la bouche.

A la façon dont sont traités le visage, la main droite, les dentelles et les plis de la robe de chambre, il est aisé de se rendre compte que la toile qui nous occupe, sans être d'un grand maître, n'en n'est pas moins d'un peintre qui savait ce qu'il faisait et où il allait : sans doute de l'école de Rigaud.

Depuis longtemps, ce portrait a passé pour être celui de François Couperin, le Grand : un cartel le désignait ainsi, et le catalogue du Musée le mentionne encore de la même manière.

En soumettant notre portrait à un examen plus sérieux, et, surtout, en le comparant au portrait officiel de François Couperin, fourni par la gravure de Flipart, on s'est vite aperçu que le personnage qu'il représente n'est pas François Couperin, le Grand.

On l'a donc débaptisé; un nouveau cartel le dénomme actuellement : « Musicien inconnu ».

Pour nous, cette prudente mention est à la fois vague et erronée.

Nous sommes d'accord, quant à ceci, que le musicien dont il s'agit n'est pas François Couperin, le Grand; mais, n'étant pas lui, rien ne prouve que ce ne soit pas un autre Couperin. Au contraire, le fait que ce portrait a toujours passé pour être celui d'un Couperin implique, à notre avis, qu'il y a là une part de vérité qu'on ne saurait méconnaître, et de laquelle on doit tenir compte.

D'ailleurs, pour qui veut observer avec soin les traits du personnage en question, il est facile de s'apercevoir de la similitude qui existe entre la physionomie de ce musicien et celle de François Couperin, sieur de Crouilly, telle qu'elle nous est révélée par le portrait étudié précédemment : les yeux et surtout la bouche sont identiques dans l'un et l'autre cas.

D'autre part, étant donnés le costume du personnage représenté et le style même de la peinture, rien n'est plus aisé que d'attribuer ce tableau à la première moitié du XVIIIe siècle.

Dès lors, quel est donc celui des Couperin dont cette toile peut être l'image? Nous répondrons : Nicolas Couperin, fils de François, de Crouilly, dont l'analogie de la bouche et des yeux ne sont pas les seuls points de ressemblance ; en y regardant d'un peu près, il y a dans tout le visage du Musicien inconnu un air de famille qui le rapproche complètement du portrait de François Couperin, de Crouilly.

Il est également évident que ces yeux-là sont les mêmes, toutes proportions gardées entre un homme mûr et une toute jeune fille, que ceux de Marguerite-Louise Couperin qui, nous croyons l'avoir démontré, figure à côté de son père sur le tableau de Claude Lefebvre.

Notre conviction est donc que nous sommes bien ici en présence du frère de l'exquise chanteuse, à la voix légère et au goût merveilleux, dont parle Titon du Tillet.

Nous avons, maintenant, à nous occuper de deux pastels d'une grande importance pour l'iconographie des Couperin.

Ces pastels, ignorés jusqu'à présent, sont la propriété de Mme Arlette Taskin, fille d'Alexandre Taskin, le bel artiste dont la carrière à l'Opéra-Comique de Paris a laissé une trace lumineuse.

Emile-Alexandre Taskin[1] était, par sa grand'mère, arrière-petit cousin de Céleste Couperin, dernière du nom fameux qu'elle portait. Mme Arlette Taskin, chanteuse remarquable et interprète d'une rare intelligence, à laquelle nous adressons ici

---

1. Né à Paris, rue du Marché-Saint-Honoré, le 8 mars 1853 ; mort à Paris, le 5 octobre 1897.

tous nos remerciements pour avoir bien voulu nous permettre de reproduire les pastels en question, peut ainsi se glorifier d'être, actuellement, l'unique membre de la famille des Couperin.

La mère d'Alexandre Taskin disait les avoir toujours vus dans sa famille, et affirmait qu'ils étaient les portraits de son oncle par alliance : Armand-Louis Couperin, et de sa femme Elisabeth-Antoinette Blanchet.

Voilà, certes, des garanties d'authenticité qui, selon nous, doivent faire accepter ces deux portraits comme étant bien ceux d'Armand-Louis Couperin et d'Elisabeth-Antoinette Blanchet.

Ajoutons que, outre les costumes qui sont fin Louis XV, la date 1766, que porte l'un des portraits, précise encore l'identification des deux personnages représentés : en 1766 Armand-Louis Couperin avait trente-neuf ans, peut-être même quarante et un, sa femme trente-sept; c'est à peu près l'âge que marquent nos deux personnages.

En dehors de l'intérêt qu'ils offrent pour l'iconographie des Couperin, ces deux pastels ont une valeur artistique qui mériterait de les faire considérer à cet unique point de vue.

Quoique seul le portrait de femme soit signé : C. Noël 1776, tous deux sont sûrement du même artiste; dans les deux tableaux, c'est le même faire, la même technique, le même sentiment : incontestablement la même main exécuta ces deux œuvres[1].

Ces pastels sont placés dans des cadres d'époque Louis XVI, dont les feuilles d'eau, de style empire, nous paraissent avoir remplacé le perlé Louis XVI qui formait, primitivement, le bord s'appliquant immédiatement sur les sujets.

Le portrait d'Armand-Louis Couperin est traité dans une symphonie de bleus. — Pl. V.

Armand-Louis Couperin est représenté assis devant une

---

1. *Le Dictionnaire général des Artistes de l'École Française* ne signale pas ce peintre; également, la *Künstler Lexikon* du Dr G.-K. Napler, Munchen, 1841, est muette à son sujet; seule l'*Enciclopedia metodica critico ragionata delle belle arti* delle abate D. Pietro Zani, Parma 1823, mentionne un : « Noël C.-F. François qui florissait en 1805 »; cet artiste ne doit pas être l'auteur de nos pastels.

table sur laquelle est posé un cahier de papier à musique ; la main droite, extrêmement bien dessinée et peinte, s'apprête à écrire avec la plume d'oie qu'elle tient entre le pouce, l'index et le majeur ; l'auriculaire est orné d'une jolie bague, montée d'une pierre violet pâle jaunâtre : améthyste ou topaze, entourée de perles. Il est vêtu d'un gilet et d'un habit bleu, dont les bords, le col et les manches sont garnis de galons d'argent. On aperçoit un jabot de dentelle, par l'espace que laissent libre deux boutons défaits dans le haut du gilet.

Coiffée d'une perruque poudrée nouée, en bas et derrière, par un ruban noir formant catogan, la tête n'est pas belle au sens qu'on donne habituellement à ce terme, mais elle exprime l'esprit, la bonté, la droiture et la loyauté, en un mot toutes les qualités qui, réunies chez Armand-Louis Couperin, faisaient de lui un être d'élite.

La bouche révèle une extrême bonté ; le front, malgré la perruque qui lui enlève un peu de sa hauteur, est celui d'un homme possédant une grande intelligence ; quant aux yeux et au nez, ils sont fort beaux, et leur analogie avec les mêmes traits du visage de François Couperin, de Crouilly, grand-père d'Armand-Louis, est frappante.

Le portrait d'Elisabeth-Antoinette Blanchet est plus séduisant encore que celui d'Armand-Louis Couperin ; cela ne tient certes pas à la beauté du visage qu'il représente, mais au charme qui se dégage de la personne représentée, et au délicieux agencement du tableau. — Pl. VI.

Elisabeth-Antoinette Blanchet, assise, tient, de la main droite, l'anneau de support d'un médaillon contenant le portrait de son mari : Armand-Louis Couperin, vu de profil et, de la main gauche, semble désigner discrètement ce portrait qui repose sur son giron.

Remarquons, en passant, que ce médaillon identifierait, tant au point de vue du personnage qu'à celui du peintre, le premier pastel, si cela était nécessaire.

Les deux mains sont traitées exactement de la même manière que la main droite du portrait précédent, c'est-à-dire remarquablement.

Le visage d'Elisabeth-Antoinette Blanchet n'est pas beau au

sens propre du mot; pourtant il attire, par un ensemble d'intelligence et de bonté répandu sur toute la physionomie.

En détaillant les traits, aucun n'est vraiment beau, sauf, cependant, les yeux qui, surmontés de jolis sourcils, dénotent une nature éminemment observatrice, perspicace. Le front est assurément celui d'une femme d'esprit; quant à la bouche, qui tout d'abord ne paraît pas jolie, elle est le tel complément du front et des yeux de cette remarquable femme, que l'on se sent tout disposé et comme entraîné à se confier à cet être délicat, équilibré, qui semble vous sourire d'un air si accueillant qu'il vous met près de lui en toute confiance.

Le bas du visage, assez fort, et surtout la mâchoire inférieure légèrement avançante, sont les marques d'une volonté qui, nous le savons, ne se manifesta qu'en des actes dignes, honnêtes et bons.

La coiffure, à rouleaux poudrés ornés d'une petite parure en dentelle blanche que surmonte une plume noire piquée un peu derrière la tête, est celle de la fin du règne de Louis XV.

Pour nous rendre compte de la nature fine et distinguée d'Elisabeth-Antoinette Blanchet, nous n'avons qu'à nous en référer au costume du goût si sûr qu'elle porte sur le portrait exécuté par C. Noël.

Du corsage rose dont elle est vêtue, on n'aperçoit que le haut et le collier de perles qui en orne le col, ainsi que les dentelles garnissant le bas des manches et retombant joliment sur les bras, un peu après le coude souligné par un mignon nœud bleu.

Le véritable costume d'Elisabeth-Antoinette Blanchet est constitué par un délicieux petit mantelet à capuchon, qui couvre les épaules, le dos et la poitrine, tandis que les pointes, passant par-dessus les avant-bras, vont se perdre sur le giron.

Ce vêtement exquis, dont les bords sont garnis de fourrure, enveloppe tout le personnage, lui confère une distinction vraie; et la manière ample avec laquelle sont traités les beaux plis qu'il forme, hausse ce portrait au rang d'une œuvre d'art d'un ordre supérieur.

Un amateur bien connu, M. George Viau, passionné d'art

et collectionneur de tableaux, fut un jour frappé par la beauté d'un portrait dont le faire lui rappelait Chardin[1]; il l'acquit. En l'observant, il s'aperçut aussitôt qu'il avait été rentoilé, et trouva, sur le châssis, une inscription indiquant que ce portrait était celui d'Armand-Louis Couperin. Connaissant nos travaux sur la dynastie musicale des Couperin, il nous pria de voir le portrait en question, ce que nous fîmes d'autant plus volontiers que nous espérâmes trouver là un filon productif pour l'iconographie des Couperin.

En effet, après avoir examiné attentivement cette toile, nous croyons pouvoir la déclarer comme étant un portrait d'Armand-Louis Couperin. — Pl. VII.

Si l'on compare cette peinture au pastel de C. Noël, on reconnaît de suite l'analogie qui, au point de vue du modèle, existe entre les deux œuvres : mêmes yeux, même regard, forme du visage identique dans les deux cas; et, quoique, sur le pastel, Armand-Louis Couperin porte perruque, que sur l'autre portrait il ne soit pas coiffé de cet accessoire, il est aisé, cependant, de distinguer que le modelé de la tête est semblable; en outre, le tempérament sanguin du modèle se révèle dans les deux images, et la bouche, dont le dessin est une des causes principales du caractère de la physionomie, est, ici et là, de même nature.

Ce portrait offre encore un autre intérêt; en effet, tandis que le pastel nous montre Armand-Louis Couperin en habit d'apparat, lorsqu'il avait environ quarante ans, le tableau peint à l'huile représente notre personnage beaucoup plus jeune et dans un vêtement d'intérieur, conséquemment sans perruque, ce qui laisse au front tout le caractère dont il est en partie privé dans le pastel.

Si, maintenant, nous considérons le jabot de dentelle, et surtout le vêtement du personnage, il nous faut d'abord admirer la façon magistrale dont sont traités ces objets, aussi bien au point de vue de la forme qu'à celui des couleurs : seul un grand artiste pouvait ainsi faire de la beauté avec des choses aussi simples; en sorte que, si ce tableau n'est pas de Chardin,

---

1. Jean-Baptiste-Siméon Chardin, né à Paris, 1699-1779.

il est d'un des disciples du maître, très près de ce dernier. De plus, comme le costume est celui qui était à la mode à la fin du règne de Louis XV et au cours du règne de Louis XVI, le personnage qui le portait se trouve situé exactement à l'époque où vivait Armand-Louis Couperin.

Voilà un ensemble de considérations suffisantes pour que nous soyons amené à joindre le portrait appartenant à M. George Viau à l'iconographie des Couperin.

GRAPHOLOGIE DES COUPERIN

Nous avons cherché à découvrir l'être moral, en étudiant l'apparence extérieure de ceux des membres de la dynastie des Couperin dont l'image nous a été conservée.

Combien leur psychologie nous serait-elle mieux et plus sûrement dévoilée, si les écrits du temps où ils vivaient respectivement nous renseignaient sur quelque particularité de leur caractère, s'ils nous faisaient pénétrer dans leur intimité familiale, si, enfin, ils nous permettaient d'envisager, sinon connaître leur état d'âme!

Malheureusement, à ce point de vue, si ce n'est le mutisme complet, c'est, du moins, le silence presque absolu.

Les Préfaces de François Couperin, le Grand, satisfont, dans une certaine mesure, notre désir de connaître quelque chose de cet immense artiste, en ce sens qu'il apparaît là un peu tel qu'il était; d'autre part, les appréciations de l'abbé de Feller nous renseignent assez bien sur Armand-Louis Couperin; en outre, l'aperçu que nous donne Titon du Tillet, sur la façon dont François Couperin, de Crouilly pratiquait l'enseignement du clavecin, et, aussi, la phrase écrite, par ce dernier, après les Deo gratias de la première de ses messes, sont des indications qui nous révèlent un des côtés de la nature d'un des Couperin. Cependant, nous en serions réduits à de vagues suppositions sur le caractère de tous les autres membres de la dynastie, si la Graphologie ne venait à notre aide pour quelques-uns d'entre eux.

Cette science, faite toute d'observations délicates, de remarques minutieuses soigneusement enregistrées, de comparaisons, d'exemples colligés avec infiniment de soins, et de déductions habilement conduites, fouille, scrute l'être intime des gens sur quelques signes tracés par eux, et arrive à nous donner des notions très précises, non seulement sur leurs défauts et leurs qualités, sur les grands traits de leurs caractères, de leurs tempéraments, mais encore sur leurs aspirations les plus latentes, et même sur certaines choses, sur différentes particularités qui résident en eux et qu'ils ignorent ou ne veulent pas s'avouer à eux-mêmes. De sorte que, douée d'une perspicacité profonde et surprenante, elle va en nous plus loin que nous-mêmes, nous découvre plus complètement et plus sûrement que l'étude la mieux conduite par les méthodes propres à la Philosophie et à la Psychologie.

De plus, la Graphologie nous révèle fréquemment, dans beaucoup de nos semblables, des facultés qui ne purent se manifester, faute de la circonstance, fortuite on peut dire, qui ne se produisit pas pendant le cours des jours vécus par la personne qu'elle étudie.

En tout état de causes, lorsque nous traduisons notre pensée au moyen de signes graphiques, n'écrivons-nous pas, tout simplement, notre psychographie?

Il n'existe, hélas! de manuscrits autographes des Couperin que d'Armand-Louis et de son fils cadet, Gervais-François.

Les seuls exemples que nous ayons de l'écriture de François Couperin, le Grand, sont : *sa signature*, se présentant sous deux aspects : 1° avec le nom de famille, précédé du prénom tracé en toutes lettres, 2° avec le nom de famille, sans prénom.

Nous possédons également les signatures de : Nicolas Couperin, d'Armand-Louis Couperin et de ses deux fils, Pierre-Louis et Gervais-François.

Etant donné le modeste lot de documents graphiques dont nous venons d'énoncer la courte nomenclature, il semblerait, tout d'abord, que le champ d'études graphologiques fût ainsi fort limité; heureusement il n'en n'est rien.

En voici la raison.

La distinguée graphologue, Mme R. de Salberg, auteur d'un remarquable *Manuel de Graphologie*[1], déclare que : « Graphologiquement une signature est plus révélatrice que quatre pages de texte ».

Nous en référant à l'affirmation prononcée, ex-professo, par Mme R. de Salberg, nous lui soumîmes les signatures en question. Par l'intérêt et l'importance des portraits graphologiques qu'elle a pu faire, d'après les exemples graphiques que nous lui avions fournis, il apparaît que son affirmation pourrait bien être un aphorisme d'une vérité absolue.

Nous lui laissons la parole.

Voici d'abord François Couperin, dit le Grand[2] :

La dominante de cette signature est la simplicité. Elle représente bien l'être qui est avant tout une âme, vivant pour son art, concentré dans sa pensée, en sorte que les contingences de la vie sont secondaires à ses yeux.

Pas de majuscules.

Cependant ce tracé délicat et couché révèle la nature sensitive et sentimentale, par suite susceptible et souffrante parce qu'elle se rappelle. En effet, le paraphe indique une rancune douce, si douce qu'elle n'a jamais dû s'exprimer; elle était comme un dépôt amer au fond de cette âme pure jusqu'à la candeur.

Par ce côté, on pourrait presque dire que François Couperin est un ancêtre du doux Mozart.

Une autre signature, plus modeste encore que la précédente :

---

1. R. de Salberg, *Manuel de Graphologie usuelle enseignée par l'exemple*, Hachette et Cie, s. d.
2. Signature fournie par Jal, *Dictionnaire critique de Biographie et d'Histoire*.

nous avait, tout d'abord, donné à penser qu'elle était d'un des premiers Couperin; mais M. Charles Bouvet l'ayant relevée sur un des exemplaires des Concerts Royaux, il s'ensuit qu'elle ne peut être que de François Couperin, le Grand.

Cette petite signature, eu égard à la fermeté et au relief du tracé, indique la pleine force de l'âge, tandis que l'autre qui, jusqu'ici, était la seule connue, révèle la fatigue et la vieillesse; en outre, elle affirme les qualités de simplicité que nous avait fait connaître la précédente signature.

Aucun paraphe.

Celui de la rancune douce n'arrive que plus tard, alors que la vie a pu aigrir, dans une certaine mesure, la sereine nature de François Couperin.

L'âme de Nicolas Couperin, cousin du précédent, est loin d'être aussi candide, si nous en croyons son paraphe en lasso indépendant du nom, indiquant la disposition à l'intrigue :

Couperin

Au XVIIe siècle chacun concourait à l'illustration de son pays par amour de sa gloire, de sa grandeur, mais sans préoccupation de célébrité personnelle. Alors, le mot « bluff » n'avait pas encore émigré en France; mais au XVIIIe, l'individualisme commençait à sévir. Or, il faut toujours se reporter à l'ambiance générale d'une époque pour saisir toute la portée du geste, dans le personnage qu'on étudie.

La majuscule que comporte la signature de Nicolas Couperin se gonfle sensiblement dans un besoin d'épanouissement du « moi », avec le désir évident de tenir de la place, de faire l'important.

Il faut encore observer l'écriture ronde, indice de mémoire visuelle, tandis que François, avec son écriture couchée, avait la mémoire auditive. Ajoutons qu'ici l'écriture est presque verticale, la tête domine, tandis que François est conduit par son cœur, écriture très couchée.

Chez Nicolas les lettres sont groupées, indiquant la double faculté de l'invention et de la réalisation, François a l'écriture à la fois liée, légère et couchée ; il sentait et ne raisonnait pas, c'était l'inspiration qui sortait de son cœur en effluves harmonieuses. Mais, quoique différent de François, Nicolas Couperin n'en était pas moins un homme remarquable, peut-être moins artiste, mais plus intelligent que son illustre cousin.

Armand-Louis Couperin semble avoir collectionné les majuscules que ses ancêtres avaient oubliées [1] :

Graphologiquement c'est un indice de vanité plus ou moins puérile. Ici, nous pourrons y voir une manifestation d'imagination, de goût des fioritures, appliqué à son art prestigieux.

C'est d'abord A, commençant par un magistral crochet, indice du sentiment de la possession ; c'est L, qui se dresse sur un piédestal, annonçant qu'il trônait comme un Dieu dans son intimité ; c'est le C, au crochet convergent, indiquant une certaine limitation dans les affections ; c'est le lasso, révélateur du charme séducteur et de la virtuosité des mains ; c'est, enfin, les traits grassement nourris d'encre, symptomatique de la

---

[1]. Relevée sur un des manuscrits appartenant à la Bibliothèque du Conservatoire de Paris, legs Ch. Malherbe.

puissance du son et aussi de l'amour du bien vivre; mais nous ne retrouvons plus l'âme candide de François!

On voit bien qu'Armand-Louis avait traversé l'époque de Louis XV et qu'il avait goûté la « douceur de vivre » pendant cette fin de règne, cet exceptionnel XVIIIe siècle, dont on a dit : « qu'on ignorait la joie de la vie, quand on n'avait pas vécu pendant les années qui précédèrent la terrible tourmente de la Révolution ». Or, Armand-Louis mourut en 1789.

Voici, maintenant, la signature de Pierre-Louis Couperin, fils d'Armand-Louis[1] :

Cette signature a beaucoup de rapport avec celle de François Couperin, le Grand, première manière, c'est-à-dire avec celle qui ne comporte pas de prénom; mais, outre qu'elle

---

[1]. Relevée sur la Romance de Nina, mise en variations; exemplaire de la Bibliothèque du Conservatoire de Paris.

possède une majuscule largement gonflée, le paraphe en lasso qui l'accompagne est d'une complication telle qu'on pourrait le prendre pour une manifestation d'habileté en affaires s'il ne s'agissait, ici, d'un des anneaux de cette merveilleuse chaîne de musiciens. Par suite, ce lasso doit être considéré comme le geste d'une virtuosité manuelle suppléant à un sentiment purement artistique qui, certainement, n'approche jamais de celui de François, le Grand.

Enfin, le dernier des Couperin, Gervais-François, fils cadet d'Armand-Louis, se manifeste sous les aspects d'un habile homme d'affaires. Ayant dépouillé toute l'inutile vanité de son père de même qu'il a abandonné la poudre et les jabots de dentelle de François, le Grand; il a pris, en échange, la tête prépondérante de Nicolas et son esprit réalisateur, en y ajoutant une véritable habileté commerciale.

A ce point de vue son lasso compliqué est tout à fait révélateur[1] :

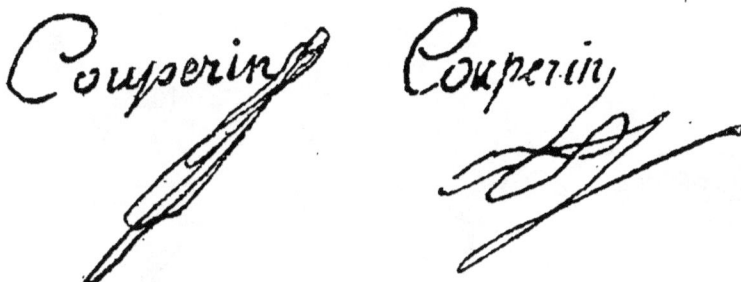

En résumé, ces signatures sont toutes adéquates à l'époque où elles ont été tracées.

La première et la seconde, *François Couperin*, le Grand : *Simplicité vraie venant d'une âme sans détours.*

La troisième, *Nicolas Couperin : Intelligence pratique.*

La quatrième (2 ex.) *Armand-Louis Couperin : vanité et virtuosité du sensuel.*

La cinquième, *Pierre-Louis Couperin : âme de bonne volonté, esprit de moindre envergure.*

---

1. Signatures relevées sur les Incroyables et les Merveilleuses. Bibliothèque du Conservatoire de Paris.

La sixième (2 ex.), *Gervais-François Couperin : Habileté de l'héritier intelligent qui veut profiter pratiquement de son héritage.*

L'évolution des temps et des générations s'accomplit sous nos yeux en étudiant cette série de signatures.

ÉGLISE SAINT-GERVAIS
Façade.

CHAPITRE XII

APERÇU HISTORIQUE SUR L'ÉGLISE SAINT-GERVAIS

A l'époque gallo-romaine, la grande voie de l'Est qui se dirigeait vers Chelles, et dont les rues Saint-Antoine, du Faubourg Saint-Antoine et de Montreuil marquent assez bien le tracé, était bordée de tombes, dans sa partie avoisinant la place de Grève[1].

En outre, des nombreuses trouvailles funéraires faites pendant de longues années dans cette région, on peut inférer qu'une vaste nécropole existait dans : « l'espace compris entre la rue de la Verrerie, la rue du Mouton, la place de Grève, le marché Saint-Jean[2], et l'emplacement de l'église Saint-Gervais[3] ».

C'est au milieu de ce champ de sépultures, à l'endroit, sans doute le plus élevé, celui qui devint plus tard le Monceau Saint-Gervais, non loin du Quai de Grève et du Port au Bled[4], que fut fondée la première basilique dédiée à Saint-Gervais et Saint-Protais, fils de Saint-Vital et de Sainte-Valérie. Ces deux frères furent martyrisés ensemble, à Milan, vers l'an 64 de notre ère, sous le règne de Néron.

1. Actuellement, place de l'Hôtel-de-Ville.
2. Ancien cymetière Saint-Jehan; la rue Bourg-Tibourg occupe, actuellement, une partie de ce cimetière.
3. *Mémoires sur les Antiquités de la France, présentés à l'Académie des Inscriptions et Belles Lettres*, par Jallois, 1843, p. 28.
4. Aujourd'hui le quai de l'Hôtel-de-Ville.

La crypte de l'église Saint-Ambroise, à Milan, contient leurs tombeaux[1].

A quelle date doit-on faire remonter l'établissement de cette Basilique?

Dans l'état actuel de nos connaissances, il est à peu près impossible de répondre à cette question.

Toujours est-il que, dans deux documents auxquels les archéologues attachent avec raison une grande importance : *La vie de Saint-Germain*, évêque de Paris, par Fortunat[2], et le *Testament de Dame Ermentrude*, daté de l'an 700, il est parlé de la Basilique de Saint-Gervais et de Saint-Protais.

Dans le premier de ces deux ouvrages, Fortunat dit que Saint-Germain se rendit, à deux reprises, à la Basilique de Saint-Gervais et de Saint-Protais, pour y veiller et prier. Il raconte aussi, qu'une fois, Saint-Germain, ayant trouvé fermée la porte de l'église, ouvrit de sa seule parole le pesle de la serrure.

Il ne reste, hélas! aucun vestige de l'antique monument auquel il est ici fait allusion; cependant, selon une remarque judicieuse de Jaillot[3], ce mot basilique, employé dans les deux documents précités : « basilica domini Gervasii », impliquerait l'existence, sur le Monceau Saint-Gervais, d'une église d'une grande importance.

L'abbé Lebeuf, historien érudit et soigneux, affirme que, vers les VIe et VIIe siècles, l'église en question était desservie par quelques clercs.

« On ne saurait douter qu'à cette époque la région de la Grève était fort peuplée. Il n'y avait là d'autre église que celle de Saint-Gervais pour desservir ses habitants, que les crues de la rivière et le mauvais temps empêchaient de se rendre dans la Cité, par le grand pont, dont les abords étaient souvent

---

1. La dévotion à Saint-Gervais et à Saint-Protais fut, jadis, très populaire en France : un grand nombre d'églises ont été placées sous le vocable de ces deux saints; en outre, trente-sept communes françaises portent le nom de Saint-Gervais et trois, celui de Saint-Gervazy.
2. Venantius Fortunatus, le dernier poète latin des Gaules, vivait au VIe siècle; il fut l'hôte et le chapelain de la reine de France, sainte Radegonde, au monastère de Poitiers qu'elle avait fondé vers 550.
3. Géographe, auteur consciencieux et bien renseigné.

sous les eaux. Saint-Gervais devint donc rapidement une paroisse par nécessité, par la force des choses, et en vertu du simple bon sens qui fait que l'on se sert de préférence de ce que l'on trouve auprès de soi. Personne, à la vérité, n'a pu indiquer la date de cette érection, mais les historiens reconnaissent que l'église eut sa chapelle baptismale de Saint-Jean-Baptiste dès les temps les plus lointains[1]. Cet organisme semble bien indiquer un fonctionnement régulier et paroissial[2]. »

Ce serait aussi au IXe siècle, que l'église Saint-Gervais, appartenant au fief du Monceau Saint-Gervais, devint la propriété des comtes de Meulan.

Ce qui est sûr, c'est que le 30 mars 1141 et le 18 avril 1142, Galeran, comte de Meulan, fit donation au prieuré conventuel de Saint-Nicaise de Meulan, non seulement des églises Saint-Gervais et Saint-Jean-en-Grève[3], mais, surtout, du droit de patronage sur ces deux églises : « Ce prieuré ressortissait à l'abbaye du Bec en Normandie, ce qui explique que les curés de notre église [Saint-Gervais] étaient encore, à la veille de la Révolution, à la nomination de ce monastère[4]. »

En tous cas, dès le début du XIIIe siècle, Saint-Gervès, ainsi qu'on orthographiait alors le nom de ce saint[5], et encore au XVIe siècle[6], était une paroisse importante; si importante même qu'en présence de l'augmentation de la population de la rive droite vers la Grève, Pierre de Nemours, alors évêque de Paris, la divisa en deux parties, au mois de janvier de l'année 1212 : la chapelle baptismale de Saint-Jean-Baptiste devint une nouvelle paroisse, sous le vocable de : Saint-Jean-en-Grève[7].

---

1. Au IXe siècle, d'après M. Amédée Boinet, *Les Édifices religieux. Moyen âge-Renaissance.*
2. Lucien Lambeau, *Le Cimetière paroissial de Saint-Gervais et ses charniers. La Cité*, bulletin trimestriel de la Société historique et archéologique du IVe arr. de Paris, n° 23, juillet 1907, p. 549.
3. *Cartulaire général de Paris*, Robert de Lasteyrie.
4. A. Boinet, *Les Édifices religieux. Moyen âge-Renaissance*, p. 41.
5. *Perception de la Taille en 1292.* Bulletin municipal officiel du mercredi 11 décembre 1912, p. 4661.
6. *Plan de Paris, vers 1551, sous le règne de Henri II*, par Olivier Truschet et Germain Hoyau, dit *plan de Bâle.*
7. La salle Saint-Jean de l'Hôtel de ville de Paris occupe, en partie, l'emplacement de cette Église.

D'après Jaillot, ce serait à cette même époque qu'aurait été reconstruite la basilique de Saint-Gervais et Saint-Protais.

Que la réédification de l'ancienne basilique ait été commencée dans la première ou la seconde moitié du XIIIe siècle, il est bien difficile de le déterminer exactement. Ce qui n'est pas douteux, c'est qu'une autre église n'ait précédé immédiatement celle que nous voyons aujourd'hui : un examen un peu attentif de la tour le démontre aisément.

Cette tour présente trois périodes différentes.

Toute la partie inférieure, jusqu'à hauteur des verrières du chœur, appartient à une époque antérieure, non seulement au XVIe, mais même au XVe siècle. A notre avis, cette partie serait ce qui reste de l'église commencée au XIIIe siècle, et dont les travaux auraient été extrêmement lents, puisque, d'après une inscription encastrée dans le mur du bas côté gauche du chœur, ce ne fut que le vingt-sept octobre 1420, qu'une dédicace eut lieu. Le prélat consécrateur, maître Gombaud, était évêque d'Agrence in partibus infidelium[1].

L'étage suivant paraît être du XVe siècle ; le haut est du XVIIe.

L'édifice actuel a été commencé à la fin du XVe siècle ou au début du XVIe ; sa construction demanda plus d'un siècle. Malgré cela, et parce que les différents architectes qui se sont succédé pendant cette longue période de travaux ont toujours adopté les formes et l'ornementation du gothique flamboyant, Saint-Gervais a conservé une grande unité de style, et donne une indéniable impression de grandeur[2]. — Pl. XVI.

Seul, le portail auquel on accède, maintenant, par un perron de quatorze marches, diffère totalement du style de l'église. L'architecte Salomon de Brosse en est l'auteur[3]. Il l'a conçu dans le goût le plus sobre et le plus pur du commencement du

---

1. In partibus infidelium (Dans les pays occupés par les infidèles) ; ce titre, purement honorifique, ne comporte aucune juridiction.

2. Aug. Choisy voulant démontrer que : « A partir du XVe siècle l'usage d'établir des chapelles entre les contreforts devient de règle presque absolue » donne, comme exemple, l'église Saint-Gervais. *Histoire de l'Architecture*, t. II, p. 453, fig. 17.

3. Salomon de Brosse, né à Verneuil-sur-Oise, mort en 1626, a aussi construit le Palais du Luxembourg, la salle des Pas-perdus du Palais de Justice, etc. D'après M. Lucien Lambeau, l'architecte Clément Metezeau aurait collaboré au portail de Saint-Gervais.

XVIIe siècle, style qu'on a appelé jésuite, en raison du modèle type : l'église du Gésu, de Rome[1]. — Pl. XV.

Ses trois ordres de colonnes, doriques, ioniques et corinthiennes, sont d'une mâle beauté : « Cet imposant fontispice n'a pas moins de 52 mètres de haut sur 30 de large. Il est orné des statues de Saint-Gervais et de Saint-Protais, et de deux groupes représentant : d'un côté Moïse écrivant le Pentateuque, de l'autre Saint-Jean écrivant l'Apocalypse[2]. »

Le treizième jour de juillet 1616, Louis XIII, roy de France et de Navarre, avec grande allégresse, jeux d'orgues, trompettes et instrumens musicaulx, mist et posa de sa main la première pierre du grand et superbe portail qu'ont voit faict de neuf en la dict église. Soubs laquelle pierre il mist deux médailles, l'une d'argent et l'autre de bronze, où estoient ses figures et devises[3].

Monard, un des meilleurs maçons de l'époque, en conduisit les travaux, qui furent achevés en 1621[4].

1. « Il n'y eut pas de style jésuite, ou plutôt il y eut deux styles jésuites. Il y en eut un qui est celui de la Contre-Réforme, style dans lequel ont été construites toutes leurs églises, en Italie et en France; et il y en eut bientôt un second, le Baroque et le Rococo, qu'ils ont adopté comme comme tout le monde mais sans le créer, et c'est à cette seconde forme d'art qu'on donne ordinairement leur nom. » Marcel Raymond, *De Michel-Ange à Tiepolo*.
2. Eug. de la Gournerie, *Histoire de Paris et de ses monuments*, p. 207.
3. Arch. nat., *Marthologe de Saint-Gervais*, écrit en 1621, et continué en 1623.
4. Voltaire, imbu des idées de son temps, abhorrait le style gothique; mais, en revanche, admirait sans restriction cette façade. Il disait à son sujet : « ... le portail de Saint-Gervais, chef-d'œuvre d'architecture, auquel il manque une église, une place, et des admirateurs, et qui devrait immortaliser le nom de Desbrosses, encore plus que le palais du Luxembourg, qu'il a aussi bâti ». *Œuvres complètes de Voltaire*, Poèmes, Garnier frères, édition 1877, t. VIII (*La Henriade*, etc.), p. 176 (*Le Temple du goût*).
Par plusieurs lettres de Voltaire, adressées à M. de Cideville, nous savons qu'il habitait exactement en face de l'objet de son admiration, dans la rue de Long-Pont, près la Grève. Toutefois, étant donnée l'exiguïté de la rue, le grand écrivain dut, certes, être gêné pour contempler, le cher, grand et superbe portail; aussi comprend-on parfaitement son désir d'une place permettant de voir ce monument dans son ensemble et dans ses détails. Le souhait de Voltaire devait se réaliser. On profita de la démolition des immeubles avoisinant l'église Saint-Gervais pour agrandir le petit carrefour qui se trouvait là, et constituer un véritable parvis. On fut aussi amené, par suite de l'abaissement du terrain, à construire neuf marches supplémentaires, lesquelles vinrent s'ajoute aux quatre marches édifiées, tout d'abord, comme moyen d'accès au portail. Dans ce remaniement, la rue de Long-Pont disparut; cependant, on voit encore, gravée sur la première colonne de la façade, du côté de la rue François-Miron, l'ancienne inscription : « Rue de Long-Pont, 11 ». Les caractères de cette inscription sont du XVIIIe siècle; le chiffre 11 indique le onzième quartier du Paris d'alors : celui de la Grève.
Voltaire dut changer plusieurs fois de nom afin de se soustraire aux tracas-

Presqu'en même temps fut terminée la tour, haute de 53 mètres, qui s'élève à l'entrée du bas côté gauche du chœur; le cadran solaire, que l'on peut encore voir au sommet de cette tour, y fut placé en 1654.

Les vantaux des trois portes en bois de la façade nous ont été conservés; ils furent sculptés par Antoine de Haincy, ou Hancy, habile maître menuisier du XVIIe siècle.

Quelques dates inscrites, à l'intérieur, dans différentes parties de l'église, permettent de reconstituer, du moins depuis le XVIe siècle, la genèse de la construction de ce monument : « 1517 à la clef de voûte de la chapelle de la Vierge, 1540 à celle du chœur qui était achevé jusqu'à la hauteur des fenêtres en 1530. Les chapelles absidiales étaient terminées à la même époque. La clef de voûte de la croisée du transept fut placée en 1578. Quelques années après (1581), un sinistre, dont on ignore la nature, causa de grands dommages à l'église. On fit les restaurations nécessaires, et on termina la nef. Le dernier arc-boutant du côté nord fut dressé en 1610. La clef de voûte de la seconde travée est datée de 1611[1]. »

La chapelle de la Vierge, qui à elle seule est une véritable petite église, est aussi une des principales curiosités de Saint-Gervais. Elle est éclairée par de grandes verrières, et la voûte est formée par une combinaison de nervures, qui se terminent par des clefs pendantes, d'un merveilleux travail exécuté par les frères Jacquet; la dernière clef de voûte porte l'inscription suivante : « Parfaicte en l'an 1517, en juillet, fus peinte en 1-45[2] ».

En dehors des beautés inhérentes à la construction du monument, sculptures, gargouilles, contreforts des arcs-boutants,

---

series, et même aux persécutions que lui suscitait la publication de ses « Lettres Anglaises ». Après s'être appelé Dubreuil, il habitait, rue de Long-Pont, sous le nom de Demoulin. *Œuvres complètes de Voltaire. Correspondance*, Garnier frères, 1880, p. 338, 341 et 346.

1. A. Boinet, *Les Édifices religieux*, loc. cit., p. 141-142.
2. « La dernière clef de voûte de la chapelle de la vierge à Saint-Gervais passe pour un chef-d'œuvre d'adresse. Une inscription en relief en fixe la date à l'année 1517; nous aurions voulu la reproduire, mais elle a été retouchée en 1842 et ne nous inspire plus qu'une confiance insuffisante. » F. de Guilhermy, *Inscriptions de la France du Ve du XVIIIe siècles*, t. 1, p. 169.

D'après cette opinion, très autorisée, il faut considérer comme douteuse cette inscription dont on a, d'ailleurs, eu soin de faire sauter le chiffre des centaines, dans la seconde date.

fenêtres, balcons, etc., l'église Saint-Gervais contient des œuvres d'art remarquables.

« Le banc d'œuvre est surmonté d'une toile du Perugin [1] représentant le Père Eternel entouré d'anges. C'est un fragment [2] d'une grande composition, l'Ascension, qui avait été peinte, en 1495, pour l'église Saint-Pierre de Pérouse [3]. Le tableau, donné à la France en 1797 par le traité de Tolentino, ne fut pas rendu en 1815 [4]. Morcelé sous le premier Empire par l'administration du Musée central, il fut partagé entre Saint-Gervais et les musées de Rouen et de Lyon [5], ce dernier ayant reçu le sujet principal. Le Vatican a pu rentrer en possession de quelques figures d'apôtres de l'encadrement [6][7]. »

Le chœur renferme une suite de stalles remarquables, en bois sculpté, des XVIe et XVIIe siècles, les seules de ces époques existant à Paris.

Saint-Gervais possédait, autrefois, un nombre considérable de vitraux exécutés aux XVIe et XVIIe siècles. Les meilleures de ces verrières étaient dues à Robert Pinaigrier et à Jean Cousin. Eustache Le Sueur fit aussi plusieurs dessins de vitraux, qui furent reproduits en grisaille, par Perin, en 1651; ces vitraux décoraient la chapelle Le Roux, devenue, par héritage, chapelle Le Camus (transept de gauche).

Il était de règle de désigner le vitrail qui se trouve dans la chapelle Saint-Pierre, comme étant un de ceux exécutés par Perin, sur les dessins de Le Sueur; ce vitrail n'a aucun rapport

---

1. Pietro Vannucci, dit le Perugin, 1446-1524.
2. La lunette.
3. San Pietro Maggiore.
4. Ce tableau, un des plus beaux et des plus importants du Perugin, lui fut payé cinq cents ducats, cinq à six mille francs de notre monnaie actuelle.
5. Il convient d'ajouter à cette nomenclature, le musée de Nantes, où furent envoyés, et où sont encore, les deux prophètes : David et Isaïe, *Catalogue Ad. Braun et Cie*, 1903, nos 32256-32257.
6. A. Boinet, *Les Édifices religieux*, p. 145.
7. « En 1815, huit des douze figures de l'encadrement furent réclamées par le gouvernement pontifical, qui en restitua cinq à la sacristie de Pérouse et en plaça trois au Vatican, où ils se trouvent encore. » Clément de Ris, *Les Musées de province*, Paris, 1872 (1871), p. 218.
8. Cette chapelle fait partie de la série des petits monuments, si pittoresquement construits, au XVIIe siècle, en dehors de l'église, et adossés à sa face nord, par conséquent sur le terrain de l'ancien cimetière paroissial. E. Le Sueur peignit deux tableaux pour cette chapelle.

avec ceux de Perin-Le Sueur ; il est du xv⁰ siècle, et l'épisode qu'il représente : le Jugement de Saint-Gervais et de Saint-Protais, n'a pas été traité par Le Sueur. En outre, nous avons reproduit les dessins de Le Sueur destinés à être interprétés en vitraux : les sujets de ces dessins sont tout autres que celui du vitrail de la chapelle Saint-Pierre.

Au xviii⁰ siècle, on trouva l'église trop sombre ; les vitraux furent accusés d'être la cause de cet inconvénient : ils furent condamnés. On commit l'acte barbare de détruire d'admirables verrières pour les remplacer par des vitres blanches. Ceux de ces vitraux qui échappèrent au massacre ont été restaurés, en partie, par Prosper La Fage à la fin du siècle dernier.

Les murs et le plafond de la chapelle dorée, dite de Scarron, sont revêtus de panneaux en bois peint, du xvii⁰ siècle, représentant des scènes de la vie du Christ et de la Passion. Françoise d'Aubigné, marquise de Maintenon, aurait fait construire cette chapelle pour la sépulture de son mari : Scarron ; mais, comme les armes de la famille Bétauld de Chenauld surmontent le retable, il est permis de supposer que ce petit oratoire a plutôt été édifié pour Jacques Bétauld, Président de la Cour des comptes, mort en 1684[1].

Deux statues en bois : Saint-Gervais et Saint-Protais, sculptées au xvii⁰ siècle par Michel Bourdin, avaient été placées de chaque côté de l'ancien autel ; elles sont actuellement déposées dans la Chapelle dorée.

L'église possédait aussi une image de la Vierge, connue sous le nom de : Notre-Dame des Souffrances. C'est la statue qui fut brisée, la nuit de la Pentecôte, 31 mai 1528, dans la rue des Rosiers, au coin de la rue des Juifs, acte sacrilège qui donna lieu à une solennelle procession expiatoire, à laquelle assista François Ier. Cette procession se renouvelle chaque année à Saint-Gervais, le 31 mai, jour de la clôture du mois de

---

1. Cet oratoire, éclairé seulement par les châssis vitrés dont sa partie supérieure est munie, affecte la forme d'un tombeau. Pour sa construction, comme pour celle de la chapelle de la famille Le Roux, on perça le mur de l'église, et l'on empiéta sur le terrain de l'ancien cimetière ; il se trouve donc situé presque complètement en dehors de l'église. Cependant, on y accède par une porte, appartenant à une boiserie, édifiée dans la chapelle Sainte-Anne, vraisemblablement en même temps que l'oratoire.

ÉGLISE SAINT-GERVAIS
Intérieur.

Marie, et anniversaire de la profanation. La statue portait les traces très visibles des coups de poignard qu'elle avait reçus; elle disparut en 1793. Depuis lors, on l'a remplacée par une autre en argent.

Dans la chapelle Saint-Laurent, un bas-relief du XVIIIe siècle : la Mort de la Vierge (Jésus-Christ recevant l'âme de sa mère après sa mort), est encastré dans le devant d'autel.

La chapelle du Sacré-Cœur contient un assez grand tableau où sont retracées, dans neuf compartiments, les principales scènes de la Passion. Cette œuvre attribuée, à tort semble-t-il, à Albert Durer, serait d'un élève de ce maître : Henry Aldegraever[1]. Elle provient de l'église du Saint-Sépulcre, à laquelle elle avait été donnée en 1575.

Une magnifique grille en fer forgé, du XVIIIe siècle (vers 1736), sert de clôture à la chapelle dédiée, jadis, à Sainte-Madeleine[2].

Dans la chapelle des Saints Gervais et Protais se trouve, au dessus d'un bas-relief en plâtre, formant rétable, une statue en pierre peinte, du XVIe siècle : la Vierge et l'Enfant.

En face, est érigé ce qui reste du Mausolée de Michel Le Tellier[3], commandé, vers la fin de l'année 1685, à Pierre Mazeline et Simon Hurtrelle. Les statues de la Justice et de la Prudence ainsi que l'encadrement d'architecture, qui complétaient ce monument funéraire, sont à jamais perdus.

La chaire à prêcher a été exécutée d'après les dessins de Martin-Pierre Gauthier[4].

La nef, une des plus hardies qu'aient construites les habiles maçons du moyen âge, était, autrefois, décorée par six grands tableaux, représentant différents épisodes du Martyre et du Triomphe des Saints Gervais et Protais, peints par Le Sueur[5],

---

1. M. Camille Benoit, conservateur au musée du Louvre, et nous-même, pensons que ce tableau n'est ni d'Aldegraever ni de Durer, mais d'un peintre de l'Ecole néerlandaise.

2. La première à gauche du pourtour du chœur; elle donne accès à la sacristie des fêtes, laquelle a une porte s'ouvrant sur la vieille ruelle du cimetière.

3. Michel Le Tellier, chancelier de Louis XIV, père de Louvois.

4. Gauthier Martin-Pierre, né à Troyes en 1790, mort en 1855. C'est à la suite d'un concours ouvert, en 1824, par l'Administration municipale, et auquel prirent part dix architectes, que le projet de Martin-Pierre Gauthier fut choisi et exécuté.

5. Eustache Le Sueur, 1616-1655.

Philippe de Champaigne [1], et Bourdon [2], pour servir de cartons à une suite de tapisseries destinées à orner le chœur de l'église le jour de la fête patronale, 19 juin. On voit encore, du côté droit (côté sud) de la nef, les entailles pratiquées dans les piliers, vraisemblablement afin d'éclairer convenablement les toiles placées de ce côté [3].

Aux XVIIe et XVIIIe siècles, l'église Saint-Gervais fut une des plus élégantes paroisses de Paris; les demeures des plus grands personnages de la cour et de la ville étaient de son ressort. Toute cette brillante société y venait remplir ses devoirs religieux, et entendre les Couperin qui, pendant plus d'un siècle et demi, se succédèrent à l'orgue de cette église.

Le 4 août 1644, Marie de Rabutin-Chantal y fut mariée au marquis de Sévigné par Messire Jean-François-Paul de Gondi, coadjuteur de Paris (futur cardinal de Retz).

Bossuet y prononça, le 25 janvier 1686, l'oraison funèbre de Michel Le Tellier. Le mausolée de cet « homme incomparable », dont Bossuet disait aussi « qu'il était la sagesse même », ne dut être installé qu'assez longtemps après 1686.

Philippe de Champaigne reçut la sépulture dans la chapelle de la communion; l'indication nous en est fournie par l'un des registres de Saint-Gervais, exploré par H. Herluison avant l'incendie de l'Hôtel de Ville, 24 mai 1871, incendie qui détruisit, entre autres documents, presque tous ceux de l'Etat civil :

> Le mardy 14e (aoust 1674) a esté inhumé dans la chapelle de la communion deffunct Mc Philippe de Champagne (sic), peintre du Roy, et l'un des directeurs de l'Académie Royale de peinture et de sculpture, décédé en sa maison, rue des Ecouffes. Fait en présence de Mons[r] de Vaux, m[e] chirurgien et de M. Natin, procureur au Parlement [4].

Le savant Ducange, les organistes Nicolas Couperin, Armand-Louis Couperin et son fils Pierre-Louis, les deux

---

1. Philippe de Champaigne, 1602-1674.
2. Sébastien Bourdon, 1616-1671.
3. Voir notre article : *Le Martyre et le Triomphe des saints Gervais et Protais à l'église Saint-Gervais de Paris*. Revue de l'Art Chrétien, mars-avril 1913; aussi : « *Les Tapisseries de Saint-Gervais et leurs cartons* ». Ed. Champion, 1914; et l'*Illustration*, 31 janvier 1914, n° 3701, p. 82.
4. H. Herluison, *Actes d'état civil d'artistes français, peintres, graveurs, sculpteurs, architectes, extraits des registres de l'Hôtel de Ville détruits dans l'incendie du 24 mai 1871*. Orléans, 1873, p. 69.

chanceliers Louis Boucherat et Charles Voysin, Charles-Maurice Le Tellier[1] furent inhumés à Saint-Gervais, ainsi que les poètes Crébillon et Scarron.

A propos de ce dernier écrivain, le pauvre perclus, le lamentable et pitoyable Scarron, voici l'inscription de sa sépulture :

Paul Scarron, fils d'un conseiller au Parlement de Paris, et issu d'une noble famille du Piedmont, poète comique et facétieux, et décédé le 1er octobre 1660, agé de 59 ans, est enterré dans cette église[2].

A la Révolution, on s'empressa de dépouiller Saint-Gervais d'une notable partie de ses richesses artistiques. Tous les monuments funéraires, et les autres tombeaux, furent déposés au Musée des Monuments français; seul le monument de Michel Le Tellier a fait retour à l'église, toutefois incomplet.

A cette époque l'église Saint-Gervais, concédée aux Théophilanthropes, devint le *Temple de la jeunesse*[3].

Le 3 Ventôse, an IV [21 février 1795] la Convention, après avoir entendu le rapport de Boissy-d'Anglas, avait voté une loi qui concédait une liberté, bien précaire, sans doute, au culte, mais dont les catholiques s'étaient empressés de profiter. Un bon chrétien, nommé Décle, qui exerçait la profession de marchand de vins, avait loué les bâtiments abandonnés du couvent des Carmes-Billettes, et, apprenant que la célébration des offices allait de nouveau être autorisée, il avait offert à son curé [Jean-Antoine Chevalier] la jouissance gratuite de la chapelle[4]. Le mardi 13 Ventôse on avait fait la cérémonie de réconciliation et le dimanche suivant, 8 mars 1795 [18 Ventôse, an IV], une assemblée des fidèles de la paroisse Saint-Gervais se réunissait dans ce local de rencontre[5].

Le 27 juillet 1795, l'orgue fut remis officiellement par le séquestre aux paroissiens, et l'église Saint-Gervais rendue au

---

1. Charles-Maurice Le Tellier, cardinal archevêque de Reims, 1642-1710, fils du chancelier de Louis XIV, frère de Louvois, légua sa belle bibliothèque aux chanoines réguliers de Sainte-Geneviève, et devint, ainsi, le véritable fondateur de la Bibliothèque Sainte-Geneviève.
2. *Épitaphier manuscrit de l'église Saint-Gervais* (XVIIe siècle) conservé à la Bibliothèque historique de la ville de Paris. Relevé par M. Lucien Lambeau, et publié dans l'annexe au procès-verbal de la séance de la commission du vieux Paris, du samedi 2 mars 1912.
3. *Temple de la Fidélité*, d'après P. Pisani : *Une paroisse parisienne pendant la Révolution, Saint-Gervais* (1789-1804). Le Correspondant, 10 février 1908, p. 646.
4. Un autre curé de Saint-Gervais, l'abbé Veytour, avait été élu aux Etats Généraux de 1789 pour le clergé.
5. *Registre de Délibérations du Conseil de Fabrique*, 1795.

culte, au mois d'août de la même année : « Dès la première réunion des catholiques [2 août 1795] on réorganisa le culte et on choisit comme par le passé pour organiste le citoyen Couprin[1]. »

En vertu des lois du 15 mai 1791, et du 28 ventôse, an IV (18 mars 1796), le Bureau du Domaine national du département de la Seine vendit au citoyen Joseph Bourson, d'abord ce qui restait du cimetière paroissial de Saint-Gervais, le deuxième jour de Frimaire, an V (22 novembre 1796), puis, le 9 Brumaire, an VI (30 octobre 1797), la chapelle de la Communion.

Cette chapelle fut édifiée au cours des dix premières années du XVIIe siècle[2]. Construite complètement en dehors de l'église Saint-Gervais, à laquelle elle était cependant attenante, puisqu'elle avait son entrée à l'intérieur de l'église, près de la sortie actuelle de la rue des Barres, elle était située parallèlement à cette rue, et formait un pan coupé, à l'angle est du cimetière paroissial.

Abstraction faite de la période révolutionnaire, pendant laquelle elle avait été fermée, la chapelle de la communion servit au culte jusqu'en 1797 (30 octobre), époque où, nous venons de le voir, elle devint la propriété du citoyen Bourson.

L'adjudicataire était astreint, entre autres charges, à faire bâtir un mur constituant un passage, d'au moins deux mètres, entre l'église et les constructions voisines; en conséquence, le citoyen Bourson dut faire abattre la partie de la chapelle de la Communion attenante à Saint-Gervais.

Ce qui reste de cette chapelle est, actuellement, le laboratoire d'un confiseur[3].

Grâce à une gestion pleine de méthode et de sage prévoyance, les Administrateurs temporels du culte firent réparer de leurs deniers, d'abord, l'intérieur de l'église, les toitures et les vitraux. Quand le plus urgent fut fait, ils purent

---

1. *Registre de Délibérations du Conseil de Fabrique*, 1795.
2. R. P. Jacques de Breul, *Le Théâtre des Antiquités de Paris*, 1612-1639, *Supplément*.
3. Pour plus de détails, on devra consulter la remarquable étude de M. Lucien Lambeau : *Le Cimetière paroissial de Saint-Gervais et ses charniers*, loc. cit. *La Cité*, Bulletin trimestriel de la Société historique et archéologique du IVe arr. de Paris, juillet-octobre 1907.

restaurer la chapelle de la Vierge, en 1798; puis, en 1800, procéder à une réfection totale du chœur, depuis le pavé jusqu'aux voûtes. Enfin, en 1801, ils trouvèrent une combinaison leur permettant de racheter quatre cloches pour une somme de huit mille francs; et, quand l'Administration nouvelle se substitua à la leur, ils allaient entreprendre la restauration des charpentes de la toiture[1].

Au milieu du XIXe siècle, de nouveaux travaux furent exécutés à Saint-Gervais : en 1844 et en 1853, restauration du chœur, par V. Baltard; en 1862, restauration par V. Calliat.

Depuis 1862, jusqu'en 1902, on ne fit à l'église que les travaux d'entretien courant; mais, de 1902 à 1906, MM. Claes et Nizet exécutèrent une importante réfection de la nef et de ses arcs-boutants[2].

L'Orme est, on le sait, la marque distinctive de Saint-Gervais.

Jaillot, dans son ouvrage : Recherches sur Paris, indique que, de son temps (XVIIIe siècle), l'orme décorait la bannière paroissiale, et qu'il était sculpté sur l'une des portes de l'église, porte disparue depuis lors. On le trouvait également au banc d'œuvre, sous la forme d'une tapisserie brodée qui ornait le banc en question; en outre, il figurait sur les jetons des marguilliers.

Un des en-têtes de Chapitre de l'intéressant manuscrit : *Collectarium ad usum ecclesioe S. S. Gervasii et Protasii martyrum*, que possèdent les Archives paroissiales, montre, en une charmante miniature, les deux martyrs : Saint-Gervais et Saint-Protais, priant à droite et à gauche de l'orme symbolique, représenté, selon la coutume, le bas du tronc entouré d'une sorte de margelle de puits.

De nos jours, le cachet et les en-têtes de lettres de la

---

1. L'Administration temporelle du culte, instituée en 1795, et établie aux Billettes, continua ses fonctions jusqu'à la formation du Conseil de Fabrique constitué en vertu de la loi de 1803. P. Pisani : *Une Paroisse parisienne pendant la Révolution, Saint-Gervais* (1789-1804). *Le Correspondant*, 10 février 1908, p. 460, 467, 473.
2. Voir *Notes annexes*, note VI, p. 295-296.

paroisse sont constitués par l'orme emblématique entouré des mots : Paroisse de Saint-Gervais.

Comment l'orme devint-il les armes parlantes de Saint-Gervais?

De temps immémorial un arbre, un orme, avait été planté devant l'église ; cet arbre dut être remplacé plusieurs fois durant le cours des siècles. Après la messe, on se réunissait sous ses branches, on y rendait la justice, et l'on y percevait les redevances.

L'historien Jaillot prétend que les premiers chrétiens assimilaient l'orme au palmier, et il indique que c'était pour symboliser le supplice des martyrs (palme du martyre) que l'on plaçait des arbres de cette espèce devant les basiliques consacrées aux victimes de la foi chrétienne [1].

Cette interprétation s'accorde parfaitement à l'église placée sous le vocable des deux martyrs de Milan : Saint-Gervais et Saint-Protais ; c'est aussi la raison qui détermina le choix de l'orme, comme armes parlantes.

Au reste, la coutume de planter des ormes devant les églises était courante jadis : « Un arbre de cette essence existait, au XVIe siècle, dant le milieu de la rue Saint-Antoine devant le monastère de Sainte-Catherine-du-Val-des-Écoliers, c'est-à-dire à peu près en face de l'église actuelle Saint-Paul-Saint-Louis [2-3]. »

Au moyen âge, l'orme était le symbole de la haute justice des Seigneuries. D'après Dreux du Radier, cette façon de rendre la justice sous l'orme se serait perpétuée jusqu'au XVIIIe siècle, du moins pour les Seigneuries de peu d'importance, les grandes et les hautes ayant, généralement, la Maison de Justice, la Géole et le Prétoire [4].

L'Orme de la Seigneurie servait aussi de morgue ; sous ses ramures on abritait les cadavres non reconnus, ou seulement suspects.

---

1. Jaillot, *Recherches sur Paris*, 1775, t. 3, quai de la Grève, p. 33.
2. L. Lambeau, *Commission du Vieux Paris, Procès-verbal de la séance du 26 octobre 1912*, p. 182.
3. Voir plan de Paris par Olivier Truschet et Germain Hayau, dit plan de Bâle.
4. C. Leber, *Collection des meilleures dissertations relatives à l'histoire de France*, 1838, t. VIII, p. 448. Article de Dreux du Radier, *Journal de Verdun*, 1750.

Le 24 mars 1331, un homme était trouvé mort dans la maison de Simon de Bucy, à Vaugirard, et examiné pour enquête, par le prévôt de Saint-Germain-des-Prés : « Et puis, le fist porter, le prevost, en signe de justice, dessouz l'orme de la dicte ville, pour montrer a la gent, et i fu jusques au soir que le fit estuier en leur pressoire jusques au lendemein qui le delivra a mestre Heron et plusieurs autres, vallez de leur mestier, amis du dit mort[1] ».

L'abbé Lebeuf raconte que ce fut sous l'orme du village d'Emaut, près Montereau, que vint faire amende honorable, en 1045 et 1046, un chevalier puni pour avoir fait du tort au Chapitre de Paris, dans le domaine qu'il possédait à Vernot, diocèse de Sens[2].

Dans différentes occasions, l'Orme abritait également les poètes et les musiciens; en effet, les Trouvères et les Ménestrels organisaient entre eux des fêtes, des concours, qui portèrent, d'abord, le nom de Puy d'Amour ou Puy de Musique[3] et, plus tard, ceux de Palinod et de Gieux sous l'Ormel.

Ce qui est certain, aussi, c'est que la fabrique de Saint-Gervais prenait le plus grand soin de celui qui ornait le parvis de son église, car on voit inscrit dans tous ses budgets la somme, très faible d'ailleurs, nécessairement affectée à son entretien. On avait même pris l'habitude de désigner cet arbre par le nom d'Orme Saint-Gervais[4].

La Commune de Paris vit, sans doute, dans ces soins apportés par l'église à son arbre vénéré un excès de superstition puisqu'elle décida, le 1er Ventôse de l'an IIe de la République une et indivisible, que l'arbre planté par le fanatisme, appelé l'*orme Saint-Gervais*, serait abattu sans autre forme de procès[5].

1. L. Tanon, *Histoire des justices des anciennes églises et communautés monastiques de Paris*, p. 441.
2. C. Leber, *Collection des meilleures dissertations relatives à l'histoire de France*, t. VIII. Lettre de l'abbé Lebeuf, mars 1751, p. 350.
3. Le nom de Puy fut donné à ces assemblées, parce que les poètes y disaient leurs productions sur un théâtre ou lieu élevé, nommé en basse latinité : podium.
4. D'après Cocheris, *Histoire de la ville et de tout le diocèse de Paris*, par l'abbé Lebeuf, éd. Cocheris, Paris, 1863-1875, il existait, en 1847, une rue de l'Orme-Saint-Gervais; cette rue ne figure sur aucun plan.
5. L. Lambeau, *La Cité*, loc. cit., juillet 1907, n° 23, p. 565-566.

Le lendemain, 2 ventôse, le Conseil général de la Commune de Paris arrête :

> Que l'orme Saint-Gervais sera abattu ; que l'Administration des travaux publics l'emploiera à faire des affûts de canon, et que ses branches réduites en cendres, concourront à la fabrication du salpêtre[1].

Il est à remarquer que l'arrêt du Conseil général de la Commune de Paris semble démontrer que ce Conseil, ou du moins un de ses membres, savait que l'orme est un bois d'une qualité particulièrement propre à la fabrication des affûts de canon. François Ier, Henri II et Henri IV en firent planter sur les routes de France, afin d'approvisionner l'artillerie[2].

La décision de la Commune de Paris, tendant à la destruction de l'orme Saint-Gervais, fut exécutée le 4 mars 1794, ainsi qu'il ressort de F[13] 966, n° 10, Ordre du Département 654, fol. 100, en date du 14 ventôse dernier, n° du bâtiment 3014 :

> Après que l'orme a été déraciné, on a fait le remblay et rangé les matériaux en provenant, à ce employé un jour à deux compagnons et aide 17 livres 13 S.[3].

Un article paru dans le *Moniteur* du 9 novembre 1864, et consacré à Saint-Gervais, prétend que l'orme en question fut abattu en 1811 ; après la référence que nous donnons, ci-dessus, on voit l'importance qu'il faut attacher à cet article.

Toutefois, le parvis de l'église ne devait pas rester longtemps privé de son arbre symbolique. Entre les années 1794 et 1838, un orme nouveau avait remplacé le disparu, puisque, sur un plan manuscrit, annexé à l'Ordonnance Royale du 19 mai 1838, et gardé à la Conservation du plan de Paris, à l'Hôtel de ville, est dessiné et peint l'Orme Saint-Gervais.

L'arbre dont il s'agit ici sert de base aux calculs de triangulation nécessités par l'alignement de la rue de Longpont[4].

---

1. Le *Journal de France*, rédigé par Etienne Feuillant, numéro du quartidi, 4 ventôse, l'an II (samedi 22 février, vieux style), n° 516. Bibl. nat., L², C. 717.
2. M. Brièle, *Collection de documents pour servir à l'histoire des hôpitaux de Paris*, t. I, p. 31.
3. Archives Nationales.
4. Voir Lucien Lambeau, *Commission du Vieux Paris, Procès-verbal de la séance du samedi 26 octobre 1912*, p. 187.

Il fut à son tour abattu[1].

Enfin, après toutes ses vicissitudes, ses aventures, et ses mésaventures, l'Orme ancestral vient de renaître de ses cendres. Depuis le 10 mars 1914, il a repris sa place séculaire sur le parvis de l'église dont il est l'emblème.

Il rappelle aussi une des particularités de la région où il se retrouve à présent. En effet, l'orme est une essence dont le quartier de la Grève possède presque le privilège depuis le Moyen âge; le quai actuel des Célestins ne s'appela-t-il pas, dès le XIVe siècle, et en raison des ormes plantés le long de la berge de la Seine, entre le fleuve et la rue de la Mortellerie, d'abord : les Ormetiaux, les Ormeteaux, puis Quai des Ormes[2]?

Aussi, tous les amis de Paris et de son histoire se réjouiront-ils de cette reconstitution du passé, due à la Commission du Vieux Paris.

Cette commission, présidée par le Préfet du Département de la Seine, prenant en considération la demande de M. l'abbé Gauthier, curé de Saint-Gervais, proposant de remplacer, par un orme, l'un des platanes des deux doubles rangées des arbres de cette espèce qui bordent la place Saint-Gervais (le premier de la rangée située à droite en regardant l'Hôtel de Ville), accueille favorablement le vœu émis par son secrétaire[3], tendant à ce : « qu'un refuge circulaire soit établi dans la place Saint-Gervais, en face du portail de l'église, avec plantation, au centre, d'un orme arrivé déjà à un important développement[4] ».

Bientôt donc, ses abondantes frondaisons vont nous être

---

1. Le XVIe siècle nous fournit un exemple de la liberté avec laquelle on traitait, déjà à cette époque, ces ormes symboliques. A l'occasion du mariage de Mme Claude de France, seconde fille de Henri II, avec le duc de Lorraine, Charles II, le Prévôt des marchands et les Echevins se rendirent, le 12 janvier 1559, rue Saint-Antoine, afin d'établir un « jeu de Karozelle ». Comme la croix et l'orme qui se trouvaient devant le monastère Sainte-Catherine-du-Val-des-Ecoliers les gênaient pour cette installation, ils décident, purement et simplement, d'abattre croix et orme : « qu'on remplacera et replantera après les courses ». *Registre des délibérations du bureau de la ville de Paris*, par Alexandre Tuetey, t. V, p. 16.

2. Sauval, *Histoire et recherches des antiquités de la ville de Paris*, 1750, t. I, p. 246.

3. M. Lucien Lambeau.

4. Le service de la voie publique et des plantations avait également émis un vœu favorable à ce projet.

rendues, et, si elles n'abritent plus la Justice ni le Fisc, elles permettront, du moins, les ébats des jeunes et charmants petits Parisiens.

Diverses maisons de commerce des alentours de Saint-Gervais prirent pour enseigne l'orme paroissial.

La plus célèbre de toutes, celle qui fit la joie, l'étonnement, et même l'admiration de plusieurs générations de Parisiens, surmontait, jusqu'à ces dernières années, la porte d'entrée d'une quincaillerie située au n° 20 de la rue du Temple. Elle avait déjà servi d'enseigne à la même maison de commerce, lorsque cette dernière, fondée à la Révolution par Jeunet, était établie : « rue du Monceau, à Paris, n° 6[1] ».

Sous le règne de Louis XVI, un des nombreux théâtres de société dans lesquels les gens de la bourgeoisie se donnaient la comédie, et remplissaient eux-mêmes les rôles d'acteurs, s'appelait : « le Théâtre de l'Orme Saint-Gervais[2] ».

---

1. Grâce à la vigilance et aux bons soins de MM. L. Lambeau et G. Cain, cette enseigne, donnée à la ville par le propriétaire actuel, M. Gautier, a été placée au musée Carnavalet, au mois de mai 1911.
2. Dulaure, *Histoire de Paris*, édition de l'avocat Belin, 1839, t. IV, p. 53.

CHAPITRE XIII

CATALOGUE ANALYTIQUE DES ŒUVRES IMPRIMÉES ET MANUSCRITES DES COUPERIN

COUPERIN LOUIS
(vers 1626-1661)

La Bibliothèque nationale de Paris possède un précieux recueil manuscrit de *Pièces de Clavecin de différents auteurs du XVIIe siècle*.

Ce recueil est constitué par deux volumes in-folio, reliés en veau, aux armes de Bauyn d'Angevilliers et de N. Mathefelon.

Le volume le plus important pour notre catalogue : Vm^7 *1862*, est divisé en deux parties; la première ne contient, de la page 1 à la page 75, que des *Pièces de Clavecin* de : « Mons. Couperin », on retrouve des pièces de : « M. Couperin », de la page 98, recto, à la page 103, recto, de la seconde partie de ce volume.

Au total *cent trente* pièces[1].

Le second volume : Vm^7 *1852*, est également divisé en deux parties; la première, de la page 1 à la page 68, renferme exclusivement des *Pièces de Clavecin* de : « M. de Chambonnières »; dans la seconde partie de ce volume, on ne trouve, de : « M. Couperin », que des « Doubles » (Variations).

Cette seconde partie, qui portait jadis une pagination allant

---

1. Dans ce chiffre de cent trente ne figurent pas deux pièces de la seconde partie du premier volume : *Duo*, fol. 98, v°, et : *Fantaisie*, fol. 99, v°, intercalées dans les pièces de Louis Couperin, mais ne portant pas le nom de Couperin.

de 1 à 62, toujours recto et verso, est aujourd'hui incomplète; dès le début, il y a une lacune de trente-deux pages. En effet, le numérotage ne commence, actuellement, qu'à la page 33; en outre, les pages 46 et 47 manquent aussi. Le numérotage recommence, dès lors sans solution de continuité, à la page 48 jusqu'à la page 62.

Voici les « *Doubles de M. Couperin* » inclus dans ce volume :

1re *partie* : Fol. 1 verso, *Double de Moutier pour une Allemande* de M. de Chambonnières, fol. 1 recto.

2e *partie* : Fol. 38 verso, *Double pour une Gavotte* de M. Hardel, fol. 38 recto.

Idem : Fol. 40 recto, *Double pour une Gavotte* de M. Le Bègue, fol. 40 recto.

Idem : Fol. 53 verso, *Double pour un Menuet de Poitou*, anonyme, fol. 53 verso.

Comme une des pièces : *Fantaisie*, vol. 1, fol. 59 verso, porte l'indication : « A Paris au mois de décembre 1656 »; en outre, étant donné que la *Chaconne*, vol. 1, fol. 74 recto, est datée de 1658; que, de plus, Titon du Tillet, parlant de Louis Couperin, s'exprime ainsi : « Il s'est acquis une grande réputation dans son art. Nous n'avons de ce musicien que trois suites de *Pièces de Clavecin* d'un travail et d'un goût admirable : elles n'ont pas été imprimées, mais plusieurs bons connoisseurs en musique les ont manuscrites et les conservent précieusement[1] »; comme, d'autre part, il est à remarquer que les « Doubles » qui figurent dans le second volume du recueil de la Bibliothèque nationale sont écrits pour « varier » des pièces d'auteurs contemporains de Louis Couperin, pour ces diverses raisons nous avons tout lieu de penser que le manuscrit de la Bibliothèque nationale est un de ceux dont parle Titon du Tillet, et que les pièces qu'il contient, sous le nom de M. Couperin, sont bien celles composées par le protégé de Chambonnière; elles peuvent donc être attribuées, avec presque certitude, à Louis Couperin[2].

---

1. *Le Parnasse françois*, p. 403.
2. Nous avons dit, dans l'Avertissement de cet ouvrage (Nota), les raisons qui nous ont déterminé à ne pas entreprendre la Morphologie de l'Œuvre des Couperin; M. H. Quittard, à propos de Chambonnière, a fait, des Pièces de

Un manuscrit de la Bibliothèque Sainte-Geneviève : N° 2356. Suppl. V^F, in-4°, 754^{14}, ainsi libellé dans le catalogue de cette bibliothèque : *Pièces de musique* de « Couperin » (François ou Louis), ne nous apporte aucune œuvre inconnue des Couperin.

Ce manuscrit n'est qu'un de ces recueils factices, de différents auteurs, si courants aux XVIIe et XVIIIe siècles; dans le cas particulier, les auteurs représentés sont : Couperin, Chambonnière, Richard, Bura laisné.

Si le manuscrit en question ne nous apprend rien de nouveau, nous pouvons, au contraire, identifier les pièces de « Couperin » que l'on y rencontre; ce sont : *deux Allemandes*, une *Courante* et une *Gigue* qui font partie du recueil complet des *Pièces pour Clavecin* de Louis Couperin, recueil étudié précédemment[1]. Nous avons cru devoir reporter à notre Catalogue thématique des pièces de Louis Couperin, les deux titres que nous fournit le manuscrit de la Bibliothèque Sainte-Geneviève : *L'Amiable* et *La Mignone*, toutefois entre parenthèses, puisqu'ils ne sont pas donnés par l'auteur.

Carillons.

« Piesce qui a Esté faitte par Mr Couprins pour contrefaire les carillons de paris et qui a toujours Esté jouez sur l'orgue de St-Gervais entre les vespres de la Toussins[2] et celles des Morts[3]. »

Collection Philidor, vol. 1, pp. 71-74.
Bibl. du Conservatoire, Paris.

Deux carillons, l'un à deux parties, l'autre à quatre.

Clavecin de Louis Couperin, une étude de ce genre très serrée et fort intéressante. Voir *Tribune de Saint-Gervais*, mai 1901.

Au point de vue de l'étude des œuvres, nous avons pensé que le mieux était encore de présenter au public les compositions musicales elles-mêmes; aussi avons-nous publié, dans la Collection qui porte notre nom, huit des Pièces de Louis Couperin, pièces parmi lesquelles figurent justement la *Fantaisie* datée 1656, et la *Chaconne* datée 1658. Paris, E. Demets.

1. Bibl. nat., Vm^7 1862, f°s 50, 60, 66 et 74.
2. S'il était nécessaire d'avoir une preuve de plus de la liberté que l'on prenait, au XVIIe siècle, à l'égard de l'orthographe des noms propres, nous en trouverions un exemple frappant dans les mots : Toussins et Couprins.
3. Pour l'attribution de cette pièce, voir Chapitre II, p 27-28.

COUPERIN FRANÇOIS, SIEUR DE CROUILLY
(vers 1631-vers 1701)

1690. — « *Pièces d'orgue* consistantes en deux messes, l'une à l'usage ordinaire des paroisses pour les fêtes solennelles, l'autre propre pour les couvents de Religieux et de Religieuses. »

Ce titre est donné d'après Fétis qui, parlant de l'exemplaire appartenant jadis à la Bibliothèque royale, introuvable à présent à la Bibliothèque nationale de Paris, s'exprime ainsi : « Il est assez singulier que le titre seul de ce recueil soit gravé avec le privilège du roi, daté de 1690, qui autorisait Couperin à faire écrire, graver ou imprimer ses pièces. Le reste du cahier est, en effet, noté à la main d'une belle écriture. Tous les exemplaires que j'ai vus sont de la même main[1]. »

Il faut penser que Fétis a vu d'autres exemplaires que ceux que possèdent la bibliothèque du Conservatoire de Paris et celle de Versailles, ceux-ci étant loin d'être de la même main.

D'après l'enregistrement du privilège, accordé le 2 septembre 1690 et enregistré le 6 novembre suivant, cette œuvre était destinée à être gravée[2]. Nous avons énoncé, dans le Chapitre consacré à François Couperin, de Crouilly, p. 34, l'hypothèse sur laquelle nous nous basions pour expliquer que, seuls, le titre et le privilège aient été imprimés. En tous cas, ces pièces, qui comptent parmi les classiques de l'orgue, étaient restées manuscrites jusqu'à ces dernières années; Alexandre Guilmant les a publiées entièrement, dans les Archives des Maîtres de l'orgue, vol. V.

— Recueil contenant une copie de la première messe (à l'usage des paroisses); soixante-dix-sept pages de musique.

Bibl. du Conservatoire du Paris, 18 640, in-4° oblong.

— Copies des deux messes, dans les clefs usuelles de sol seconde ligne et fa quatrième : « d'après le manuscrit de la bibliothèque nationale portant le n° Vm[7] 2057 »[3].

Bibl. du Conservatoire de Paris, 18 537, in-4°.

1. P.-J. Fétis, *Biographie universelle des Musiciens*, t. II, articles Couperin.
2. Bibl. nat., ms. fr. 21947, f° 55 verso.
3. Voilà donc la cote de l'exemplaire égaré.

— Exemplaire contenant les deux messes, copie manuscrite sans titre ; sur la page de garde, au crayon : François Couperin, frère de Louis Couperin.

Bibl. de Versailles. M. S. M. I. ms. 999, ancien n° 4, in-fol.

Trio de M. Couperin. Trois vestales et trois poliçons.

Se trouve, de la page 59 à la page 64, dans un *Recueil de trios de différents auteurs*, in-4° oblong, relié en veau ; sur le dos de ce volume on lit : *Recueil de trio* et, sur une étiquette : *Chansons à boire de divers auteurs*[1].

Bibl. du Conservatoire de Paris.

COUPERIN FRANÇOIS, LE GRAND
(1668-1733)

Œuvres imprimées.

1697. — « *Air à boire de Monsieur Couprin.* Recueil d'airs/sérieux et à boire,/de différents auteurs/pour l'année 1697./[Mois de mars], à Paris/chez Christophe Ballard seul imprimeur du Roy pour/la musique, ruë S. Jean de Beauvais, au Mont-Parnasse./M.DC.XCVII./Avec Privilège de Sa Majesté[2]/. »

In-4° oblong, pages 46-47.
Bibl. nat., Vm⁷. 530.
Bibl. du Conservatoire de Paris.

1701. — « *Air Sérieux de Monsieur Couprain.* Recueil d'airs/sérieux et à boire/de différents auteurs/pour l'année 1701./[Mois d'aoust], à Paris/chez Christophe Ballard seul imprimeur du Roy pour/la musique, ruë S. Jean de Beauvais, au Mont-Parnasse./M.DCCI./Avec Privilège de Sa Majesté[3]/. »

In-4° oblong, pages 146-147.
Bibl. nat. Vm⁷. 534.

---

1. Pour l'attribution de cette pièce, voir Chapitre III, p. 37-38.
2. Publié, sous le titre de *Pastorale*, dans la *Collection Charles Bouvet*.
3. Publié dans la *Collection Charles Bouvet*, Paris, E. Demets.

1703. — « *Quatre versets*/d'un motet/composé et chanté/par ordre du Roy./en mars 1703/on y a ajouté le verset Qui dat nivem tiré du Pseaume Lauda Jérusalem/chanté aussi devant Sa Majesté en 1702/à Paris/chez Cristophe Ballard, seul imprimeur du Roy pour la musique,/rue Saint Jean de Beauvais, au Mont-Parnasse./M.DCCIII./Avec Privilège de Sa Majesté./ »

In-4° oblong, une page de Titre, une de Table, trente de musique et, à la fin, un Extrait du Privilège (accordé à Christophe Ballard)[1].
Bibl. nat., Réserve, Vm¹. 110.
(Reliure aux armes et au chiffre de Louis XIV.)
Bibl. du Conservatoire, Paris, 2383.

1704. — « *Sept Versets*/du Motet/composé/de l'ordre du Roy,/et chanté à Versailles le — Mars 1704./a Paris./chez Christophe Ballard, seul imprimeur du Roy pour la musique, /rue Saint Jean de Beauvais, au Mont-Parnasse./M.DCCIV. /Avec Privilège de Sa Majesté./ »

In-4° oblong, une page de Titre, une de Table et de Privilège, quarante-huit de musique[2].
Bibl. nat., Réserve, Vm¹. 110.
(Reliure aux armes et au chiffre de Louis XIV.)

1705. — « *Sept Versets*/du Motet/composé/de l'ordre du Roy./et chanté à Versailles le — Mars 1705./a Paris/chez Christophe Ballard, seul imprimeur du Roy pour la musique/ ruë S. Jean de Beauvais, au Mont-Parnasse./M.DCCV./Avec Privilège de Sa Majesté./ »

In-4°. oblong, une page de Titre, une de Table et de Privilège, cinquante-quatre de musique[3].

1. Table. — Quatre Versets/du Pseaume Mirabilia testimonia tua./Verset onzième, Tabascere, à 2, chanté par mesdemoiselles Chappe et Couperin./ (Marguerite-Louise, cousine de François Couperin, le Grand) Verset douzième, Ignitum, à voix seule et symphonie, mademoiselle Chappe./Verset treizième, Justitia, les deux demoiselles alternativement avec tous les dessus/Verset ajouté Qui dat nivem sicut lanam, à voix seule et Flûtes, mademoiselle Couperin./
2. Table. — Sept Versets/Du Pseaume Benedixiti Domine terram tuam./ IV. Verset. Converte nos Deus. Monsieur L. Michau./V. Verset. Munquid in œternum, toutes les tailles, et les basses-tailles./VII. Verset. Ostende nobis Domine. Monsieur du Four./VIII. Verset. Audiam quid Loquatur. Monsieur Bastaron./XI. Verset. Misericordia, et Veritas. Messieurs Hiaccinte, et Pacini, Italiens./(en accolade) XII. et XIII. Versets. Veritas de terra et Eternin Dominus, Mademoiselle Couperin./
3. Table. — Sept Versets/Du Pseaume qui Regis Israël, intende./I. Verset.

Bibl. nat., Réserve, Vm¹. 110.
(Reliure aux armes et au chiffre de Louis XIV.)

Il y eut une seconde édition des trois précédents volumes de Motets.

Cette seconde édition, du même format que la première, in-4° oblong, réunit les trois volumes sous une pagination continue allant de 1 à 126.

Sur les trois titres, qui portent les mêmes dates que celles de la première édition, il est ajouté : « par Monsieur Couperin, organiste de la Chapelle de Sa Majesté, Professeur-Maître de Monseigneur le Duc de Bourgogne, Chevalier de l'Ordre de Latran ».

Bibl. nat., Vm¹. 1127-1128-1129.
Bibl. de Versailles. M. S. B. 27.
Bibl. du Conservatoire, Paris, 2384.
(Ex. des Sept Versets 1704.)

1713-1714. — « *Leçons de Ténèbres*/A une et à deux voix/ Par Mr Couperin Compositeur/Organiste de la Chapelle du Roy. Premier Jour/[mercredi] Gravées par F. du Plessy. Et se vendent 3^{lt}. Brochées/A Paris/Chès l'Auteur rüe St Honoré aux armes de Bourgo=/gne près le Palais Royal./Le Sieur Foucaut à la règle d'or, rüe St Honoré./Avec Privilège du Roy./ »

In-fol. oblong, s. d. ; une page de Titre, une d'Avertissement, quarante-cinq de musique, et une de Privilège, délivré à la date du 14e May 1713.
Bibl. nat., Vm¹. 1130.
Bibl. du Conservatoire, Paris, 2385.

L'Art de Toucher le Clavecin.

Il y a eu deux éditions de cette Méthode : *1716* et *1717.*

Dans la préface de son second livre de Pièces de Clavecin François Couperin explique pourquoi ce second livre n'a pas paru la même année que le premier; il donne les différentes causes qui ont motivé sa décision de ne pas publier cette

---

Qui Régis Israël, intende. M. De Pont, et M. de Beaupré/III. Verset. Excita potentiam tuam, et veni. Les mêmes./IX. Verset. Vineam de Ægypto transtulisti. M. l'Abbé d'Estival./X. Verset. Dux itineris fuisti. Le même./XI. Verset. Operuit montes umbra ejus. Mademoiselle Couperin./XII. Verset. Extendit palmites suos. La même./XV. Verset. Deus virtutum convertere. M. Du Four.

œuvre, entre autres : « la composition de neuf leçons de ténèbres à une et à deux voix dont les trois du premier jour sont déjà gravées et en vente, 3° une méthode qui a pour titre *L'Art de Toucher le Clavecin*; très utile, en général; mais absolument indispensable pour exécuter mes pièces dans le goût qui leur convient, et que j'ai jugé devoir placer entre mes deux livres ».

Et il ajoute, au bas de cette Préface, la note suivante : « Ceux qui auront achepté la méthode en question, en 1716, pourront me la renvoyer, pourvu qu'elle n'ait point été reliée ni gâtée; et je leur feray donner gratis un autre exemplaire de l'impression de 1717, où est un supplément relatif au second livre de mes pièces de clavecin[1]. »

1716. — « *L'Art/de Toucher le Clavecin*/Par Monsieur Couperin/organiste du Roy, etc./Dedié/A Sa Majesté/Gravé par L. hüe — Prix— tt en blanc/A Paris/chès l'Auteur, au coin de la rue des Fourreurs/vis a vis les carmeaux/Le Sieur Foucaut, rue St Honoré : à la Règle d'or. Proche la rue des Bourdonnais./Avec Privilège du Roy./1716./ »

Petit in-fol., une page de Titre, une d'Approbation, une de Dédicace, et une de Préface; Soixante-cinq pages de texte, d'exemples et de musique; à la fin, une page de Privilège.
Bibl. du Conservatoire, Paris, 19 937, Réserve.

1717. — « *L'Art de Toucher le Clavecin.*/Par/Monsieur Couperin/organiste du Roi, etc./Dedié/a Sa Majesté./Prix 10^{lt} en blanc/a Paris/chès l'Auteur, rue de Poitou au Marais/ Le Sieur Foucaut rue St Honoré à la Règle d'or,/proche la rue des Bourdonnais/Avec Privilège du Roi/1717/. »

Petit in-fol., une page de Titre, une de Dédicace, une de Préface; soixante et onze pages de texte, d'exemples et de musique; à la fin, une page d'Approbation et une de Privilège Général.
Bibl. nat., Réserve, Vm^8. s. 1.
(Admirable reliure aux armes et au chiffre de Louis XIV.)
Bibl. de Versailles. M. S. N. 8.
(Edition courante où le prix n'est que de : 5^{tt} en blanc.)

---

1. Ainsi se trouvent situées, par l'auteur lui-même, la composition et l'impression des trois premières *Leçons de Ténèbres*, c'est-à-dire fin 1713 ou 1714, peut-être 1715, et, aussi, les deux éditions de l'*Art de Toucher le Clavecin* : 1716 et 1717.

Cette seconde édition contient donc six pages de plus que la première (1716) ; cela provient du fait que François Couperin a composé, pour cet ouvrage, *une Allemande* et *huit Préludes* qu'on ne saurait trouver ailleurs que là.

1722. — *Concerts Royaux*.

Placés immédiatement à la suite du troisième Livre de *Pièces de Clavecin* de François Couperin, ces quatre concerts se présentent de la manière suivante : une page de Titre et d'Avertissement, vingt-sept de musique, et, à la fin, une page de Privilège général.

Bibl. nat., Vm⁷. 1867.
Bibl. du Conservatoire, Paris, 5522.
Bibl. de Versailles, M. S. — M. a. 4.
Bibl. de l'Arsenal, 182.

1724. — « *Les Goûts-réunis*/ou/*Nouveaux Concerts*/à l'usage de toutes les sortes d'instrumens de musique/augmentés d'une grande Sonade en Trio/intitulée/*Le Parnasse*/ou/*L'Apothéose de Corelli*/par/Monsieur Couperin/Organiste de la Chapelle du Roy, Ordinaire de la/Musique de la Chambre de Sa Majesté; cy devant/Professeur-maître de composition, et d'accompagnement de/feu Monseigneur le Dauphin Duc de Bourgogne, /et actuellement maître de l'Infante Reine./Prix 15ʲᵗ en blanc /A Paris/chez l'Auteur, au coin de la rue neuve des bons enfans proche la place des Victoires./Le Sieur Boivin à la règle d'or, rue Sᵗ Honoré./vis a vis la rue des Bourdonnais./ Avec Privilège du Roy/1724./ »

In-fol., une page de Titre, une de Préface, et cinquante-neuf de musique : dix Concerts, du cinquième au quatorzième inclus ; il est donc bien évident que, dans l'idée de François Couperin, ces Nouveaux Concerts, les Goûts Réunis étaient la suite des Concerts Royaux, numérotés de 1 à 4.

1724. — « *Le Parnasse*/ou/*L'Apothéose de Corelli*/Grande /Sonade en Trio./ »

Seize pages de musique et, à la fin, une de Table comprenant les Goûts-réunis et l'Apothéose de Corelli, et une page de Privilège Général.
Bibl. nat., Vm⁷. 1870.
Bibl. de Versailles. M. S. M. a. 5.
(Superbe exemplaire relié aux armes du Duc de Bourgogne, Monseigneur le Dauphin.)

1725. — « Concert instrumental/sous le titre/*D'Apothéose*/ composé à la mémoire immortelle/*de l'incomparable Monsieur de Lully*/Par/Monsieur Couperin/Prix 6ᵗ en blanc./a Paris/chès : L'Auteur, proche la place des Victoires : vis à vis/les ecuries de l'Hôtel de Toulouse/Le Sieur Boivin, rue Sᵗ Honoré à la Règle d'or./Avec Privilège du Roy./1725./

Gravé par L. huë./ »

In-fol., une page de Titre, une de Préface et d'Avis, une de Catalogue, vingt-quatre pages de musique et, à la fin, une de Privilège Général.
Bibl. nat., Vmʳ. 1871.

1726. — « *Les Nations*/Sonades ; et suites de Simphonies/en trio./En quatre livres séparées pour la Comodité/des Académies de Musique;/et des concerts particuliers/Par/Monsieur Couperin./Organiste de la Chapelle du Roy ; ordinaire/ de la Musique de la Chambre de Sa Majesté,/pour le clavecin, etc./Prix en blanc 10ᵗ/ pour les quatres (sic) parties/a Paris. /Chès : l'Auteur au coin de la rue neuve des bons Enfans./ proche la place des Victoires./Le Sieur Boivin à la Règle d'or, rue Saint-Honoré./vis à vis la rue des Bourdonnois./ Avec Privilège du Roy./ 1726./

Gravé par L. huë./ »

4 volumes in-fol., Quatre Ordres : *La Françoise, L'Espagnole, L'Impériale, La Piémontoise.*
Premier volume : La partie de Premier Dessus comporte : une page de Titre, une d'Aveu de l'Auteur au Public, une de Catalogue, et trente de musique.
Second volume : La partie de Second Dessus comporte : trente pages de musique.
Troisième et Quatrième volumes : La partie de Basse d'Archet et celle de Basse chiffrée (Clavecin), reliées ensemble dans l'exemplaire de la Bibliothèque Nationale, comportent chacune, trente pages de musique et, à la fin de la partie de Basse chiffrée, une page de Privilège Général.
Bibl. nat., Vm⁷. 1155.
Bibl. du Conservatoire, Paris.

1728. — « *Pièces/de Violes*/Avec la Basse chiffrée/Par Mʳ F.C./se vend en blanc 6ᵗ/Gravé par L. Huë/a Paris./Chez le Sieur Boivin ruë Sᵗ Honoré/a la Règle d'or./ 1728,/Avec Privilège du Roy[1]/. »

---

1. Pour l'attribution de ces Pièces, voir Chapitre v, p. 63 et suivantes.

2 volumes in-fol., reliés séparément en parchemin vert : Deux Suites.
Premier volume : « Sujet », 1re Viole, traitée en instrument soliste, une page de Titre, et quinze de musique.
Second volume : « Basse chiffrée pour les pièces de Viole », 2e Viole, Basse d'archet et Clavecin, une page de Titre, onze de musique et, à la fin, une page de Privilège.
Bibl. nat., Vm⁷ 6 283.

Pièces de Clavecin.
QUATRE LIVRES.

Impressions et Réimpressions successives.

Dans les différentes impressions et réimpressions des Pièces de Clavecin de François Couperin, le Grand, la musique n'a subi aucun changement; seuls, les titres ont été modifiés.

Ces titres ne nous montrent pas seulement quel succès obtint cette partie de l'Œuvre du célèbre claveciniste ; ils sont très intéressants en ce qu'ils permettent de suivre « l'évolution sociale » de l'auteur, pendant la période de temps comprise entre 1713 et 1730, la dernière de sa vie.

1713. — « *Pièces/de/Clavecin*/composées/par/Monsieur Couperin/organiste de la Chapelle du Roy, etc/et gravées par du Plessy./*Premier Livre.*/Prix 10ᵘ en blanc./A Paris/Chès : L'Auteur rüe St Honoré, entre le Palais Royal, et la/rue des bons Enfans, aux Armes de Bourgogne./Le Sieur Belangé Marchand papetier rüe Dauphine,/à la petite Vertu, et le Sʳ Foucaut en lad. rüe St Honoré, à la Règle d'or./1713./Avec Privilège de sa Majesté/.

Gravé par Berey/ »

In-fol., une page de Titre, une de Dédicace, deux de Préface, soixante-treize de musique : *Cinq Ordres : Soixante-quatorze pièces*; deux pages d'Explication des Agrémens et des Signes, trois de Table, et une de Privi-. lège Général.
Bibl. de l'Arsenal. 183.

1713. — « *Pièces/de/Clavecin*/composées/par/Monsieur Couperin/organiste de la Chapelle du Roy, etc/et gravées par du Plessy./*Premier Livre.*/Prix 18ᵘ en blanc./A Paris/Chès : L'Auteur rue de Poitou, au Marais./Le Sieur Boivin rüe St Honoré, à la Règle d'or./1713./Avec Privilège de Sa Majesté/.

Gravé par Berey/ »

In-fol., une page de Titre, une de Dédicace, deux de Préface, une de : « Prix des livres de l'Auteur », soixante-treize de musique : *Cinq Ordres : Soixante-quatorze pièces*; deux pages d'Explication des Agrémens et des Signes, trois de Table, et une de Privilège Général.
Bibl. de Versailles, M. S. — M. a. 2.
(Exemplaire aux armes du Duc de Bourgogne, Monseigneur le Dauphin).
Bibl. de l'Arsenal, 182.

1713. — « *Pièces/de/Clavecin*/composées/par/Monsieur Couperin/organiste de la Chapelle du Roy, etc./et Gravées par duPlessy./*Premier Livre.*/Prix 10^{lt} en blanc./A Paris/Chès : L'Auteur, rue de Poitou, au Marais/Le Sieur Foucaut, ruë St Honoré, à la Règle d'or./1713/Avec Privilège de sa Majesté/

Gravé par Berey/ »

In-fol., une page de Titre, une de Dédicace, deux de Préface, une d'Avis donné en 1717, soixante-treize de musique : *Cinq Ordres : soixante-quatorze pièces*; deux pages d'Explication des Agrémens et des Signes, trois de Table, et une de Privilège Général.
Bibl. de l'Arsenal, 182.

1713. — « *Pièces/de/Clavecin*/composées/par/Monsieur Couperin/organiste de la Chapelle du Roy, etc./et Gravées par du Plessy./*Premier Livre*/Prix 16^{lt} en blanc./A Paris/Chès : l'Auteur, vis a vis les Ecuries de l'Hôtel de Toulouse/Le Sieur Boivin ruë St Honoré, à la Règle d'or./1713./Avec Privilège de sa Majesté/.

Gravé par Berey/ »

In-fol., une page de Titre, une de Dédicace, deux de Préface, une de Prix des ouvrages de l'Auteur en 1725, soixante-treize de musique : *Cinq Ordres : soixante-quatorze pièces*; deux pages d'Explication des Agrémens et des Signes, trois de Table, et une de Privilège Général.
Bibl. nat., V^{m7}. 1863.
La Bibl. du Conservatoire de Paris possède un exemplaire, 2 470, où il est dit : Chès l'Auteur vis a vis les Ecuries de l'Hôtel de Toulouse. Le sieur Leclerc, etc.

1713. — « *Pièces/de/Clavecin*/composées/par/Monsieur Couperin/organiste de la Chapelle du Roy, etc./et Gravées par du Plessy./*Premier Livre.*/Prix 16^{lt} en blanc./A Paris/Chès : Mr Couperin organiste de St Gervais proche l'Église/Le Sieur Le Clerc Marchand rue du Roule à la Croix d'or/Le Sieur Boivin ruë St Honoré, à la Règle d'or./1713./Avec Privilège de sa Majesté/.

Gravé par Berey/ »

In-fol., une page de Titre, une de Dédicace, deux de Préface, une de Prix des ouvrages de l'Auteur en 1725, soixante-treize de musique : *Cinq Ordres : soixante-quatorze pièces*; deux pages d'Explication des Agrémens et des Signes, trois de Table, et une de Privilège Général.
Bibl. nat. Vm⁷. 1864.
Bibl. de l'Arsenal, 182.

1716. — « *Second Livre de pièces/De/Clavecin/* composé par/Monsieur Couperin,/organiste de la Chapelle du Roy; ordinaire/de la Musique de la chambre de sa Majesté, et/cy-devant Professeur-maître de composition et/d'accompagnement de feu Monseigneur le/Dauphin Duc de Bourgogne/Gravé par Fr. du Plessy/Prix 12ᵗᵗ en blanc./A Paris/Chès l'Auteur rue de Poitou, au Marais/Le Sieur Foucaut à la Règle d'or, rüe Sᵗ Honoré vis a vis/la rue des Bourdonnois./Avec Privilège du Roy/.

Gravé par Berey/ »

In-fol., une page de Titre, une de Dédicace, une de Préface, quatre-vingt-trois de musique : *Sept Ordres : soixante-deux pièces*; trois pages de Table, et une de Privilège Général.
Bibl. nat., Vm⁷. 1865.
Bibl. du Conservatoire, Paris, 2470.
Bibl. de l'Arsenal, 182.
La même Bibliothèque possède un autre exemplaire, 182, sur lequel est imprimé, au dos de la Préface, un : « Avis donné en 1717 »; a part cette différence, l'exemplaire est semblable au précédent.

1716. — « *Second Livre de pièces/De/Clavecin/* Composé par/Monsieur Couperin,/Organiste de la Chapelle du Roy; ordinaire/de la Musique de la chambre de sa Majesté; et/cy-devant Professeur-maître de composition et/d'accompagnement de feu Monseigneur le/Dauphin Duc de Bourgogne./Gravé par Fr. du Plessy/Prix 20ᵗᵗ en blanc./A Paris/Chès l'Auteur rüe de Poitou au Marais/Le sieur Boivin à la Règle d'or, rüe Sᵗ Honoré vis a vis/la rüe des Bourdonnois./ Avec Privilège du Roy./

Gravé par Berey/ »

In-fol., une page Titre, une de Dédicace, une de Préface, une de Prix des livres de Clavecin de l'Auteur, quatre-vingt-trois de musique : *Sept Ordres : soixante-deux pièces*; trois pages de Table, et une de Privilège Général.
Bibl. de Versailles, M. S. — M. a. 3.
(Exemplaire aux armes du Duc de Bourgogne.)

1716. — « *Second Livre de pièces/De/Clavecin/*Composé par/Monsieur Couperin,/Organiste de la Chapelle du Roy; ordinaire/de la Musique de la Chambre de sa Majesté; et/cy-devant Professeur-maître de composition et/d'accompagnement de feu Monseigneur le/Dauphin Duc de Bourgogne/ Gravé par Fr. du Plessy/Prix 18^{lt} en blanc./ A Paris/Chès : Mr Couperin Organiste de St Gervais proche l'Eglise/Le Sieur Boivin à la Règle d'or, rue St Honoré vis a vis/la rüe des Bourdonnois/Et depuis peu, chès Le S^r le Clerc. Marchand rüe du Roule à la Croix d'or./ A Privilège du Roy./

Gravé par Berey/ »

In-fol., une page de Titre, une de Dédicace, une de Préface, une de Prix des Ouvrages de l'Auteur en 1725, quatre-vingt-trois de musique : *Sept Ordres : soixante-deux pièces* ; trois pages de Table, et une de Privilège Général.

Bibl. du Conservatoire, Paris, 2 ex. 2471-5521.
Bibl. de l'Arsenal, 182.
(L'exemplaire de la Bibliothèque de l'Arsenal contient une note intéressante, écrite pendant la première moitié du XVIIIe siècle.)

1722. — « *Troisième Livre/de Pièces/De Clavecin/*Composé par/Monsieur Couperin/Organiste de la Chapelle du Roy; ordinaire/de la Musique de sa Chambre; et cy-devant/Professeur-maître de composition et d'accompagne=/ment de Monseigneur le Dauphin Duc de/Bourgogne, Père de sa Majesté./ Prix 22^{lt} 10^s en blanc./A Paris/Chès : L'Auteur rüe de Poitou au Marais./Le Sieur Boivin à la Règle d'or, rue St Honoré vis à/vis la rüe des Bourdonnois./Avec Privilège du Roy./1722./

Cette planche est gravée par Berey, et celles de la Musique par Louis Hüe/. »

In-fol., une page de Titre, deux de Préface, une de Catalogue, soixante-huit de musique : *Sept Ordres : cinquante-sept pièces* ; trois pages de Table comprenant les *Concerts Royaux*.

Bibl. nat., Vm^7. 1866.
(Exemplaire avec les Concerts Royaux.)
Bibl. de Versailles. M. S. — M. a. 4.
(Exemplaire aux armes du Duc de Bourgogne.)
Bibl. de l'Arsenal, 182.
(Exemplaire avec les Concerts Royaux.)

1722. — « *Troisième Livre/de Pièces/De Clavecin/*Composé par/Monsieur Couperin/Organiste de la Chapelle du Roy; ordinaire/de la Musique de sa Chambre; et cy-devant/Professeur-maître de composition et d'accompagne=/ment de Monseigneur le Dauphin Duc de/Bourgogne, Père de sa Majesté./Prix 20^{tt} en blanc./A Paris/Chès Monsieur Couperin Organiste de St Gervais proche l'Eglise/Le Sieur Boivin à la Règle d'or, rue St Honoré vis a/vis la ruë des Bourdonnois/et depuis peu, chès le S^r le Clerc, Mar^d rue du Roule à la Croix d'or/Avec Privilège du Roy./1722./

Cette planche est gravée par Berey, et celles de la Musique par Louis Hüe/ »

<small>In-fol., une page de Titre, deux de Préface, une de Prix des Ouvrages de l'Auteur en 1725, soixante-huit de musique : *Sept Ordres : cinquante-sept pièces*; trois pages de Table.
Bibl. du Conservatoire, Paris, 5522.
La Bibliothèque de l'Arsenal possède un exemplaire : 182, sans les Concerts Royaux, avec le prix de 15^{tt} en blanc.</small>

1722. — « *Troisième Livre/de Pièces/De Clavecin*/Composé par/Monsieur Couperin/Organiste de la Chapelle du Roy, ordinaire/de la Musique de sa Chambre, et cy-devant/Professeur-maître de composition et d'accompagne=/ment de Monseigneur le Dauphin Duc de/Bourgogne, Père de sa Majesté. Prix 20^{tt} en blanc./A Paris/chès : l'Autheur vis a vis les Ecuries de l'Hôtel de Toulouse/Le Sieur Boivin à la Règle d'or, rue St Honoré vis à/vis la rue des Bourdonnois/(une collette : Le Sieur Le Clerc, Marchand,/rüe du Roule, à la Croix d'Or.)/Avec Privilège du Roy./1722/

Cette planche est gravée par Berey, et celles de la musique par Louis Hüe/. »

<small>In-fol., une page de Titre, deux de Préface, une de Prix des Ouvrages de l'Auteur en 1725 ; soixante-huit de musique : *Sept Ordres : cinquante-sept pièces*; trois pages de Table comprenant les *Concerts Royaux*.
Bibl. du Conservatoire, Paris, 2470.
(Exemplaire avec les Concerts Royaux.)</small>

1730. — « *Quatrième Livre/De Pièces/de/Clavecin*/Par/Monsieur Couperin/Organiste du Roy, etc./Prix 15^{tt} en blanc./Gravé par du Plessy./A Paris/Chès : l'Auteur, près la place des Victoires/Le Sr Boivin, ruë St Honoré à la Règle d'or./Le S^r le Clerc, ruë du Roule à la Croix d'or./1730./Avec Privilège du Roy./ »

In-fol., une page de Titre, une de Préface, une de Prix des Ouvrages de L'Auteur en 1725, soixante-treize de musique : *Huit Ordres : quarante-neuf pièces*; trois pages de Table, et une de Privilège Général.
Bibl. nat., Vm⁷. 1868.
Bibl. de l'Arsenal, 182.

1730. — « *Quatrième Livre/De Pièces/de/Clavecin/*Par/ Monsieur Couperin/Organiste du Roy, etc./Prix 15ᵘ en blanc./Gravé par du Plessy./A Paris/Chès : Mʳ Couperin Organiste de Sᵗ Gervais proche l'Eglise/Le Sʳ Boivin, ruë Sᵗ Honoré à la Règle d'Or. Le Sʳ le Clerc, ruë du Roule à la Croix d'Or./1730./Avec Privilège du Roy./ »

In-fol., une page de Titre, une de Préface, une page d'Avis sur ce Livre, une de Prix des Ouvrages de L'Auteur en 1725, soixante-treize de musique : *Huit Ordres : quarante-neuf pièces*; trois pages de Table, et une de Privilège Général, daté de 1733.
Bibl. du Conservatoire, Paris, 2471.

CATALOGUE CHRONOLOGIQUE
DES ŒUVRES DE FRANÇOIS COUPERIN, LE GRAND
Imprimées du vivant de l'auteur.

Air à boire	1697
Air sérieux	1701
Quatre Versets d'un Motet	1703
Sept Versets d'un Motet	1704
Sept Versets d'un Motet	1705
Les trois précédents volumes réunis en un seul (2ᵉ Édition).	Mêmes dates.
Pièces de Clavecin (1ᵉʳ Livre).	1713
Leçons de Ténèbres	{ fin 1713 { 1714 ou 1715
L'Art de Toucher le Clavecin (1ʳᵉ Edition). . . .	1716
Pièces de Clavecin (2ᵉ Livre)	fin 1716
L'Art de Toucher le Clavecin (2ᵉ Edition)	1717
Pièces de Clavecin (3ᵉ Livre)	} 1722
Concerts Royaux	
Les Goûts Réunis	} 1724
Le Parnasse ou l'Apothéose de Corelli	
Concert Instrumental. Apothéose de l'Incomparable M. de Lully	1725
Les Nations	1726
Pièces de Violes	1728
Pièces de Clavecin	1730

Manuscrits.

Quatre sonates à deux violons, basse de viole et basse continue.
N° 1 : *la Pucelle*.
N° 2 : *la Visionnaire*.
N° 3 : *l'Astrée*.
N° 4 : *la Steinquerque*.

Recueil manuscrit, in-4°, cinquante-huit pages de musique.
Bibl. nat., Vm⁷. 1 156.

Ce manuscrit est évidemment une des copies dont François Couperin, dans « l'Aveü de l'Auteur au public » qui figure en tête des *Nations*, déclare se défier : « par la négligence des copistes de tous ordres » ; il nous donne la première version des Nations avec, toutefois, quelques différences dans le texte des œuvres correspondantes.

Le n° 1 : *la Pucelle*, est la même Sonate que la première des Nations : *la Françoise*[1].

Le n° 2 : *la Visionnaire*, est la même Sonate que la deuxième des Nations : *l'Espagnole*.

Le n° 3 : *l'Astrée*, est la même Sonate que la quatrième des Nations : *la Piémontoise*.

Seul, le n° 4 : *la Steinquerque*, est une œuvre complètement originale, dans le manuscrit, comme est originale, dans le recueil imprimé : *l'Impériale*; elle porte à *sept* les sonates de François Couperin pour deux violons et basse chiffrée : la Steinquerque, quatre des Nations, le Parnasse ou l'Apothéose de Corelli, enfin, le Concert instrumental sous le titre d'Apothéose composé à la mémoire immortelle de l'incomparable Monsieur de Lully.

Elévations de Mr Couperin.

Ces importantes œuvres religieuses (*Motets*), au nombre de treize, forment un : « Recueil d'Elévations à une, deux et trois voix, avec basse chiffrée ».

---

1. L'histoire de cette sonate est racontée, par François Couperin, dans « l'Aveü de l'Auteur au public » qui sert de Préface aux Nations. Nous avons donné cet Aveu au public, dans le Chapitre consacré à François Couperin, le Grand, p. 95-96.

La sixième Elévation est avec symphonie.

In-fol., quatre-vingt-quatorze pages de musique, numérotées seulement sur le feuillet recto.
Bibl. de Versailles, M. S. B. 14.
(Manuscrit 59, in-fol.)

Venite exultemus Deo.

Petit Motet, à deux voix de soprano, avec basse chiffrée, fait partie d'un : « Recueil de Motets de différents autheurs »; il comporte cinq pages et deux lignes de musique, et commence à la page 412 (192 nouvelle pagination de ce recueil).

Il est, ici, une réplique d'une des Elévations contenues dans le Recueil de la Bibliothèque de Versailles : Manuscrit 59, in-fol., M. S. B. 14.

Bibl. nat., Vm^1. 1175 bis.

Motet de Ste Suzanne par Couprin
Veni Sponsa Christi.

Motet à deux voix avec symphonie et chœur au milieu.

Manuscrit in-4°, treize pages de musique, extrait d'un Recueil dont il porte le n° 9. Partitions, tome II, pagination 193, 200-201.
Bibl. nat., Vm^1. 1630.

Motet Laudate pueri Dominum de Monsieur Couperin.

« Motets/de/Messieurs Lalande, Nathan,/Marchand Laisné, Couprin et/Dubuisson. Qui servent dans/les départs de Sa Majesté de Versailles/à Fontainebleau et de Fontainebleau/à Versailles, avec une petitte musique/qui reste pour les messes des derniers/jours pendant que toute la musique/prend les devants afin de se trouver/touts à la messe du p^{er} jour./
Recueillis par Philidor Laisné Ordinaire de la musique du Roy/et l'un des deux gardiens de la Bibliothèque de musique de/sa majesté, fait à Versailles en 1697. »

In-fol., vingt-sept pages de musique, numérotées de 102 à 128.
Bibl. de Versailles. M. S. B. 18.
(Manuscrit n° 18, in-fol.)

Le recueil de Philidor nous présente ce Motet important écrit pour trois voix : deux soprani et basse, avec symphonie (violons et basse), et Basse continue.

Recueil manuscrit.

Bibl. de l'Arsenal, 2547.

Contient, entre autres, des *Pièces choisies* de Monsieur Couperin.

Recueil manuscrit.

Bibl. du Conservatoire, Paris, 2389.

Contient exclusivement des Pièces de Clavecin de François Couperin, le Grand : *les Vendangeuses, les Ondes, les Sylvains, les Fastes de la grande et ancienne Menestrandise*, etc.

Air gracieux de Mr Couperin.
Le langage des yeux est d'un charmant usage.

Figure, à la page 112, dans un Recueil d'Ariettes diverses à voix seules, in-8° oblong, relié en maroquin rouge, n° collé 140[1].

Bibl. du Conservatoire, Paris.

Nouvelles poésies spirituelles et morales.

Six recueils, in-4° oblong, reliés en trois volumes aux armes de France :

Recueils I-II. — 1730.
    III. — 1731.
    IV. — 1731-1732.
    V. — 1732-1733.
    VI. — 1733.

Recueil I, p. 56 : Consacrons....
    (Pièce de Clavecin : *Sœur Monique.*)
    p. 40 : Dans les cieux et nos cœurs....
    (Pièce de Clavecin : *les Bergeries.*)
    p. 51 : On parle peu....
    (Pièce de Clavecin : *la Passerelle.*)

Recueil IV, p. 32 : Pour le Ciel....
    (Pièce de Clavecin : *les Délices.*)

Recueil V, p. 28 : Je cherche un ami fidèle....
    (Pièce de Clavecin : *la Babet.*)

---

1. Pour l'attribution de cet air, voir Chapitre v, p. 63.

Bibl. nat., Vm¹. 1 600.

Ainsi qu'on peut s'en rendre compte, il n'y a là que des Pièces de Clavecin célèbres sur lesquelles on a mis des paroles, cela du vivant de l'auteur, puisque le sixième et dernier recueil de cette série est de 1733, année de la mort de François Couperin.

Recueil de brunettes, en duos et trios.

Au bord d'un ruisseau....
                 (Pièce de Clavecin : *la Babet*.)

Bibl. de Versailles, Manuscrit 159.
(Deux volumes dans un étui.)

Réplique, avec d'autres paroles, de la pièce contenue dans dans le Recueil V, page 28, des Nouvelles poésies spirituelles et morales : Je cherche un ami fidèle....

COUPERIN ARMAND-LOUIS
(1727-1789)

Œuvres imprimées.

1750. — « *L'Amour médecin*/Cantatille/de dessus/par M. Couperin/Organiste de St Gervais/Prix 24^s/a Paris/chès : l'Auteur attenant de l'Eglise de Saint-Gervais/Madame Boivin Rue St Honoré à la règle d'or/Le S^r Le Clerc, rue du Roule à la croix d'or/Avec Privilège du Roy./ »

In-4º oblong, une page de Titre, quatorze de musique, et une d'Extrait du Privilège du Roy.
Bibl. nat., Vm⁷. 397.

1752. — « *Pièces/de/Clavecin*/dediées/A Madame/Victoire/ de France/composées par/M. Couperin/Organiste de St Gervais/Gravées par Labassée./Prix 12^{lt}/a Paris/Chès : L'Auteur; attenant l'Eglise Saint-Gervais./Mme Boivin, M^{de} rue St Honoré, à la Règle d'Or./ Le S^r Le Clerc. M^d rue du Roule, à la Croix d'or./Avec Privilège du Roy/.[1] »

[1]. Nous croyons avoir suffisamment démontré que ce Recueil de vingt-huit Pièces de Clavecin, ainsi que la précédente Cantatille, constituent l'œuvre 1 d'Armand-Louis Couperin. Voir Chapitre VI, p. 141 et suiv.

In-fol., une page de Titre, une de Dédicace, une d'Avis, et quarante-quatre de musique : *vingt-huit pièces*, numérotées 1, 1bis jusqu'à 43.
Bibl. du Conservatoire, Paris.
Bibl. nat., Vm⁷. 1918.

1765. « — *Sonates/en pièces/de Clavecin*/avec accompagnement de violon/ad Libitum/dediées/a Mademoiselle de Beauvau/composées/ par Mr Couperin organiste de l'Eglise de Paris, de St Gervais, etc./ Œuvre II*e*/gravée par Labassée/ Prix 12tt a Paris/chès l'Auteur, attenant l'Eglise Saint Gervais./ Et aux adresses ordinaires./ Avec Privilège du Roy./ ¹.
De l'imprimerie de Maillet./ »

Grd. in-4º., une page de Titre, une de Dédicace, trente-sept de musique.
Bibl. du Conservatoire, Paris.
Bibl. nat., Vm⁷. 1919.

1770. — « *Sonates en trio*/pour le clavecin, violon et violoncelle./dediées/à Madame la Duchesse de Bethune/composées/ par M. Couperin,/Organiste de l'Eglise de Paris./Chès l'Auteur, attenant l'Eglise Saint Gervais./et aux adresses ordinaires de musique./Avec Privilège du Roy/ ².
Labassée sculp.... de l'imprimerie de Maillet./ »

In-4º. oblong, une page de Titre et vingt de musique.
Bibl. du Conservatoire, Paris.
(Manquent les parties de Violon et de Violoncelle.)

1784. — « *Air de Richard Cœur-de-Lion* varié par Mr Couperin Père/Organiste de la Chapelle du Roi./ »
Journal de Clavecin, 3e année, nº 12, page 94; a Paris, chez Le Duc, rue Traversière St Honoré.

In-fol., deux pages de musique.
Pièce pour le Piano-forte.
Bibl. du Conservatoire, Paris, Recueil de Piano nº 17.

Manuscrits.

1772. — *Trois quatuors à deux clavecins* par A. L. C.
Ms. aut. incomplet, deux cahiers : 1er et 2e clavecin, en tout vingt pages de musique.

---

1. Recueil de six sonates, La 3e publiée dans la *Collection Charles Bouvet*, Paris, E. Demets.
2. Recueil de trois sonates.

Premier clavecin : 13 pages de musique, in-4° haut., 353^{mm} sur 264^{mm}, 16 portées, avec, à la fin du Ier quatuor, la signature de l'auteur : A. L. Couperin, et la date : 1772.

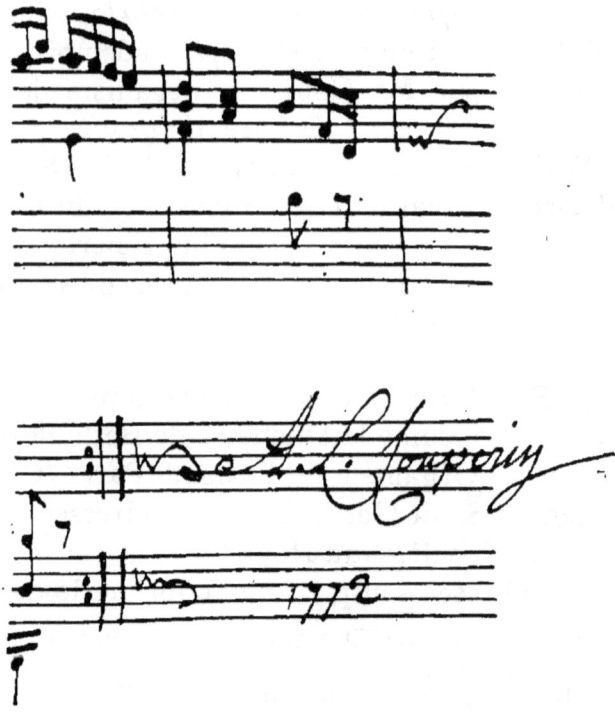

Les deux premiers morceaux du Ier quatuor manquent à la partie de premier clavecin.

Deuxième clavecin : 7 pages de musique, in-4° oblong, 232^{mm} sur 298^{mm}, 10 portées, avec, à la fin, les initiales : A. L. C.

Cette partie ne contient que le second quatuor.

Seul le second quatuor est donc complet.

Bibl. du Conservatoire, Paris. Legs Ch. Malherbe.

1775. — *Variations de Mr Couperin. Dialogue. La chasse de Mr Couperin.*

Ms. aut., in-4° haut., 292^{mm} sur 232^{mm}, 12 portées, renfermant *trois œuvres*, en tout 10 pages de musique, plus une demi-page barrée et reportée, avec quelques différences, à la fin de la seconde œuvre, dont elle est effectivement la terminaison; seules la signature de l'auteur : A. L. Couperin, et la date : 1775, subsistent intactes au bas de cette rature.

Première œuvre : *Cinq variations, pour le clavecin*, sur l'air : Vous l'ordonnez; 4 pages et demie de musique.

Deuxième œuvre : *Dialogue entre le chalumeau*[1] *et le basson*, avec accompagnement de flûtes au clavier d'en haut.

Pièce pour orgue; 3 pages et demie de musique.

Troisième œuvre : La Chasse de Mr Couperin.

Pièce pour le clavecin; 2 pages de musique avec, à la fin, la signature de l'auteur : A. L. Couperin.

Bibl. du Conservatoire, Paris.

1781, — *Aria con variazioni* del Sr Couperin.

Ms. aut., in-4° haut., 347^{mm} sur 265^{mm}, 4 pages de musique, 16 portées, avec, au bas de la dernière page, la signature de l'auteur : A. L. Couperin, et la date : 1781.

Bibl. du Conservatoire, Paris.

Ego sum Panis vitæ.

1787. — « *Elévation ou Mottet au St Sacrement* à 3 voix./ Par A. L. Couperin organiste de la Chapelle du Roi 1787./ »

Ms. aut., in-4° haut., 306^{mm} sur 230^{mm}, 5 pages de musique, 13 portées, avec, au bas de la 4e page, les initiales : A. L. C., et, à la fin, la signature habituelle : A. L. Couperin.

Bibl. du Conservatoire, Paris.

Manuscrit très intéressant, au double point de vue musical et historique.

La disposition des parties vocales y est parfaite, et la basse chiffrée, écrite pour être réalisée à l'orgue, fort bien traitée; elle contribue à l'heureux effet qui se dégage de l'ensemble de cette œuvre harmonieuse.

Symphonie de Clavecins.

Ms. aut., in-4° haut., 357^{mm} sur 246^{mm}, deux cahiers : 1er et 2e clavecins, en tout 16 pages de musique, 16 portées.

Premier clavecin : 8 pages de musique.

Deuxième clavecin : 8 pages de musique.

Bibl. du Conservatoire, Paris, Legs Ch. Malherbe.

---

1. Primitivement : « le haut-bois », rayé par l'auteur.

La même Bibliothèque possède, provenant du même legs, une copie manuscrite de cette œuvre, copie qui nous permet d'identifier l'original ; en effet, en tête de la troisième page de la partie de 1er clavecin, nous trouvons, tracée au crayon, la remarque suivante : « Etourdie qui a encore passé une mesure [1] ».

Comme la graphie du manuscrit, non daté, décrit plus haut, ainsi que celle de la petite remarque au crayon sont identiques à celle des Mss signés par Armand-Louis Couperin (du même style musical, et écrits sur un papier semblable à celui du Ms. qui nous occupe) ; qu'en outre, l'écriture de la copie est d'une main infiniment moins habile, nous croyons pouvoir déduire que cette copie a été faite par Antoinette-Victoire Couperin, seconde fille d'Armand-Louis Couperin, et que l'original est bien le manuscrit précité.

COUPERIN PIERRE-LOUIS
(1755-1789)

1782. — « *Journal de Harpe*, n° 11, contenant trois airs d'opéras-comiques et autres, les accompagnements par Madame Leduc, Mrs Couperain et Burchkoffer. »

1782. — « *Air Malbrough mis en variations* par Mr Couperin lainé. »
Journal de Clavecin, année 1782, n° 11, page 86 ; à Paris, chez Le Duc rue Traversière St Honoré [2].

In-fol., cinq pages de musique.
Pièce pour le Piano-forté.
Bibl. du Conservatoire, Paris, Recueil de Piano, n° 20.

1784. — « *Allegro* par Mr Couperain lainé. »
Journal de Clavecin, 3e année, n° 2, page 12 ; à Paris, chez Le Duc rue Traversière St Honoré.

---

1. Voir Chapitre VI, p. 157.
2. Puisque le Recueil 17 de la Bibliothèque du Conservatoire dit : 3e année, il s'ensuit que le Recueil 20, de la même Bibliothèque, marqué : 1782, donne la date de la première année de parution de ce périodique mensuel, exclusivement musical.

In-fol., une page et demie de musique.
Pièce pour le Piano-forté.
Bibl. du Conservatoire, Paris, Recueil de Piano, n° 17.

1784. — « *Air de Tibulle et d'Elie*, accompagnement par M. Couperin lainé[1]. »

Journal de Clavecin, 3ᵉ année, n° 5, page 38 ; à Paris, chez Le Duc, rue Traversière Sᵗ Honoré.

In-fol., deux pages de musique.
Bibl. du Conservatoire, Paris, Recueil de Piano, n° 17.

1787. — « *Romance/de/Nina*/mise en variations/Pour le Clavecin ou Piano-Forte/Dediée à Madame/De l'Escure/par/ M. Couperin fils ainé/[en surcharge : Organiste du Roy en survivance]/Œuvre Iᵉʳ/Gravé par Le Roy l'ainé/Prix 3ᵗ12ˢ/à Paris/chez l'Auteur, rue du Pourtour Sᵗ Gervais près l'Eglise/ et aux adresses ordinaires/. »

Petit in-fol., une page de Titre, et dix de musique.
Bibl. du Conservatoire, Paris.

COUPERIN GERVAIS-FRANÇOIS
(1759-1826)

Le Catalogue de l'Œuvre imprimé de Gervais-François Couperin présente d'importantes lacunes ; par exemple, il saute de l'op. I à l'op. VI. Dans une certaine mesure nous essaierons de combler ces lacunes par celles des compositions de l'auteur, annoncées comme ayant paru, mais dont les exemplaires ne nous sont néanmoins pas parvenus, et en y inscrivant, tout d'abord, le *Rondo*, hors série, de 1782.

Œuvres imprimées.

1782. — « *Rondo* par Mʳ Couperin le jeune. »

Journal de Clavecin, n° 8, page 62 ; à Paris, chez Le Duc, rue Traversière Sᵗ Honoré.

In-fol., deux pages de musique.
Pièce pour le Piano-forté.
Bibl. du Conservatoire, Paris, Recueil de Piano, n° 20.
Bibl. nat., Vm⁷. 5834.

---

[1]. Au sujet de cet Air et des trois compositions musicales qui précèdent, voir Chapitre VII, p. 160-161.

1788. — « *Deux/Sonates/pour le clavecin* ou le Piano-Forte/ avec accompagnement de violon et violoncelle, ad libitum/ Dediées/à Mademoiselle Duparc/par Couperin le jeune./ Organiste en survivance de la Chapelle et de Ste Marguerite/ Œuvre Ire./Gravé par Le Roy l'ainé/Prix 6^{tt}/a Paris/chez : l'Auteur, maison de M. son Père, rue du Pourtour St Gervais/ M. Le Duc, rue du Roule à la Croix d'or n° 6 au magazin/ de musique et d'instruments./ M. Boyer, marchand de musique rue de Richelieu à la Clef/d'or passage du caffé de Foy/ M. Bailleux, marchand de musique du Roy et de la famille/ Royale, rue St Honoré à la règle d'or./à Versailles, chez Blaisot rue Satory./ »

In-fol. composé de, pour la partie de Clavecin ou Piano : une page de Titre et vingt-deux de musique; pour la partie de Violon : une page de Titre et huit de musique; pour la partie de Violoncelle : une page de Titre et six de musique.
Bibl. nat., Vm^7. 5409.

1790. — « *Ah! Ça ira! Varié pour le Clavecin* ou forte-piano, par M. Couperin, Organiste du Roi, de St Gervais, de St Jean, de Ste Marguerite et des Carmes Billettes : prix 2 liv. 8 s. »

1790. — « *Complainte Béarnaise*, tirée des Actes des Apôtres, variée pour forté-piano ou Clavecin, par le même : 2 liv. 8 s. chez l'Auteur, rue du Pourtour St Gervais, n° 15; et aux adresses ordinaires[1]. »

1797. — « *Les/Incroyables/*Pièce musicale/pour le Piano-Forte/par/Couperin/Œuvre VI/Gravé par Le Roy l'ainé/ Prix 3^{tt} 10^s./A Paris/chez l'Auteur, ruë de la Marche au Marais n° 14/Et aux adresses ordinaires/Enregistré à la Bibliothèque Nationale/Chaque exemplaire sera signé de l'auteur./»

---

1. Pour ces deux compositions, voir Chapitre VIII, p. 171.

In-4°, une page de Titre et huit de musique.
Bibl. du Conservatoire, Paris.

1797. — « *Les/Merveilleuses*/Pièce musicale/pour le Piano-Forte/par/Couperin/Œuvre VII/Gravé par Le Roy l'ainé/ Prix 3^{lt}/A Paris/chez l'Auteur, rue de la Marche au Marais n° 14/Et aux adresses ordinaires/Enregistré à la Bibliothèque Nationale/Chaque exemplaire sera signé de l'auteur./ »

In-4°, une page de Titre et six de musique.
Bibl. du Conservatoire, de Paris.

1797. — « *Ouvertures/d'Iphigénie/et/de/Demophoon*/mises à la portée des jeunes élèves/pour le piano-Forte/avec accompagnement de violon (ad libitum) [Œuvre VIII] par/Couperin/ Prix 4^{lt} 10^s/a Paris/chez l'Auteur, rue de la Marche au Marais, n° 14/Et aux adresses ordinaires/Enregistré à la Bibliothèque Nationale/Propriété de l'Auteur./Chaque exemplaire sera signé de l'auteur./ »

In-fol. composé de, pour la partie de piano : une page de Titre et huit de musique; pour la partie de violon : une page de Titre et trois de musique.
Bibl. nat., Vm^7. 9036.

1799. — « Premier/Recueil/contenant *six romances*/avec accompagnement de piano-Forte ou Harpe/composées/par Couperin/et/Dédiées à son Épouse/Œuvre IX/Gravé par le Roy l'ainé/Prix 4^{f}50^c/a Paris/chez l'Auteur, Rue de la Marche, au Marais, n° 14./Et aux adresses ordinaires/Enregistré à la Bibliothèque Nationale/Propriété de l'Auteur/chaque exemplaire sera signé de l'Auteur./ »

In-fol., une page de Titre, douze de musique et poésies.
Bibl. nat.. Vm^7. 7608.

« *Air/de Barrège/mis en variation,*/pour le piano/et Dédié/ A Mademoiselle/Colmet de Santerre la jeune/ par Couperin/ Œuvre 10°/Gravé par Le Roy l'ainé/Prix 3^{lt}/à Paris/chez l'Auteur; rue de la Marche, au Marais, n° 14/Propriété de l'Auteur./ »

In-fol., une page de Titre et sept de musique.
Bibl. nat., Vm^7. 12044.

1810. — « *Caprice en pot-pourri sur les Airs de Cendrillon* de Nicolo [Œuvre XI?], composé et dédié à sa fille, par Couperin, demeurant rue Cloche-Perce n° 11, quartier Saint-Gervais[1]. »

« *Sonate/pour/le Piano-Forte*/avec accompagnement de violon ad-libitum/composée et dédiée/à Mademoiselle/Caroline Fiolier/par/ Couperin/œuvre 12. — Prix 4^f/à Paris/chez l'Auteur, rue Clocheperche (sic), n° 11, quartier St Gervais./ Et chez les M^{ds} de musique/Propriété de l'Auteur. Enregistré à la Bibl^e Imp^{le}./ »

In-4°, une page de Titre et dix-huit de musique.
Bibl. du Conservatoire, Paris.
(La partie de violon manque.)

Manuscrits.

De même que pour les manuscrits d'Armand-Louis Couperin, tous ceux que nous connaissons, de Gervais-François Couperin, proviennent du généreux don qu'en a fait, à la Bibliothèque du Conservatoire de Paris, M. Charles Malherbe, ancien Bibliothécaire de l'Opéra.

Sonate pour le piano ou le Clavecin
par Couperin le jeune.

Ms. aut., in-4° haut., 300^{mm} sur 229^{mm}, 8 pages de musique, 12 portées.

Ce manuscrit nous montre que la 1re Sonate de l'Œuvre I, de Gervais-François Couperin, avait tout d'abord été conçue pour piano ou clavecin seul; que le 1er mouvement, à 4 temps dans l'édition imprimée, est à 2/4 dans le manuscrit; et qu'ensuite, l'auteur ne fit qu'ajouter des parties de violon et de violoncelle à son esquisse pour piano et clavecin seul.

Bibl. du Conservatoire, Paris. Legs Ch. Malherbe.

Allegro assai pour deux pianos.

Ms. aut., deux cahiers : 1er et 2e piano, en tout 14 pages de musique, in-4° haut., 295^{mm} sur 223^{mm}, 14 portées.

Ce manuscrit est un simple arrangement, pour deux pianos, du 1er mouvement de la 1re Sonate de l'Œuvre I de Gervais-François Couperin.

Bibl. du Conservatoire, Paris, Legs Ch. Malherbe.

1. A propos de cette composition, voir Chapitre VIII, p. 176-177.

Contredanses, par Couperin, ci devant organiste
de Louis Seize.

Ms. aut., in-4° haut., 297^{mm} sur 229^{mm}, 8 pages de musique, 12 portées.

La dénomination : ci devant organiste de Louis Seize indique, d'une façon précise, que le Couperin du manuscrit où nous la trouvons vivait à l'époque de la Révolution, après avoir été organiste du Roi. Seul de sa famille, Gervais-François Couperin est dans ce cas : il survécut à la Révolution de 1789 ayant, avant cette période, exercé les fonctions d'Organiste du Roi, cela après son frère ainé Pierre-Louis, auquel il avait succédé à la Chapelle de la Cour ; c'est donc bien de lui qu'il s'agit ici.

Bibl. du Conservatoire, Paris, Legs Ch. Malherbe.

Sonates pour le Clavecin.

Ms. aut., deux cahiers, en tout 62 pages de musique.

Premier cahier : 34 pages de musique, in-4° haut., 300^{mm} sur 227^{mm}, 12 portées, non numérotées, contenant *six sonates* complètes, dans un cartonnage de l'époque, en papier de garde.

Deuxième cahier : 28 pages de musique, in-4° haut., 310^{mm} sur 232^{mm}, 12 portées, numérotées de 1 à 27 ; la page 24 est en blanc.

Les pages 5, 6, 7 et 8 manquent ; elles constituaient le final de la Sonate VII, final que, d'ailleurs, nous retrouvons dans un Brouillon dont il sera question plus loin, et le début du 1er mouvement de la Sonate VIII.

Les pages 15, 16, 17 et 18 manquent également ; elles constituaient la fin du 3e mouvement de la Sonate VIII, et le début du 1er mouvement de la Sonate IX.

En outre, dans la seconde reprise du dernier mouvement de la Sonate XI, la partie réservée à la main droite est seule écrite.

Les compositeurs du XVIIIe siècle et du commencement du XIXe écrivaient, en général, non pas une sonate, mais une œuvre de six ou de douze sonates, les exemples en sont extrêmement nombreux ; aussi, le manuscrit que nous étudions, et qui s'arrête à la Sonate XI, nous donnait-il à penser que la douzième sonate était à jamais perdue. L'intéressant cahier d'esquisses, dont nous nous occuperons ci-après, nous fournit heureusement cette dernière Sonate.

Par sa graphie, et même par son papier, ce manuscrit ressemble exactement à ceux que nous savons être de Gervais-François Couperin : nous devons donc l'attribuer au même auteur.

Bibl. du Conservatoire, Paris. Legs Ch. Malherbe.

Cahier d'esquisses.

Man. aut., in-4° haut., 301^{mm} sur 229^{mm}, 26 pages de musique, 18 portées.

Manuscrit intéressant, qui nous montre un cahier d'esquisses de l'écriture habituelle, mais très serrée, de Gervais-François Couperin, et dont l'identification se fait aisément, puisque c'est le brouillon de plusieurs Sonates pour clavecin, dont nous avons cru devoir attribuer le net à Gervais-François Couperin.

Voici le contenu de ce cahier d'esquisses :

Rondeau. — 2^d mouvement de la Sonate VI.

Duo. — Non employé dans les Sonates pour clavecin.

Allegro. — 1er mouvement de la Sonate VI.

Allegro. — 3e mouvement de la Sonate VI.

Allegro. — 1er mouvement de la Sonate VII.

Andante. — 2e mouvement de la Sonate VII.

Allegro. — 3e mouvement de la Sonate VII.

Rondo Pastoral. — Non employé dans les sonates pour clavecin.

Presto. — 1er mouvement de la Sonate V.

Menuet. — 2e mouvement de la Sonate V.

Rondeau. — 3e mouvement de la Sonate V.

Vivace. — 4e mouvement de la Sonate V.

Plus une *Sonate complète*, trois morceaux : *Allegro*, *Rondeau* et *Minuetto*, constituant ainsi la XIIe *Sonate pour Clavecin*.

Ce cahier d'Esquisses nous permet aussi de constater le projet de l'auteur, d'ajouter une partie de violon à son œuvre de XII Sonates pour le clavecin. Plusieurs morceaux sont, en effet, écrits avec la portée réservée à la partie de violon projetée; toutefois, on ne rencontre qu'un seul passage où la partie de violon soit écrite : le début du 2^d mouvement de la Sonate VI.

Bibl. du Conservatoire, Paris, Legs Ch. Malherbe.

Première Simphonie à deux violons, deux flûtes, alto et Basse.

Ms. aut., 6 parties; en tout 21 pages de musique, in-8° haut., 307^{mm} sur 233^{mm}, 12 portées.

1er Violon : 4 pages de musique.

2^d Violon : 4 pages de musique.

1re Flûte : 4 pages de musique.

2e Flûte : 3 pages de musique.

Alto : 3 pages de musique.

Basse : 3 pages de musique.

La partition de cette symphonie est incomplète; il y manque la fin du dernier mouvement, mais on peut facilement la reconstituer par les parties séparées de cette même symphonie, qui, elles, sont absolument complètes.

Cette Symphonie comporte trois morceaux : *Allegretto, Andante, Presto.*

Bibl. du Conservatoire, Paris, Legs Ch. Malherbe.

Composition à quatre mains. Par C.

Ms. aut., in-4° haut., 304^{mm} sur 229^{mm}, 4 pages et 2 demi-pages de musique, numérotées de 1 à 6, 18 portées.

Par la graphie, le style musical, et par le papier, ce manuscrit est semblable à ceux que nous savons être de Gervais-François Couperin; nous devons donc l'attribuer aussi, avec presque certitude, au même auteur, d'autant plus que l'initiale : C, vient faciliter et préciser notre attribution.

Bibl. du Conservatoire, Paris, Legs Ch. Malherbe.

Basse des Incroyables de Couperin.

Ms. aut., in-4° haut, 290^{mm} sur 220^{mm}, 3 pages de musique, 14 portées.

Les Incroyables, pièce musicale pour le piano-forte parurent sous le n° d'œuvre VI, de Gervais-François Couperin. Il n'y a donc aucun doute possible sur l'identification de ce manuscrit, lequel prouve, une fois de plus, que, seuls, n'ont pas été détruits les manuscrits d'œuvres, ou de parties d'œuvres, non publiées.

Dans ce cas particulier, la partie de piano ayant été imprimée, nous retrouvons seulement la partie de basse d'accompagnement (basse d'archet).

Bibl. du Conservatoire, Paris. Legs Ch. Malherbe.

On a soumis à notre appréciation un lot de manuscrits de contemporains de Gervais-François Couperin, tels que Boëly, Marrigues, Gueit, etc.

Il se pourrait qu'il y eût là des compositions inédites de Gervais-François Couperin, entre autres deux messes, l'une pour les Grands solennels, l'autre à l'usage des Petits solennels, qui contiennent des fugues fort bien traitées.

Le lot, dans son ensemble, donne l'impression d'un fond de tiroir de Maître de chapelle, peut-être de Marrigues, ce qui pourrait expliquer la présence d'œuvres de Gervais-François Couperin, d'autant que la graphie dont sont tracés les manuscrits anonymes, imputables à ce dernier, rappelle celle des divers manuscrits précédents sur lesquels aucun doute n'est possible. Toutefois, les garanties d'authenticité sont trop peu suffisantes pour nous permettre une attribution sûre et, par conséquent, pour que nous les fassions figurer dans le catalogue de l'Œuvre de Gervais-François Couperin.

CHAPITRE XIV

ESSAI DE BIBLIOGRAPHIE DES COUPERIN

La présente Bibliographie des Couperin est assurément loin d'être complète; bien des choses ont dû nous échapper; combien de détails, intéressants sans doute, sont passés au travers des mailles de notre filet!

Nous pensons, cependant, qu'elle présente un certain intérêt, et, qu'en tous cas, telle qu'elle est, elle peut permettre à d'autres de l'augmenter assez aisément.

Actes de l'état civil de Chaumes.
Affiches, annonces et avis divers. — Années citées.
ANONYME (Gardeton). — *Bibliographie musicale de la France et de l'étranger.* Paris, 1822, p. 531.
ANONYME. — *Le Pianiste*, n° 1er, novembre 1833, pp. 66-67.
Archives de la Seine.
Archives départementales de Seine-et-Marne.
Archives historiques du Ministère de la guerre, n° 162, fol. 362.
Archives nationales.
Avant-coureur (l'). — 13 Juillet 1772.
BALLOT (Ed). — *Les grandes orgues de l'église Saint-Gervais.* Notes d'art et d'archéologie. — Revue mensuelle de la Société de Saint-Jean, Janvier-Mars 1911. Paris, Bloud et Cie.
BOUDET. — *Affiches, annonces.* 1745-vers 1751.
BOURDELOT (P.) et BONNET. — *Histoire de la Musique.* Paris, 1725, p. 210. (Réplique de Lecerf de la Vieville).
BRENET (M.). — *Grande Encyclopédie.* Article Couperin.
— *Les Concerts en France sous l'ancien régime.*
BRICQUEVILLE (E. de). — *La Couperin* : Un orchestre d'anciens instruments. Versailles 1905, pp. 11, 18.
BURNEY (Ch.). — *De l'état présent de la Musique en France et en Italie.* Traduction Ch. Brack, Gênes 1809, vol. I, pp. 32-34.

A General History of music..., London 1776-1789, vol. IV, pp. 622-623.
CARLEZ (J.). — *La Réforme musicale* : François Couperin, sa musique concertante. Paris, 1870.
CHORON ET FAYOLLE. — *Dictionnaire historique des Musiciens*. Paris, 1810-1811, 1817, Articles Couperin.
CLÉMENT (abbé F.). — *Les Musiciens célèbres*. Paris, 1868, pp. 49-50.
COMBARIEU (J.). — *Revue d'histoire et de critique musicale*, mars 1902, p. 16, juin 1902. Supplément 1903 et 1906.
COUPERIN (Fr.). — *Préfaces* de ses œuvres.
DESCUBES (A.). — *Nouveau dictionnaire d'Histoire, de Géographie et de Biographie*. Paris, 1889. Article Couperin.
DANJOU (F.). — *Revue de la Musique religieuse*. Paris, 1846, pp. 244-249.
DAQUIN DE CHATEAU-LYON. — *Lettres sur les hommes célèbres dans les sciences, la littérature et les Beaux-Arts, sous le règne de Louis XV.* Amsterdam, 1752-1753. T. I, lettre V, pp. 105-115, 126.
DARMREUTHER (Ed.). — *Musical ornementation*. London, Novello. S. D.
DENNE-BARON (D.). — *Patria : Histoire de l'Art musical en France.* Paris, mars 1846, pp. 2312-2316.
DEZOBY ET BACHELET (Th.). — *Dictionnaire de Biographie et d'Histoire.* Paris, 1857. Article François Couperin.
D'OSCAR (P.). — *Geschichte des Claviers*. Leipzig, 1868.
ECORCHEVILLE (J.). — *Bulletin de la Société de l'Art Français.* Paris, 1907, IIIe fascicule, pp. 76-79.
EITNER (R.). — *Quellen Lexikon*. Leipzig, 1900. Articles Couperin.
Encyclopédie Roret. — *Manuel de l'Organiste*, Nouvelle édition, Paris, 1905, pp. 208-211.
FARRENC (J.-H.-A.). — *Trésor des Pianistes*, IIIe et XXe livraisons. — Revue de Musique ancienne et moderne. Rennes, 1856, p. 557.
FELLER (abbé de). — *Dictionnaire Historique*. Liège, An V, 1797. Edition M. Perennès, Paris, 1844, Articles Couperin.
FÉTIS (F.-J.). — *Biographie universelle des Musiciens*, vol. II, Articles Couperin. — *Supplément et Complément* (A. Pougin), T. I, Articles Couperin.
FONTENAY (abbé de). — *Dictionnaire des Artistes.* Paris, 1776. T. I, Article François Couperin.
GABET (Ch.). — *Dictionnaire des Artistes de l'Ecole française au XIXe siècle.* Paris, 1831, Article Taskin.
GALLET (J.). — *Le Mariage de la Musique et de la Dance.* Paris, 1870. Appendices B. C. D.
Gazette de France (la). — Années citées.
GERBER (E. L.). — *Historisch-Biographisches Lexikon der Tonkünstler.* Leipzig, 1790, Articles Couperin.
GRANDMOUGIN (Ch). — *Etudes sur l'Esthétique musicale.* Paris, 1900, pp. 89-93.
GRÉGOIR (E.-G.-J.). — *Des gloires de la Musique*. Bruxelles. Paris, 1878-1881, T. II, pp. 21 (note), 114, 218-219. T. III, pp. 31-32, 45.
GRÉGOIRE (L.). — *Dictionnaire Encyclopédique*. Paris, 1874. Article Couperin.
GROVE (Sir G.). — *Dictionary of music and musicians.*

HARTMANN (G.). — *La Cité*, Bulletin trimestriel de la Société historique et archéologique du IVe Arr. de Paris, juillet 1907, p. 569; Octobre 1910, pp. 394, 396.
HOEFER (le Dr.). — *Nouvelle Biographie générale*. Paris, 1856. Articles Couperin signés : Dieudonné Denne-Baron.
JAL (A.). — *Dictionnaire critique de Biographie et d'Histoire*. Paris, 1867. Seconde édition, 1872. Article Couperin.
Journal de Musique par une Société d'Amateurs. Paris, 1774, no 1, p. 17, 1777, no 4.
LABAT (J.-B.). — *Etudes philosophiques et morales sur l'Histoire de la Musique*. Paris, 1852, T. II, p. 189.
— *Les Organistes du XVIIIe siècle*. Montauban, 1872.
LABORDE (Benj. de). — *Essai sur la Musique ancienne et moderne*. Paris, 1780, pp. 408, 610.
LACOMBE (M.). — *Dictionnaire portatif des Beaux-Arts*. Paris, 1759-1777. Articles Couperin.
LADVOCAT (abbé). — *Dictionnaire Historique et Bibliographique*. Paris, 1777. Article Couperin.
LAMBEAU (L.). — *Notes descriptives et historiques sur l'église Saint-Gervais et ses abords*. Annexe au procès-verbal de la séance de la Commission du Vieux Paris, 2 mars 1912.
— *La Cité*, Bulletin trimestriel de la Société historique et archéologique du IVe Arr. de Paris, juillet 1907, p. 563.
LAROUSSE (P.). — *Grand Dictionnaire illustré*. Articles Couperin.
LAVOIX (H.). — *Histoire de la Musique*. Paris, 1891, p. 223.
LECERF DE LA VIÉVILLE. — *Comparaison de la Musique italienne et de la Musique françoise*. Bruxelles, 1705.
LE GALLOIS (abbé). — *Lettre à Mlle Regnault de Sollier touchant la musique*. Paris, 1680.
LHUILLIER (Th.). — *Notes sur quelques musiciens dans la Brie*. Meaux, 1870.
MAGNIEN (V.). — *Bulletin de l'Athénée du Beauvaisis*, année 1846, premier semestre, p. 44; 1850, p. 417.
MARMONTEL (A.). — *Symphonistes et Virtuoses*. Paris, 1880, pp. 1-13.
Mercure de France (le). — Années citées.
MÉREAUX (A.). — *Les Clavecinistes de 1637 à 1790*. Paris, 1867.
MICHAUD. — *Biographie Universelle*. Paris, 1811. IIe édition, 1854. Article Couperin.
NEIMETZ (J. C.). — *Séjour de Paris*, Leide, 1727, p. 253.
PAGNERRE (L). — *De la mauvaise influence du piano sur l'Art musical*. Paris, 1885, pp. 28-42.
PAZDIREK (Fr.). — *Manuel universel de Littérature musicale*. Vol. V., pp. 554-556.
PILLAULT (L.). — *Instruments et Musiciens*. Paris, 1880, pp. 158, 159-160.
PIRRO (A.). — *François Couperin*. Tribune de Saint-Gervais. Bulletin mensuel de la Schola Cantorum. Paris, Octobre 1903, no 10, pp. 361-365.
— *Archives des Maîtres de l'Orgue*. Paris, 1904, Ve Vol. Préface.
— *L'Esthétique de J. S. Bach*, pp. 201, 427, 428.
PROD'HOMME (J.-G.). — *Ecrits de Musiciens*. Mercure de France, 1913, pp. 228-230.

Quittard (H.). — *Louis Couperin*. Revue Musicale. Paris, 1902, pp. 458-461; 1903, pp. 129-131.

— *Un Claveciniste français du XVIIe siècle*. Tribune de Saint-Gervais. Paris, Janvier-Mai 1901.

— *Les Anciennes Orgues françaises*. A propos de l'orgue de Saint-Gervais. Congrès Parisien et régional de Chant Liturgique et de Musique d'église, 12, 13, 14 et 15 juin 1911, à Paris.

Rapin (E.). — *Histoire du Piano et des Pianistes*. Paris-Lauzanne, 1904.

Reuchsel (M.). — *L'Ecole classique du Violon*. Fischbacher, 1906, p. 9.

Riemann (H.). — *Dictionnaire de Musique*. Traduction G. Humbert. Paris, 1899. Article Couperin.

Rimbault (E. F.). — *The Pianoforte its origin*. London, 1868, pp. 231-235, 316-331.

Sauzay (Eug.). — *L'Ecole de l'Accompagnement*. Paris, 1869, p. 117.

Schweitzer (Alb.). — *J. S. Bach, le Musicien-Poète*. Leipzig, 1905, pp. 151, 154, 189.

Symon (Ch.). — *Les grandes orgues de l'église Saint-Gervais*. La France illustrée, n° 1930, 25 novembre 1911, pp. 407-408.

Titon du Tillet (E.). — *Parnasse François*. Paris, 1732, pp. 402-403.

— *Supplément du Parnasse François*. Paris, 1743-1755.

Vidal (A.). — *La Chapelle de Saint-Julien-des-Ménestriers et les Ménestrels de Paris*. Paris, 1878, p. 66.

Weckerlin (J.-B.). — *Catalogue de la Réserve de la Bibliothèque du Conservatoire*. Paris, 1885.

— *Nouveau Musiciana*. Paris, 1890, pp. 248-256, 362, 382-383.

Weinmann (Dr Karl). — *La Musique d'église*, Traduction P. Landormy. Paris, 1912, p. 201.

Weitzmann (C. F.) et Seiffert (M.). — *Geischichte der Klaviermusik*. Leipzig, 1899.

CHAPITRE XV

NOTES ANNEXES

I. — JACQUES CHAMPION
Titres de noblesse.

Il était couramment admis que Jacques Champion, fils du célèbre joueur d'espinette d'Henri IV, s'était approprié le titre et le nom de Chambonnière à la suite de son mariage avec l'héritière de la terre de ce nom; il y a là une grosse erreur. De même que pour le titre de : de la Chapelle, qui lui venait de son père, l'illustre claveciniste n'a pas eu à s'approprier le titre de : de Chambonnière, car il le tenait purement et simplement de sa mère; en voici la preuve, c'est ce contrat de mariage du 31 janvier 1601, insinué au Châtelet le 19 mai de la même année, entre :

Jacques Champion, escuier, sieur de la Chapelle, vallet de chambre du Roy, demeurant à Paris, rue de la Chauverrerye, paroisse Saint-Eustache; Et damoiselle Anne Chatriot, fille de Robert Chatriot, escuier, sieur de Chambonnière, demeurant au Plessis-feu-Ausoult près Rozoy-en-Brie, et de deffuncte damoiselle Françoise Hervé, jadis sa femme en premières nopces.

Suivent les différentes clauses du contrat. — Châtelet de Paris, Y 140, f° 136-137.

Il est de toute évidence qu'il s'agit là, non du fils, mais du père; ainsi s'évanouit la légende de l'usurpation nobiliaire de Jacques Champion, lequel naquit, vraisemblablement, entre la fin de l'année 1601 à 1604 ou 1605, et mourut vers 1674.

De Chambonnière, tenu par tous pour le plus habile virtuose et compositeur de son temps, fut survivancier de son père dans la charge de : « Joueur d'espinette de la Chambre du Roy » (Louis XIII). — Ses deux livre de *Pièces de Clavessin* présentent un grand intérêt pour l'histoire du style de cet instrument. Le premier de ces livres parut en 1670; le second, sans date, vers 1674?

II. — TITON DU TILLET
Bibliographie du Parnasse François.

Evrard Titon du Tillet naquit, à Paris, le 16 janvier 1677, et mourut, à Paris, le 26 novembre 1762.

D'abord Capitaine d'infanterie, puis de dragons, il acheta la charge de Maître d'Hôtel de Madame la Dauphine, mère du roi; c'est à la mort de cette princesse qu'il s'occupa, sans relâche, de l'érection de son monument à la gloire de Louis XIV : le Parnasse François.

Dans l'idée de Titon du Tillet, le monument en question devait être édifié sur une place ou dans un jardin public, et représenter les plus grands artistes et littérateurs, s'élevant en pyramide vers Apollon (Louis XIV). C'est dans le but de présenter et de rendre évident ce projet qu'il écrivit *le Parnasse François*.

Cet admirable ouvrage a eu *deux éditions*, et *deux suppléments*.

La *première édition*, in-12, est de 1727; l'*Approbation*, donnée par Fontenelle, du 7 novembre 1726, et le *Privilège*, du 3 décembre 1726.

La *seconde édition*, in-fol., avec : « les augmentations qui ont été faites à cet ouvrage », date du 8 avril 1731, mais ne parut qu'en 1732.

Titon y ajouta, d'abord, un petit supplément de *douze pages*; puis un autre, beaucoup plus important, de *cent soixante-seize pages* intitulé : *Suite du Parnasse François jusqu'en 1743*

Ces deux *Suites à l'Ordre Chronologique* constituent le véritable *Premier Supplément*.

Enfin, il existe un : *Second supplément du Parnasse François ou suite de l'Ordre chronologique des poètes et Musiciens que la mort a enlevés depuis le commencement de l'année 1743 jusqu'en cette année 1755*. — Par l'*Approbation* spéciale à ce supplément, nous apprenons qu'il fut terminé en juin 1755, et publié le 10 octobre de la même année; il comporte : une page de *Titre*, deux de *Table* et quatre-vingt-quatre de *Texte*. Les deux dernières pages, 85-86, forment une espèce de *Conclusion* dans laquelle Titon du Tillet déclare qu'à la date de parution, 1755 : « il va entrer dans sa quatre-vingtième année »; et, dans la note A, se lamente sur l'insuccès de son projet de monument qui aurait pu être exécuté : « moyennant deux ou trois millions il y a plus de quinze ans, si j'avais été écouté, Nunc superest desiderium ».

La Bibliothèque Nationale de Paris est riche quant à l'Œuvre de Titon du Tillet; elle possède six volumes : quatre du Parnasse François, et deux du Second Supplément :

1. Ln⁹ 68, *Réserve*, in-12, *Première édition*. — Délicieux exemplaire, relié en maroquin rouge, avec un magnifique papier de garde : une page de *Titre* daté de 1727, quatre d'*Epitre au Roy*, vingt-deux de *Préface*; *Liste alphabétique des Poètes et Musiciens rassemblés sur le Parnasse François*, pp. 92-366; cinq pages de *Table des Matières*, quatre d'*Approbation* et de *Privilège*; *Errata*, une page.

2. Ln⁹ 69, in-fol, *Seconde édition*. — Exemplaire, relié en maroquin rouge aux armes de France, auquel il manque les portraits, mais qui contient le *Premier supplément* complet.

3. Ln⁹ 69, in-fol, *Seconde édition*. — Exemplaire, relié en veau marbré,

absolument complet; tous les portraits, y compris, au début, celui de l'Auteur, et le premier supplément :

Frontispice représentant *le Parnasse*, une page de *Titre*, daté de 1732, trois pages de *Dédicace au Roy*, une de *Table des principaux articles contenus dans ce volume. Discours sur le Dessein de cet ouvrage*, de la page 1 à 27. *Description du Parnasse François exécuté en bronze avec reproductions de médailles* (trois parties), pp. 29-92. *Liste des Auteurs et des livres dont j'ai tiré la plus grande partie des mémoires*, etc., pp. 93-98. *Ordre chronologique des Poètes et des Musiciens*, pp. 99-660. *Suite du Parnasse François jusqu'en 1743*, de la page 661 à 672, et de la page 673 à 786. *De nos acteurs et actrices célèbres de la Comédie et de l'Opéra*, pp. 789-816. *Conclusion*, pp. 817-832. *Remarque sur la Poésie et la Musique* (2 chapitres), pp. I-XXVIII et pp. XXVIII à LIII. Plus *trois lettres* de Rousseau, de M. de Themiseuil de Saint-Hyacinthe, et du R. P. Vanière.

4. *Double de Ln⁹ 69, Réserve* (2). — Magnifique exemplaire, à toutes marges, relié en maroquin vert, aux armes de : de Varax, qui contient le premier supplément, mais auquel manquent tous les portraits.

5. *Ln⁹ 68*, in-fol, *second supplément*. — Exemplaire, relié en maroquin rouge, aux armes de France, avec autographe sur une page de garde : « *Pour la Bibliothèque du Roi à Paris* ».

6. *Double de Ln⁹ 68, Réserve*. — Cet exemplaire, à toutes marges, est très modestement relié, mais n'en n'est pas moins précieux, car il porte, sur *sa* page de garde, écrit de la main de l'Auteur : « Pour l'Académie des Inscriptions et Belles-Lettres. De la part de son très humble et très obéissant serviteur.

Titon du Tillet. »

III. — LES BALLARD

Généalogie

Les Ballard constituent une importante dynastie d'imprimeurs, dont l'influence est considérée, en général, comme désastreuse pour la production musicale de la longue période où elle s'exerça.

L'omnipotence des Ballard, en annihilant, ou plutôt en interdisant toute initiative individuelle autre que la leur, nuisit à l'édition des œuvres de compositeurs méritoires, en ce sens que celui qui n'était pas imprimé par eux ne l'était par personne.

Nous avons essayé, chapitre v, p. 107-108, de faire ressortir la fragilité d'un manuscrit, et les conséquences qui en découlent. Dès lors, étant donnés les risques que court un pareil objet, on peut concevoir la perte d'une quantité innombrable d'œuvres intéressantes, restées sous leur forme unique, et la plus dangereuse pour braver le temps et l'espace, œuvres qui eussent été sauvées par l'impression.

Sans nous attarder sur un sujet qui mériterait d'être développé, nous n'envisagerons les Ballard qu'au seul point de vue généalogique.

Pendant plus de deux siècles ils détinrent le monopole de l'impression des livres de musique, grâce aux privilèges qui furent accordés successivement aux différents membres de la famille :

Robert Ballard, premier du nom ; pourvu de la charge de : seul imprimeur de la musique de la chambre, chapelle et menus plaisirs du Roy, par lettres patentes de Henri II, en date du 15 février 1552. Confirmation du privilège par Charles IX.

Pierre Ballard, fils du précédent ; maintenu dans la charge de son père, par Henri III et Henri IV ; lettres patentes de Louis XIII, en 1633.

Robert Ballard, fils de Pierre ; maintenu dans la charge familiale par lettres patentes de Louis XIII, en date du 24 octobre 1639.

Christophe Ballard, fils de Robert ; confirmé dans les attributions de son père par lettres patentes de Louis XIV, en date du 11 mai 1673.

Jean-Baptiste-Christophe Ballard, fils de Christophe ; obtint les mêmes prérogatives que ses ancêtres par lettres patentes de Louis XIV, en date du 5 octobre 1695.

Christophe-Jean-François Ballard, fils de Jean-Baptiste-Christophe ; lettres patentes de Louis XV, en date du 6 mai 1750.

Pierre-Robert-Christophe Ballard, fils de Christophe-Jean-François ; lettres patentes de Louis XV, en date du 20 octobre 1763.

Le Privilège dont les Ballard bénéficiaient depuis Henry II leur fut retiré à l'époque de Louis XVI, en 1776. Néanmoins, la maison subsista sans doute pendant la période révolutionnaire, puisque, en 1800, nous trouvons le *Règlement du Théâtre de la République et des Arts* (l'Opéra) imprimé par Ballard : Imprimeur du Théâtre de la République et des Arts.

IV. — LES D'ANGLEBERT

Les quelques renseignements que l'on ait eus jusqu'ici sur d'Anglebert émanent de Fétis, d'une part, et surtout de Jal, qui a consacré un important article aux d'Anglebert, dans son Dictionnaire de Biographie et d'Histoire.

Sans entrer dans le détail de l'ascendance et de la descendance du célèbre claveciniste Jean-Henry d'Anglebert, descendance que Jal a peut-être fixée avec précision, et ne nous occupant que de lui : Jean-Henry d'Anglebert et de son fils Jean-Baptiste-Henry d'Anglebert, essaierons-nous de relever quelques erreurs commises à leur sujet, principalement à propos de Jean-Henry, le père, cela simplement en considérant d'un peu près les indications fournies par l'auteur du Dictionnaire de Biographie et d'Histoire.

D'après Jal, Jean-Henry d'Anglebert serait mort le 23 avril 1691, à l'âge de 63 ans. Or, puisqu'il avait 24 ans lorsqu'il épousa, le 12 octobre 1659, Madeleine Champagne (Eglise Saint-Germain l'Auxerrois), il naquit donc en 1635. Ainsi, même si son décès s'était produit en 1791, ce qui est probable, il ne serait pas mort à 63 ans, comme dit Jal, mais bien à 56 : il y a là, déjà, une faute flagrante.

D'autre part, dans son article : Epinette (joueurs d'), Epinettiers, Epinettes du Roy, de la Reyne et autres (*Dictionnaire de Biographie et d'Histoire*, p. 538), Jal dit encore : « En 1609, Jacques Champion, Sr de la Chapelle, était « joueur d'épinette de la Chambre du Roy »; il avait encore cette charge en 1633, ayant à survivance pour sa charge « Jean-Henri d'Anglebert », qui était alors enfant, et que son père fit pourvoir de l'emploi d' « épinette » longtemps avant qu'on sût s'il serait un jour capable de l'honorer par son talent, et quitte à l'en démettre s'il ne réalisait pas les espérances que Claude-Henri d'Anglebert, son père, avait conçues. »

Là encore, et pour la cause indiquée par Jal, il y a également erreur.

Etant donné ce qui vient d'être démontré ci-dessus, il est de toute évidence, qu'en 1633, Jean-Henry, d'Anglebert ne pouvait être détenteur d'aucune survivance; il y avait à cela une raison plus que suffisante : c'est qu'à cette date, 1633, il n'était pas de ce monde.

Nous avons essayé de reconstituer la « carrière » de d'Anglebert, Jean-Henry, mais cette tâche s'est compliquée de la confusion constante qui règne partout, entre les prénoms du père et ceux du fils, aussi bien dans les Brevets de Survivance et la Décharge que nous avons recueillis et publiés dans le chapitre consacré à François Couperin, le Grand, pp. 88, 115, 116-117, que dans l'« Etat Général du nombre des Officiers de la Maison du Roy », inventorié par nous (*Archives Nationales*, série Z^{1a}).

Il semblerait que le premier fils de Jean-Henry d'Anglebert, né le 5 septembre 1661, filleul de Lully, eût dû, pour cette raison, porter seul le nom de Baptiste; il n'en n'est pas ainsi : Jal l'attribue, non seulement au fils, mais au père.

Quant aux Brevets de Survivance précités, dans le premier, daté du 5 mars 1717, il s'agit de Jean-Baptiste-Henry d'Anglebert, mais, dans le second, octroyé à la date du 16 février 1730, il n'est question que du S^r d'Anglebert. Enfin, sur l'Ordonnance de décharge, délivrée, à Versailles, les 24 et 25 mars 1737, le prénom de Baptiste n'est pas mentionné.

Si, maintenant, nous examinons l'Etat Général du nombre des Officiers de la Maison du Roy, depuis l'année 1671 jusqu'en 1727, nous ne trouvons qu'une fois le nom de Baptiste, cela pour l'année 1699.

Nous savons, qu'à cette époque, on agissait de façon désinvolte en ce qui concerne les prénoms; pourtant, la rareté des fois où l'on rencontre le nom illustré par le Surintendant de la Musique de Louis XIV et la manière dont il est donné, tantôt à l'un ou à l'autre des d'Anglebert qui nous intéressent plus particulièrement, sont de nature à faire hésiter le Musicologue. Il y a là, en effet, quelque chose de troublant, d'extraordinaire et d'anormal qui crée matière à confusion.

Voyons un peu les détails de tout ceci.

Le 26 mars 1662, et sans doute avant cette date, vers 1661, Jean-Henry d'Anglebert avait la charge d'organiste du Duc d'Orléans.

En 1664, il prenait, sur l'acte de baptême de son fils : François, le titre d'Ordinaire de la Musique de Chambre du Roy pour le Clavecin. En même temps que cette charge, il avait la survivance de celle de Joueur d'Epinette de la Chambre de Sa Majesté.

C'est seulement en 1671 que Jean-Henry d'Anglebert figure sur l'Etat Général du nombre des Officiers de la Maison du Roy, cela en qualité de survivancier de Jacques Champion, Joueur d'Epinette.

A partir de cette date 1671, et à part une lacune, de 1617 à 1683, Jean-Henry d'Anglebert est constamment porté, sur les registres de la série Z^{1a}, comme survivancier de Jacques Champion (de Chambonnière).

Ce n'est qu'en 1695 qu'il figure comme titulaire ; il y est mentionné jusqu'en 1698.

En 1699, pour la première et unique fois, nous trouvons péremptoirement inscrit le nom du fils : « Jean-Baptiste-Henry d'Anglebert », en qualité de titulaire de la charge de Joueur d'Epinette ; mais, en 1700, Henry d'Anglebert reprend sa place habituelle, où nous le suivons jusqu'en 1727. Cependant, sur l'Etat de la France, année 1702, t. I, p. 228, il est dit que « le clavessin » était alors touché par « M. Jean-Baptiste d'Anglebert ».

Comment apprécier cette énumération ?

Malgré la similitude de noms, il est difficile de considérer que l'on se trouve en présence d'un seul et même personnage ; pour cela, il faudrait admettre que Jean-Henry d'Anglebert eût vécu 101 ans.

A notre avis, la seule façon de résoudre le problème posé par ce coin de la Biographie des Musiciens est d'envisager :

1º Que, dans les registres qui nous occupent, le, ou plutôt les scripteurs, furent au moins négligents en ne différenciant pas le fils du père. Peut-être aussi le filleul de Lully n'était-il pas fâché de s'incorporer, pour ainsi dire, dans la personnalité de son illustre père, et devint-il, bénévolement, le complice des rédacteurs de l'Etat Général des Officiers de la Maison du Roi dans leur continuelle omission du nom de Baptiste.

2º Que ce que dit Jal, relativement à Jean-Henry d'Anglebert à qui son père, Claude-Henry d'Anglebert, aurait fait octroyer, alors qu'il était encore enfant, la charge de Joueur d'Epinette, est vrai, non pour celui-ci, mais bien pour Baptiste, le fils aîné de Jean-Henry d'Anglebert, puisque, d'après le premier Brevet de survivance, mars 1717, Jean-Baptiste-Henry d'Anglebert rendait des services, en la charge d'Ordinaire de la Musique de la Chambre du Roy, depuis 43 ans.

Il s'ensuit, qu'étant né en 1661, c'est à l'âge de 13 ans qu'il obtint la survivance de la charge de son père ; qu'automatiquement, ainsi que cela se pratiquait, il fut titularisé à la mort de ce dernier, c'est-à-dire en 1691 ou 1692 ; mais que ce n'est qu'en 1695 qu'on l'inscrivit comme tel ; et seulement, en 1699, sous ses vrais prénoms, par un rédacteur plus soigneux que ses prédécesseurs et successeurs.

Il nous faut aussi remarquer que, si les yeux de Jean-Henry d'Anglebert furent dans un fâcheux désaccord (il était louche, ce que nous savons par l'admirable portrait de lui, gravé par Corneille Vermeulen, d'après Mignard), la vue de son fils était déjà fort affaiblie en 1717, alors qu'il n'avait que 56 ans, puisque c'est le motif invoqué pour passer la survivance de sa charge à François Couperin, le Grand ; que cette infirmité n'alla qu'en s'aggravant jusqu'en 1730, époque à laquelle il semble avoir été à peu près aveugle.

Jean-Baptiste-Henry d'Anglebert mourut évidemment en septembre 1736, par conséquent à l'âge de 75 ans, attendu que, d'après la Décharge du Sr Hébert, Trésorier des Menus-Plaisirs, mars 1737, la delle Couperin, Marguerite-Antoinette, survivancière de son père et, de la sorte, de Jean-Baptiste-Henry d'Anglebert, touche le Quartier d'octobre de l'année 1736.

Si dans cette note sur les deux d'Anglebert, reconnus musiciens, il y a une part d'hypothèses, nous espérons qu'elle pourra, néanmoins, servir à d'autres et leur permettre de préciser ce que nous n'avons pu qu'indiquer.

V. — CLAUDE BALBASTRE

Cet organiste, l'un des plus brillants virtuoses de la seconde moitié du XVIIIe siècle, a signé : « Balbastre » les Dédicaces de ses œuvres; malgré cela, tous ses contemporains orthographient son nom en supprimant l's, et en le remplaçant par un accent circonflexe sur l'â : Balbâtre.

Claude Balbastre, né à Dijon le 8 décembre 1729, arriva à Paris, au dire de Fétis, le 16 octobre 1750. D'après le même biographe, Rameau, son compatriote, l'aurait accueilli avec bienveillance, et lui aurait donné des leçons. A cette époque, Rameau se trouvait en face de difficultés de toutes sortes, mais était, tout de même, le grand homme : l'illustre. Il n'est pas douteux qu'un tel appui, s'il fut réellement accordé à Balbastre, n'ait largement facilité les débuts du jeune artiste bourguignon dans la capitale.

Le jeudi saint, 27 mars 1755, Balbastre se fit entendre au Concert spirituel, en jouant un Concerto de sa composition (*Affiches, annonces et avis divers, mars 1755*). Jusqu'à lui, l'orgue placé dans la salle du Concert Spirituel n'avait servi qu'aux accompagnements; le premier, il eut l'idée d'éxécuter un Concerto avec orchestre. Cette innovation, outre les éloges pompeux que lui prodigua, en cette circonstance, le *Mercure de France*, mai 1755, lui valut d'être spécialement engagé au Concert Spirituel pour y jouer : « des morceaux et des concertos d'orgue ». A dater de ce moment, en effet, il prit part à presque toutes les séances de la célèbre institution.

Quoiqu'une seule œuvre gravée de Claude Balbastre porte un numéro : *Sonates en quatuor pour le Clavecin ou le Piano-forté*, Œuvre IIIe, il nous est possible de déterminer l'ordre de publication des autres, d'après l'indication des *Adresses* où l'on pouvait se les procurer respectivement.

Le titre de cet Œuvre III nous indique que l'Auteur habitait : « Rue d'Argenteuil, passage St Roch »; le *Recueil de Noëls* porte également la même adresse. Par contre, sur les *Pièces de Clavecin*, nous lisons ceci : « A Paris, chez l'Auteur, Place Vendôme, chez M. de Caze, Fermier général, et à Pâques rue d'Argenteuil dans la maison neuve de St Roch ». Le catalogue spécialement consacré à la musique que possède la Bibliothèque Nationale de Paris (Catalogue J. Ecorcheville), donne l'année 1759 comme date de publication de ces Pièces, ce qui est fort vraisemblable. Ainsi donc, Claude Balbastre recevait l'hospitalité chez le Fermier général de Caze, place Vendôme, en attendant que la maison neuve St Roch, rue d'Argenteuil, achevât d'être édifiée; dès qu'elle le fut, à Pâques 1759, il s'y installa. Il devient donc facile de déduire que les *Pièces de Clavecin* sont le *premier ouvrage* de Claude Balbastre, dédié, d'ailleurs, à Madame de Caze; le *Recueil de Noëls* constitue l'*Œuvre II*; et, enfin, les *Sonates en Quatuor*, le IIIe.

Sur les différents titres de ces trois œuvres, nous relevons les nombreuses fonctions dont était chargé Balbastre : « Organiste de Monsieur, frère du Roi; de la Métropole de Paris (Notre-Dame); de l'Eglise Paroissiale St Roch et du Concert Spirituel; Maître de Clavecin de S. A. R. Mgr le Duc de Chartres et des Abbaïes Roïalles de Panthémont et de N. D. au Bois ».

Claude Balbastre s'était acquis une énorme réputation; il est couramment qualifié de : « fameux ».

C'est à ce grand renom qu'il dut d'être appelé, à Chanteloup, en 1774, lorsque la Marquise du Deffand voulut ménager une surprise agréable aux de Choiseul qui étaient ses hôtes : Balbastre devait jouer, pendant le souper, sur son Piano-forté, des Noëls et des Airs choisis, spécialement composés par lui pour la circonstance.

« Puisque Balbâtre passe, en France, pour avoir, le premier, fait « organiser » le piano, il pourrait bien s'être servi d'un piano-orgue pour l'accompagnement des Noëls à Chanteloup. » — Note de M. Vander Straeten, Voltaire musicien, p. 196.

Balbastre aurait eu aussi l'honneur de jouer devant Voltaire, lors du voyage que celui-ci fit à Paris, en 1778; c'est du moins ce que nous dit M. Vander Straeten, dans son intéressant ouvrage, *Voltaire musicien* : « Peu après la visite de l'auteur d'Iphigénie et d'Orphée, Piccini, dit-on, fut annoncé. A en croire la Correspondance secrète, Voltaire se serait écrié : « Ah! Ah! il vient après Gluck, cela est juste ». — : « Ce fut bientôt le tour du claveciniste Balbastre qui, pendant quelques instants, s'évertua d'adoucir, aux sons du clavecin, les fatigues du vieillard. »

Vieillard, en effet, puisque, en 1778, année de sa mort, Voltaire était plus qu'octogénaire, étant né en 1694.

Claude Balbastre mourut, à Paris, le 9 avril 1799.

VI. — BOMBARDEMENT DE L'EGLISE SAINT-GERVAIS

Pendant les années qui précédèrent 1914, et même jusqu'en 1918, l'église Saint-Gervais vivait dans sa tranquille et sereine beauté, comptant sur les années à venir pour lui apporter une patine plus belle encore que celle qu'elle avait acquise déjà, et ne craignant du temps qu'une destruction normale, c'est-à-dire fort lente.

Elle avait tablé sans la guerre!...

Le 29 mars 1918, jour du Vendredi saint, un obus lancé par une des pièces à longue portée, tirant alors sur Paris, atteignit la demeure sacrée, tuant ou blessant de paisibles amateurs venus là pour entendre de la musique religieuse des XVIe, XVIIe, et XVIIIe siècles.

A quatre heures vingt-neuf, exactement, alors que l'église était remplie de monde, une épouvantable détonation ébranla la vénérable basilique. Aussitôt, une chute d'énormes blocs de pierre s'abattit sur le sol en même temps qu'une fumée et une poussière suffocantes emplissaient toute l'église.

Des cris de douleur et d'horreur se firent entendre.

Ceux qui étaient indemnes essayèrent de chercher leur salut en se dirigeant vers les portes de sorties ; mais, dans le brouillard épais dont ils étaient enveloppés, et avec l'affolement de ce moment tragique, la plupart n'y réussirent pas.

De courageux paroissiens organisèrent un service d'ordre qui évita une panique générale et fatale.

Le dégagement se fit alors, aussi méthodiquement que possible, par la rue des Barres.

Pour le transport des morts et des blessés, on réquisitionna les voitures qui passaient à proximité du lieu de la catastrophe : taxis-autos, voitures de gares, etc.

Voici ce qui venait de se passer.

Le projectile, après avoir atteint l'un des contreforts, du côté de la rue François-Miron, vint frapper le pilier qui reliait la seconde verrière à la troisième : l'obus était ainsi passé à côté de la *Maison des Couperin* sans l'endommager; mais, le pilier en question avait été si fortement touché qu'il s'écroula presque aussitôt, trois minutes après l'explosion, et entraîna, dans sa chute, une partie notable de la voûte dont les matériaux, tombant d'une hauteur de près de vingt mètres, écrasèrent les malheureux qui se trouvaient dans son rayon de chute, lequel, d'ailleurs, s'étendit fort loin.

Est-il besoin de dire que la pauvre église sortit de cette épreuve dans un état lamentable?

Outre les blessures initiales faites à l'édifice, des éclats d'obus et des morceaux de pierres projetés dans toutes les directions, balafrèrent la belle nef, et même les chapelles latérales.

Les biens meubles de l'église ne furent pas épargnés; ils souffrirent cruellement aussi.

Le banc-d'œuvre, pour sa part, reçut une infinité d'éclats. Heureusement le Pérugin, qui l'ornait magnifiquement, avait été enlevé.

Les stalles du chœur furent atteintes, quelques-unes hachées.

L'orgue, également du chœur, fut gratifié d'un éclat, qui, après avoir traversé un tuyau, vint se nicher sous le tapis de l'organiste qui échappa miraculeusement à la mort.

Mais, qu'est ce « Bobo », pourrait-on dire, en comparaison du préjudice causé au Grand Orgue, à l'*Orgue des Couperin*?

Faisons le triste inventaire de cet instrument, si beau jadis.

Quatre pierres énormes, projetées dans le petit buffet, restèrent posées, dans un équilibre instable, au-dessus des tuyaux, risquant à tout instant d'écraser les jeux les plus intéressants du Positif : le Cromhorne, qu'avait fait placer François Couperin, le Grand; l'admirable Basson-clarinette, chef-d'œuvre de Clicquot, et le délicieux Nazard.

Les tuyaux de Montre du grand buffet sont aplatis et bossués; quelques-uns même complètement faussés.

Ceux du Positif sont moins atteints, mais on peut dire que pas un n'est indemne. Le sommier du Grand Cornet est fendu; tous les jeux du Récit sont sortis de leurs alvéoles; le sommier est brisé, ce qui fait que tout le clavier de Récit s'est abaissé et que les touches, à bout de course, ne peuvent se relever.

Grâce aux soins dévoués et intelligents de l'organiste actuel, M. Paul Brunold, toutes les pierres menaçantes ont été enlevées, les tuyaux du Récit replacés, et les jeux les plus précieux sauvés momentanément.

L'intérieur de l'instrument est envahi par une épaisse couche de poussière, de plâtras et de gravats; aussi, lorsqu'on voulut essayer de le jouer, il ne sortit de ce corps fatigué, brisé, exténué, que de faibles sons de la Flûte et du Bourdon du Grand-Orgue, et un murmure de la Flûte et de la Montre du Positif.

Pour ce qui est de l'extérieur, les sculptures des frontons des tourelles gisent au milieu des décombres, qui forment une grande épaisseur sur le plancher de la tribune.

Tous les morceaux qu'on a pu retrouver ont été soigneusement mis de côté, afin d'être replacés en temps utile.

Les portes qui ferment le buffet du Positif ont été ouvertes du seul fait de la pression de l'air provoquée par l'explosion ; les planches qui couvrent ce buffet, enfoncées et projetées sur les tuyaux intérieurs.

Le banc, sur lequel se sont successivement assis tous les Couperin, a été déplacé par la même cause ; le pupitre arraché ; le pédalier, couvert de pierres. Par contre, les claviers sont saufs, et le couvercle, fermé à clef, n'a pas bougé.

Par terre, ce ne sont que débris : morceaux de plomb des vitraux, verre brisé, pierres de tous calibres, etc ; les chaises de la tribune sont en miettes, et une énorme barre de fer, provenant d'une des verrières atteintes, a été projetée du côté de l'entrée de l'orgue et a crevé le plancher.

Dans la chambre des soufflets, rien d'anormal ; mais pas une vitre ne reste aux petites fenêtres de l'escalier donnant accès à l'orgue.

Les sculptures de la tribune ont été abîmées.

Certes, les dégâts nouveaux sont graves, surtout venant s'ajouter à l'état précaire dans lequel était l'instrument avant la catastrophe ; cependant, le mal est réparable.

Ainsi que nous le disions au Chapitre consacré à l'Orgue des Couperin [1], une réparation du vénérable instrument s'impose, à présent plus que jamais ; mais, par réparation nous n'entendons pas qu'il soit modernisé : ce serait un sacrilège ! — Non, il faut une restauration le rétablissant dans son état primitif, lui conservant ou lui rendant toutes les qualités rares et précieuses que les vieux organiers lui avaient imprimées.

Cela est possible.

On doit rénover et garder jalousement cet orgue, parce que c'est un instrument historique ; parce qu'il est le seul spécimen que nous possédions de la facture d'orgue aux XVIIe et XVIIIe siècles ; et aussi le seul sur lequel on puisse exécuter, telle qu'elle a été conçue au point de vue de la registration, la musique d'orgue, non seulement des Couperin, mais des Maîtres Français de cette époque.

Grâce aux fonds votés par le Conseil Municipal de la Ville de Paris (80 000 francs environ), et à d'autres ressources que l'on pourrait aisément se procurer, on arrivera, certainement, à exécuter la restauration nécessaire, celle qui sera la meilleure façon de rendre un juste et double tribut d'hommages aux Organistes et Organiers Français qui, par leurs efforts couronnés d'un plein succès, contribuèrent puissamment à l'éclat de l'Art National.

En attendant les réparations importantes à faire à l'édifice, par suite du bombardement, on étaya les verrières et la partie de voûte endommagées ; on éleva une palissade partant du sol et allant jusqu'au sommet de la nef, isolant ainsi les parties de l'église ayant le plus souffert et ne laissant libre que le bas côté de gauche, la moitié de la nef et le chœur.

Après le crime monstrueux qui venait d'être perpétré, l'interdit fut prononcé et pesa pendant presque deux mois sur l'église Saint-Gervais ; ce n'est, en effet, que le 19 mai, dimanche de Pentecôte que, par autorisation spéciale, les offices recommencèrent, partiellement toutefois, dans la chapelle de la Vierge ; cela jusqu'au dimanche 6 octobre 1918, où fut célébrée la cérémonie expiatoire.

A partir de cette date, le service du culte fonctionna à peu près normalement.

1. *L'Orgue de Saint-Gervais, Instrument des Couperin*, p. 211.

INDEX ALPHABÉTIQUE

ABRÉVIATIONS : *cant.*, cantatrice. — *ch.*, chanteur. — *clav.*, claveciniste. *c.*, compositeur. — *org.*, organiste. — *p.*, pianiste. — *v.*, violoniste. — *vl.*, violoncelliste.

A

Académie des Inscriptions et Belles-Lettres, 289.
Accompagnateur de Clavecin de la Chambre du Roy, 123.
Agrence, 236.
Aldegraever (H.), 241.
Allemagne, 6.
André (S.), 25.
Andry (M.), 9, 17, 31, 47.
Anglebert (J.-H. d'), *clav. c.*, 18, 19, 26, 29, 35, 87-90, 290-292.
Anglebert (J.-B.-H. d'), *clav.*, 115-117, 290-292.
Anglebert (C.-H. d'). *clav.*, 291.
Ansault (M.-A.), 109, 110.
Apocalypse, 237.
Apollon, 288.
Argenteuil (rue d'), 293.
Argentières, 10.
Aubert (abbé), 132.
Aubigné (Fr. d'), voir Maintenon, 240.
Autier, *cant.*, 85.
Auvray (L.), 216.

B

Bach (J.-S.), 5, 8, 13, 18, 55, 59-70, 72, 190.
Bach (W.-F.), *c.*, 69.
Bach (Ph.-E.), *c.*, 13, 138.
Backer, 103.
Baillet, *org.*, 13, 210.
Bailleux, 276.
Balbastre (Cl.), *org.*, 101-103, 131, 132, 138, 148-150, 205, 293, 294.
Bâle, 186, 246.
Ballard (Chr.), 40, 41, 61, 62, 255, 256.
Ballard (J.-B.-Ch.), 74.
— (les), 289.
Ballot (E.), 200.
Baltard (V.), 245.
Bande des 24 violons (la), 6.
Bande de la Grande Ecurie (la), 4.
Bande de la Petite Ecurie (la), 4.
Baptiste (Anet B.), *v.*, 87.
Barat (abbé), 124.
Baroque (le), 237.
Barres (des), 188, 244, 294.
Bastaron, *ch.*, 256.
Baudoyer, 184, 188.
Bauy d'Angevilliers, 251.
Beauchamp, 24, 25.
Beaupré (de), *ch.*, 257.
Beauvais, 159, 180-182.
Beauvaisis, 180.
Beauvau (de), 138, 271.
Beauvoir, 9, 32.
Bec (Abb. du), 235.
Bédos (Dom. Fr. de Celles), 199, 200, 208, 209.
Beethoven (L. van), 5, 57, 59.

Bégis (Fonds), 163.
Belangé, 261.
Belin, 250.
Bénédictins, 10.
Benoit (C.), 241.
Benserade (I. de), 25, 26.
Béraldi (H.), 215.
Berey, 261-265.
Berlioz (H.), *c.*, 5.
Bernier, *c.*, 42.
Bertalli, *c.*, 29.
Bertault, *vl.*, 32.
Bessart (L.), 150, 201, 203-205.
Bétauld de Chenauld (J.), 240.
Bethune (de), 271.
Bidel, 164.
Bigot (Mlle), *org.*, 13.
Bigot, 44.
Blaisot, 171, 276.
Blamont (C. de), *c.*, 108, 117.
Blanchet (E.-A.), *org. cl.*, 70, 125, 128, 129, 137, 146-148, 151-154, 159, 165, 167, 213, 221-223.
Blanchet (E.), 137, 147, 152, 167, 180.
Blanchet (N.-P.), 147, 152.
Blanchet (J.), 152.
Blancrocher (de), luthiste, 18, 19, 28, 58, 67.
Blaque (M^o), 204.
Blin, *org.*, 175.

INDEX ALPHABÉTIQUE

Boëly (A.-P.-Fr.), *org.*, *c.*, 13, 14, 59, 168, 173, 209, 282.
Boinet (A.), 235, 238, 239.
Boissière (de la), 216.
Boissy-d'Anglas, 243.
Boivin, *org.*, 80.
Boivin, 216, 259-266, 270.
Bollioud (L. de Mermet), 134-136.
Bonaparte, 174.
Bonaparte (L.), 174.
Bongard (L.), 38.
Bonneau (Ch.), 187.
Bonnet (J.), 25.
Bordier, *c.*, 80.
Bossel (abbé), 80.
Bossuet, 242.
Boucherat (L.), 243.
Bouillot (J.-B.), 187, 189.
Boüin (J.-F.), *c.*, 68.
Boulet, 209.
Bouloir (rue du), 79.
Bourbon (L.-A. de), 90.
Bourdin (M.), 240.
Bourdon (Séb.), 242.
Bourgeois, 25.
Bourgeois de Paris, 46, 147.
Bourgogne (duc de) 60, 89, 90, 259, 262-265.
Bourlet (A.), 168.
Bournon (F.), 185, 186.
Bourson (J.), 244.
Bourg-Tibourg (rue), 233.
Bouys (A.), 90, 99, 215-217.
Boyer, 276.
Boyvin (J.), *org.*, 71.
Brack (Ch.), 128, 151.
Braün, *c.*, 68.
Braun (G.), 186.
Breitkopf (I.), 78.
Brenet (M.), 90.
Breteuil (de), 121, 122.
Breul (J. de), 184, 244.
Briële (M.), 248.
Brossard (S. de), 29, 75, 97.
Brossard (d'Inval), 14, 173.
Brosse (S. de) ou Desbrosses, 236, 237.
Brosses (Ch. de), 61.

Brunold (P.), *org.*, *cl.*, 295.
Bucy (S. de), 247.
Bura (laisné), *c.*, 253.
Burchkoffer, *c.*, 161, 274.
Bureaux (de), 141.
Buret, 26.
Burney (Ch.), 131, 132, 150, 151.
Burtius (N.), 76.
Bury (B. de), *cl.*, *c.*, 117, 121, 122, 124.
Buterne (J.), *org.*, 84, 93, 94.

C

Cain (G.), 250.
Calliat (V.), 245.
Calvière (A.), *org.*, 120, 158.
Cambert, *c.*, 29.
Campra, *c.*, 63.
Camus (S. le), *théorbiste*, 22.
Camuset (M^e), 187.
Cantatille, 141, 143.
Carlez (J.), 56.
Carmes-Billettes, 146, 159, 164, 171, 277.
Carnavalet (Musée), 250.
Cavalli, *org.*; *c.*, 29.
Caze (de), 293.
Célestins (quai des), 249.
Certain (Mlle), *clav.*, 15.
Charles VI, 184.
Chambonnière (J. Champion de), *clav.*, *c.*, 11, 12, 15, 17-20, 23, 26-28, 31, 34, 35, 49, 71, 101, 182, 251-253, 287, 291.
Champagne (M.), 290.
Champaigne (Ph. de), 242.
Champion (J.), 287, 290, 291.
Champion (Ed.), 242.
Chanteloup, 294.
Chapelle (de la), 287, 290.
Chappe, *cant.*, 256.
Chardin (J.-B.-S.), 224.
Charles IX, 290.
Charniers (les), 188.

Charpentier (M.-A.), *c.*, 38.
Charpentier, *org.*, 148, 149, 150.
Charpentier (P.), 187.
Chartrain, *v. c.*, 144.
Chartres (duc de), 293.
Châtelet de Paris, 287.
Châtelet (Insinuations du), 193, 194.
Chatriot (A.), 287.
Chatriot (R.), 287.
Chaumes, en Brie, 6, 7, 10, 11, 17, 31, 47.
Chaumes (St-Pierre de), 10, 31, 32.
Chauverrerye (rue de la), 287.
Chavignerie (E. Bellier de la), 216.
Chédeville, *c.*, 68.
Chelles, 233.
Chérin (L.-N.-H.), 98.
Chevalier (J.-A.), abbé, 243.
Choiseul (de), 294.
Choisy (A.), 236.
Choron (A.), 132, 147, 153, 156, 159, 160, 169, 170, 179.
Cideville (de), 237.
Cité (la), 234.
Claes, 245.
Claude de France (Mme), 249.
Claveciniste de la Chambre du Roy, 26, 116, 121, 123, 124.
Clérambault, 158.
Clicquot (Fr.-H.), 69, 134, 140, 148-151, 175, 204-206, 208.
Cloche-perce (rue), 169, 176, 278.
Clos-Girard, 10.
Closson (E.), 101-103, 137.
Cluer, 78.
Cluny (Musée de), 183.
Cocheris, 247.
Cocherot. *ch.*, 41.
Colbert, 213.
Colmet de Santerre, 277.
Concert spirituel (le), 33, 85, 293.
Constantin (M^e), 195.

INDEX ALPHABÉTIQUE

Conti (prince de), 18.
Conti (de) A. de Bourbon, 90.
Contre-Réforme, 237.
Convention (la), 243.
Corbet (Fr.), *guitariste*, 19.
Cordeliers (RR. PP.), 54.
Corelli (A.), *v., c.*, 19, 56, 57, 65, 95, 259, 266, 267.
Corps des violons du Cabinet (le), 4.
Corrette (M.), *c.*, 67, 137.
Coste (Fr. Dufour de la), 46, 125, 147.
Couperains (les), 15.
Couperin (Ch. I), 7, 10, 17, 31, 47.
Couperin (L.), *org., clav., c.*, 7, 11, 12, 15, Chapitre II, *et passim*.
Couperin (François de Crouilly), *org., clav., c.*, 7, 12, 18, 23, 27, 28, 30, Chapitre III, *et passim*.
Couperin (Ch. II), *org., clav.*, 7, 11, 18, 23, 26-28, 30, 33, 38, Chapitre IV, *et passim*.
Couperin (Fr. le Grand), *org., clav., c.*, 15, 19, 29, 33, 35, 38, 40-44, 47-49, 51, Chapitre V, *et passim*.
Couperin (A.-L.), *org., c.*, Chapitre VI, 159, 162-165, 167, 168, 171, 173, *et passim*.
Couperin (P.-L.), *org., c.*, 129, 151, 154, 155, 157, Chapitre VII, 169, 170, 179, 181, 190, 226, 230, 231, 279.
Couperin (G.-Fr.), *org., c., p.*, 129, 146, 151-155, 164, 165, Chapitre VIII, 190, 206, 226, 231, 232, 278-282.
Couperin (Math. I), 7.
Couperin (Denis I), 7.
Couperin (Math. II), 7.
Couperin (Denis II), 7.

Couperin (M.), 7.
Couperin (E.), 7.
Couperin (Marg.-L.,), *cant.*, 38-42, 87, 213. 215, 220, 256, 257.
Couperin (Marg.-A.), 42.
Couperin (Franç.-Hiéros), 39, 43, 113.
Couperin (Nic.), *org.*, 39, 44-46, 82, 113, 114, 125, 126, 142, 148, 190, 213, 220, 226, 228, 229, 231, 242.
Couperin (M.-M.-C.), 109-112.
Couperin (M.-C.), 111.
Couperin (Marg.-Ant.), *clav.*, 91, 99, 109, 113-119, 121, 124, 155, 218, 292.
Couperin (Nic.-L.), 109, 113, 114.
Couperin (A.), 151.
Couperin (Ant.-Ang.), 154.
Couperin (Ant.-Vic.), *org.*, 146, 154, 156, 165, 274.
Couperin (Cél.), *org. p.*, *cant.*, 177-182, 220.
Couperinète (la), 58.
Cousin (J.), 239.
Craon, 184.
Crébillon, 243.
Crouilli (la), 58.
Crouilly (Dixmage de), 32.

D

D'Agincourt, *org., c.*, 68, 106, 119, 120, 136.
Dalissau, 25.
Dallery (Ch.), 207.
Dallery (Pierre), 205.
Dallery (P.-F.), 207, 208.
Dallery (P.), 207-210.
Damerval, 140.
Dandrieu (F.), *org.*, 35, 67, 68, 80.
Danjou, *org.*, 37.
Daquin (Cl.), *org., c.*, 54, 68, 158, 205.
Daquin (de Château-Lyon), 54, 55.

Dauchet, 74.
Dauphin (Mgr le), 90, 140, 259, 262-265.
Dauphine (la), 288.
Dausse (P.), 187.
David, 239.
Décle, 243.
Decotaux ou des Cottaut, 41, 87.
Deffand (Marq. du), 104, 294.
Delafosse, 215.
De la Lande, 80.
De la Motte (J.), 80.
Demofoonte, 62.
Demoulin, 238.
Depoin (J.), 111.
De Pont, *ch.*, 257.
Deslandres, 203.
Després, *org.*, 175.
Desprez, 139.
Detroy (Fr.), 215.
Dieupart, *org., c.*, 70.
Directoire, 174.
Donc (l'aîné), 25.
Donc (le cadet), 25.
Dreux du Radier, 246.
Dubreuil, 238.
Dubuisson, *c.*, 268.
Ducange, 242.
Dufour, *org.*, 68.
Dufour (E.-T.), 187.
Du Four, *ch.*, 256, 257.
Dulaure, 250.
Dumanoir (G.), 94.
Dumanoir (M.-G.), 94.
Duparc, 276.
Du Phly ou Duflitz, *org., c.*, 68, 138.
Du Plessy (Fr), 261-264, 266.
Durègne (E.), 14.
Durer (A.), 241.
Duserre, 45.
Dutilleux (A.), 111.

E

Ebnert, *c.*, 28.
Ecorcheville (J.), 22, 64, 293.
Ecouffes (rue des), 242.
Egypte, 174.
Eitner, 47.
Emaut, 247.

Enclos (l'), *luthiste*, 19.
Erard (S.), 103.
Ermentrude, 234.
Escure (de l'), 275.
Estival (abbé d'), *ch.*, 257.
Etats généraux, 243.
Euridice, 118.

F

Fage (A. de la), 168.
Farrenc, *p.*, 59.
Favre, 87.
Fay ou Frey (H.-N.), 169, 178, 179.
Fay (M.), 169.
Fayolle (F.), 132, 147, 153, 156, 159, 160, 169, 170, 179.
Feller (abbé de), 127, 128, 130.
Fénélon (de), 89, 119.
Ferrand (J.-H.), 90.
Ferrand, 148.
Ferron (abbé M.), 194, 204, 211.
Fétis (F.-J.), 14, 29, 47, 76, 94, 120, 126, 147, 177, 254, 290, 293.
Feuillant (E.), 248.
Fichon (J.-F.), 196.
Fiolier (C.), 278.
Flipart (J.-Ch.), 90, 99, 215-217, 219.
Flipart (J.-J.), 215.
Flipart (Ch.-Fr.), 215.
Fontenoi (abbé de), 54.
Forcroy, *violiste*, 41, 87.
Forqueray (les), *violistes*, 6, 58, 158.
Fortier, 25.
Fortunat (V.), 234.
Foucaut, 257, 258, 261-263.
Fournier, 164.
Fourreurs (rue des), 81.
Franck (C.), *org.*, *c.*, 5, 35.
François Ier, 27, 240, 248.
François-Mitron (rue), 45, 189, 190, 295.
Fréderici, 103.
Frescobaldi, *c.*, 20, 28.

Frévaux (de), 125.
Froberger, *org.*, *c.*, 18, 28, 29.
Fromageot (M.-P.), 13, 14, 168, 209.
Fust, 76.

G

Gafori (F.), 76.
Gallay (J.), 94.
Gallé, 105.
Gallois (abbé le), 15, 19, 20, 26, 82, 101.
Gantez, 24.
Garnier, 25.
Garnier (G.), *org.*, 84.
Garnier d'Alissan, 26.
Garreaud, *org.*, 210.
Gaultier, *luthiste*, 19.
Gaultier (D.), *luthiste*, 19.
Gauthier (M.-P.), 241.
Gauthier (abbé), 249.
Gautier, *clav.*, 26.
Gautier (F.-A.), *org.*, 131.
Gautier (G.), 187.
Gautier, 250.
Genay, *violiste*, 23.
Genest, 126.
Géole (la), 246.
Gerber (E.-L.), 69, 156.
Gieux sous l'Ormel, 247.
Gluck, 294.
Gobin (E.-M.), 147, 152.
Gobin (Fr.), 147.
Gobin (A.), 152.
Gœthe, 70.
Goïs, 127.
Gombault (J.), 126.
Gombaud, 236.
Gondi (J.-F.-P. de), 242.
Gounod (Ch.), *c.*, 5, 82.
Grande Encyclopédie, 47.
Grand-Saulx, 10.
Grenerin, *luthiste et théorbiste*, 23.
Grève (la), 233-235, 237, 249.
Grigny (N. de), *org.*, 70, 71.
Gueit, *org.*, *c.*, 282.
Guérin (M.), 33, 51, 79.

Guibaud, 124.
Guignon (P.), *v.*, *c.*, 158.
Guilhermy (F. de), 238.
Guilmant (A.), *org.*, *c.*, 14, 30, 37, 86, 254.
Gutenberg (J. Genfleisch, dit), 76.
Gutzchenritter, 211.

H

Hærtel, 78.
Haincy ou Hancy (A. de), 238.
Hamel (Ch.), 174, 205.
Hardelle ou Hardel, *clav.*, *c.*, 15, 26, 252.
Hautin ou Haultin (P.), 77.
Heban, 139.
Hébert, 102, 116, 292.
Henry II, 235, 248, 249, 290.
Henry III, 27, 290.
Henry IV, 27, 248, 287, 290.
Herluison (H.), 242.
Heron, 247.
Hervé (Fr.), 287.
Hiaccinte, *ch.*, 256.
Hôtel de Toulouse, 79, 80.
Hôtel de Ville, 233, 235, 242, 248, 249.
Hotman ou Hauteman, *violiste*, 22.
Hoyau (G.), 235.
Hozier (d'), 97, 98, 99.
Huë (L.), 66, 260, 264, 265.
Hurelle (J.-N.), 126.
Hurtrelle (S.), 241.

I, J

Iphigénie, 294.
Isaïe, 239.
Itier, *violiste*, 23, 25, 26.

Jacquet, 238.
Jaillot, 184, 234, 236, 245, 246.

Jal (A.), 23, 39, 43, 47, 97, 109, 110, 126, 151, 154, 169, 202, 227, 290, 291.
Jallois, 233.
Jeunet, 250.
Jomivay, 39.
Jongleurs (rue aux), 94.
Josse, 66.
Joueur d'espinette de la Chambre du Roy, 26, 123, 287, 290, 291, 292.
Joueurs de Vièle (rue aux), 94.
Journal de Clavecin, 144, 161, 170.
Journal de Harpe, 144, 161.
Journal des Beaux-Arts, 132.
Journal des Débats, 13.
Joutteau (Magd.), 38.
Jugléours (rue aux) 94.
Juifs (rue des), 240.
Justice (Palais de), 236.

L

La Barre, *c.*, 29.
Labassée, 270, 271.
La Borde, 156.
La Bruyère, 9.
La Fage (P.), 240.
La Fontaine (Jean de), 14, 15.
La Guerre (Elisabeth Jacquet de), *clav.*, *c.*, 14.
La Guerre (Marin de), *org.*, 14.
La Guerre (Michel de), *org.*, 14.
Lainez, 15.
Laistre (L. de), 152.
Lalande, *c.*, 268.
La Louette, *org.*, 10.
La Marre, 25.
Lambeau (L.), 184, 186, 187, 235, 236, 243, 244, 247, 250.
Lambert (M.), *c.*, *ch.*, 38, 100.
Lambert (N.), 187.
Lamory (J.), 187.

Landormy (P.), 71.
Lasceux, *org.*, *c.*, 207.
Lasteyrie (R. de), 235.
Latran (Saint-Jean de), 99, 218.
Laurencie (L. de La), 23, 138.
Lazard (L.), 186.
Le Bègue (N.-A.), *clav.*, *c.*, 26, 67, 93, 94, 252.
Leber (C.), 247.
Lebeuf (abbé), 79, 183, 234, 247.
Leblanc (Ch.), 196.
Le Camus, 239.
Leclair (J.-M.), *v. c.*, 19.
Leclerc, 216, 262, 264, 265, 266, 270.
Le Corsonnois, 168.
Leduc (Mme), *c.*, 161, 274.
Le Duc ou Leduc, 144, 161, 171, 271, 274-276.
Lefébure, *org.*, 13.
Lefebvre (Cl.), 213, 214, 220.
Léger, 139, 140.
Le Grand (J.-P.), *clav.*, *org.*, 138.
Le Grand, 187.
Le Gras, 141.
Le Gros, 25.
Lehongre (de), 215.
Le Jeune, 80.
Le Mière, 117, 118.
Le Moine, 26.
Le Riche (l'aînée), 128.
Le Roux, 239, 240.
Le Roy (A.), *org.*, 193.
Leroy (Ch.), 187.
Le Roy, 275-277.
Lesczinska (M.), 155.
Le Sueur (E.), 239, 240, 241.
Le Tellier (M.), 241, 242, 243.
Le Tellier (Ch. M.), 243.
Lhuillier (Th.), 10, 47.
Licarmes (Ch.), *org.*, 38, 202.
Limbourg (J.-Ph. de), 137.
Lisette, 18.
Lisore, *org.*, 80.
Lobau, 184.
Long-Pont (rue de), 237, 238, 248.

Lorge (de), 24.
Lorraine (duc de), 249.
Louis XIII, 27, 28, 237, 287, 290.
Louis XIV, 2, 4, 27, *et passim.*
Louis XV, 3, 53, *et passim.*
Louis XVI, 221, 225, 250, 279, 290.
Louvois, 241, 243.
Lully (J.-B. de), *c.*, 3, 4, 15, 19, 23, 25, 56, 57, 63, 90, 95, 100, 260, 266, 267, 291, 292.
Luxembourg (Palais du), 236, 237.
Lyon, 239.

M

Mabile, 39.
Mabire (P.), 187.
Magnien (V.), 180.
Maillet, 271.
Maintenon (de), 213, 219.
Maison de Justice, 246.
Malateste (de), 61.
Malherbe (Ch.), 170, 229, 272, 273, 278, 282.
Malherbe (abbé L.), 194, 204, 211.
Marais (M.), *violiste*, 19, 106.
Marais (R.), *violiste*, 19.
Marchand (L.), *org.*, *c.*, 53-55, 61, 71.
Marchand (Laisné), *c.*, 268.
Marche (rue de la), 169, 172, 277..
Marrigues, *org.*, *c.*, 13, 282.
Martin (le père), 25, 26.
Martin (l'aîsné), 25.
Martin (le cadet), 25.
Massenet (J.), *c.*, 5.
Massié, 148.
Mathefelon (N.), 251.
Mathis (M^e), 195.
Maubuisson (Abbaye de), 42, 110, 112.
Maupin, *cant.*, 41, 87.
Mauvais-Garçons (rue des), 184.

INDEX ALPHABÉTIQUE

Mazarin, 29.
Mazelin (P.), 241.
Mendelssohn (F.), *c.*, 5, 70.
Ménestrels, Ménestrelles Ménestreux, 94, 100, 247.
Ménestriers (rue des), 94.
Ménétriers (Corporation des), 93, 94.
Menus du Roy (les), 4.
Menus Plaisirs, 121, 292.
Merklin, 211.
Mersenne (le père), 18, 105, 199.
Mesdames de France, 117.
Métastase (abbé P.-A.-D.-B), 62.
Metezau (Cl.), 236.
Meulan (G. de), 235.
Mezangeau, *luthiste*, 19.
Mezeret, 26.
Michau (L.), *ch.*, 256.
Michel-Ange, 237.
Mignard, 292.
Milan, 233, 234, 246.
Minet, 140.
Miroir, *org.*, 175.
Moïse, 237.
Molière (P. de), 80.
Mollier (L. de), *c.*, 24, 25, 26.
Mommerqué (Ed.), 18.
Monard, 237.
Monceau Saint-Gervais (le), 233-235.
Montarsis (Godard de), 147.
Montéclair (M. Pinolet de), *c.*, 60.
Montereau, 247.
Montfaucon (de), 122, 124.
Montmartre (rue), 79.
Montreuil (rue de), 233.
Monuments Français, 243.
Moreau, *org.*, 80.
Moreau, 174.
Mormant (église de), 10.
Mortellerie (rue de la), 249.
Mouffle, 152.
Mouret (J.-J.), *c.*, 38.
Mouton (rue du), 233.
Mozart (A.-W.), 5, 227.

Musique de la Chambre du Roy (la), 4.
Musique de la Chapelle du Roy (la), 4.
Myert (de), 15.

N

Napler (D. G.-K.), 221.
Napoléon, 84, 184.
Nathan, *c.*, 268.
Natin, 242.
Nazareth (R. P. de), 148.
Nemours (P. de), 235.
Néron, 233.
Neuve des Bons-Enfants (rue), 79-81.
Nicolo, *c.*, 176, 177, 277.
Nivert ou Nivers (G.-G.), *org.*, 35, 84, 93, 94.
Nizet (C.), 245.
Noël (C.), 221, 223, 224.
Noël (C.-F.), 221.
Normand (L.-F.), 45, 147, 148, 168.
N.-D. au Bois (Abb. de), 293.
N.-D. des souffrances, 240.

O

Officiers de la Maison du Roy, 2, 89, 123, 291, 292.
Olivet (abbé d'), 104.
Opéra-Comique, 220.
Oratoire (P. P. de l'), 80.
Ordinaire de la Chambre du Roy, 22, 24, 40, 115, 123, 214, 264, 268, 291, 292.
Organiste de la Chapelle du Roy, 26, 41, 83, 85, 114, 128, 130, 146, 159, 164, 216, 257, 259-266, 271, 276, 279.
Orléans (Ph. d'), 3, 89, 291.
Orme Saint-Gervais, 188, 189, 245-249.
Ormes (quai des), 249.
Ormetaux, Ormetiaux (les), 249.
Orphée, 117, 294.
Ortigue (d'), 13.
Oudart (E.), 80.

P

Pacini, *ch.*, 256.
Pacy (de), 184.
Palinod, 247.
Palisse (de la), 48.
Panthémont, 293.
Paris, 11, 22, 23, 29, 31, 39, 42, 50, 66, 79, 80, 113, 125, 137, 146, 147, 159, 167, 181, 182 *et passim*.
Pâris, 175.
Paris (N.-D. de), 127, 129, 138, 146, 148-150, 159, 175, 293.
Paulmier, 126.
Péquigny, 25.
Perin, 239, 240.
Pérugin (le), 259, 295.
Petits violons de Lully (les), 4.
Petrucci (O. dei), 77, 78.
Pfister, 76.
Philbert ou Philebert, 41, 87.
Philidor (A. Danican), *c.* 4, 27, 253, 268.
Piccini, *c.* 294.
Pie IV, 99, 218.
Pinaigrier (R.), 239.
Pinelle ou Pinel (G.), *luthiste*, 23, 24.
Pinelle ou Pinel (S.), *luthiste*, 23, 26.
Pinelle ou Pinel (F.), *luthiste*, 23.
Piretouy, 187, 188, 189.
Pirro (A.), 7, 11, 19, 30, 36, 69.
Pisani (P.), 243.
Place des Victoires, 79, 80, 81.
Plaisant (de la Houssaie), 132, 133.
Playsis ou Plessis (du), 216, 217.
Plessis-feu-Ausoult, 11, 287.
Poitou (rue de), 81.
Portalis (R.), 215.
Port au Bléd, 129, 130, 233.
Pougin (A.), 175.

INDEX ALPHABÉTIQUE

Pouiller, 168.
Pouillez (abbé), 140.
Poutour Saint-Gervais, 190.
Pradel (A. du), 81.
Prétoire (le), 246.
Prou (du), 24.
Prunières (H.), 25.
Puy d'Amour, 247.
Puy de Musique, 247.

Q

Quentel (H.), 76.
Quinault, 104.
Quittard (H.), 14, 15, 20, 24, 26, 252.

R

Rabutin-Chantal (M. de) 242.
Raison (A.), org., 71.
Rameau (J.-Ph.), org., c., 13, 63, 68, 74, 75, 104, 105, 133, 136, 293.
Ramos (B. de), 76.
Raymond (M.), 237.
Rebel, 87.
Rebel (les), c., 6, 61.
Regnault(de Solier Mlle), 19, 26, 101.
Regnault-Lefèvre, 176.
Renau Le Fèvre, 176.
République Française, 174.
Révolution (la), 127, 174, 206, 243, 279.
Reyser (J.), 76.
Richard, c., 253.
Riemann, 47.
Ris (C. de), 239.
Roberday (Fr.), org., c., 20, 28-30.
Rococo (le), 237.
Rome, 237.
Roret, 69, 147.
Rosiers (rue des), 240.
Rouen, 239.
Roule (rue du), 262, 264-266, 270.
Rousseau(J.-J.),105,141.
Rousseau, ch., 140.
Rousillac, 164.

Roy des Ménestriers, 94.
Roy des Violons, 158.
Rozoy-en-Brie, 11, 287.
Rukers (A.), 15.

S

Sacré-Cœur, 241.
Saint-Ambroise, 234.
Saint-André-des-Arts, 175.
Saint-Antoine, 14, 54, 233, 246, 249.
Saint-Barthélemy, 80, 127, 129, 133, 146.
Saint-Benoît, 54, 175.
Saint-Cyr, 80.
Saint-Denis, 80.
Saint-Etienne-du-Mont, 207.
Saint-Eustache, 79, 80.
Saint-François, 81, 181.
Saint-Germain, 234.
Saint-Germain-des-Prés, 138, 175, 247.
Saint-Germain l'Auxerrois, 14, 42, 175, 209, 290.
Saint-Gervais, 11-14, 17, 22, 80, 81, 83, 109, 113, 125-127, 129, 133, 139, 141, 156, 162, 164, 165, 167, 170, 173-175, 180, Chapitres IX, X, XII, et passim.
Saint-Gervais (Monceau), 81, 235, 250.
Saint-Gervais (hostel-Dieu), 184, 185.
Saint-Gervais (Pourtour), 44, 45, 126, 159, 167, 169, 171, 188, 190, 277.
Saint-Gervais (Marthologe), 194, 237.
Saint-Gervazy, 234.
Saint-Honoré, 54, 80, 81, 175.
Saint-Jacques (rue), 54, 216.
Saint-Jacques-la-Boucherie, 82.
Saint-Jean, 233, 237.
Saint-Jean-Baptiste, 235.

Saint-Jean-de-Beauvais (rue), 255, 256.
Saint-Jean-en-Grève, 146, 184, 199, 201, 235, 277.
Saint-Jean-le-Rond, 80.
Saint-Joseph, 79, 80.
Saint-Julien, 93, 94.
Saint-Laurent, 163, 241.
Saint-Louis, 153.
Saint-Louis-en-l'Ile, 42, 175.
Saint-Martin-des-Champs, 148.
Saint-Maur, 41, 87.
Saint-Merry, 146, 148, 159, 175.
Saint-Michel, 218.
Saint-Nicaise, 235.
Saint-Nicolas-des-Champs, 196.
Saint-Paul, Saint-Louis, 246.
Saint-Pierre, 239, 240.
Saint-Pierre de Pérouse, 196, 239.
Saint-Protais, 183, 233, 234, 240, 241, 245, 246.
Saint-Roch, 138, 148, 293.
Saint-Saens (C.), 56.
Saint-Sauveur, 169.
Saint-Sépulcre, 175, 241.
Saint-Séverin, 14.
Saint-Sulpice, 149, 174, 205.
Saint-Victor, 186.
Saint-Vital, 233.
Sainte-Anastase, 184, 185.
Sainte-Anne, 240.
Sainte-Catherine, 246.
Sainte-Chapelle, 127, 129, 146, 164.
Sainte-Colombe, violiste, 19.
Sainte-Geneviève, 243, 253.
Sainte-Madeleine, 241.
Sainte-Marguerite, 127, 164, 171, 277.
Sainte-Radegonde, 234.
Sainte-Suzanne, 268.
Sainte-Valérie, 233.
Salberg (R. de) 227.
Salis-Samade, 169.
Sambonetti (P.), 77.

Sauval, 249.
Scarlatti (A.), *clav.*, *c.*, 62.
Scarron, 240, 243.
Schaeffer (P.), 76.
Schumacher, 209.
Schumann (R.), 5, 59.
Schweitzer (A.), 69, 70.
Séguier, 79.
Séjan (N.), *org.* 148-150, 174, 175.
Sénart (forêt de), 41.
Senefelder, 78.
Sens, 247.
Sévigné (de), 242.
Sibert, 25.
Silbermann, 103.
Sixte IV, 186.
Sixtus (O.), 76.
Sollier (Mlle de), 82.
Soulas (A.-P.-M.), 125, 127, 154, 164.
Soulas, 156.
Stein, 103.
Straeten (Vander), 294.
Surintendant de la Musique du Roy, 3, 121, 122, 123.

T

Tallemant des Réaux, 18.
Tanon (L.), 247.
Tartini (G.), *v.*, *c.*, 60.
Taskin (P.), 101-103, 117, 137, 138, 152, 180.
Taskin (A.), *ch.*, 70, 220.
Taskin (A.), *cant.*, 70, 220.
Taskin (H.-J.), 152.
Taskin (P.-J.), 152.
Temple (rue du), 250.
Temple de la Fidélité, 243.
Temple du Goût (le), 237.
Temple de la Jeunesse, 243.
Temple de la Victoire, 174.
Théâtre des Arts, 173, 174.

Théâtre de la République et des Arts, 290.
Théâtre de l'Orme Saint-Gervais, 250.
Théophilanthropes, 243.
Thévenart, *ch.*, 41.
Thierry (Fr), 201-204, 208, 209.
Thierry (P.), 38, 200, 202, 203.
Thierry, 201, 203.
Thomelin (J.-D.), *org.*, 82-84, 112.
Thomelin (M.-G.), *org.*, 112.
Tiberge, 44.
Tiepolo, 237.
Tiersot (J.), 63.
Tiessé (P.-C.), 195.
Tissu, 24-26.
Titelouze, *org.*, 68.
Titon du Tillet (Ev.), 11, 15, 21-23, 26, 31, 32, 39, 40, 47-50, 79, 80, 90, 109, 114, 116, 120, 220, 252, 288.
Toulouse (comte de), 43, 90.
Tourneur, *clav.*, 138.
Touzé (abbé), 210.
Tovazzi (D.), 104.
Trapassi (Voyez Metastase), 62.
Traversier, 149.
Troubadours, Trouvères, 100, 247.
Trouflaut 102.
Truschet (O.), 235.
Tuctey (A.), 249.
Tuileries, 103.

V

Valla, 124.
Varenne, 187, 188.
Varin, 25.
Vatican (le), 239.
Vaudémont (prince de), 60.

Vaugirard, 247.
Vaux (de), 242.
Vermeulen (C.), 292.
Vendôme (place), 293.
Vernot, 247.
Verrerie (rue de la), 233.
Versailles (N.-D. de), 39, 122, 146.
Veytour (abbé), 243.
Viau (G.), 223, 225.
Victoire de France, 128, 155.
Vidal (A.), 94.
Vilbourg, *ch.*, 140.
Villedeuil (de), 128.
Villequier (de), 128, 146, 147.
Villiers de Sens, 199.
Vincent, 25.
Visée (R. de), *théorbiste*, 19, 41, 87.
Vivaldi (A.), *v.*, *c.*, 61.
Vogler (abbé), 102.
Voilar, 60.
Voltaire, 104, 133, 237, 238, 294.
Voysin (Ch.), 243.

W

Wagner, (R.), 5.
Walstt, 78.
Weinmann (K.) 71, 72.
Wekerlin, 168.
Widor (Ch.-M.), *org.*, *c.*, 194, 205.
Wollick (N.), 76.
Wülken (A.-M.), 55.
Wurtzbourg (missel de), 76.

X, Z

Xylographie, 76.

Zani (abbé D.-P.)
Zelter, 70.

TABLE DES PLANCHES HORS TEXTE

PLANCHE   I. — Saint-Gervais, d'après la Topographia Galliae de Mérians, Francfort, 1655. *Frontispice.*
—   II. — François Couperin, Sieur de Crouilly, et sa fille Marguerite-Louise Couperin.   16-17
— III. — Nicolas Couperin.   48-49
— IV. — François Couperin, surnommé le Grand. . . .   64-65
—   V. — Armand-Louis Couperin   128-129
— VI. — Elisabeth-Antoinette Blanchet, épouse d'Armand-Louis Couperin   136-137
— VII. — Armand-Louis Couperin   144-145
— VIII. — La Maison des Couperin, façade.   160-161
— IX. — La Maison des Couperin, derrière.   176-177
—   X. — La Maison des Couperin   184-185
           Balcon en fer forgé, 1er étage (l'Orme symbolique).
— XI. — L'Orgue de Saint-Gervais.   192-193
           Instrument des Couperin.
— XII. — L'Orgue de Saint-Gervais.   200-201
           Les claviers et le pédalier.
— XIII. — L'Orgue de Saint-Gervais.   200-201
           Les registres et les claviers.
— XIV. — L'Orgue de Saint-Gervais.   208-209
           Les soufflets.
— XV. — Eglise Saint-Gervais, façade.   232-233
— XVI. — Eglise Saint-Gervais, intérieur.   240-241

TABLE DES MATIÈRES

Préface de Ch.-M. Widor v
Avertissement xiii
Chapitre I. — Introduction. — Début de la Dynastie. 1
    Tableau Généalogique des Couperin. 8-9
— II. — Louis Couperin 17
— III. — François Couperin, Sieur de Crouilly 31
— IV. — Charles Couperin 47
— V. — François Couperin, le Grand 53
— VI. — Armand-Louis Couperin 125
— VII. — Pierre-Louis Couperin 159
— VIII. — Gervais-François Couperin 167
— IX. — La Maison des Couperin 183
— X. — L'Orgue de Saint-Gervais. 193
    Instrument des Couperin.
— XI. — Iconographie et Graphologie des Couperin. 213
— XII. — Aperçu Historique sur l'Eglise Saint-Gervais 233
— XIII. — Catalogue analytique des Œuvres imprimées et manuscrites des Couperin. 251
— XIV. — Essai de Bibliographie des Couperin. 283
— XV. — Notes Annexes :
    I. — *Jacques Champion*, titres de noblesse 287
    II. — *Titon du Tillet*, Bibliographie du Parnasse François. . . . 288
    III. — *Les Ballard*, Généalogie 289
    IV. — *Les D'Anglebert*. 290
    V. — *Claude Balbastre*. 293
    VI. — Bombardement de l'Eglise Saint-Gervais. 294
Index alphabétique. 297
Table des Planches hors texte 305

www.ingramcontent.com/pod-product-compliance
Lightning Source LLC
Chambersburg PA
CBHW070855170426
43202CB00012B/2080